I0800331

Die vorliegende Publikation

Stahlstadtschule
da – die architektur linz

erscheint anlässlich des 50-jährigen Bestehens der Kunstuniversität Linz und des 35-jährigen Jubiläums der Abteilung *da – die architekur*.

…
1973
1974
1975
1976
1977
1978
1979
1980
1981
1982
1983
1984
1985
1986
1987
1988
1989
1990
1991
1992
1993
1994
1995
1996
1997
1998
1999
2000
2001
2002
2003
2004
2005
2006
2007
2008
2009
2010
2011
2012
2013
2014
2015
2016
2017
2018
2019
2020
2021
2022
2023
…

Herausgegeben von
c/o now und Sigi Atteneder

© 2025 by jovis Verlag
Ein Verlag der Walter de Gruyter GmbH, Berlin/Boston

Das Copyright für die Texte liegt bei den Autor*innen. Das Copyright für die Abbildungen liegt bei den Fotograf*innen/Inhaber*innen der Bildrechte.

Alle Rechte vorbehalten.

Gestaltung[1] von
Sarah Lamparter und Nastia Protsenko, Büro Otto Sauhaus

Bild- und Textredaktion[2] von
Elisabeth Judmaier, Silvester Kreil, Natascha Peinsipp, Cecilia Trotz und c/o now

Projektmanagement von
Theresa Hartherz, jovis Verlag

Herstellung von
Susanne Rösler, jovis Verlag

Lektorat von
Katharina Freisinger

Korrektorat von
Katharina Freisinger

Lithografie von
Pixelstorm Litho & Digital Imaging

Gedruckt und gebunden von
Gerin Druck

Schrift
Neue Haas Unica

Papier
Magno Gloss, 115 g/m²

Umfang
176 Seiten
303 Abbildungen
24 × 34 cm

Preis
€ 38,00 (DE)

Bibliografische Information der Deutschen Nationalbibliothek:
Die Deutsche Nationalbibliothek verzeichnet diese Publikation in der Deutschen Nationalbibliografie; detaillierte bibliografische Daten sind im Internet über http://dnb.d-nb.de abrufbar.

jovis Verlag
Genthiner Straße 13
10785 Berlin
www.jovis.de

jovis-Bücher sind weltweit im ausgewählten Buchhandel erhältlich. Informationen zu unserem internationalen Vertrieb erhalten Sie in Ihrer Buchhandlung oder unter www.jovis.de.

ISBN (Hardcover)
978-3-98612-081-8

ISBN (E-Book)
978-3-98612-082-5

Die Abteilung *da – die architektur* an der Kunstuniversität Linz ist seit 1990 Österreichs jüngste und kleinste Architekturschule. In der Stadt an der Donau beschäftigt sie sich mit Themen des urbanen und des ruralen Raums und betont dabei soziale und ökologische Aspekte. *Stahlstadtschule* versammelt eine Auswahl von Texten, Interviews, Projekten und Artefakten, die die Schule in der österreichischen Architektur- und Kunstlandschaft verorten und zur Stadt Linz sowie zu deren stadtentwicklungspolitischen Prozessen in Beziehung setzen. Dabei zeichnet die Publikation nicht nur Architekturgeschichten der Stadt Linz aus den vergangenen Jahrzehnten nach, sondern eröffnet zugleich kritische Perspektiven der Architekturschule auf diese.

1 Alle Bildkanten in diesem Buch stoßen ohne Beschnittzugabe auf die Papierkante. So fehlen nicht in jedem Fall 3 Millimeter Bild, sondern es fehlt nur das, was die Maschine abschneidet – oder eben nicht, wenn sie nichts abschneidet.

2 Dieses Buch versucht unverstellt wiederzugeben, wie sich in Linz mit Architektur auseinandergesetzt wird. Weder auf die Sprache noch auf den Inhalt der Texte wurde Einfluss genommen.

Stahlstadtschule

Ein Mensch strandet auf einer unbewohnten Insel. Aus eingesammelten Materialien baut er eine Unterkunft. Dennoch kann er die alleinige Autorschaft für diese Architektur nicht für sich in Anspruch nehmen. Es mag niemand beim Sammeln und Bauen geholfen haben. Die gestrandete Person aber hat durch kulturelle Fortschreibungen überhaupt erst Vorstellungen davon erworben, was ein Haus ist. Sie leiten ihr Handeln. Die Person ist nicht allein.

Geteilte Autorschaften; die Negation einzelnen Personen zugeschriebener Schöpfungsautoritäten; das Bewusstsein, dass das (architektonische) Objekt ohne sich einschreibende, relationale Räume auch ohne Bedeutung bleibt; das Erkennen der Verbindungen von Planung und Prozess und der Rollen Dritter darin – das alles sind in den Kulturen der Abteilung *da – die architektur* der Kunstuniversität Linz selbstverständliche Setzungen. Neben diesen charakteristischen, sozialen Prägungen hat die Abteilung sich über mehr als zwei Jahrzehnte hinweg den Ruf erarbeitet, ökologische Expertisen ausgebildet zu haben, die ob der zu bewältigenden Transformation unserer Einrichtungen in dieser Welt nun als Losung der Stunde gelten.

Saskia Hebert, deren Beitrag „Von der Kunst des Anfangens" (–> S. 167 f.) diese Publikation beschließt, gehört zu den Pionier*innen der Auseinandersetzung mit dem Begriff der Transformation im deutschsprachigen Architekturdiskurs. Von einer Zeitreise hat sie das Manuskript des Grußworts mitgebracht, das die heute 19-jährige Magda „Maggo" Halla im Jahr 2090 anlässlich der 100-Jahr-Feierlichkeiten der Linzer Abteilung Architektur sprechen wird.

Maggos Blick zurück – selbst wenn er, wie sich das für Jubiläen gehört, in der Schublade mit der Aufschrift „Retrospektive" abzulegen ist – lässt uns eine mögliche Zukunft sehen. 2023 beging die seit dem Jahr 2000 so zu bezeichnende Kunstuniversität ihre 50-Jahr-Feierlichkeiten. Auch dort wurde ein Blick in die Vergangenheit geworfen: auf das erste Studienjahr der Hochschule für künstlerische und industrielle Gestaltung im Jahr 1973. Bereits 1947 nahm deren Vorgängerinstitution, die Kunstschule der Stadt Linz, ihre Arbeit auf. Deren Gründungsprämisse verdeutlicht, wie sehr die Kunstuniversität sich bis heute dazu verpflichtet sieht, auf dem Zeitstrahl noch ein ganzes Stück weiter zurückzugehen. Zweck der Kunstschule war nämlich nicht weniger, als orientiert an den Konzepten des Bauhauses klare Signale einer Abgrenzung gegenüber der Kunstpolitik des Nationalsozialismus zu setzen. Dass sie damit einer Inge Aicher-Scholl mit ihrer Ulmer Volkshochschule (gegründet 1946) und der späteren HfG Ulm (1953–1968) nähersteht als der staatlich forcierten bundesrepublikanischen Bauhaus-Rezeption ab 1968, ist bemerkenswert. Was bleibt, ist vor allem die Aufgabe, faschistoiden und totalitären Ideen entgegenzutreten.

Wer in den Genuss einer Führung durch die Räume der Kunstuniversität am Linzer Hauptplatz mit deren Rektorin Brigitte Hütter kommt, wird von ihr auf eindrucksvolle Weise mit diesem Kontext bekannt gemacht. Auf dem Zwischenpodest eines dem Hauptplatz zugewandten Treppenhauses der „Brückenkopfgebäude" genannten Bauten, die neben der Verwaltung und einigen anderen Abteilungen unter anderem *die architektur* aufnehmen, kommt sie zum Stehen, öffnet ein Fenster und zeigt auf das alte Linzer Rathaus. Auf dessen Balkon habe Adolf Hitler 1938 den Anschluss Österreichs verkündet. Und wer auf der Terrasse des Uni-Cafés *Bistro Frédéric* säße, blicke dabei auf das Generali-Hochhaus, das an der Stelle des früheren Hotels Weinzinger dort errichtet wurde, wo Hitler in Linz Quartier nahm. Die Arbeit der Kunstuniversität in den einzigen nach den sogenannten Führerstadtplanungen umgesetzten Gebäuden, so Hütter, gleiche einem täglich aufs neue durchzuführenden Exorzismus.

Neben Berlin, Nürnberg und München wurde Linz als „Führerstadt" eine besondere Sorgfalt durch Größen des nationalsozialistischen Planens zuteil. Hitler, der hier seine Schulzeit verbracht hatte, wollte sich dereinst auf dem Schlossberg zur Ruhe setzten. Zu seinen Füßen sollte er im Führermuseum die Möglichkeit bekommen, regelmäßig Europas größte Kunst- und Gemäldesammlung zu besuchen. Ein großer Teil der dafür zusammengetragenen Kunstgüter wurde den Eigentümer*innen entweder unter Gewaltanwendung weggenommen oder unter Ausübung massiven Drucks zu symbolischen Preisen abgekauft. Dem besonderen Umstand, dass Teile der Kunstuniversität am zentralen Linzer Hauptplatz in realisierten Führerstadtplanungen untergebracht sind, trägt dort seit 2021 die Arbeitsgemeinschaft Gebäudegeschichte Rechnung. In dieser Publikation erfüllt das Gespräch, das c/o now mit der Wiener Architektin und Kassler Professorin Gabu Heindl geführt haben, diese Aufgabe. Heindl spricht in „Offenlegen, Dekonstruieren, (Um-)Bauen" (-> S. 111 f.) unter anderem über ihre gemeinsam mit der Künstlerin Hito Steyerl durchgeführten Recherchen zu den Brückenkopfgebäuden.

Aus dem Wissen um die Geschichte der Brückenkopfgebäude und mit Blick auf Adolf Hitlers Architekturaffinität – während bereits Bomben auf Berlin fielen, bat er noch Generäle und führende Parteimitglieder zu sich in den Bunker, um ihnen begeistert das Modell der Stadt Linz zu zeigen[1] – erwächst der Abteilung Architektur die Verantwortung, das Feld Architektur und Ideologie mit besonderer Aufmerksamkeit zu bearbeiten. Um den in der Gründungsprämisse der Kunstschule der Stadt Linz angemahnten Abgrenzungen gerecht werden zu können, gehört dazu eine bisher nicht geführte, historische Auseinandersetzung mit der am 5. Oktober 1943 im Stift Wilhering eröffneten Architekturabteilung der Technischen Hochschule Linz unter der Leitung des Architekten Wilhelm Jost, die den 2. Weltkrieg nicht überdauerte.

Die Gründung und Entwicklung sowohl der Kunstuniversität als auch der Abteilung Architektur treibt die ab 1945 ununterbrochen von sozialdemokratischen Bürgermeistern regierte Stadt Linz noch immer um. Deren industrieller Aufschwung und der relative Wohlstand, zu dem die Linzer Arbeiter*innen als Kernwählergruppe der SPÖ dabei gelangten, ist in Linz untrennbar mit der Buchstabenkombination VÖEST – Vereinigte Österreichische Eisen- und Stahlwerke – verbunden. Doch auch das seit seiner Privatisierung in den 1990er Jahren unter dem Namen voestalpine AG firmierende Unternehmen ist eine Linzer Hinterlassenschaft des Nationalsozialismus. Viele der dort beschäftigten Mitarbeiter*innen leben immer noch in einer der mehr als 10.000 Wohnungen, die ab 1943 neben dem Bau der Reichswerke Hermann Göring errichtet wurden und bis heute in Linz als „Hitlerbauten" bezeichnet werden. Andere wiederum leben, wie es die Recherchearbeit der Studentin Özlem Demir thematisiert, in Bauten, die auf den Ruinen jener Baracken errichtet wurden, in denen zunächst Zwangsarbeiter*innen, dann Displaced Persons und später Gastarbeiter*innen wohnten.

„Stahlstadtkinder in den Stahlfabriken", heißt es bei der legendären Linzer Punkband Willi Warma, deren Best-of 2008 unter anderem mit einem Begleittext von Sophie Rois erschien. Auf der Platte enthaltene Titel wie *Schichtarbeiterprogramm*, *Dein Vater ist dagegen*, *Ich geh nie wieder arbeiten*, *Blöd im Hirn* oder *Streetcornerhero* lassen erahnen, wie die Realitäten ausgesehen haben, die den Ruf der Stadt in den 1970ern und 1980ern über die Grenzen Österreichs hinaus geprägt haben. Angesichts des spätestens nach dem Europäischen Kulturhauptstadtjahr 2009 nahezu ausentwickelten Linzer Kulturangebots ist es kaum vorstellbar, dass wer hier Kultur haben wollte, sich die Kultur lange Zeit selbst machen musste. Und während Daniela Herold in „Sta(d)t(t)strategien" (-> S. 39 f.), einem Gespräch zwischen ihr und ihrem Büropartner Rolf Touzimsky (THuM Ateliers) und c/o now, unter anderem die Bedeutung der VÖEST für das Zustandekommen dieser Szenarien einer Stadt zwischen Donau und Stahlwerk skizziert, werden in der von Peter Arlt geführten Elefantenrunde „Beziehungsgeschichten – *die architektur*, die Stadt (und die Stadt)" (-> S. 17 f.) mit Wolf-Dieter Albrecht, Sigi Atteneder, Andrijana Ivanda, Gabriele Kaiser, Petra Stiermayr und Rainer Zendron nicht nur jene Beziehungen diskutiert, sondern exemplarisch anhand der Stadtwerkstatt auch die Rolle autonomer Räume gewürdigt. Dabei verweist Peter Arlt darauf, dass es sich im österreichischen Sprachgebrauch bei dem Wort Stadt um ein Homonym handle, ein Wort also, das mehrere Bedeutungen haben kann. Zum einen sei damit die Stadt als politisch-organisatorischer Komplex zu verstehen, zum anderen seien der Raum und die darin lebenden Menschen gemeint.

Die beiden Absolventen und heutigen Lehrenden der Abteilung Architektur, Tobias Hagleitner und Franz Koppelstätter – letzterer seit 2015 Leiter des afo architekturforum oberösterreich, haben vielleicht den politisch-organisatorischen Komplex als Adressaten im Auge, wenn sie in ihrem Beitrag „Die entworfene Stadt" (-> S. 9 f.) das Panorama eines fiktiven Linz aus nicht realisierten Entwürfen ausbreiten, das ihnen als Raum vielleicht belebenswerter erscheint als die Gegenwart und sich abzeichnende Zukünfte.

Die vom Begriff Stahlstadt aufgerufenen Bilder, die Linz nachdrücklich ebenso als Schauplatz der Abteilung Architektur wie auch als einen ihrer Hauptuntersuchungsgegenstände in den Mittelpunkt rücken, mögen manche herausfordern, vor allem, wenn gar von einer „Stahlstadtschule" die Rede ist. Doch während die Kunstuniversität, am zentralsten Ort eines sozialdemokratischen Inselreichs inmitten eines Meers konservativer Landgemeinden arbeitend, sich den Einflüssen ihrer Stadt niemals entziehen kann, hat die Architekturschule ihre Verantwortung für den „ländlichen Raum" nicht aus den Augen verloren, sondern phasenweise nachdrücklich betont.

Dafür steht wohl niemand so exemplarisch wie Roland Gnaiger, der im Gespräch „Umdenken, Umschwenken in Linz" (-> S. 19 f.) mit c/o now auf die entscheidenden Weichenstellungen für die sozial-ökologisch geprägten Kulturen der Abteilung Architektur zurückblickt, deren Leiter er von 1996 bis 2019 war. Es wird deutlich, welche Rolle die Umweltbewegungen der 1970er und 1980er Jahre dabei gespielt haben. Gnaiger, dessen Name untrennbar mit der Vorarlberger Bauschule verbunden ist, erklärt darüber hinaus seine Beweggründe, in seiner Lehre den Blick über die Stadtgrenzen hinaus ins Land, konkreter sogar auf die Orte zu richten, an denen Studierende aufgewachsen sind.

Neben ihm kommen in dieser Publikation zwei weitere ehemalige Professor*innen der Abteilung Architektur in Gesprächen mit c/o now zu Wort. Sabine Pollak hat die Kunstuniversität gar nicht verlassen, sondern ist seit 2021 Leiterin der Abteilung raum&designstrategien; im damit vakant gewordenen studio urban wird sie seitdem von c/o now-Mitbegründerin Andrijana Ivanda vertreten. In ihrem Beitrag „SUPERSTADT!" (->S. 37 f.) teilt sie ihr über viele international antizipierte Ausgaben der gleichnamigen Symposien-Reihe zusammengetragenes, teils sehr Linz-spezifisches Vokabular. Matthias Böttger wiederum, der von 2014 bis 2017 im Rahmen einer Stiftungsprofessur das Studio „Sustainable Architecture + Future Tactics (SAFT)" (-> S. 21 f.) verantwortete, spricht über den Wandel des Berufsbildes Architekt*in und die Konsequenzen, die er daraus bereits zu Linzer Zeiten und nun als Leiter des Institute Experimental Design and Media Cultures (IXDM) an der Fachhochschule Nordschweiz für die Lehre gezogen hat.

Die zweite Hälfte dieser Publikation spürt ebenfalls dieser Frage nach und setzt sich dabei mit dem Begriff Transformation und sich wandelnden Vorstellungen und Erwartungen auseinander. Angelika Hinterbrandner und Katharina Benjamin, die unter dem Namen kntxtr zu Architektur und ihren Produktionsbedingungen bloggen und podcasten, haben unter dem programmatischen Titel „Zwischen Praxis und Lehre" (-> S. 63 f.) mit ehemaligen Studierenden über sich verändernde Inhalte und Methoden an der Abteilung Architektur gesprochen. Neben dem Architekturkurator Clemens Quirin (Vorarlberger Architekturinstitut) sind Sandra Gnigler und Gunar Wilhelm mit von der Partie, die in Linz das Büro mia2 führen und an der Kunstuniversität heute in der Lehre tätig sind.

Nun beginnt eine Strecke, auf der vor allem die gegenwärtig für die Lehre Verantwortlichen in die Zukunft blicken. In seinem Essay „Mit Architektur zu tun" (-> S. 61 f.) skizziert Professor Sigi Atteneder, Leiter des Studios BASEhabitat und der Abteilung Architektur, die anstehenden Herausforderungen an die Architektur als Disziplin und umreißt Orientierungen für Praxis und Lehre. BASEhabitat und seine unterschiedlichen Formate verkörpern die der *die architektur* zugeschriebenen Prägungen mit ihrer Orientierung an ökologischen, ökonomischen, sozialen und politischen Einflussgrößen im Besonderen. Ulrike Schwantner, Organisatorin des Studios, stellt dessen Programmatik in ihrem Beitrag „BASEhabitat – architecture for change" (-> S. 75 f.) ausführlich vor, ehe sie sich zusammen mit Elisa Engel, die dort als Externe lehrt, im Gespräch „An Embrace of Imperfection – Bauprojekte im Globalen Süden and Beyond" (-> S. 77) den kritischen Fragen der Berliner Studierendeninitiative IfA Diaspora nach Design-Build-Projekten im Globalen Süden stellt, die Samuel Hilari und Abhinav Thakar formuliert haben.

Professor Michael Zinner, seit 2018 Leiter des Studios RAUMkultur, benennt ein „drohendes, multiples Organversagen unseres Planeten" als Grund für durchzuführende Transformationen und fordert von der Architektur, eine bedeutendere Rolle in der Gesellschaft einzunehmen. In seinem Beitrag (-> S. 93 f.) lotet er dazu den Raum zwischen und um die Begriffe „sozial" und „experimentell" aus, um schließlich mit Nachdruck für eine „radikal:RAUMkultur" zu plädieren, die sich mit sozialem Anspruch und Experimentierfreude der Welt im Sinne einer Care-Beziehung zuwendet. Barbara Pampe, Vorständin der deutschen Montag-Stiftung Jugend und Gesellschaft, befragt ihn im von ihr geführten Gespräch (-> S. 95 f.) vertiefend zu seinen Begrifflichkeiten; qua ihrer beider Expertise gehen sie dabei ausführlich auf das Thema „(hoch)schulRAUMkultur" ein.

c/o now, die an kollektiven Praxen orientierte (Architektur-) Gruppe der Gastprofessorin Andrijana Ivanda (studio urban) und des interimistischen Professors Paul Reinhardt (studio typologies), schildert unter der Überschrift „Designing Crises" (-> S. 109 f.), wie eine jüngere Generation Architekt*innen, die in der Praxis bereits mit drastischen Veränderungen der Produktionsbedingungen konfrontiert ist, dies in der Lehre mit den Studierenden reflektiert. In ihrem anschließenden Gespräch mit Gabu Heindl (-> S. 111 f.) interessiert sie vor allem deren Interpretation der Bauökonomie als (Um-)Bauökonomie an der Universität Kassel.

Heidi Pretterhofer und Michael Rieper, die seit 2024 gemeinsam die neue Professur für Baukultur bekleiden, geben der Diskussion um globale Transformationen gegen Ende der Publikation eine Rahmung und nehmen sowohl in ihrem Essay „Oberösterreich aufgemalt – Oberösterreich ausgemalt" (-> S. 123 f.) als auch in ihrem Gespräch „Die kuratierte Landschaft" (-> S. 125 f.) mit Kurator Martin Fritz Oberösterreich als deren Schauplatz in den Fokus. Sie geben dabei einen Ausblick auf ihre Programmatik der kommenden fünf Jahre.

Diese Publikation wird rechtzeitig zu den 35-Jahr-Feierlichkeiten von *die architektur* im Jahr 2025 erscheinen. Mit der kleinen Ausnahme, in Form einer Publikation die Rückkehr Friedrich Achleitners aus dem Ruhestand an die Abteilung Architektur ein Stück weit als historisches Ereignis für sich zu beanspruchen (Roland Gnaiger äußert sich ausführlich zu Achleitners Rolle für die Abteilung [-> S. 19]), schien die Abteilung fast schon darum bemüht, sich nicht zu ihrer eigenen Geschichte zu äußern. Sie erhielt sich so die Möglichkeit, als durch kollektive Anstrengungen geformte Gruppe(n) von Studierenden und Lehrenden – *die architektur*, BASEhabitat, überholz, etc. – gelesen werden zu können, und die Fähigkeit kritisch aufzutreten. Weniger Zugeneigte mögen hier vielleicht auch von Branding oder Markenbildung sprechen. Fakt ist aber auch, dass es in und um die Abteilung Architektur herum zu mündlichen Tradierungen kommt, die sich bisher mangels Darlegung in schriftlichen Quellen sowohl einer Verifizierung wie einer Falsifizierung entziehen. Das ist bei einer Architekturszene wie jener Österreichs, die so sehr von den sogenannten Granden[2] bestimmt ist, ein durchaus bemerkenswerter Umstand.

Wenngleich diese Publikation aus der Mitte der Abteilung selbst keine Historisierungen durchführen kann und darf, erlaubt sie es sich dennoch – mehr als kritische denn als narzisstische Bespiegelung – Fragmente einzusammeln, die zu Quellen werden könnten und möglicherweise sogar historische Auseinandersetzungen provozieren. Dazu gehören die Stahlstadt und die Orte, an denen wir aufwuchsen; dazu gehören die Projekte, die in den letzten 35 Jahren entstanden sind; dazu gehören aber auch die Persönlichkeiten, bei denen vielleicht nicht immer von vornherein klar ist, wie sie zu lesen sind. Das In-Beziehung-Stellen dieser Fragmente zwischen zwei Buchdeckeln stellt nicht den Anspruch auf akribische Durcharbeitung und Vollständigkeit, sondern will vielmehr Vorstellungen davon ermöglichen, was *die architektur* sein könnte.

Den obligatorischen Danksagungen sei daher auch zunächst ein Dank an alle vorangestellt, die in den letzten nun knapp 35 Jahren an der Lehre, Forschung und dem Leben dieser Abteilung, wenn auch nur kurz, beteiligt waren. Zu viele von ihnen bleiben unbenannt. Es ist zu hoffen, dass weitere Publikationen diese Lücken schließen. Die meisten von ihnen haben als Studierende die Kulturen dieser Abteilung ausgeprägt und fortgeschrieben oder tun es gerade. Ihre Rolle sei besonders unterstrichen, denn sie sollten der einzige Grund sein, warum Universitäten existieren! Repräsentiert werden sie hier vor allem durch Abschlussarbeiten seit 1973 (Studierende der Innenarchitektur bei Friedrich Goffitzer) beziehungsweise ab 1990 (dann Studierende der Architektur), die von der Studentin Cecilia Trotz und von Elisabeth Judmair (BASEhabitat) ausgewählt wurden und sich wie ein roter Faden durch die Publikation ziehen. Dazu kommt eine eigens angefertigte Arbeit von Anne Rotter und Julien Reinhart (-> S. 158–159, Abb. 285). Diese Arbeiten treten in Beziehung zu zwei 1973 beginnenden, ebenfalls durch die Publikation verlaufenden Zeitstrahlen, die zum einen Architektur- und Stadtentwicklungsprojekte aus Linz darstellen und so der Stahlstadt als Szenario der Stahlstadtschule ein Gesicht geben und zum anderen eine Reihe historischer Ereignisse in Linz und der Welt abbilden, um Denkräume aufzuspannen.

Das Kernteam dieser Publikation bestand neben den Herausgeber*innen aus Cecilia Trotz und Elisabeth Judmaier in Linz sowie Silvester Kreil in Berlin, die mit der abgedroschen klingenden, wenngleich von Herzen kommenden Phrase „ohne euch wäre diese Publikation nicht möglich gewesen" nicht ausreichend gewürdigt sind. Unterstützt wurde das Team phasenweise von Natascha Peinsipp aus dem studio urban – auch dir vielen herzlichen Dank! Franz Koppelstätter hat uns bei der Auswahl der Linzer Architektur- und Stadtentwicklungsprojekte seine Stahlstadt-Expertise geliehen; Peter Arlt war ein kompetenter Berater für den Zeitstrahl historischer Ereignisse; und Christian Posthofen hat seine publizistische Expertise spielen lassen. Auch euch allen gebührt unser herzlicher Dank! Natürlich danken wir ebenso allen Autor*innen und in irgendeiner Form sonst an dieser Publikation beteiligten Personen (z. B. in zahlreichen Archiven), die Zeit und Ideen investiert haben. c/o now möchte sich darüber hinaus bei Peter Haimerl bedanken, der zu den in dieser Publikation nicht ausreichend bedachten Personen zählt, für uns aber eine wichtige Rolle gespielt hat. Herzlich bedanken wir uns außerdem bei der Kunstuniversität Linz und ihrer Rektorin Brigitte Hütter sowie der Abteilung *die architektur* für ihre vertrauensvolle Unterstützung. Danke auch an Doris Kleilein und Theresa Hartherz vom JOVIS Verlag samt der umsichtigen Lektorin Katharina Freisinger, dass dieses Projekt möglich und die gemeinsame Arbeit daran so angenehm war.

Berlin und Linz
im Mai 2024
c/o now und
Sigi Atteneder

Anmerkungen

1 Vgl. Rydell, Anders: *Hitlers Bilder. Kunstraub der Nazis – Raubkunst in der Gegenwart.* Frankfurt am Main 2014, S. 16

2 Der Begriff *Granden* stammt ursprünglich aus Spanien und bezeichnet Adel in höchsten Ämtern, der keine Steuern zu entrichten hatte und darüber hinaus strafrechtliche Immunität genoss. In Österreich ist von *Granden* die Rede, wenn es um die bekanntesten und einflussreichsten Persönlichkeiten eines bestimmten Feldes geht.

S. 4–7	…
S. 6–8	1973
S. 8–11	1974
S. 12–14	1975
–	1976
S. 14–16	1977
S. 23–26	1978
S. 23–30	1979
S. 31–34	1980
S. 34–39	1981
S. 41–41	1982
S. 42–43	1983
S. 43–44	1984
S. 45–51	1985
S. 52–53	1986
S. 53–54	1987
S. 55–57	1988
S. 56–58	1989
S. 58–58	1990
S. 58–65	1991
–	1992
S. 66–67	1993
S. 67–69	1994
S. 68–69	1995
S. 70–71	1996
S. 71–71	1997
S. 72–74	1998
S. 74–79	1999
S. 79–80	2000
S. 80–80	2001
S. 80–82	2002
S. 82–83	2003
S. 84–85	2004
S. 85–87	2005
S. 88–88	2006
S. 88–88	2007
S. 89–91	2008
S. 91–97	2009
S. 98–98	2010
S. 98–101	2011
S. 98–103	2012
S. 104–106	2013
S. 107–108	2014
S. 112–113	2015
S. 114–115	2016
S. 114–118	2017
S. 118–119	2018
S. 120–122	2019
S. 126–135	2020
S. 133–139	2021
S. 137–149	2022
S. 150–176	2023
S. 146–176	…

1

ÖBB-Siedlung Gölsdorfstraße, 1920–1930

2

Arbeitersiedlung Sintstraße, Curt Kühne, 1927

3

Puchenau I, Luftbild, Roland Rainer, 1963–1968

4

Tabakfabrik, historischer Zustand, Peter Behrens und Alexander Popp, 1928–1938

Nach dem Anschluss 1938 entpuppte sich Alexander Popp als Nationalsozialist, war Direktor der Akademie der Bildenden Künste Wien und zwischen 1939 und 1943 hauptverantwortlicher Architekt der Linzer „Hermann-Göring-Werke", der heutigen voestalpine AG.

5

Puchenau I, Durchwegung und Terrassierung, Roland Rainer, 1963–1968

6

Puchenau I, Roland Rainer, 1963–1968

7

Architektur als Verwaltung, Peter Weibel, 1971

Unsichtbare Architektur

PETER WEIBEL

Architektur als Verwaltung

Die unsichtbare Grenze – Schrift ist Architektur

ARCHITEKTUR ALS VERWALTUNG
ARCHITEKTUR ALS SICHTBARE ORGANISATION DER UNSICHTBAREN SOZIALEN ORGANISATION
Die ARCHITEKTUR schafft Gebäude, die den Willen der Herrschenden ausdrücken.
Die ARCHITEKTUR organisiert das Leben nach dem Bild der Herrschenden.
ARCHITEKTUR drückt MACHT aus.
MELDEPFLICHT ist ein Effekt der Architektur.
WUCHERZINS ist ein Effekt der Einteilung von Raum und Zeit in Profiteinheiten durch die Architektur.

8

Titelblatt *The Limits to Growth*, 1972

1972 veröffentlichten Dennis Meadows, Donella Meadows, Erich Zahn und Peter Milling – ein Team von Forschenden des M.I.T. – im Auftrag des „Club of Rome" ihre Studie *The Limits to Growth*. Dabei handelte es sich um das Ergebnis ihrer vorangegangen zweijährigen Forschung, in welcher exponentielles Wirtschafts- und Bevölkerungswachstum in einer Umgebung endlicher Ressourcen anhand einer Computersimulation untersucht wurden. Die zentrale Aussage von *The Limits to Growth* ist, dass bei unverändert anhaltenden Zuständen die absolute Wachstumsgrenze auf der Erde im Laufe der nächsten 100 Jahre erreicht sei.

9

Eröffnungsfeier des Nordico Stadtmuseum, 1973

Nach einer zweijährigen Umbauphase bezog 1973 das neu gegründete Stadtmuseum Nordico ein Gebäude in der Linzer Dametzstraße. Dieses war im Jahr 1610 als Vorstadtpalais des Stift Kremsmünster vom italienischen Baumeister Francesco Silva erbaut worden. In der Zwischenzeit war das Gebäude unter dem Namen Collegium Nordicum als jesuitisches Internat für skandinavische Schüler*innen genutzt und im Jahr 1911 von der Stadt Linz aufgekauft worden. Das Linzer Stadtmuseum bezieht sich mit seinem Namen auf die vorangegangene Nutzung des Hauses und verortet sich mit seiner Sammlung zwischen Kunst, Fotografie, Archäologie und Volkskunde.

1973

10

Linzer Generalverkehrsplan, vorgestellt von Verkehrsplaner Kurt Leibbrand, 1972

Die Planung von Kurt Leibbrand, der für Kriegsverbrechen aus der NS-Zeit angeklagt war, wurde nach heftigen Protesten der Einwohnerschaft mehrfach abgeändert. Sie komplett zu kippen, gelang den Linzer*innen bisher jedoch nicht.

11

Werke der voestalpine AG, Vogelperspektive, Jahr unbekannt

12

Demonstration auf der Linzer Landstraße gegen den Vietnamkrieg und für internationale Solidarität, 1973

Im Rahmen der 68er-Bewegung formierten sich sowohl in den USA als auch in europäischen Ländern wie Frankreich und der Bundesrepublik Deutschland Protestbewegungen gegen den Stellvertreterkrieg zwischen den USA und der Sowjetunion, der seit 1955 in Vietnam tobte. Auch in Oberösterreich kam es seit Mitte der 1960er Jahre wiederholt zu kleineren Aktionen gegen die imperialistische Intervention der USA in Vietnam, die sich 1973 in der Gründung eines Vietnam-Komitees und einer größeren Demonstration in Linz akkumulierten.

13

Oberösterreichische Versicherung, Werkgruppe Linz gemeinsam mit H. Kretz/H. Koller/P. Zegermacher, 1971–1973

Das Bürogebäude besticht durch eine außergewöhnlich ausgestaltete Chromnickelstahlfassade, welche der damals aggressiv verschmutzten Linzer Luft standhalten sollte.

14

Artikel „Ölferien: Skiorte teils ausgebucht, Zustrom sehr unterschiedlich", 1974

Als Reaktion auf die israelfreundliche Politik westlicher Industriestaaten während des Jom-Kippur-Kriegs erhöhte die Gemeinschaft der erdölfördernden Länder OPEC am 17. Oktober 1973 den Rohölpreis drastisch, was zur ersten Ölpreiskrise führte. In Österreich wurden daraufhin autofreie Tage sowie im Februar 1974 erstmals die sogenannten „Energieferien" eingeführt. Ziel dieser Maßnahme war es, in vier schulfreien Wochen Heizöl in österreichischen Schulen zu sparen. Während ein spürbarer Spareffekt ausblieb, trugen die neuen Ferien merklich dazu bei, den Wintertourismus anzukurbeln, und werden bis heute in kürzerer Form beibehalten.

1974

OBERÖSTERREICHISCHE NACHRICHTEN

VEREINIGT MIT DER · TAGES-POST · GEGRÜNDET 1865

S 2– Dienstag, 29. Jänner 1974 Nr. 24**

PARTEIFREIE UND UNABHÄNGIGE TAGESZEITUNG

Mit Lichtkanone gegen Raketen

WASHINGTON (OÖN). Noch in diesem Jahrzehnt rechnen Militärs in Ost und West mit einer tödlichen Waffe — der Lichtkanone. Mit Laser-Strahlen kann diese Kanone Flugzeuge und Raketen abschießen. (Näheres auf Seite 3).

Klimaschneise beeinflußt Linzer Luft

Seite 6

Bad Leonfelden bekommt eine Mittelschule

Ölferien: Skiorte teils ausgebucht Zustrom sehr unterschiedlich

LINZ (OÖN). Die Ölferien, wie die erst fürs nächste Jahr vorgesehen gewesenen generellen Wintersportferien ab 9. Februar genannt werden, die im Taumel der Ölkrise bereits auf das heurige Schuljahr vorgezogen wurden, zeitigten in den Ferienorten recht unterschiedliche Buchungsergebnisse. Vom begeisterten „eine Hochsaisonwoche in einer flauen Zeit" über „keinerlei Plus festzustellen", bis zum deutlich geäußerten Ärger darüber, daß diese Geldquelle bei der ohnedies starken Frequenz gar nicht richtig ausgeschöpft werden kann, differieren die Reaktionen in den verschiedenen Wintersportorten. Kinderskiwochen für die Sprößlinge weniger bemittelter Eltern sind heuer noch schwach gesät. (Näheres auf Seite 7.)

15

Brucknerhaus, Kaija und Heikki Sirén, 1969–1974

Der Traum, ein Musiktheater von internationalem Format in Linz zu schaffen, wurde mit der Fertigstellung des Brucknerhauses auf der Donaulände nach über 60 Jahren Realität. Dies war ein wichtiger Baustein in der beginnenden Transformation vom reinen Industriestandort zur Kulturstadt. Das Architektenpaar Kaija und Heikki Sirén hatte 1962 den Wettbewerb für das Brucknerhaus für sich entschieden.

Tobias Hagleitner und
Franz Koppelstätter

Die entworfene Stadt

Fiktionaler Bericht aus einem bislang ungebauten Linz der Zukunft

Schön wäre es, denken sich Lehrende und Studierende der Architektur oft, schön wäre es, hätte unsere akademische Arbeit ein bisschen Einfluss aufs faktische Planungs- und Baugeschehen. Wenigstens hier vor Ort, wenigstens in dieser Stadt! Wie viele Studien wurden nicht schon ausgearbeitet, Projekte erdacht, Visionen entwickelt für die diversen Heimatstädte der diversen Architekturhochschulen dieser Welt. Aber, Sie wissen es so gut wie wir, in dieser Welt herrschen fast überall dieselben Wirklichkeiten: die der beratungsresistenten Politik zum Beispiel, die der renditefixierten Bauwirtschaft, der sämtlichen anderen Machtinteressen, Sachzwänge und Zukunftsängste, die sich in endloser Zahl gegen architektonische Verfeinerung, urbane Entwicklung und baukulturellen Fortschritt stemmen.

Viel Glück und eine Prise Zufall gehörten sicherlich dazu, dass sich die Dinge in Linz so komplett anders ergeben haben. Mag sein, dass die günstige Lage der Kunstuniversität direkt im Herzen der Stadt, in Sicht- und Steinwurfweite vom alten wie neuen Rathaus, ein Vorteil war. Mag sein, dass die überschaubare Größe der Stadt hilfreich war für den Erfolg. Letztlich aber, denken wir, verdankt sich die in Linz so intensive Zusammenarbeit zwischen Stadt und Architekturfakultät vor allem zwei Faktoren, die glücklich ineinandergriffen: einer kontinuierlich großen Aufgeschlossenheit und einem Interesse der politischen Entscheidungsträger*innen auf der einen, einer kontinuierlich hohen Qualität und Relevanz der akademischen Produktion auf der anderen Seite.

In nur rund 60 Jahren – von der Etablierung der *Meisterklasse für Architektur* durch Friedrich Goffitzer Anfang der 1990er[1] Jahre bis in die Gegenwart der 2050er – hat die Architekturabteilung an der Linzer Kunstuniversität die Stadtentwicklung vor Ort in einem Ausmaß geprägt, wie kaum eine andere Architekturfakultät es für sich und ihre Stadt in Anspruch nehmen kann.[2] Besonders wirksam und maßgeblich war dabei die universitäre Forschungs- und Entwurfsarbeit für die Hinwendung zur Donau, die international viel beachtete Stadtentwicklung Richtung Hafen im Osten, mit allen damit verbundenen Projekten. Aber auch die Bebauung am einstigen Mühlkreisbahnhof oder die Transformation des ehemaligen Postverteilzentrums sind dazuzuzählen. Den Startimpuls für all diese Weichenstellungen der Stadtentwicklung der vergangenen Jahrzehnte gaben im Wesentlichen Studien, Semester- und Diplomarbeiten der Architekturabteilung an der Kunstuniversität.

Urbanes Leben in der Speicherstadt

Es ist eine warme Sommernacht, ein feiner Wind streicht übers Wasser. Hinter den Hausbooten glänzt das Mondlicht silberweiß im Hafenbecken. Eine lange Kette bunter Lampions begleitet uns den Boulevard entlang zur Spitze der Landzunge. Wir folgen den gut gelaunten Nachtschwärmer*innen ins Gedränge, die Musik wird lauter, die Stimmung ausgelassener. Dann stehen wir vor ihr. Sie ist größer als gedacht, erstaunlich hoch! Die turmartige Skulptur aus schlanken Holzstäben, mit einer abstrakten Andeutung verschränkter Arme vor der Brust, den Blick in Richtung Stadt gerichtet, wirkt entschlossen, stark und frei. Ihre unwidersprechliche Präsenz und Ausdruckskraft hat ihr vermutlich das Leben gerettet. Denn diese Statue – „Göttin der Stadtplanung, Freiheitsstatue des Bebauungsplans und Soldatin der Urbanität" – hätte ursprünglich Jahr für Jahr erneut errichtet und in einer „kathartischen Nacht" verbrannt werden sollen.[3] Davon ist mittlerweile keine Rede mehr. Vielmehr ist die Figur zum gut behüteten und geliebten Wahrzeichen des Quartiers geworden. Statt sie zu verbrennen, wird der Statue jährlich zur Sommersonnenwende ein rauschendes Fest gewidmet, bei dem die Bewohner*innen des Stadtspeicherviertels sich selbst, das Leben und die Stadt zu feiern wissen.

Wir lassen die Party hinter uns, um die umgangssprachlich „Stadtspeicher" genannte Nachbarschaft näher zu erkunden. Hinter dem Entwurf dieses beliebten Wohnviertels stand die Idee, ein Stadtquartier zu schaffen, „das direkt mit dem Wasser verbunden wäre und ähnliche Qualitäten und Merkmale aufweisen würde, wie sie etwa die Speicherstadt in Hamburg zeigt: großvolumige Ziegelbauten, dicht aneinandergebaut, mit direktem Zugang zum Wasser". Eine Struktur sollte entstehen, „die von sich heraus Urbanität erzeugt".[4] Die Stadt begeisterte sich für die Idee und erstellte einen Masterplan auf Basis der Studienarbeiten, die im Jahr 2018 unter der Leitung der damaligen Urbanistik-Professorin Sabine Pollak entstanden waren. Die etwa 700 Meter lange und 100 Meter breite Landzunge am rechten Donauufer erinnert in ihrem Halbinsel-Zuschnitt an Manhattan, in kleinerem Maßstab natürlich, aber mit urbanem Potenzial, das erfolgreich aktiviert werden konnte. Heute leben mehr als 5000 Menschen im Quartier, es gibt Wohnungen unterschiedlichsten Zuschnitts, es gibt Gewerbe und Handel, Geschäfts- und Marktflächen, auch Kultur- und Bildungsangebote. Die wenigsten wissen, dass die mittlerweile so selbstverständliche und beliebte Linzer Vaporettolinie eigentlich eine Idee der Stadtspeicher-Gruppe war, um das Quartier autofrei zu erschließen. Der provisorische Betrieb, der damals versuchsweise aufgenommen wurde, verstetigte sich und wurde nach und nach zum modernen Donau-Öffi ausgebaut.

Auffällig im Quartier, selbst bei Nacht, sind die belebten Erdgeschoßzonen, die eigentlich namengebenden Speicher: Besondere Vorgabe im Bebauungsplan war es, 30 Prozent der Gesamtflächen, vor allem in den unteren Geschoßen, für öffentliche, „Urbanität erzeugende" Nutzungen zu reservieren. Sehr unterschiedlich wurde und wird dieses Modell umgesetzt: Wir spazieren durch Arkaden mit hübschen Ladenauslagen, es gibt Werkstätten, offen zugängliche Indoor-Spielplätze, eine kleine Stadtteilbibliothek, einen angeblich legendären „Späti" mit Karaoke-Stage, es gibt Repair-Cafés, offene Küchen und ähnliches mehr.

Die Donau schimmert geheimnisvoll in ihrem Bett, nach und nach verhallt der Partysound vom Donauspitz zwischen den ziegelroten Häusern. Dass diesem Viertel nach Feiern zumute ist, ist verständlich. Lang lebe die Stadtplanungsgöttin! (-> S. 119, Abb. 224)

Linz an die Donau

Nach einer angenehmen Nacht im urigen Bootshotel[5] „Zum Handelshafen" (der Name erinnert an die historische Funktion der drei Hafenbecken) verlassen wir den Stadtspeicher und bewegen uns gemächlich ins anschließende Donaubogenviertel. Dass dieser Stadtteil östlich der Innenstadt einst eine mit öffentlichen Verkehrsmitteln, per Rad oder zu Fuß kaum zugängliche, in weiten Teilen brachgefallene Industrielandschaft war, ist heute kaum mehr zu glauben. Schon weit vor der Umsetzung gab es Bestrebungen, die Kernstadt in dieses Gebiet zu erweitern. Bereits im Stadtregulierungsplan von 1888 ist der Expansionswunsch zu erkennen, und auch der (unter Stadtbaudirektor Curt Kühne entwickelte, jedoch nie rechtsgültig gewordene) Flächenwidmungsplan von 1934 sieht für große Flächen dieses Areals „städtisches Siedlungsgebiet", „Grünflächen" und „öffentliche Parkanlagen" vor. Vereitelte im 19. Jahrhundert die noch wenig beherrschbare Hochwassergefahr die Erschließung, so bedeutete die Ansiedlung der großen Industriekomplexe im Nationalsozialismus das vorläufige Ende einer städtebaulichen Entwicklung von Wohn- und Freizeitnutzungen, wie sie für dieses Gebiet und seine Morphologie seit jeher angemessen und sinnvoll gewesen wären.[6] (-> S. 91, Abb. 179)

Der eigentliche Ausgangspunkt für die städtebauliche Wende ist im 20. Jahrhundert zu verorten: Das Linzer Planungsinstitut unter dem damaligen Stadtbaudirektor F. X. Goldner hatte 1994 eine internationale Sommerakademie veranstaltet, bei der die Studierenden der *Meisterklasse für Architektur* mit wegweisenden Projekten zum Thema „Donauraum – Europahafen Linz" auf sich aufmerksam machten. Auf Grundlage dieser Arbeiten wurde die Stadtentwicklung in den Osten Richtung Hafen von der Stadt vollständig neu bewertet und unter Beteiligung der werdenden Architekt*innen konkret ausgearbeitet. Rechtzeitig wurde damals erkannt, dass die sich bereits abzeichnenden ökonomischen Transformationen eine Umstrukturierung erfordern würden, dass die Großindustrie hier nicht mehr zu halten, der Standort als Hafen zumindest fragwürdig geworden war und sich die einmalige Chance für eine Neuplanung dieser Gebiete auftat.[7] Die „historische Identität der Stadt zu festigen und durch städtebauliche Vorschläge ihre über weite Bereiche vorhandene Isolation vom Fluss zu mindern", war das erklärte Ziel dieser Beratungs- und Entwurfstätigkeit. Der Stadt sollte zurückgegeben werden, „was sie dringend benötigt – nämlich zentrumsnahe Erweiterungsgebiete für Wohnen, Kultur und Freizeit".[8] (-> S. 68, Abb. 121; S. 69, Abb. 124, 125)

Beim Schlendern durch den Donaubogen fällt die angenehme Maßstäblichkeit der Bebauung auf. Schon damals wurde besonders auf stadtökologische Kriterien geachtet, ein eher klein dimensionierter, vielfältig strukturierter städtebaulicher Ansatz wurde verfolgt, der sich heute, unter den stark veränderten klimatischen Bedingungen des fortgeschrittenen Jahrhunderts, bezahlt macht. Das Viertel gilt als eines der durchgrüntesten und angenehmsten der gesamten Stadt. Highlights sind – neben der attraktiven Wohnbebauung unmittelbar am Wasser im Bereich des Winterhafens – zweifellos die erhaltenen, mittlerweile größtenteils denkmalgeschützten ehemaligen Industriebauten wie die Werft und diverse andere Hallen, die schrittweise umgewidmet und neuen Nutzungen zugeführt wurden. Den damaligen Planungen ist es auch zu verdanken, dass die Stadtautobahn, die sich hier einst als Trennlinie zwischen Stadt im Westen und Donau im Osten zog, verschwunden ist.[9] Auch die Einbindung des Stadtteils ins Straßenbahn- und Stadtbahnnetz geht letztlich auf die Entwürfe dieser Zeit zurück.

Modernes Wohnen im historischen Juwel

Wir landen in der Sintstraßensiedlung, die mitten im Donaubogen liegt. Hier sieht es eigentlich kaum nach Siedlung aus, eher wirkt es wie ein Park. Die Architektur scheint sich im Schatten der hohen, alten Bäume mit ihren weit ausladenden Kronen verstecken zu wollen. Ein Vogelgezwitscher liegt über dem Ensemble wie selten sonst in einer Stadt. Dass dieses Relikt des „Roten Linz" der 1920er Jahre erhalten werden konnte – und mehr noch: sich heute als beliebte und belebte Nachbarschaft zeigt –, ist erneut einem Engagement der Architekturabteilung der Kunstuni zu verdanken. Roland Gnaiger und Birgit Kornmüller, damals Professor beziehungsweise Assistentin, lenkten die Aufmerksamkeit im Rahmen eines Entwurfsprojekts 2011/12 auf die verfallende Siedlung. Die Stadt Linz hatte das Grundstück neben dem Werftgelände einst für die Errichtung der Arbeiterhäuserkolonie zur Verfügung gestellt. Damals weitab vom Stadtkern, war die Sintstraße inzwischen mitten im urbanen Entwicklungs- und Verdichtungsgebiet gelegen, was den Verwertungsdruck auf das attraktive Grundstück mit den kleinteiligen, teilweise seit den 1980er Jahren leer stehenden Häusern kontinuierlich hatte steigen lassen. Abriss und Neubau drohten und wurden von der Stadt vorangetrieben.[10]

Mit den Entwürfen der Studierenden ergab sich „ein gutes Test-Bild, bis zu welchem Grad der Bestand verdichtet und genutzt werden kann, sodass der spezifische Charakter des [...] Ensembles präsent bleibt und zugleich in einer neuen Gestaltung und Nutzung ‚aufgeht'". Die Projekte machten ersichtlich, dass sich der alten Substanz mit etwas Mut und entwerferischer Intelligenz hervorragende grundrissliche Qualitäten und Innen-Außen-Beziehungen entlocken ließen, die „bei einer Neuplanung auf der ‚Tabula rasa' nie zustande kommen würden".[11]

Durch die Projektpräsentation konnte das bis dahin scheinbar unlösbare Dilemma – strikte Erhaltung als Baudenkmal einerseits, Abriss und Neubau andererseits – mit einem alternativen Szenario durchbrochen werden.[12] Die Gemeinnützige Wohnbaugesellschaft der Stadt Linz (GWG) fand neue Begeisterung für das Areal und realisierte die Sanierung und Erweiterung der Siedlung in enger Kooperation mit Kunstuniversität und Denkmalamt.[13] Der grüne Anger in der Mitte der Siedlung wurde erhalten, während die Zubauten entweder windradartig verteilt und vom Terrain leicht abgehoben an die Altbauten andocken oder aber den Bestand vertikal um ein bis zwei Geschoße erweitern. Der unorthodoxe Umgang mit den Häusern, der weniger die bauliche Substanz als solche, sondern mehr die historische Idee und städtebauliche Qualität der Siedlung in den

Fokus der Erhaltungs- und Revitalisierungsmaßnahmen rückte, wurde damals heftig debattiert. Letztlich aber wurde die Sintstraße zum Vorzeigemodell für das Weiterbauen im Bestand und war bis weit in die 2020er Jahre ein viel publiziertes Beispiel nachhaltiger Stadterneuerung. (-> S. 102, Abb. 193)

Flanieren durch den grünen Osten

Wir gehen, nein, wir flanieren auf der Klimaachse (bis zur Umbenennung 2028 „Lederergasse") weiter Richtung Innenstadt. Diese Straße ist eigentlich ein sehr lang gezogener Platz, der die Altstadt auf gut zwei Kilometern Länge mit dem Hafen verbindet. Die Klimaachse war ein entscheidendes Element für den Erfolg der gesamten Stadtentwicklung im Osten. Die Idee dazu wurde von der Architekturstudentin Hannah Kordes bereits 2014 entwickelt.[14] In den Jahren 2021 bis 2025 griff sie das Thema wieder auf, begeisterte Anrainer*innen wie Stadtgemeinde von dem Projekt und machte sich schrittweise an die partizipative Umsetzung. Die Fläche ist komplett autofrei, mit Bäumen und Sträuchern vielfältig begrünt. Immer wieder liegen Spiel-, Sport- und Bolzplätze am Weg. Wir kommen auch an kleinen Gärten vorbei, die an die Achse angedockt sind und gemeinschaftlich betreut werden. Für die benachbarten Wohnquartiere funktioniert der Straßenzug als eine Art gemeinsamer Vorhof, der vor allem von Kindern und Jugendlichen intensiv genutzt wird. Das Tempo hier ist gemächlich und entspannt, es treffen sich Jung und Alt. Eine richtig gute Stimmung. (->S. 156, Abb. 280, 281)

Der Mittagshunger meldet sich zum richtigen Zeitpunkt: Ein Wegweiser lockt zum „Greenhouse Grill". Wir biegen also ab Richtung Donau. Keine 300 Meter die Holzstraße hinunter landen wir vor einem imposanten Bauwerk mit markant getreppten, tiefgrün gestrichenen Giebelwänden mit einer dreieckigen Krone obenauf. Es ist ein weiteres Baudenkmal aus der Zwischenkriegszeit. Damals als Fleischmarkthalle nach Plänen von Curt Kühne errichtet, erfuhr es Anfang der 2020er Jahre eine umfassende Neukonzeption und Revitalisierung. In diesem Fall gab eine Diplomarbeit den entscheidenden Anstoß für die Erneuerung. Corinna Hiemer hatte ein schlüssiges Konzept vorgelegt,[15] wie die ursprüngliche Idee am Standort – also: gute, gesunde Ernährung in hoher Qualität für die Stadtbevölkerung – fürs 21. Jahrhundert aktualisiert werden konnte. Für ihr „Urban Greenhouse" begeisterte sich bald eine Gruppe vorausschauender Investor*innen, die das Projekt mit Erfolg zur Umsetzung brachten. Seither herrscht unter dem treppenförmig aufgesattelten Hallendach mediterranes Klima, das den ganzjährigen Anbau von Gemüse, Kräutern und auch Tropenfrüchten möglich macht. Die Gesamtanbaufläche von über 3000 Quadratmetern verteilt sich dabei auf die Bodenflächen, vertikale Gärten, Terrassen und Hochbeete. Auf dem Vorplatz gibt es einen Markt; Früchte und Gemüse können aber auch in Selbsterntegärten in der Halle gepflückt werden. Wir nehmen unter den Palmen im Restaurantbereich Platz und gönnen uns das angepriesene „Best of Greenhouse Menu" – mit den obligaten Linzer Ananasringerln als Dessert. (S. 122, Abb. 232)

In der Stadtbahn nach Urfahr

Die Haltestelle der Linzer City-S-Bahn ist geschickt in den Platz vor dem Greenhouse integriert. Im 3-Minuten-Takt geht es von hier entweder Richtung Hauptbahnhof oder über die Stadtbahnbrücke hinüber nach Urfahr und in direkter Linie weiter ins Mühlviertel. Das Großprojekt S-Bahn geht zurück auf ein Konzept aus dem Jahr 2000.[16] So wichtig der Lückenschluss der Bahnverbindung zwischen Mühlviertel und Hauptbahnhof auch gewesen sein mag, so war das Projekt doch weit mehr als „nur" eine neue Verkehrsverbindung. Die S-Bahn wurde von Anfang an als großräumiges Stadtentwicklungsprojekt verstanden, das vor allem den Stadtteil Urfahr um den ehemaligen Mühlkreisbahnhof und die Reindlstraße entlang bis zur Linken Brückenstraße komplett verwandeln sollte. (-> S. 80, Abb. 141)

Wenige Sekunden nach Abfahrt schweben wir sanft über die Donau. Für den Ausblick von der Brücke auf die Stadt bleibt wenig Zeit; schon sind wir auf der anderen Seite. Die Strecke wird als Hochbahn weitergeführt. Wir queren den Reindlpark (mit gleichnamiger Haltestelle), der im Rahmen des Bahnprojekts an der Linken Brückenstraße entstanden ist, tauchen dann in den Untergrund und erreichen wenig später die Haltestelle Mühlkreisplatz. Wir nehmen die Rolltreppe nach oben und stehen im Zentrum des damals neu entstandenen Stadtteils am und um das Gelände des ehemaligen Bahnhofs. Die Wohn- und Geschäftsbebauung ist hier relativ dicht, aber klug gesetzt, sodass sich ein angenehm urbaner, belebter Platz ergibt. Die Erdgeschoßzone ist vielfältig bespielt, mit Ladenlokalen, Coworking-Spaces und Cafés. Es wäre schön, länger hier zu bleiben, aber der sonnige Nachmittag lockt uns an die Donau.

Die paar Schritte gehen wir gern zu Fuß. Undenkbar, dass auf dieser Flaniermeile quer durch Urfahr – über Hauptstraße, Hinsenkampplatz und Nibelungenbrücke bis zum Hauptplatz – vor 30 Jahren noch Autos fahren konnten! Unser Ziel ist das Urfahraner Jahrmarktgelände. Ursprünglich war dieses Areal in bester Uferlage, abgesehen vom namensgebenden Rummel zweimal im Jahr, ein Parkplatz. Heute ist die Fläche das ganze Jahr über ein Magnet für Einheimische wie Gäste. Ab 2021 hat sich hier nach und nach ein öffentlicher Raum entwickelt, wie es ihn in Linz bis dahin nicht gegeben hat: eine Art nicht-kommerzieller, nutzungsoffener Freizeitpark für alle. Die Errungenschaft ist letztlich eine Folge der Covid-Pandemie. Damals blieben die Studierenden ein Sommersemester lang dem Unigebäude (und damit den strengen Gesundheitsbestimmungen in Innenräumen) fern und begannen stattdessen, das Jahrmarktareal mit räumlichen Interventionen und Programm zu bespielen. Geplant war das Projekt FLUT[17] eigentlich nur für begrenzte Zeit. Entstanden ist daraus eine äußerst resiliente Struktur an experimentellen Räumen, Möblierungen und Grüninseln, die von engagierten Benutzer*innen erhalten und erweitert werden. Auf dem gelben „Catwalk", der je nach Situation zu Tisch, Sitzbank oder Bühne wird, durchqueren wir das Areal – filmisch wirkt das, wie eine schnell geschnittene Folge unterhaltsamer Szenen. Donau, Stadt und Sommerhimmel kontrastieren dazu als ruhige, stimmungsvolle Hintergrundkulisse. (S. 137, Abb. 247)

Willkommen im Bahnhofsviertel

Ein paar Schritte weiter landen wir wieder bei der Station Stadtbahnbrücke/Reindlpark. Diesmal nehmen wir die Straßenbahn. Die damals sogenannte „Neue Schienenachse" östlich der Innenstadt wurde ab 2015, also einige Jahre nach der City-S-Bahn, im Zuge der städtischen Dekarbonisierung errichtet. Im Bahnhofsviertel, das vielen als das spannendste und vitalste Quartier der Stadt gilt, wollen wir den Tag ausklingen lassen. Uns scheint jedenfalls die Dichte an jungen Leuten in dieser Gegend ziemlich hoch zu sein. Vielleicht, meint eine Passantin, bei der wir uns neugierig erkundigen, liege das an der Uni, vor der wir stünden. Betont gelassen deutet sie auf das Gebäude hinter sich. Tatsächlich. In großen Lettern steht es quer übers Entree geschrieben: POSTUNI. Dass es an dieser Stelle eine Uni gäbe, erklärt uns die Studentin, sei das Beste, was dieser Stadt habe passieren können. Eigentlich hätte das Gebäude, einst Verteilzentrum der Österreichischen Post, nach nur 24 Jahren Nutzung (und ein paar Jahren Leerstand) abgerissen werden sollen. Dann hätten aber drei Architekturstudis von der Kunstuni im Rahmen eines Semesterprojekts[18] auf die enorme Raumverschwendung aufmerksam gemacht. Der Rest, meint sie lakonisch, sei Geschichte. „Schaut einfach rein!" (-> S. 154, Abb. 276; S. 155, Abb. 278, 279)

Bei unserer Erkundung im Innern bringen wir die Details dieser Geschichte in Erfahrung: Eigentlich war für die Nachnutzung des Areals bereits eins der größten städtebaulichen Entwicklungsprojekte der Stadt in Gang gewesen. Zeitgleich hatte das Land Oberösterreich die Errichtung einer neuen Technischen Universität für Digitalisierung vorangetrieben. Die Idee der Studierenden war offenbar so einfach wie überzeugend, wie sich der gemeinsamen Dankestafel von Stadt- und Landesregierung im Foyer entnehmen lässt: „Statt das alte Postverteilerzentrum abzubrechen und die Fläche mit neuen Wohn- und Gewerbetürmen zu besetzen, wurde der Bestand der Nutzung durch die neu gegründete Digitale TU Linz zugeführt und das Areal behutsam nachverdichtet. Somit konnte ein großer Teil der verbauten grauen Energie weiterhin genutzt und erheblicher Ressourcen- und Energieaufwand für ein Neubauprojekt vermieden werden."[19] Dass die zentrale Lage am wichtigsten Verkehrsknotenpunkt der Stadt für den Universitätsstandort ein weiteres, gewichtiges Argument gewesen sein dürfte, liegt auf der Hand.

Nach unserer Tour durch die Postuni – mit der Erweiterung des Bestandskomplexes immerhin 115.000 Quadratmeter groß, wobei Wohnbereiche, Freizeiteinrichtungen und externe Nutzungen inkludiert sind – stellen wir verwundert fest, dass es mittlerweile Abend geworden ist. Abreisen wollen wir aber keinesfalls, ohne das Werkstättenquartier auf der anderen Seite der Bahnstrecke besichtigt zu haben. Durch die Bahnhofsmall gelangen wir von der Uni unterirdisch sehr bequem dort hin.

Mit welcher Originalität und Raffinesse dieser Stadtteil „vom Reißbrett" gestaltet wurde, ist nach wie vor verblüffend. Die Grundidee geht auf die Diplomarbeit von Daniela Herold und Rolf Touzimsky[20] zurück, die die Bebauungsstruktur aus einer komplexen Topografie sich überlagernder Blick- und Wegachsen entwickelt hatten. Das abstrakte Konzept ergibt im konkreten Erleben vor Ort eine ungewöhnlich vielschichtige Stadt. Der öffentliche Raum breitet sich hier nicht wie üblich im Wesentlichen auf Niveau Null aus, sondern durchfließt das Quartier in wechselnden Höhenlagen. Der Spaziergang wird so nicht nur zu einem besonderen räumlichen Erlebnis mit ungewöhnlichen Perspektiven, auffallend sind auch die ungewöhnlich kurzen Wege, die das Areal wie ein dicht gewobenes Netzwerk durchziehen. (-> S. 71, Abb. 131)

Der große Erfolg des Projekts lässt sich wohl am besten daran messen, dass das Team wenige Jahre später auch an der Neuentwicklung einer zweiten großen Brache längs der Westbahnstrecke beteiligt wurde: der sogenannten „Linzer Mitte" am Gelände des ehemaligen Frachtenbahnhofs. Im Rahmen des interdisziplinären Forschungsprojekts trans_areale_[21] entwickelten die beiden gemeinsam mit Hans Kropshofer ein Szenario für die Reurbanisierung des Gebiets.[22] Diese partizipativ von Fachleuten und Akteur*innen aus unterschiedlichen Bereichen ausgearbeitete Vision führte über eine pionierhafte Phase „programmatischer Zwischennutzungen" im Altbestand des Areals letztlich zur schrittweise erfolgten Transformation in ein attraktives Wohn- und Geschäftsviertel. Die reichhaltige Geschichte und Substanz am Standort wurden also nicht geleugnet, sondern für die atmosphärische Qualität und Dichte des städtischen Lebens wirksam gemacht.

Nicht nur die ausführliche Besichtigung der „Linzer Mitte" müssen wir Ihnen, liebe Leser*innen, an dieser Stelle vorenthalten. Es gäbe noch eine ganze Menge weiterer sehenswerter Projekte im Stadtgebiet. Aber für uns wird es Zeit aufzubrechen. In Kürze fährt der Zug zurück ins Jetzt. Oben am Bahnsteig atmen wir noch ein paarmal tief die warme Linzer Sommerluft der Zukunft und lassen die kleine Exkursion Revue passieren. Die Emotionen sind gemischt, stellen wir fest. Wir hatten eine schöne Zeit, ja, eine fantastische! Zugleich sind wir traurig, dass diese Stadt so vorerst nur in Plänen, Bildern, Texten und Broschüren existiert. (-> S. 85, Abb. 155, 156)

Wenn wir etwas mitnehmen könnten in die Gegenwart, ein kleines Souvenir für die Linzer Wirklichkeit, dann die Gewissheit, dass diese Zukunft nicht nur theoretisch denkbar wäre, sondern dass sie – so oder wenigstens so ähnlich – tatsächlich möglich ist. Die Ideen, Entwürfe und Visionen dafür sind jedenfalls vorhanden. Und sie werden mit jedem Jahrgang, mit jedem Semesterprojekt, mit jeder Abschlussarbeit mehr. Nur einen Steinwurf vom alten und neuen Rathaus türmen sich seit Jahrzehnten die faszinierendsten Ideen für die Stadt. Linz sollte darauf nicht verzichten.

Anmerkungen

1 Goffitzer, Friedrich: „Vierundzwanzig Jahre Meisterklasse". In: Hochschule für künstlerische und industrielle Gestaltung (Hg.): *Meisterklasse für Architektur. Projekte und Diplome 1973–1996. Linz: Hochschule für künstlerische und industrielle Gestaltung.* Linz 1996, S. 5

2 Seit seiner Berufung an die neu gegründete Hochschule im Jahr 1973 war Friedrich Goffitzer als Leiter der *Meisterklasse für Innenarchitektur* um deren Umwandlung in eine *Meisterklasse für Architektur* bemüht, was 1990 gelang [vgl. ebd.]; städtebaulich relevante Studienprojekte für Linz entstanden erst ab dieser Zeit.

3 Pollak, Sabine: *Stadtspeicher. Urbanität am Wasser* (Linzer Augen, Band 12). Wien 2018, S. 138

4 Ebd., S. 22

5 Der Ursprung dieses Hotels liegt im Erfolgsprojekt „Pixel Hotel" im Europäischen Kulturhauptstadtjahr 2009, das von Absolvent*innen und Assistent*innen der Architektur gegründet wurde (u. a. Sabine Funk, Jürgen Haller, Richard Steger, Christoph Weidinger).

6 Kuglstätter, Peter: „Die Bedeutung des Donaubogens". In: F. X. Goldner/Linzer Planungsinstitut (Hg.): *Die Herausforderung. Die Ergebnisse der „Sommerakademie '94".* Linz 1995, S. 87 f.

7 Ebd., S. 88

8 Ebd.

9 Projekte von Rolf Touzimsky, ebd., S. 90; Andreas Scherb, ebd., S. 92; und Christopher Opelt, ebd., S. 99 f.

10 Hagleitner, Tobias: „Arbeitersiedlung Sintstraße". In: Nordico Stadtmuseum Linz (Hg.): *Gebaut für alle. Curt Kühne und Julius Schulte planen das soziale Linz (1909–38).* Salzburg 2021, S. 78 f.

11 Kapfinger, Otto/afo architekturforum oberösterreich (18.01.2012): „Statement zum Entwurfsprojekt *Sintstraße weiterbauen*". https://afo.at/programm/sintstrasse-weiterbauen/otto-kapfinger-statement/ (letzter Zugriff: 16.10.2023)

12 Ebd.

13 Eine wichtige Rolle für das Umdenken im Umgang mit der Sintstraße spielte der langjährige Städtebauprofessor an der Kunstuniversität Linz, Wilfried Posch, der die historische Einzigartigkeit der Siedlung mehrfach betonte, u. a. 2006 in einem Gutachten für das Bundesdenkmalamt.

14 Kordes, Hannah (2014): „Harboria. Den Weg zum Hafen neu entdecken". https://studiokordial.de/harboria/ (letzter Zugriff: 16.10.2023)

15 Hiemer, Corinna: *Urban Greenhouse. Revitalisierung der ehemaligen Fleischmarkthalle Linz.* Diplomarbeit an der Kunstuniversität Linz, Linz 2019

16 Rabengruber, Markus: *Konzeption und stadträumliche Integration der City-S-Bahn Linz.* Diplomarbeit an der Kunstuniversität Linz, Linz 2000

17 Hammer, Sara/Schwenk, Frank/Pollak, Sabine (Projektleitung): „FLUT freiluftkunstuniversität". Studio urbanistik, Semesterprojekt an der Kunstuniversität Linz, Linz 2021

18 Ackerl, Lisa/Schöngruber, Daniel/Thaller, Marco: „Postuni. Post:growth, post: operative, post:position". Semesterprojekt an der Kunstuniversität Linz, Linz 2023

19 Vgl. Ackerl et al. (2023), aus dem online publizierten Erläuterungstext zum Projekt unter https://postuni.at/about/ (letzter Zugriff: 16.10.2023)

20 Herold, Daniela/Touzimsky, Rolf: *Urbanisierung ÖBB-Werkstätten-Areal.* Diplomarbeit an der Kunstuniversität Linz, Linz 1997

21 Herold, Daniela/Kropshofer, Hans/Touzimsky, Rolf (Hg.): *trans_areale_report 02. Strategische Stadtentwicklung, Dokumentationsmagazin.* Linz 2005

22 Zum selben Thema: Stempfer, Wolfgang: *Innere Stadterweiterung – Nachnutzung des Linzer Frachtenbahnhof-Geländes.* Diplomarbeit an der Kunstuniversität Linz, Linz 2004

16

Raiffeisenzentralkasse, Frontalansicht, Gottfried Nobl/Erich Scheichl/Franz Treml, 1972–1974

Die elfgeschoßige und nach Süden hin terrassierte Bankzentrale stellt eine umfangreiche und kompakte bauliche Geste dar. Ursprünglich als Solitär geplant, überragt das Gebäude nunmehr den direkt angrenzenden Südbahnhofmarkt und soll in den kommenden Jahren für eine neue Konzernzentrale in Linz aufgegeben werden.

17

Harter Plateau, Hochhäuser kurz nach der Errichtung, Perotti & Greifeneder & Partner und GIWOG, 1972–1975

1975

18

Harter Plateau, Modell des Masterplans, Perotti & Greifeneder & Partner und GIWOG, 1972–1975

Hart ist ein ländlich geprägter Ortsteil der Linzer Nachbargemeinde Leonding. Dort sollte nach den Plänen von Perotti & Greifeneder & Partner ursprünglich eine Stadt für 20.000 bis 30.000 Einwohner*innen entstehen. Ende der 1960er Jahre begann die werkseigene Wohnbaugenossenschaft der VÖEST, die GIWOG, mit dem Bau mehrerer Wohnblöcke sowie der beiden 60 Meter hohen Wohntürme[1] (1972–1975). Die Häuser boten insgesamt 880 Wohnungen, wurden exemplarisch mit VÖEST-Stahl gebaut und waren wegen der hohen Standards bei den Werksmitarbeiter*innen begehrt.[2] Nach diesen ersten Bemühungen stockte die Umsetzung des groß angelegten neuen Stadtteils. Dieser verblieb als Rumpf mit anfänglich völlig unzureichender Infrastruktur. Aufgrund von Baumängeln und der fehlenden städtischen Infrastruktur verschlechterte sich das Image des Harter Plateau zusehends. Nach nur 28 Jahren wurden die beiden Türme 2003 abgerissen und Teile der Bewohner*innen in eine am Areal neu geschaffene Wohnanlage umgesiedelt. Im Auftrag der GIWOG plante der Architekt Hubert Rieß hierfür 14 Stadtvillen mit jeweils 23 Wohnungen.[3] Die Fertigstellung eines zehngeschoßigen Wohnturms (ebenfalls GIWOG) markierte 13 Jahre nach dem Abriss der beiden Plattenbauten vorerst den Abschluss der Wiederbebauung.

1 Arbeitsgruppe „Sanierungsstudie Harter Plateau“: *Die Hochhäuser am Harter Plateau. Studie zur nachhaltigen Verbesserung der Wohnsituation* (Zwischenbericht). Linz 1998, S. 5, 9, 11–13, 18

2 Mörth, Ingo: *Vom „Wohnen im Hochhaus“ zum „Wohnen im Park“*. Linz 2005, S. 201–204

3 Ebd., S. 214–217

19

Pädagogische Akademie der Diözese Linz, Franz Riepl/ Othmar Sackmauer, 1970–1975

Flach in den Hang gebaut, zeigt sich das Gebäudeensemble als vielschichtiger Campus mit begehbaren Dächern, Innenhöfen und unterschiedlich nutzbaren Außen- und Innenflächen. Das 1975 fertiggestellte und gemeinsam mit Othmar Sackmauer geplante Projekt gilt als eines der wichtigsten Bauten von Franz Riepl, der das Gebäude bis heute architektonisch betreut. Den 2023 ausgelobten Wettbewerb zur Sanierung des denkmalgeschützten Bauwerks gewann der Architekt Thomas Pucher, ehemaliger Schüler von Riepl.

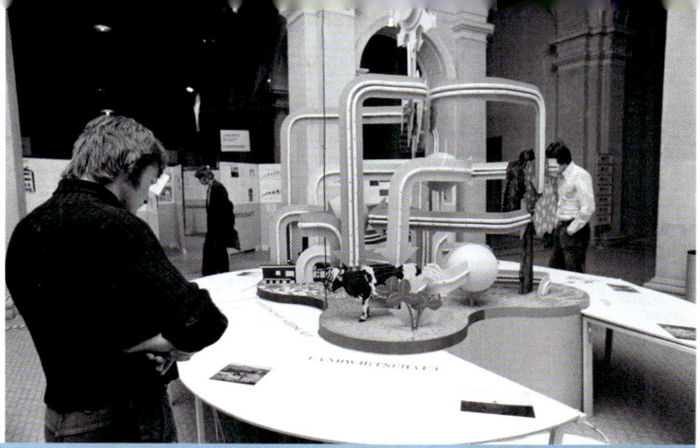

20

Ausstellung „Umdenken – Umschwenken" im Hauptgebäude ETH Zürich, 1975

Die Ausstellung „Umdenken – Umschwenken" an der ETH Zürich widmete sich der Frage: Gibt es Auswege aus den Sachzwängen der groß-technologischen Gesellschaft? Sie stellte Zusammenhänge unter anderem zwischen Ernährung, Abfall, Hausbau, sozialem und Siedlungsbau her. Die Schau markiert einen Schlüsselmoment der ökosozialen Bewegung der 1970er und 1980er Jahre, und Roland Gnaiger half als an ihr Beteiligter, diese Themen nach Österreich zu tragen und dort einen Diskurs zu etablieren.

21

Polytechnische Schule Leonding, Karl Odorizzi, 1971–1975

Anfang der 1970er Jahre ging die Entwicklung bei Schulbauten in Richtung gebündelter Schulzentren und folgte zunehmend der Idee der Gesamtschule. Die 1975 fertiggestellte Polytechnische Schule in Leonding ist mit ihrer hohen Qualität, den flexiblen Raumkonfigurationen und der organisatorischen Kompaktheit ein besonders gelungenes Beispiel dieser Überlegungen.

22

Polytechnische Schule Leonding, flexibles Schulfoyer, Karl Odorizzi, 1971–1975

23

Polytechnische Schule Leonding, Modell, Karl Odorizzi, 1971–1975

24

Les Palétuviers, LP1 – das Pionierprojekt, Architekturbüro Matzinger, 1975

Inspiriert von seinen Reisen durch Afrika in den 1970er Jahren und den dort entdeckten Formen des Zusammenlebens wurde Fritz Matzinger zum Initiator und Planer mehrerer gemeinschaftlicher Wohnprojekte. Ein erster Versuch dieser von ihm als Les Palétuviers (Bäume mit Luftwurzeln) bezeichneten Wohnform wurde mit LP1 1975 realisiert – als soziale Alternative zwischen mehrgeschoßigem Wohnbau und dem klassischen Einfamilienhaus.

25

Friedrich Goffitzer mit Studierenden, 1970er Jahre

26

Nike auf Brückenkopfgebäude West, 1977

Die von Haus-Rucker-Co konzipierte Nike referenziert zum einen die im Pariser Louvre gezeigte Marmorskulptur der antiken Siegesgöttin Nike von Samothrake. Gleichzeitig erinnert ihr Befestigungsgerüst an den Entwurf der Lenin Tribüne des russischen Avantgardisten El Lissitzky. Als die Aluminiumskulptur im August 1977 als Vorbotin für das Forum Metall auf dem Dach des Brückengebäudes West montiert wurde, löste sie kontroverse Diskussionen aus. Diese dauerten an, bis sie zwei Jahre später, 1979, bei einer Nacht-und-Nebel-Aktion von ihrem zentralen Standort am Linzer Hauptplatz entfernt wurde. Erst seit 2016 wieder in Linz, ist die Skulptur mittlerweile über dem Pfarrplatz am Dach des ehemaligen Postgebäudes und heutigen Standorts der Kunstuniversität angebracht.

1977

27

Linzer Donauatlas von Bernhard Luginbühl auf der Donaulände, 1977

29

Strömung von Erwin Reiter auf der Donaulände, 1977

Seit 1963 bestand eine von Helmuth Gsöllpointner geleitete „Meisterklasse plastisches Gestalten Metall" auf dem Gelände der voestalpine AG Linz. Im Zuge dieses Aufeinandertreffens von Kunst und Industrie wurden in den Jahren 1971 und 1975 zwei Ausstellungen unter dem Titel „forum stahl I" und „forum stahl II" initiiert. Sie zeigten sowohl künstlerische Projekte als auch Industrieprodukte im Arbeitsumfeld der Studierenden und Industriearbeitenden. Mit dem Forum Metall gelang es Helmuth Gsöllpointner und Peter Baum, dem späteren Gründungsdirektor des Lentos, eine Großausstellung von Metallplastiken im Freien ins Leben zu rufen. So wurde am 12. September 1977 eine Ausstellung auf der Donaulände, am Linzer Hauptplatz und im Parkbereich des Brucknerhauses eröffnet, bei der 12 Großplastiken gezeigt wurden. Diese waren von international anerkannten Künstler*innen entworfen und in österreichischen Metallbetrieben hergestellt worden. Mit Skulpturen vertreten waren Herbert Bayer, Max Bill, Haus-Rucker-Co, Erwin Heerich, Donald Judd, Piotr Kowalski, Bernhard Luginbühl, Klaus Rinke, David Rabinowitch und Günther Uecker. Das erklärte Ziel des Forum Metall war es, „in einer nicht nur industriell, sondern auch kulturell aufstrebenden und ambitionierten Stadt von überschaubarer Größenordnung einen eigenständigen künstlerischen Akzent zu setzen, der [...] kompromisslose Beispiele der Kunst unserer Zeit einem möglichst großen Publikum nahebringt".[1]

28

Pavillonskulptur III von Max Bill auf der Donaulände, 1977

1 Baum, Peter: *Forum Metall Linz*, Linz 1978, S. 15

30

Lentia City, Einkaufszentrum und Wohnanlage, Heinz Stögmüller, 1973–1977, Erweiterung: 2007–2010

In Zeiten der Fertigstellung äußerst unbeliebt, bewährten sich der Komplex und seine extensive Mischnutzung über die Jahre erstaunlich gut. Die vier Türme und der gewaltige Sockel bieten Platz für 470 Eigentumswohnungen, ein großes Einkaufszentrum, eine Schule, einen Kindergarten, Büros und mehr.

31

Eröffnung der Fußgängerzone in der Linzer Landstraße, 1977

Am 26. November 1977 wurde die Linzer Landstraße zur Fußgängerzone umgewidmet und war somit die erste Fußgängerzone Oberösterreichs. In Klagenfurt eröffnete bereits im Jahr 1961 die erste Fußgängerzone Österreichs.

Interview

Wolf-Dieter Albrecht, Sigi Atteneder, Andrijana Ivanda, Gabriele Kaiser, Petra Stiermayr und Rainer Zendron im Gespräch mit Peter Arlt

Juni 2023

Beziehungsgeschichten – *die architektur*, die Stadt (und die Stadt)

Um dem Verhältnis zwischen der Architekturabteilung der Kunstuniversität Linz und der Stadt Linz nachzugehen, haben sich Andrijana Ivanda (c/o now) und Sigi Atteneder an den Linzer Soziologen und Stadtforscher Peter Arlt gewandt. Im Juni 2023 trifft sich eine von ihm eingeladene und moderierte Runde, um dieser in den vergangenen 50 Jahren oft nicht ganz einfachen Beziehung auf den Grund zu gehen. Die Eingeladenen bringen dabei auch ihre jeweils eigenen Perspektiven auf die Architekturabteilung und auf die Stadt Linz mit in das Gespräch.

Petra Stiermayr (PS): Für mich war Linz am Anfang mit Ängsten verbunden. Ich bin vom Land nach Linz ans Gymnasium gekommen und immer schnell vom Bus direkt in die Schule gerannt, um ja mit niemandem reden zu müssen. Das hat sich schnell geändert. Meine Jugend habe ich quasi an der Donaulände verbracht. Von 2003 bis 2010 habe ich dann an der Kunstuni Architektur studiert. 2016 begann ich, bei der Stadt zu arbeiten, und bin seit 2022 bei der Stadtplanung des Magistrats für den Ortsbildservice mitverantwortlich sowie als Projektleiterin des Innenstadtkonzepts tätig.

Wolf-Dieter Albrecht (WA): Ich war ab 1990 im Dienst der Stadt Linz. Von 2009 bis 2015 habe ich die Stadtplanung geleitet. In dieser Zeit trat Sabine Pollak an mich heran, um unsere Unterstützung für ihr Symposium „Superstadt" an der Kunstuni zu gewinnen. Später war ich dann am Architekturwettbewerb zum Umbau der Brückenkopfgebäude, in denen Teile der Kunstuni untergebracht sind, beteiligt, den der Architekt Krischanitz gewonnen hat.

Rainer Zendron (RZ): Ich bin seit 68 Jahren in Linz, am Bindermichl aufgewachsen. Von 1982 bis 1987 habe ich bei Laurids Ortner an der Kunstuni studiert. Mit der Stadt habe ich mich schon davor beschäftigt. Ab 1979 war ich bei der Stadtwerkstatt engagiert. Dort bin ich auch mit der Kunstuni in Kontakt gekommen. Und wie der Name schon sagt, hat sich die Stadtwerkstatt intensiv mit der Stadt beschäftigt, beispielsweise anlässlich der Neugestaltung des Linzer Hauptplatzes und dann in der Bürgerinitiative Alt-Urfahr-Ost.

Gabriele Kaiser (GK): Ich hatte eine Linzer Kindheit. Später studierte ich in Wien und mein Kontakt zu Linz beschränkte sich mehr oder weniger auf Elternbesuche. 2009 wurden Friedrich Achleitner und ich von Roland Gnaiger zu einer Vorlesung an die Kunstuni eingeladen. Von da an hat sich mein Interesse an der Stadt wieder intensiviert. Zwischen 2010 und 2016 leitete ich das afo architekturforum oberösterreich in Linz, an dem immer eine Reihe engagierter Studierender der Kunstuni mitgearbeitet haben. Bis heute unterrichte ich hier Architekturgeschichte.

Andrijana Ivanda (AI): Ich bin im Berchtesgadener Land, also direkt an der deutsch-österreichischen Grenze, aufgewachsen. Als ich Jugendliche war, reichte der Ruf der Stadtwerkstatt und des KAPU bis dahin. Auch wenn ich, bevor ich 2020 aus Berlin als Gastprofessorin an die Kunstuni kam, die Stadt nie besucht hatte, verband ich ihren Namen immer mit subkulturellen Strömungen.

Sigi Atteneder (SA): Für mich als bäuerlich-kulturfern aufgewachsenen Mühlviertler war Linz nicht nur geografisch weit weg – es war uns auch nicht ganz geheuer! Ich habe Maurer gelernt, dann als Vorarbeiter und Polier auch am Bau gearbeitet und bin erst mit 29 Jahren an die Kunstuni, um dort bei Roland Gnaiger Architektur zu studieren. Da begann sich mein Weltbild radikal zu ändern. Zuerst vom Dorf nach Linz, dann in der Studienzeit viel unterwegs, unter anderem in Hongkong und in Tokio. Später ans MIT nach Boston und zum Doktorat nach London. 2016 kehrte ich nach Linz und an die Kunstuni zurück, wo ich 2018 die Leitung der Architekturabteilung übernahm und seit 2019 Professor bin.

Peter Arlt (PA): Lasst uns doch zunächst auf den Gründungsgedanken der Kunstuni schauen. Ihr Name, „Hochschule für künstlerische und industrielle Gestaltung", spiegelt ja bereits wider, dass sie, in Abgrenzung zu den Kunstakademien und ganz im Sinne des Bauhauses, von Beginn an an einem Austausch mit der (Stadt-)Gesellschaft interessiert war.

RZ: Nach der Erhebung der „Kunstschule der Stadt Linz" zur Hochschule 1973 war die Kunstuni zunächst eher konservativ geprägt und auf Distanz zum „roten" Linz. Erst mit dem Forum Metall 1977 und dem Forum Design 1980 sollte sich das ändern. Während Linz damals mit Franz Hillinger (SPÖ) einen Bürgermeister hatte, der stolz darauf war, dass es in seiner Stadt „staubt" – also, dass die Industrie floriert –, konnte er mit der Kunstuni und mit Kunst überhaupt recht wenig anfangen. Es war der Künstler Helmuth Gsöllpointner, ein von der VÖEST geprägter SPÖler, der die Verbindungen zwischen der Kunstuni und der Stadt Linz hergestellt hat. Die von ihm geleitete Metallklasse hatte ihre Ateliers sogar auf dem Werksgelände der VÖEST. Und das hat er wohl eher mit der Bundes-SPÖ, mit Kreisky und Androsch eingefädelt als mit der Linzer SPÖ. Später sollte Linz mit Franz Dobusch (SPÖ) ab 1988 sogar einen Bürgermeister bekommen, der zuvor einige Jahre im Rektorat der Kunstuni gesessen hatte und immer daran interessiert war, dass sich in seiner Stadt im Kulturbereich etwas bewegt.

PA: 1979 haben Teile der Kunstuni gegen die Neugestaltung des Hauptplatzes durch Architekt Perotti protestiert.

RZ: Das war im Grunde genommen das erste Mal, dass die Kunstuni einen Wirbel in der Stadt zusammengebracht hat, und es war auch die Initialzündung zur Gründung der Stadtwerkstatt. Das waren alles Kunstunistudierende, die zuvor mit der von Laurids Ortner eingerichteten Grundklasse nach Holland gefahren waren, wo sie urbane Grassroot-Bewegungen und partizipative Ansätze kennenlernten. Und da saßen sie nun während ihrer eineinhalb Jahre Grundklasse in der Kunstuni direkt am Hauptplatz und beschlossen, mitzumischen.

PA: Hat Laurids Ortner das unterstützt?

RZ: Ja. Das Credo seiner Grundklasse war es, sich in die Stadt einzumischen. Einmal haben sie in den frühen Morgenstunden vor jedes Haus mit bunten Kreiden „Guten Morgen" geschrieben – das hat damals noch für einen Skandal gereicht.

AI: Hat die Grundklasse sich denn explizit mit Architektur- und Stadtthemen beschäftigt?

RZ: Laurids Ortner war ein klassischer 1968er. Für ihn war klar: Seine Grundklasse muss im Kontakt mit der Stadtgesellschaft stehen. Die anderen Professor*innen haben deswegen einen Aufstand gemacht und dafür gesorgt, dass die Grundklasse abgeschafft wird. Für Ortner wurde als Kompensation die Studienrichtung „Visuelle Gestaltung" – die heutige „Experimentelle Gestaltung" – geschaffen und dort war die Stadt nicht mehr sein Thema.

GK: Bei der Hochschul-Erhebung 1973 war eine Klasse für Innenarchitektur eingerichtet worden, die der Architekt Fritz Goffitzer leitete. Auf ihn folgte 1996 der Vorarlberger Architekt Roland Gnaiger und die Klasse wurde in „Architektur" umbenannt.

RZ: Und vorher gab es die Lehrkanzel „Umraumgestaltung" von Günther Feuerstein.

PA: Das heißt also, es war hauptsächlich die Grundklasse von Laurids Ortner – der ja auch Feuerstein zugeordnet war –, die den Bezug zur Stadt aktiv gesucht hat; die anderen Professor*innen hat das nicht interessiert. Und spätestens nachdem Laurids Ortner 1987 an die Kunstakademie nach Düsseldorf ging, war es damit vorbei?

RZ: Ja. Aber Ende der 1980er Jahre war die Zeit, in der Studierende einfach nur in die Ateliers gingen, um Bilder zu malen, die danach brav in Galerien ausgestellt werden konnten, ohnehin vorbei. Unabhängig von der Lehre wurden Leerstände ausfindig gemacht und reaktiviert, Konzerte und Interventionen organisiert und Performances in den öffentlichen Raum getragen.

PA: Wie hat die Stadt Linz das alles eigentlich gesehen?

WA: Während meiner Zeit war die Kunstuni nahezu kein Thema. Schon gar nicht, dass man sie irgendwie in irgendetwas miteinbeziehen könnte. Die damals neue Architekturausbildung wurde auch eher kritisch beäugt. Ich würde sagen, dass ihr keiner recht eine Chance gegeben hat. Wir haben eher den Austausch mit der Kepler-Universität gesucht, die viel größer war und schon deshalb ein ganz anderes Standing hatte und hat.

RZ: Bis zur Jahrtausendwende war die Kunstuni auch eine von einer ÖVP-Mehrheit getragene Hochschule. Denn Bürgermeister Dobusch beispielsweise hat es immer gewurmt, dass er auf „seinem" Hauptplatz eine „rechte" Kunstuni sitzen hat. Als sich dann das Rektorat änderte, kamen sich Kunstuni und Magistrat näher.

PA: Petra, du hast ja um diese Zeit herum begonnen, an der Kunstuni Architektur zu studieren. Habt ihr diese Annäherung wahrgenommen?

PS: Ich hatte nicht den Eindruck, dass es da einen Austausch gibt. Oder dass ein Austausch gewünscht wäre oder sogar forciert wird. Auch nicht von der Architekturabteilung aus. Was das Interesse an Linz betrifft, mussten wir uns als Studierende selbst helfen. Ich habe damals mit Anna Wolf, Markus Jeschaunig, Stefan Groh und Alexander Kollmann das „Forschungslabor öffentlicher Raum" – kurz: FLAUM – gegründet. Wir haben die Nähe zum afo gesucht. Wir haben uns Linz, Städtebau und Urbanismus selbst erarbeitet. Das war eine sehr bereichernde Zeit. Dass die Abteilung das als Teil des Studiums anerkannt hat, war so nicht vorgesehen, wir waren aber froh drum. Später, als ich nach dem Diplom in die Architekturlehre an der Kunstuni gewechselt hatte, haben wir fantastische Reisen in alle Welt gemacht. Doch von den Studierenden bekamen wir immer öfter zu hören, dass sie nicht für jeden Exkursionspunkt die halbe Welt umrunden wollten. Deshalb habe ich dann mit Clemens Quirin, der damals auch an der *die architektur* lehrte, beschlossen, zusätzlich eine „Ständige Exkursion nach Linz" anzubieten. Das hat die Beschäftigung mit Linz wieder intensiviert. Aber das ging eher von einem Bedürfnis der Studierenden als von den Lehrenden aus.

AI: In Deutschland wird Roland Gnaiger ohnehin als Regionalist wahrgenommen, der sich primär für den ländlichen Raum interessiert. Spielt das dabei eine Rolle?

SA: Das sehe ich ambivalent. Es hat sich immer wieder mal etwas angebahnt, Projekte sind dann aber aus verschiedenen Gründen wieder versandet. Meiner Meinung nach war Roland Gnaiger nicht allzu sehr interessiert an Linz. Er hat auch nicht permanent hier gewohnt. An der Abteilung gab es aber auch ein Ordinariat für Städtebau mit Wilfried Posch und später die Urbanistik mit Sabine Pollak. Doch auch von dieser Seite kam wenig in Bezug auf öffentliche und aktuelle Stadtdiskurse. Bei Roland Gnaiger gab es ein ausgeprägtes Interesse am ländlichen Raum. Über Stadt an sich habe ich eher Äußerungen im Kopf wie: „Die Stadt frisst die Menschen. Die Studierenden kommen aus den Regionen in die Stadt und da bleiben sie dann hängen." Ihm war es wichtig, dass die Studierenden dorthin zurückgehen, wo sie herkamen, um dort gute Architektur und Lebensräume zu schaffen. Diese Perspektive hat er bei BASEhabitat auch auf den Globalen Süden übertragen. Das Argument war, dass wir Lebensbedingungen herstellen sollen, die den Menschen ermöglichen, dort zu bleiben, wo sie sind. Abgesehen von dem einen oder anderen kritischen Schlaglicht muss ich aber sagen, dass wir bis heute enorm von den Dingen profitieren, die Roland Gnaiger in Gang gesetzt hat. Ich denke da an die Nachhaltigkeitsthemen, an die Wichtigkeit der Kontexte in der Entwurfsarbeit oder an die Baukultur, für die wir nun, nicht zuletzt dank ihm, sogar eine eigene Professur bekommen. Aber abseits punktueller Entwurfsprojekte in der Stadt war eine tiefere Auseinandersetzung mit der Stadtentwicklung nicht ausgeprägt.

GK: Ich würde auch noch einmal unterstreichen wollen, dass Roland Gnaiger, während andere Schulen sich noch an „Starchitecture" orientierten, sehr früh begonnen hat, an der Kunstuni mit den Studierenden an Themen zu arbeiten, die uns gerade jetzt alle bewegen. Während meiner Zeit am afo haben wir dort sehr viele Diplomarbeiten präsentiert, in denen sich Studierende mit ihren Herkunftsorten auseinandergesetzt haben. Im urbanen Raum angesiedelte Arbeiten gab es tatsächlich eher weniger.

RZ: Gnaiger selbst hat sich sehr lange nicht ins afo eingebracht. Während es überall in Österreich bereits etablierte Architekturhäuser gab, hatte Oberösterreich lange kein solches Haus. Als es dann kam, war Gnaiger nicht dabei.

WA: Aber dieses Einmischen der Abteilung Architektur in Themen der Stadt Linz wie beispielsweise das Projekt „Attraktivierung der Sintstraße“, das war auch etwas, was Klaus Luger – heute Bürgermeister, damals noch Planungsstadtrat – überhaupt nicht wollte.

GK: Ja, das Verhältnis zu ihm war nicht sehr freundlich.

RZ: Aber auch zwischen Gnaiger und Bürgermeister Dobusch hat es nicht gepasst. Ich kann mich an eine Diplomarbeit zur Derfflinger-Kaserne erinnern. Die Studierende wollte, dass Gnaiger mit ihr zu Dobusch geht, aber Gnaiger wollte einfach nicht. Also bin ich mit ihr da hin.

PA: Wie seht ihr das: Ist das Einmischen in das lokale Geschehen überhaupt die Aufgabe einer Architekturabteilung? Ist es nicht vielleicht etwas provinziell, sich überwiegend nur mit der eigenen, engeren Umgebung auseinanderzusetzen? Müsste man nicht auf die Best-Practice-Projekte in aller Welt blicken?

SA: Ich denke, für die Architekturabteilung ist beides wichtig: lokal und global. Wir haben internationale Projekte, unsere Arme sind aber auch in Richtung der Stadt Linz weit ausgestreckt. Aber der Austausch gestaltet sich mühsam. Unentgeltlich gute Ideen von den Studierenden abzuzapfen, das geht halt auch nicht mehr. Es wäre aber schon ein Fortschritt, sich einmal zusammenzusetzen und darüber zu reden, wer gerade eigentlich was macht. Und klar, wir würden uns schon wünschen, unsere Expertise einbringen zu können. Das ist bisher definitiv nicht der Fall.

AI: Wir sind ja noch nicht so lange in Linz. Wir haben unmittelbar begonnen, uns mit Linzer Themen zu beschäftigen, und im laufenden Semester kooperieren wir mit der Stadt. Ich muss zugeben, dass sie es uns nicht leicht machen. Die Studierenden aber sind extrem interessiert an Linzer Themen, bringen sich in alle möglichen Initiativen ein, gehen in die KAPU oder die Stadtwerkstatt. Ihr Fokus geht zunehmend weg vom klassischen Bauen, hin zu stadtpolitischen Themen. Wer baut was für wen, wie und warum? Es geht immer weniger um das Objekt, sondern eher um den Prozess. Allein vor diesem Hintergrund macht es Sinn, die Räume, an denen die Studierenden während ihres Studiums die meiste Zeit verbringen, zu Reallaboren zu erklären.

SA: Fridays for Future, Letzte Generation – das sind unsere Studierenden. Die gehen berechtigterweise radikal ran. Sie fordern Abriss- und Neubaumoratorien, schreiben Manifeste und machen Stadtarbeit wie Kleiderbasare oder ähnliches. Über Klima- und Verkehrswende muss man denen nichts erzählen.

PS: Darin liegt vielleicht neues Konfliktpotenzial zwischen Kunstuni und Stadt. Als Studierende hatte ich nie Lust, etwas für den Magistrat zu machen. Ich hatte den Eindruck, dann für deren Zwecke ausgenutzt zu werden. Von daher verstehe ich auch gut, dass man sich Kooperationen entlohnen lassen will. Ich habe es an der Kunstuni durchaus geschätzt, mich frei mit Themen der Stadt auseinandersetzen zu können, ohne dem Magistrat am Ende des Semesters wegen irgendeines Vertrages etwas liefern zu müssen. Diese Freiheit war mit das Beste an meinem Studium.
Jetzt habe ich die Seiten gewechselt. Und ich sehe, dass im Magistrat kaum Kreative sitzen, die etwas damit anzufangen wüssten, was an der Kunstuni passiert und diskutiert wird. Wenn Studierende ihre Projekte präsentieren, scheitert es oft an Kleinigkeiten. Meine Kolleg*innen argumentieren aus technischen Perspektiven heraus, während die Studierenden sich (noch) nicht so sehr für Technik und Paragrafen interessieren.

RZ: Ich bin total für eine Auseinandersetzung mit der Stadt. Aber ich sehe das kritisch, wenn die Kunstuni Aufträge der Stadt annimmt. Die Stadt kann die Arbeit der Studierenden finanziell fördern, aber nicht um dafür als Gegenleistung juristisch und technisch durchdachte Pläne zu bekommen. Damit müssen die Studierenden sich früh genug auseinandersetzen. Wo bleibt die Unabhängigkeit? Wo die Freiheit zu kritisieren?

PS: Als ich mein Diplom in die Hand bekam, hatte ich wenig Ahnung von einer Ö-Norm oder sonst irgendetwas. Und das war wunderbar so! Weil: Dann bin ich in Büros gegangen und habe die Ziviltechniker*innenprüfung gemacht und das alles nachgeholt.

WA: Ich habe vor meinem Studium in Innsbruck und Wien eine Höhere Technische Lehranstalt (HTL) besucht. Für mich waren Ö-Normen kein Problem. Ich hätte vom Diplom weg sofort als fertiger Architekt anfangen können. Ich finde, die Ausbildung sollte da vervollständigt werden.

SA: Wir haben heute auch Leute mit einer Hochbau-Vorbildung bei uns, was früher eher nicht der Fall war. Uns geht es aber nicht primär darum, für einen Markt oder für Büros auszubilden. Wir möchten kritische Leute, die gute Architekt*innen werden und das Draußen positiv verändern wollen. Wir wollen vermitteln, wie Prozesse ablaufen. Nochmal: Wer baut was für wen, wie und warum? Wenn man den Studierenden noch umfassend Ö-Normen, Baurecht und Organisationsabläufe ins Studium packt, bleibt das andere auf der Strecke.

AI: Ich würde es nicht kategorisch ausschließen wollen. Wir beschäftigen uns im Rahmen eines erweiterten Entwurfsbegriffs durchaus auch mit Gesetzestexten. Vorwiegend damit, wie sie geändert werden müssten, um unsere Lebensräume positiv zu gestalten.

PA: Gibt es Ideen, wie die offensichtlich schwierige Beziehung zwischen Stadt und Uni in der Zukunft positiv gestaltet werden könnte?

RZ: Beide müssen ihre Autonomie bewahren – der Magistrat genauso wie die Kunstuni. Beide müssen im ständigen Austausch bleiben und wenn der verweigert wird, muss Wirbel gemacht werden! Trotz der gebotenen globalen Perspektive halte ich es für ganz wichtig, sich mit Linz in allen seinen Schattierungen auseinanderzusetzen und gegebenenfalls einzugreifen – mit oder ohne Magistrat. Die Lehrenden sollten die Studierenden dazu regelrecht anstacheln! Klar, man muss die Studierenden auch davor schützen, sich zu überheben. Aber sie müssen machen, ins Materielle gehen! Zu viel ist schon auf eine rein theoretische Ebene verlagert worden. In der eigenen Stadt kenne ich mich aus – da kann ich mich erproben. Wenn ich, um eine Intervention im öffentlichen Raum zu machen, erst einmal nach Shanghai fliegen muss, dann ist das ein Kasperltheater. Das ist Blödsinn oder Kulturimperialismus. Oder beides.

PA: Den Austausch suchen: Ja! Aber auf welcher Ebene? Verwaltung? Politik?

WA: Eigentlich bringt es nur etwas, wenn man beim Bürgermeister einen Termin bekommt. Dann ist vieles möglich.

SA: Von dieser Seite nehme ich kein Interesse wahr.

GK: Vielleicht könnte man Leute aus der Stadtverwaltung für Mini-Workshops gewinnen? Die Studierenden könnten dann beispielsweise nachvollziehen, wie ein Bebauungsplan eigentlich zustande kommt. Generell finde ich, die Kunstuni sollte mehr Wirklichkeits-Tuchfühlung bieten.

PS: Wenn Themen aus Linz bearbeitet werden, dann sollte man die zuständigen Abteilungen des Magistrats einladen, um eben auch die juristischen und technischen Perspektiven auf ein Projekt zu öffnen.

AI: Im Umkehrschluss wäre es nicht verkehrt, wenn die Sachverständigen des Magistrats mitbekämen, über was die Studierenden reden. Denn die Themen der Zukunft werden von den Studierenden erfahrungsgemäß erheblich früher diskutiert.

PA: Einen Aspekt möchte ich noch in die Runde werfen. In Österreich wird, wenn man von der Stadt spricht, diese sofort mit dem Magistrat oder der Politik assoziiert. Es gibt aber auch die Stadt abseits der offiziell Zuständigen. Man könnte sich also auch unabhängig von den zuständigen Stellen praktisch eingreifend mit Stadt beschäftigen.

WA: Kann man. Aber es geht ja darum, erfolgreich zu sein. Und wenn ich mich hundertmal mit etwas beschäftige und noch nicht einmal wahrgenommen werde, dann bin ich nicht erfolgreich.

PA: Kommt darauf an, wie man Erfolg definiert. Eine temporäre Aktion, bei der Leute zusammenkommen und etwas erleben, kann auch ein Erfolg sein. Auch wenn es keiner wahrnimmt. Es geht um autonomes Agieren – ohne vorher die offizielle Stadt um Genehmigung fragen zu müssen. Habt ihr das auf dem Radar oder will man von der Kunstuni eher „richtige“ Projekte sehen?

SA: Auch hier orientieren wir uns in beide Richtungen. Aber um tatsächlich wirkmächtig zu werden, muss man sehr dicke Bretter bohren. Und da bin ich leider mit Blick auf die Stadt nicht sehr zuversichtlich.

GK: Und was ist mit der neuen Professur für Baukultur? Ist die nicht eigentlich ein Schritt in diese Richtung?

SA: Ja, die ist ja keine Entwurfsprofessur, sondern es geht ganz klar um einen Dialog mit der Gesellschaft und der Politik.

WA: Es gibt – zur Steigerung der Bekanntheit – auch immer noch den Weg über die Presse.

PS: Sehe ich auch so. Ein Artikel mit einem Bild, um Vorstellungen zu eröffnen.

GK: Die Kunstuni muss eine kritische Stimme sein. Ihr Standort in Linz ist dermaßen zentral, ihre Wirkung nach außen tendenziell marginal. Das passt nicht zusammen! Aber ich habe auch den Eindruck, dass gerade etwas im Gang ist. Die Studierenden sind politischer geworden und diese Kraft wird sich äußern.

PA: Ein schöner Ausblick – ich danke euch für eure Zeit!

Interview

Roland Gaigner
im Gespräch mit
c/o now

Umdenken, Umschwenken in Linz

Im September 2023 sind c/o now zu Gast bei Roland Gnaiger im Bregenzerwald, um mit ihm über seine Zeit an der Abteilung Architektur der Kunstuniversität Linz (1996–2019) zu sprechen. Im Rückblick bezeichnet er seine Anfangstage dort als unglaubliche Chance. Er habe nicht weniger ermöglicht bekommen, als eine Architekturschule von Grund auf neu zu formen. Glücklicherweise hat er durchgehalten und sich von den ersten Eindrücken nicht beirren lassen.

Roland Gnaiger (RG): Ich kam lange vor dem Umbau der Brückenkopfgebäude nach Linz. Die Räume waren dazumal noch hässlicher als zufolge der Planung von Roderich Fick und der billigen Fertigstellungsarbeiten nach 1945. Die Nazisäulen waren hinter Resopal-Platten, die Decken von Kunststoffkassetten versteckt. Das war kein guter Ort, um über Architektur nachzudenken. Die Studierenden waren verunsichert; es gab ein veraltetes, enorm überfrachtetes Curriculum.

c/o now (CN): Was war das Problem?

RG: Mein Vorgänger Friedrich Goffitzer war 1973 zum Leiter der Meisterklasse für Innenarchitektur berufen worden. Später folgte seine Amtszeit als Rektor, die er 1990 dazu nutzte, seine Innenarchitekturklasse in die Meisterklasse für Architektur umzuwandeln. Die Geburtsstunde der Architektur an der damaligen Hochschule für künstlerisches und industrielles Gestalten erfolgte somit erst wenige Jahre, bevor mir 1996 deren Leitung übertragen wurde. Während er die letzten Innenarchitekt*innen zu ihrem Diplom führte und die Hochschule leitete, hatte Goffitzer dem Ministerium ein Curriculum vorzulegen. Ich vermute, dass das erste Linzer Architektur-Curriculum aus Zeitdruck ein reiner Texthybrid des Curriculums der „Angewandten" [Hochschule für angewandte Kunst in Wien] war. Das war weder zeitgemäß noch für die kleinste Architekturschule Österreichs passend und erst recht nicht im Sinne eines eigenen, in die Zukunft weisenden Profils.

CN: Du musstest deinen Job also damit beginnen, den Auftakt der neuen Schule zu vollenden und gleichzeitig Reformen anzusetzen?

RG: Goffitzer war zu Recht stolz darauf, in Linz eine neue Architekturschule etabliert zu haben. Natürlich war er anfänglich als Emeritus noch präsent. In meinen ersten Jahren hatte ich so gut wie alles neu zu gestalten, hatte im Umgang mit solch einer Institution viel zu lernen und habe zahlreiche Fehler gemacht. Mitunter habe ich aus Ungeduld die Brechstange angesetzt, dadurch mehr verzögert als gewonnen und schlecht mit meinen eigenen Ressourcen gehaushaltet – auch auf Kosten meiner Karriere als praktizierender Architekt. Es war eine Riesenherausforderung und gleichzeitig eine unglaubliche Chance. Abseits der Wiener Tradition war Linz ein unbeschriebenes Blatt, das gefüllt werden wollte. Hier konnte eine Architekturschule von Grund auf neu geformt werden. (-> S. 102, Abb. 194)

CN: Das Wiener Spektakel, die Wiener Curricula als Blaupause der Linzer Architekturschule – woran hast du dich konzeptionell orientiert?

RG: Ich habe selbst in Wien an der Akademie der bildenden Künste studiert. Die Kleinheit der Institution, die persönliche Betreuung, der Platz in den Ateliers – alles das war wunderbar. Andererseits hat mich in Wien, besonders nachdem ich das Studium in Eindhoven in Holland kennengelernt hatte, immer dieser allseits präsente Dünkel gestört. Aber ich habe von den Angeboten der reichhaltigen Bibliothek, der Stadt und den Impulsen hervorragender Architekten und Lehrer (Ernst Plischke, Roland Rainer, Friedrich Achleitner) ausgiebig Gebrauch gemacht.

CN: Du hast Achleitner ja dann auch aus dem Ruhestand noch einmal nach Linz geholt.

RG: Zur Koryphäe der österreichischen Architekturtheorie muss nichts gesagt werden. Es war ein Geschenk, ihn einen Freund nennen zu dürfen, und eine Ehre, dass er meine Einladung nach Linz angenommen hat. Hier hat er seine legendäre Vorlesungsreihe zur „Architektur Österreichs nach 1945" wiederholt. Es war auch eine Herausforderung, denn er hatte seine Unterlagen bereits dem Architekturzentrum Wien überlassen und musste sie rekonstruieren. 2015 haben wir seine Vorlesung als Publikation herausgebracht.[1]

Einige Jahre zuvor, als alles gerade gut ins Laufen gekommen war, kam eine Nachricht aus Wien. Das Ministerium war zu der Erkenntnis gelangt, dass, gemessen an Österreichs Größe, zu viele Architekturschulen zu unterhalten wären. Eine echte Gefahr für unsere kleine Abteilung! Doch zur Beratung hat das Ministerium Friedrich Achleitner eingeladen. Wie er mir später verriet, hat er dort geäußert: „Wenn ihr eine Architekturschule abdrehen wollt, dann als allerletzte die in Linz, da passiert gerade etwas Besonderes."

Kurz nach meinem Diplom habe ich Friedrich Achleitner auf Recherche-Reisen zu seinem Österreichführer begleitet. Durch ihn habe ich in meinem eigenen Heimatbundesland Vorarlberg eine damals noch als Subkultur zu bezeichnende Architektengruppe – dazumal nur Männer – kennengelernt, die sehr radikale Low-Budget-Häuser für aufgeschlossene Künstler*innen und Lehrer*innen realisierte. Die Mehrzahl der Pioniere hatte bei Roland Rainer studiert, war beeinflusst von skandinavischer Baukultur und bevorzugte Holz als Baumaterial. Da ich Vorarlberg schon mit 15 Jahren zur Ausbildung verlassen hatte, war mir dieses Phänomen verborgen geblieben. Ich gewann in Achleitners Vorlesung die Motivation, nach dem Studium nach Vorarlberg zurückzukehren. Dort fanden sich auch andere Rückkehrer ein, die es verstanden, das erworbene Wissen fruchtbar einzusetzen. Ich konnte mich daran beteiligen, aus dem einstigen Nischenphänomen so etwas wie eine offizielle Landeskultur zu gestalten: die von Achleitner sogenannte „Neue Vorarlberger Bauschule".

CN: Aus dieser Erfahrung heraus kam auch deine Initiative, den an der Abteilung Architektur angesiedelten Masterlehrgang für Holzbaukultur überholz zu gründen?

RG: Ja, aber nicht nur überholz. Die in den Jahren davor gesammelten Erfahrungen mit einer Architektur, die näher an gesellschaftspolitischer Verantwortung und den Herausforderungen der Zeit orientiert war, hat die Ausrichtung unseres Studiums geprägt. Dazu zählen auch die Gründungen von BASEhabitat und des „Staatspreis Architektur und Nachhaltigkeit". Es ging immer auch darum, Ästhetik und Kunst mit sozialen und ökologischen Aspekten zu versöhnen und zu verbinden. Es war mir ein Anliegen, Architekt*innen auszubilden, die auch gerüstet sind für kulturelle Interventionen in ihrer Herkunftsregion. In gewisser Weise steht das im Widerspruch zu einer ausschließlich elitären Ausrichtung der Architektur, die keine baukulturelle Breitenwirkung zu entfalten vermag. Vielleicht war das auch ein Impuls, den ich meinem Studium in Holland und der 68er-Bewegung zu verdanken habe.

CN: Du hast ein Jahr an der Technischen Universität in Eindhoven verbracht.

RG: Und konnte dort noch zeitlose Größen wie Hertzberger und Aldo van Eyck hören. Es war die Zeit, in der sich die grün-alternativen Bewegungen formierten, die in Holland mit Experimenten und Projekten aller Art inhaltlich schon viel weiter waren. Angeleitet von dem genialen Landschaftsarchitekten Luis le Roi, der seine Gärten aus Bauschutt entwickelte, haben wir am Universitätsgelände einen Garten errichtet oder bereits 1973 als Semesteraufgabe energieautarke Siedlungen geplant. Ökologische Landwirtschaftsbetriebe, kollektives Gärtnern, Urban Gardening, Naturkostrestaurants und -läden – vieles war in Holland bereits lebendig, für das wir in Österreich noch gar keinen Namen hatten. Für mich wurde das später bei der Planung zweier großer Landwirtschaftsbetriebe praxisrelevant. Eine intensive Zeit, die mir auch die Türen aufstieß zu europaweiten Netzwerken, die von ähnlichen Themen angetrieben waren wie ich. Ein TU-Professor hat mich mit einem Delegierten der ETH-Zürich bekannt gemacht. Er war Teil der AGU [Arbeitsgemeinschaft Umwelt der beiden Zürcher Hochschulen], die Europa auf der Suche nach nachhaltigen Ansätzen in den verschiedensten Disziplinen bereiste. Ich wurde eingeladen, zu der von der AGU organisierten Ausstellung „Umdenken, Umschwenken" an der Universität Zürich und dem dazu erscheinenden Katalog beizutragen.[2] Das Begleitsymposium hat mich „angezündet"; Ivan Illich hielt das Eröffnungsreferat. Drei Jahre später haben wir das Thema in Wien für Österreich aufgegriffen und dort die Ausstellung „Schluss mit der ewiggestrigen Zukunft. Umdenken – Umschwenken"[3] organisiert, die ich gemeinsam mit einem Freund ein Jahr später nach Bregenz holte. (-> S. 13, Abb. 20)

CN: Du hast dich also eher an den ökosozialen, nicht-institutionellen Bewegungen der 1970er orientiert als an den Vorstellungen der klassischen Architekturschulen?

RG: Nein! Ich lernte beide Seiten kennen. In Wien die zeitlose, gepflegte Gestaltungspraxis, in Eindhoven die gesellschaftspolitisch relevanten Ansätze, die sozial und ökologisch verantwortungsvollen Positionen. Noch standen sich diese zwei Haltungen in Österreich unversöhnlich gegenüber. Auf der einen Seite die traditionelle, künstlerisch orientierte Architektur, die, in Arroganz und beschränkter Fantasie gefangen, sich jahrzehntelang der Nachhaltigkeit verweigerte und dementsprechend politisch begrenzt relevant war. Auf der anderen Seite die Nachhaltigkeitsbewegung, die Protagonist*innen der Architektur als Formalist*innen abtat, gefesselt war von Ideologie und Ignoranz gegenüber der Baugeschichte, der Ästhetik entsagte, die Sehnsucht nach Schönheit als Blasphemie abtat und keine breite Begeisterung zu entfachen vermochte. In der Überwindung dieser schizophrenen Spaltung, die auch eine Trennung von Form und Inhalt ist, bestand mein ausdauernder Antrieb.

CN: Vieles aus den 1970er Jahren spiegelt sich in aktuellen Diskursen wider. Studierende stellen heute beispielsweise mit Nachdruck die Frage, ob wir überhaupt noch bauen sollten.

RG: Bauen kommt an kein Ende. Die Frage ist, was und wie wir bauen. Der Umbau und die Transformation des Baubestands – auch des jüngsten – wird noch lange ein Thema sein, während das Geschäft, das Architektur auf ein Modell der Finanzspekulation und Kapitalvermehrung reduziert, ein Auslaufmodell sein sollte. Dasselbe sollte übrigens auch für eine Architektur gelten, die sich ausschließlich für elitäre Sonderthemen interessiert und nie eine breiter verankerte Baukultur verfolgt.

In der Lehre habe ich die klassische Exkursion, die in zehn Tagen die 40 in der Literatur meistbesprochenen Bauten eines Landes abgrast, um die „Exkursion Alltagskultur" ergänzt. Wandernd haben wir erkundet und reflektiert, was uns in acht Tagen auf den Wegen von A nach B begegnete. Es ging um eine realistische Bestandserhebung unseres baukulturellen Status, gewissermaßen als Ausgangspunkt des kreativen Tuns. Du durchläufst den Parkplatz eines Einkaufszentrums und verödete Einfamilienhaussiedlungen, stehst vor den Resten jahrhundertealter Tradition oder sitzt auf dem Bordstein vor einer Tankstelle. So verstehst du das Wesen von missratenen und geglückten Orten. Bestimmt habe ich im Zuge dieser Wanderungen meine anschaulichsten Vorlesungen gehalten. Jedenfalls wurde allen Studierenden klar, dass es noch lange viel zu tun geben wird für sie.

CN: Wer, wie, wieso, weshalb, warum – eine „Tour de Force" à la Lucius Burckhardt? Und dann hast du noch als TV-Architekturkritiker unmittelbar an der Sensibilisierung der gesamten Fernsehnation gearbeitet.[4] (-> S. 53, Abb. 98)

RG: Von Burckhardts Ansatz habe ich erst später etwas mitbekommen. Und meine Arbeit für den ORF habe ich als Architekturvermittlung, weniger als Architekturkritik verstanden. Auch wenn ich eingestehen muss, dass ich manchmal ganz schön ausgeteilt habe. Das Format hieß „Plus-Minus" und war zur Hauptabendzeit auf fünf Minuten beschränkt: ein Thema, zwei Bauten. Je ein positives und ein negatives Beispiel. Am Anfang fand ich das höchst unseriös. Wie sollten so komplexe Zusammenhänge auch in so kurzer Zeit ernsthaft verhandelt werden? Regelmäßigkeit und die beste Sendezeit waren jedoch entscheidende Faktoren. Ich selbst war der Hauptprofiteur dieser Arbeit. Sie war insofern von Einfluss auf meine Lehre, als ich den „schnellen Blick" und die Fähigkeit zur Analyse in ihr verfeinert habe. Studierende sollten in der Lage sein, ihr Verständnis und ihre Konzepte unterschiedlichsten Personengruppen vermitteln zu können: Kolleg*innen wie fachfremde Personen oder Vertreter*innen der Politik.

CN: Stichwort: Gemeinderat. Du giltst aus vielerlei Gründen als Experte für das Bauen im ländlichen Raum. Das Prädikat haftet auch deiner Lehre an. Peter Zumthor, der vielen als der Regionalist schlechthin gilt, war ein Gast der Linzer Architekturausbildung.

RG: Die Aufgaben in Landgemeinden oder Städten sind wesensmäßig nicht sehr verschieden, wie auch nicht die zwischen unterschiedlichen Kulturen oder Kontinenten. Es geht darum, sich in einen kulturellen und räumlichen Kontext einfühlen zu können und auf diesen angemessen zu reagieren. Rund 80 Prozent der Architekturstudierenden Österreichs stammen aus ländlichen oder suburbanen Räumen. Im Zuge ihres Studiums werden viele ihrer Herkunft entfremdet. Insofern hat das Thema „Land" in meiner Lehre eine Rolle gespielt. Die Fähigkeit zur kulturellen Intervention, auch am Herkunftsort, habe ich schon erwähnt. Somit habe ich die Studierenden immer ermutigt, auch die Themen ihrer Heimatorte aufzugreifen.

CN: Dennoch hast du die Schule mit dem Masterstudiengang BASEhabitat in Richtung eines sehr internationalen Profils geführt.

RG: Unsere Internationalisierung begann zunächst einmal damit, dass die berühmt-berüchtigten Hochschul-Rankings der deutschen Presse anfingen, uns auf Spitzenplätzen zu positionieren. Damit kamen viele Studierende aus Deutschland zu uns; junge, kreative und eigenständige Menschen, die mit dem herrschenden Schulsystem wenig kompatibel waren und deren Studienaufnahme am deutschen Numerus Clausus scheiterte. Eine Notenvergabe ist uns vorgeschrieben, die Notenfixierung ist ein Irrweg, erst recht die Schlussfolgerung von den Schulnoten auf Talent und Potenzial. Schnell wurden die Kreise größer und internationaler. Dazu hat aber auch BASEhabitat viel beigetragen.

BASEhabitat als Masterprogramm konnte ich noch mitgestalten. Sein Start begann unmittelbar nach meiner Emeritierung und unglücklicherweise mit dem Beginn der Pandemie. Davor war BASEhabitat einfach die Kennzeichnung spezieller Semesterthemen und Programme. Das Ganze begann 2004 mit unserem ersten Auswärtsprojekt in Südafrika, in Orang Farm, einem Township etwa 45 Minuten außerhalb von Johannesburg. Wir haben schon damals die Lehrenden für Statik, Hochbau und Solarbau einbezogen, energetische Entwurfskonsequenzen am Computer simuliert, aber noch keine lokalen Arbeiter*innen oder Studierende dabeigehabt.[5]

CN: Johannesburg, Vorarlberg, die jeweiligen Heimatorte der Studierenden ... Was war eigentlich mit Linz?

RG: Linz ist keine einfache Stadt. Bis in die 1980er Jahre eine Industriestadt. Jahrzehntelang eine Giftschleuder par excellence mit buchstäblich zentimeterdicken Rußschichten. 1938 wurde ein beschauliches Donaustädtchen nach den Vorstellungen der Nazis zu einem Industriemoloch aufgeblasen und, entsprechend den megalomanen Vorstellungen Hitlers auch mit den Mitteln abscheulichster Zwangsarbeit, zur „Kulturhauptstadt des Reiches" stilisiert. Man muss der Stadt aber attestieren, dass sie sich danach enorm entwickelt hat. Zahlreich haben sich unsere Semesterprojekte Linzer Orten und Themen gewidmet. Auch wenn es manchmal schwierig war. Die Stadtverantwortlichen waren skeptisch und haben anstatt zu unterstützen eine kritische universitäre Auseinandersetzung misstrauisch beäugt. Es entstanden aber auch fruchtbare Kooperationen: mit der VÖEST, mit der Linz AG, mit dem Botanischen Garten, mit einigen Linzer Schulen und Unternehmen. Ich habe zu vielen Leuten freundschaftliche Beziehungen aufgebaut, war einige Male Juror in Wettbewerben, die für bedeutsame Linzer Bauten grundlegend waren.

CN: Wie verfolgst du heute die Entwicklung der Abteilung Architektur?

RG: Mein Rückzug liegt heuer fünf Jahre zurück. In dieser Zeit scheint mir viel passiert zu sein. Ich habe mich bewusst herausgehalten, wollte meinen Nachfolger*innen Raum für neue Entwicklungen lassen, auch wenn meine letzten Universitätsjahre besonders schön und fruchtbar waren und ich die Lehre bis zuletzt sehr genossen habe. Ich bin freudvoll und interessiert meinen neuen Aufgaben entgegengetreten. Ich verstehe es als unglaubliches Privileg, die Biografien junger Menschen vom ersten Tag ihres Studiums bis teilweise weit in ihre berufliche Tätigkeit hinein begleiten und fördern zu dürfen. Architektur macht ja vor keinem Thema halt und grenzt das Leben, auch das eigene, nicht aus.

Als Referent und Gastkritiker hatte ich Kontakt mit Massenuniversitäten. Was sich an der Linzer Kunstuniversität entwickeln ließ, ist nur im unmittelbaren, persönlichen Kontakt und an kleinen Standorten möglich.

CN: Roland, vielen Dank für dieses Gespräch!

Anmerkungen

1 Achleitner, Friedrich und Kunstuniversität Linz: *Friedrich Achleitners Blick auf Österreichs Architektur nach 1945*. Basel 2015

2 Der Ministerialbeamte Peter Menke-Glückert (FDP), dem ein großer Anteil an der Etablierung der Umweltpolitik in der Bundesrepublik Deutschland zugeschrieben wird, berichtet in der Ausgabe vom 28. Oktober 1978 in „Aus Politik und Zeitgeschichte", einer von der Bundeszentrale für politische Bildung herausgegebenen Beilage zur Wochenzeitung *Das Parlament*, über „Umdenken – Umschwenken": „[...] [„Umdenken – Umschwenken"] heißt eine berühmte Schweizer Ausstellung der Arbeitsgemeinschaft Umwelt (AGU) beider Zürcher Hochschulen. Die in ganz Europa gezeigte Ausstellung hat eine Flut von ökologischen Basisgruppen, Diskutierzirkeln, Bürgerinitiativen, Schriften und Protestaktionen hervorgerufen. Die von der Schweizer AGU herausgegebenen Kataloge bringen sehr instruktive Beispiele für Alternativen im Hausbau, in der Wohnungsgestaltung, im Energiekonsum, in der Kommunikation, im Landbau usw. – jeweils mit Hinweisen für Gleichgesinnte, Handlungsanweisungen, Modellskizzen und Zeitungsausschnitten. Hier ist auch ein Alternativ-Buch entstanden, das Aktionsbuch: eine Mischung aus philanthropischem Neckermann-Katalog und Maos kleinem roten Büchlein. Kollagen-Techniken, Selbstzeugnisse, Bekenntnisse wechseln mit staubtrockenen handwerklichen Hinweisen."

3 Die Wiener Ausstellung wurde von der Arbeitsgruppe Alternative (AGA) organisiert, die als Verein aus Studierenden und Assistent*innen der Wiener Hochschulen sowie aus an Umweltthemen interessierten Wiener*innen bestand. Sie fand im sogenannten Österreichischen Bauzentrum statt, als das die Grünanlage und das Gartenpalais Liechtenstein in Wien zwischen 1957 und 1978 genutzt wurden. Entsprechend war ein Großteil der Ausstellung auch von an der Architektur angelagerten Themen besetzt. Roland Gnaigers Beitrag, der eine Sammlung alternativer Architekturen zeigte und zu „Anti-Monokultur" und Dezentralisierung aufrief, machte (Un-)Kulturen des Bauens und Wohnens für Umwelt- und Energie- sowie soziale und politische Krisen verantwortlich.

4 2018 widmete das Vorarlberger Architekturinstitut (vai) „Plus-Minus", das nach Roland Gnaigers Rückzug kurze Zeit lang von Bruno Spagolla weitergeführt wurde, die Ausstellung „Das Beste aus ‚Plus-Minus' – Architekturkritik im Fernsehen. Eine Retrospektive". Die Auswahl trafen Gnaiger und Spagolla zusammen mit den damals sendeverantwortlichen ORF-Redakteur*innen Ingrid Adamer und Ulrich Herburger sowie der Direktorin des vai, Verena Konrad.

5 Das erste BASEhabitat-Projekt im Ausland war „Living Tebogo". Auftraggeber des Projekts war das Tebogo Home for Handicapped Children; die österreichische NGO s2arch hatte den Kontakt vermittelt. Die Wohn- und Therapiegebäude für beinahe 50 Kinder mit Behinderungen waren zu klein geworden. Eine Gruppe von 25 Studierenden plante und errichtete zwei Erweiterungsbauten: ein Gemeinschaftshaus mit neuer Küche und ein Therapiehaus mit Sanitäranlagen.

Interview

Matthias Böttger
im Gespräch mit
c/o now

Sustainable Architecture +
Future Tactics (SAFT)

Matthias Böttger besucht c/o now im November 2023 in deren Büro in Moabit, um über seine Zeit in Linz (2012–2017) zu sprechen. Nach verschiedenen Stationen in der Lehre, an der Uni Stuttgart, der AdBK Nürnberg und der ETH Zürich forderten Linzer Studierende ihn dazu auf, sich für eine neue Stiftungsprofessur an der Architektur in Linz zu bewerben. Wegen eines Streiks wäre Matthias Böttger beinahe nicht zu seinem Berufungsvortrag gekommen. Und da er, wie er selbst sagt, eigentlich niemanden in Linz kannte, hat er sich wenig Chancen ausgerechnet. Es sollte anders kommen.

Matthias Böttger (MB): Meine einzige Verbindung nach Linz neben den Studierenden war Anna Heringer, die wohl eine der bekanntesten Abgänger*innen der Linzer Architekturschule ist. 2008 haben Friedrich [von Borries] und ich als Raumtaktik den Deutschen Pavillon auf der Architekturbiennale[1] kuratiert und dort ihre Arbeit vorgestellt. Ich bin später auch nach Bangladesch gefahren, um mir ihre METI School anzusehen.

c/o now (CN): Roland Gnaiger hat uns erzählt, dass sich um die Stifterin der Professur einige Mythen spinnen. Sie sei die Frau eines russischen Immobilien-Moguls gewesen.[2]

MB: Ja, eine verrückte Geschichte. Ich wusste davon zunächst nichts und habe die Familie auch nie getroffen.

CN: Unter welcher Nomination liefen denn deine Professur und dein Studio?

MB: SAFT – Sustainable Architecture + Future Tactics.

CN: Aktuell wollen alle Architekturschulen Professuren für Nachhaltigkeit oder Transformation einrichten. Da wart ihr ja früh dran.

MB: Ich dachte schon bei der Architekturbiennale 2008, dass das Thema eigentlich durch sei. Unser Beitrag damals hieß „Updating Germany" und beschäftigte sich intensiv mit Nachhaltigkeitsthemen. Ganz offensichtlich dauert der kollektive Erkenntnisprozess aber bis heute an und mit der Umsetzung ist es immer noch nicht weit. Als ich in Linz ankam, war schon vieles angelegt. Roland Gnaiger, der die Schule aufgebaut hat, vertritt einen Nachhaltigkeitsbegriff, der darauf basiert, Dinge qualitätsvoll und dadurch dauerhaft anzulegen.

CN: Und in Linz haben Studierende und Lehrende seit Gnaigers Zeiten bereits selbstverständlich mit Materialien wie Lehm gearbeitet, als das an anderen Schulen noch für ein amüsiertes Lächeln gesorgt hat.

MB: Richtig. Und da ich mich selbst der Architektur nie großartig von der technisch-konstruktiven Seite angenähert habe, bot sich die Möglichkeit, SAFT eher auf soziale Aspekte der gebauten Umwelt und auf Gerechtigkeitsfragen zu konzentrieren. Schon rein maßstäblich waren ich und mein Team zwischen Roland, der nah an der klassischen Architektur mit Grundrissarbeit und allem, was dazu gehört, arbeitete, und Sabine Pollack, die den großen städtebaulich-urbanistischen Schirm aufspannte, perfekt eingebettet. Und dann hat die Linzer Schule ja auch noch diese Tradition der Design-Build-Projekte. Auch das kam uns entgegen. Statt aber nach Übersee zu gehen und da ein vorher geplantes Projekt umzusetzen, schrieben wir diese Tradition auf unsere Weise fort und erprobten in Linz vor Ort die Aneignung von Räumen durch soziale Praxen.

CN: Wie genau habt ihr da gearbeitet?

MB: Im Gegensatz zu klassischen Design-Build-Projekten ist es für Arbeiten vor der Haustür, also in Linz und Umgebung, schwerer, Geld aufzutreiben. Schon deshalb waren unsere Projekte eher temporär angelegt. Wir haben beispielsweise mal ein Semester lang unser komplettes Studio in ein Lehrlings- und Arbeiter*innen-Haus auf dem Gelände der VÖEST verlegt. Es war eines von fünf Häusern, die zum Abriss freigegeben waren. Dort haben wir dann quasi gelebt und gearbeitet. Wir haben uns intensiv mit dem Ort auseinandergesetzt – ehemaliges Sumpfland, auf dem in den 1940er Jahren eine Außenstelle des KZ Mauthausen errichtet wurde. Dort wurden Menschen gefangen gehalten und dazu gezwungen, die Hermann-Göring-Werke aufzubauen, aus denen später die VÖEST hervorging. In den 1970er Jahren entstanden dort eben jene fünf Zwölfgeschoßer für Auszubildende, die nach dem Auszug der VÖEST-Leute als Unterkunft für Asylsuchende genutzt wurden. Nach einer Weile Leerstand waren wir die letzten Nutzer*innen. Wir konnten tun und lassen, was wir wollten, und haben Ausstellungen veranstaltet, einen Beauty-Salon eingerichtet, aber auch darüber nachgedacht, wie dieser Bestand vor dem Abriss gerettet werden könnte. Teilweise war das schon etwas spooky, so ganz allein in den fünf Scheiben am Rande des Stahlwerks. Ich bin bis heute überrascht, dass wir das so durchziehen durften. Denn so ganz ohne Maintenance boten die Bauten durchaus eine Menge ganz realer Gefahren. (-> S. 107, Abb. 203, 204)

CN: Und ist es euch gelungen, die Häuser vor dem Abriss zu retten?

MB: Nein, leider nicht. Wir haben bei vielen Projekten im öffentlichen Raum gute Erfahrungen gemacht, wenn es darum ging, Menschen abzuholen und ihnen Perspektiven auf Stadtentwicklungsprozesse zu eröffnen. Und du bekommst auch schonmal die Chance und das Geld von den großen Playern, etwas zu machen. Dennoch zeichnet sich diese Stadt durch eine absurde Anzahl an Flächenpotenzialen und Bestandsbauten aus, bei denen niemals die naheliegende Option erwogen wird, etwas fortzuschreiben.

CN: Neue Digital-Uni auf der grünen Wiese statt Rettung der Post-City, Hochhäuser statt Bestandsentwicklung ... Wir kennen das.

MB: Ja, das ist immer noch tagesaktuell. Ich erinnere mich aber auch noch an solche Orte wie die UNO-Shopping-City am Rande der Stadt – einer von vielen Leerständen, wo wir versucht haben, mit Projekten den Finger in die Wunde zu legen. Ich hatte damals in Linz ein Team, das sich extrem gut auskannte in der Stadt und das die Einflussgrößen hinter den Prozessen benennen konnte. Ich denke da vor allem an Sigi Atteneder, der heute die Architekturabteilung leitet. Oder an Franz Koppelstätter, der immer schon sehr umtriebig war und heute als Leiter des afo architekturforum oberösterreich sicher als Glücksgriff gelten darf. Dazu Katharina Weinberger-Lootsma, die später die Kulturtankstelle geleitet hat, und Elisabeth Judmaier sowie Anna Firak, die auch bei uns studiert hat. Eines der ergiebigsten und coolsten Entwurfsstudios, das wir zusammen durchführten, beschäftigte sich allerdings mit einem Perfect City Block in Berlin und hatte nur indirekt mit Linz zu tun.

CN: Ihr habt also nicht nur an Linzer oder oberösterreichischen Themen gearbeitet. (-> S. 104–105, Abb. 198; -> S. 106, Abb. 202)

MB: Wir waren im Grunde genommen weltweit unterwegs. Auch da hat uns wieder eine Linzer Tradition in die Karten gespielt. Während der Vorweihnachtszeit veranstalten die Studierenden der Architektur im Innenhof der Kunstuniversität an der Adlergasse ein kleines, aber feines Kulturprogramm, in dessen Zentrum ein Punschstand steht.

CN: Der sogenannte „Wärmepol" mit seinem legendären, nach einem Geheimrezept hergestellten Apfelpunsch?

MB: Genau! Und mit jedem Glas, das über den Tresen wandert, wächst eine über Studierendengenerationen aufgebaute Spendenkasse an, aus der arbeitsanteilig die Reisekosten der Studierenden finanziert werden. So war es möglich, auch entferntere Exkursionsziele anzuvisieren. Einmal waren wir beispielsweise in Kalifornien unterwegs und benutzten Reyner Banhams *Four Ecologies*,[3] als hätte er einen Reiseführer für uns geschrieben. In der Regel haben wir den Studierenden einfach ein Datum, eine Uhrzeit und einen Ort auf dieser Welt genannt. Und dann kamen die Leute, die du sonst nur aus familiär-kollektivistischer Arbeitsatmosphäre an der Kunstuni kanntest, aus allen Himmelsrichtungen einzeln eingetrudelt und hatten von ihren individuellen Wegen bereits die besten Beobachtungen und Storys im Gepäck. Schon sehr früh haben die Linzer Studierenden aber auch die Sinnhaftigkeit dieser Reisen hinterfragt. Auf die ein oder andere Flugreise wird seitdem auch verzichtet.

CN: Gegen Ende der Stiftungsprofessur hast du Linz dann verlassen, um in Basel an der Hochschule für Gestaltung und Kunst das HyperWerk weiterzuführen und zu leiten. Gibt es da so etwas wie eine Fortschreibung deiner Arbeit in Linz?

MB: Ich würde zunächst einmal für SAFT in Anspruch nehmen wollen, dass wir etwas angeboten haben, das meiner Vorstellung von einer zeitgenössischen Lehre heute sehr nahekommt. SAFT wollte sich nicht nur mit dem Troubleshooting von akuten Planungsfragen beschäftigten, sondern die Zukunft anvisieren. Neben baulich oder physisch konstituiertem Raum haben uns vor allem soziale Ausformungen interessiert, die weniger mit formal-planerischen Vorstellungen zu tun hatten. In Basel ist das jetzt nicht anders. Der Unterschied ist, dass wir dort keine Architekt*innen ausbilden. Wir sprechen von Prozessgestalter*innen oder von „Transversal Design". Wir haben uns komplett auf die Transformationsschiene verlegt. In Linz zeichnete sich das bereits ab. SAFT-Projekte wurden selten in Grundrissen, Schnitten oder Details dargestellt. Stattdessen ging es darum, Aneignungen von Räumen vorstellbar und attraktiv zu machen, Aufmerksamkeitshorizonte zu erweitern und neue Medien kennenzulernen. Letztlich konnten wir uns aber immer auf den grundständigen Werkzeugkasten der Architektur verlassen. Unseren Basler Studierenden steht der nicht zur Verfügung. Und manchmal vermisse ich das, gerade wenn es darum geht, einfach zu machen.

CN: Welche Werkzeuge bietet ihr denn den Studierenden an?

MB: Unsere Palette ist weniger spezifisch, dafür breiter und interdisziplinärer angelegt. Letztlich sagen wir unseren Studierenden: Ihr habt drei Jahre Zeit, um euren Beruf zu erfinden. In ein paar Jahren werden die Berufsbilder wie wir sie heute kennen ohnehin nicht mehr existieren. Es wird schon noch ein paar Modedesigner*innen und Architekt*innen geben, aber die meisten werden was anderes machen. Die Architektur hat allerdings eine Geschichte, der sie sich sehr verbunden fühlt und zu der ein Repertoire gehört, das vieles beinhaltet, wovon sie sich einfach nicht trennen kann oder will. Vieles davon werden wir in Zukunft durchaus noch gut gebrauchen können. Aber die Architektur muss beginnen, sich zu bewegen. Klar, du hast die vielen Büros, die den Hochschulen vorjammern, dass die Studierenden, die zu ihnen kommen, dies und das nicht können. Aber das war schon immer so und das war auch immer schon Quatsch. Noch nie kamen Absolvent*innen als fertige Architekt*innen in den Büros an und schon immer waren Studierende während ihres Studiums ohnehin mit Inhalten überladen. Am HyperWerk bilden wir eher anhand prozessualer Auseinandersetzungen aus. Da brauchst du das Tool, das du gerade brauchst. Und wenn das CAD-Zeichnen bedeutet, dann lernst du halt CAD. Es geht also darum, die Kompetenz zu entwickeln, sich Werkzeuge anzueignen.

CN: Der Prozess tritt also an die Stelle des Objekts?

MB: Exakt. Wir sind ein Gestaltungsstudiengang, der nicht primär Objekte, sondern Prozesse gestaltet. Wir fokussieren drei Perspektiven ganz besonders: Gerechtigkeit, Nachhaltigkeit und Digitalität. Wir bewegen uns in Zwischenräumen. Unsere Methoden und Vorstellungen lassen sich nicht beliebig übertragen. Jede Aufgabe ist für die Studierenden wie die Lehrenden eine neue Herausforderung und unbekanntes Terrain. Da werden die heißesten Themen und verrücktesten Ideen auf den Tisch geworfen und am Ende fühlst du dich als Lehrender wie ein zusätzlicher – wenn auch bezahlter – Student. Wer sich auf ein solches Studium einlässt, lernt kritisch zu denken, zu reflektieren, soziale Räume zu konstituieren und zu erhalten, lernt Leute zusammenzubringen und solche Prozesse zu dokumentieren, um Dinge voranzubringen. Gespeist wird das alles aus Diskursen, die während meiner Zeit in Linz so noch nicht aktuell waren. Was uns allerdings damals im Linzer Team schon klar war, ist, dass du nicht in der Uni hocken kannst, um dir die Zukunft der Welt da draußen auszudenken. Darum sind wir damals vor allem in Projekten mit Franz Koppelstätter direkt in den Stadtraum gegangen, um in der Auseinandersetzung mit der Stadtbewohnerschaft diese Wow-, diese Erkenntnismomente nahezu zu provozieren. Während unsere Basler Studierenden heute stark aktivistisch an die Dinge herangehen, neigen Architekt*innen zu seriöser Vorsicht und suchen letztlich wieder Abstand. Die Wahrheit liegt vielleicht in der Mitte. Transformationsherausforderungen gilt es, mit einem gewissen Maß an Radikalität zu begegnen. Es darf aber auch nicht vergessen werden, dass wir der Mehrheit unserer Mitmenschen in einem Dialog auf Augenhöhe vermitteln müssen, was gerade passiert und wie wir dem zusammen begegnen können. Der Klimawandel und seine Konsequenzen, die sogenannte Bauwende, werden meiner Meinung nach noch zu wenig vor dem Hintergrund sozialer Verwerfungen diskutiert. Da ist höchstens die Rede von abstrakten und weit entfernten Auseinandersetzungen, die doch in Wirklichkeit vor unserer Tür stattfinden. Und ich glaube auch, den Architekturschulen dämmert langsam, dass wir unter den Studierenden nicht die nächsten großen Museumsarchitekt*innen suchen.

CN: Hast du denn den Eindruck, dass die Architektur als Disziplin und Lehrfach das schnell genug hinbekommt?

MB: Nein. Die Architektur muss beginnen, ihre Kulturen zu hinterfragen. Das fängt mit den Zielvorstellungen an. Abriss- oder gar Neubaumoratorien greifen das Selbstverständnis der Disziplin fundamental an. Und bei den tradierten Arbeitskulturen, diesem ständigen, diszipliniert-fleißigen Around-the-clock-Selbstzerfleischen, hört das noch lange nicht auf. Wir sprechen hier von tiefgreifenden Veränderungen. Den jungen Menschen ist das alles mittlerweile suspekt und einige in der Architektur haben das auch schon erkannt. Aber zu viele Fragen bleiben noch unbeantwortet. Auch ich, der ich ja letztlich ein Produkt dieser Welt bin, bin noch oft hin- und hergerissen. Ich stelle mir ständig die Frage, wie ohne die angesprochene Selbstzerfleischung auf anderen Wegen die Tiefen der Auseinandersetzungen und Ausarbeitungen erzielt werden können, wie wir sie von Architekt*innen gewohnt sind.

CN: Vielen bist du vor allem als Kurator im Architekturfeld präsent. Die Architekturbiennale 2008, dann 2010 die interimistische Leitung des Tiroler Architekturzentrums aut, und ab 2011 warst du für das Deutsche Architekturzentrum (DAZ) in Berlin verantwortlich. Dürfen wir zu den heute besprochenen Themen bald auch wieder Ausgestelltes erwarten?

MB: Aus dem DAZ habe ich mich mittlerweile zurückgezogen und den Staffelstab an Laura Holzberg und Alesa Mustar übergeben. Das HyperWerk und das IXDM halten mich zu sehr auf Trab. Am Anfang waren Friedrich und ich zu zweit, jetzt in Basel muss ich die Strukturen für mich und 50 andere Menschen organisieren. Also würde ich sagen, dass ich mich im Moment darauf beschränke, Themen- und Personenkonstellationen zu kuratieren.

CN: Haha, ein Topic- und People-Kurator – ein schönes Bild! Das klingt nach einem Privileg, so arbeiten zu können.

MB: Ja, es ist manchmal herausfordernd, aber inspirierend und definitiv ein ziemliches Privileg, mit so vielen spannenden Menschen an wichtigen Themen zu arbeiten. Im Rückblick muss ich sagen, dass diese Privilegien nicht von ungefähr kommen, sondern eine Frage der Sozialisierung sind. Sich damals mit wenig Erfahrung um den Deutschen Pavillon zu bewerben war im Grunde genommen eine ziemliche Dreistigkeit. Es sind oft Privilegien wie dieses Selbstvertrauen, die dich in dem Jungs-Game, das die Architektur immer noch ist, weiterbringen. Am Ende müssen wir, wenn wir von der Bauwende und der Transformation unserer Disziplin und ihrer Outputs reden, auch über ihre Kulturen sprechen und Dinge wie Produktionsbedingungen, Machtstrukturen und toxische Männlichkeit hinterfragen. Das ist beispielsweise einer dieser Prozesse, die es zu gestalten gilt.

CN: Matthias, vielen Dank für dieses Gespräch!

Anmerkungen

1 2008 waren Matthias Böttger und Friedrich von Borries, die damals gemeinsam das Büro Raumtaktik betrieben, Generalkommissare und Kuratoren des Deutschen Pavillons auf der Architekturbiennale in Venedig unter dem Titel „Updating Germany". Mit dem Projekt stellten sie Fragen – an Architekt*innen, Städtebauer*innen, Designer*innen, an alle Besucher*innen der Ausstellung: Wie wollen wir leben? Was können wir tun? Zur Ausstellung erschien ein begleitender Katalog: Borries, Friedrich von/Böttger, Matthias/Lovell, Sophie: *Updating Germany: 100 Projekte für eine bessere Zukunft.* Ostfildern 2008, erschienen anlässlich des deutschen Beitrags zur 11. Internationalen Architekturausstellung „Out There: Architecture Beyond Building" der Biennale Venedig vom 14. September bis 23. November 2008.

2 Elena Kuzinets war die Stifterin der „KUZINETS Architektur- und Kunstförderungs-Privatstiftung" mit Sitz in Linz, die neben der Finanzierung der Stiftungsprofessur auch den „Elena Kuzinets Award for Sustainable Architecture" auslobte, zu dessen erster Verleihung der Pritzker-Preisträger Peter Zumthor die Festrede hielt. Laut einer gemeinsamen Presseaussendung der Kunstuniversität Linz und der KUZINETS Stiftung wurde Elena Kuzinets 1968 in Riga geboren, studierte Maschinenbau und Betriebswirtschaft, ist Mutter zweier Kinder und die Ehefrau von Boris Kuzinets, dem Gründer und CEO des börsennotierten Immobilienunternehmens RGI International Ltd. mit Sitz in London.

3 Banham, Reyner: *Los Angeles: The Architecture of Four Ecologies.* London 1990

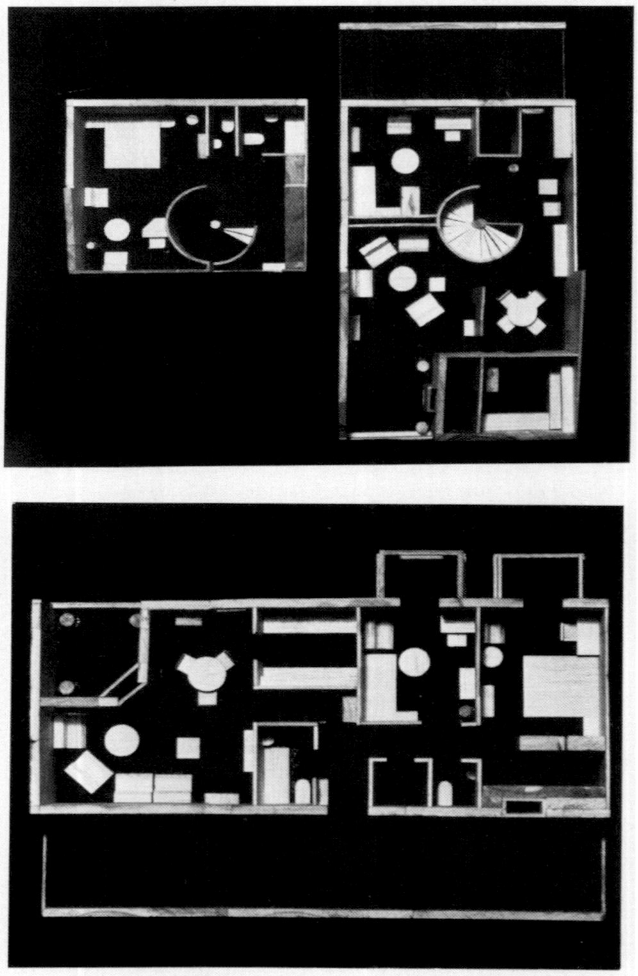

32

Abschlussarbeit: *Entwicklung variabler Wohneinheiten für den Wohnungsbau*, Günther Kreiner, 1973–1980, Btr.: Friedrich Goffitzer

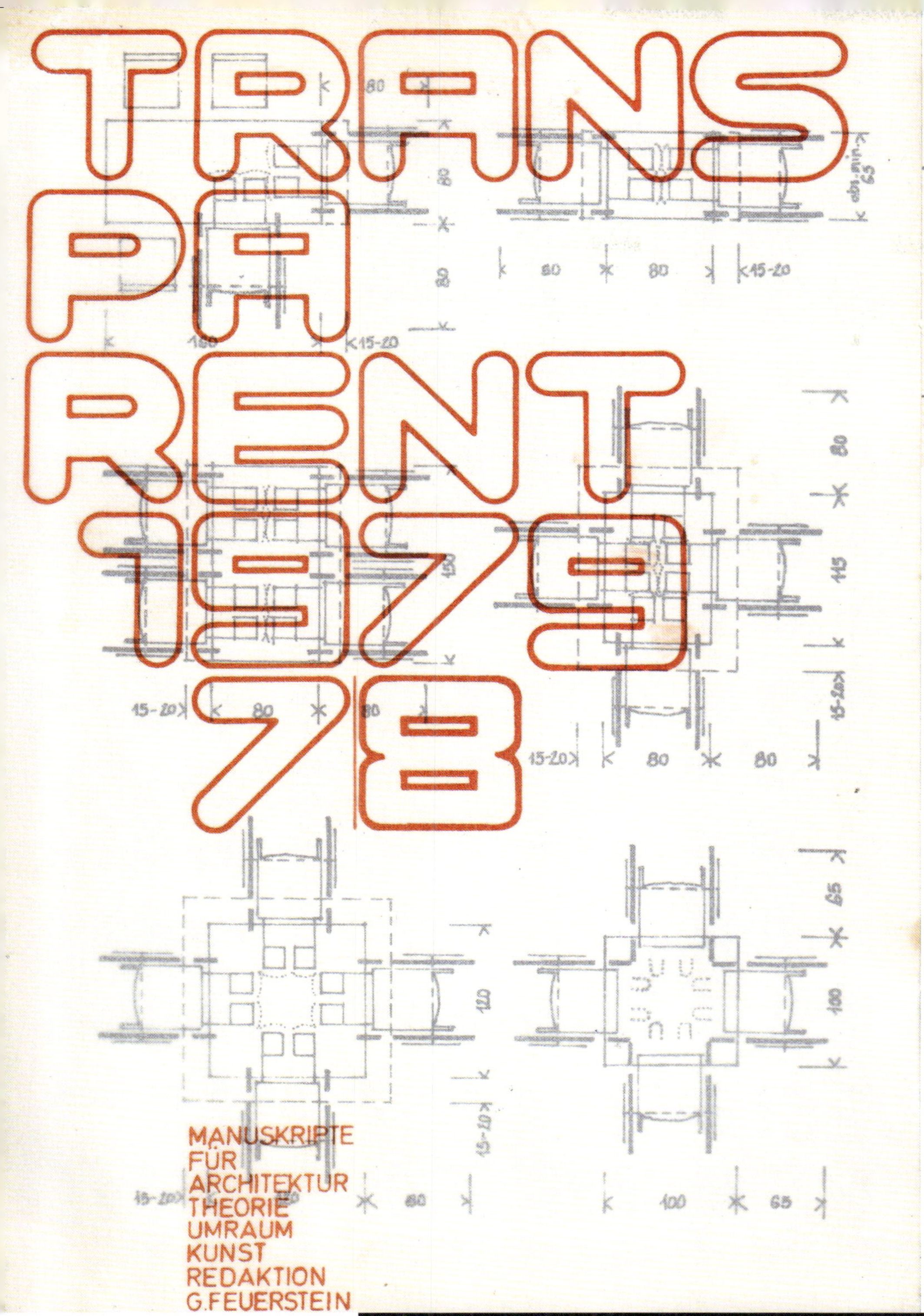

34

Titelblatt Zeitschrift *Transparent – Manuskripte für Architektur, Theorie, Umraum, Kunst,* Ausgabe 7/8, 1978

35

Titelblatt Zeitschrift *Transparent – Manuskripte für Architektur, Theorie, Umraum, Kunst,* Ausgabe 11/12, 1979

1978

33

Titelblatt Zeitschrift *Transparent – Manuskripte für Architektur, Theorie, Umraum, Kunst*, Ausgabe 7/8, 1979

Wenige Jahre nach seiner Entlassung als Assistent bei Karl Schwanzer an der TU Wien erhielt Günther Feuerstein 1973 einen Ruf an die Universität für künstlerische und industrielle Gestaltung Linz, wo er bis zu seiner Emeritierung 1996 lehrte. Von 1970 bis 1989 veröffentlichte er unter anderem mit der Hochschule für Gestaltung in Linz und unterstützt von Studierenden das Magazin *Transparent – Manuskripte für Architektur, Theorie, Umraum, Kunst*. Das Magazin versammelte Texte und Beiträge zu zeitaktuellen, internationalen, aber auch lokalen Themen aus Architektur, Kunst und diversen anderen Gesellschaftsbereichen.

1979

36

Abschlussarbeit: *Umgestaltung eines Luftschutzbunkers in der Hafenstadt Emden Ostfriesland zu einer Galerie mit Café*, Edgar Weiss, 1973–1980, Btr.: Friedrich Goffitzer

37

Günther Feuerstein mit Studierenden der Kunstuniversität Linz (damals Hochschule für künstlerische und industrielle Gestaltung), Jahr unbekannt

Von 1973 bis 1996 leitete Günther Feuerstein als Professor in Linz die Lehrkanzel Umraumgestaltung. „In Zeiten eines sich schärfenden Umweltbewusstseins konzentriert Prof. Feuerstein sein forschendes Interesse auf biologisch-physikalische Fragen wie Abfall- und Entsorgungsproblematik, Energie und Verkehr. Er will gerade auch diese Bereiche gestaltet wissen und sieht darin die ethische Verpflichtung von Architektur, Kunst und Politik. Umraumgestaltung im Sinne Feuersteins umfasst *unsere sämtlichen Lebensbereiche*. Dabei kommt besondere Bedeutung den Schnitt- und Übergangsbereichen zu."[1]

1 Kraft, Peter/Hochschule für künstlerische und industrielle Gestaltung Linz (Hg.): *Hochschule für Künstlerische und Industrielle Gestaltung Linz: 20*, Linz 1993

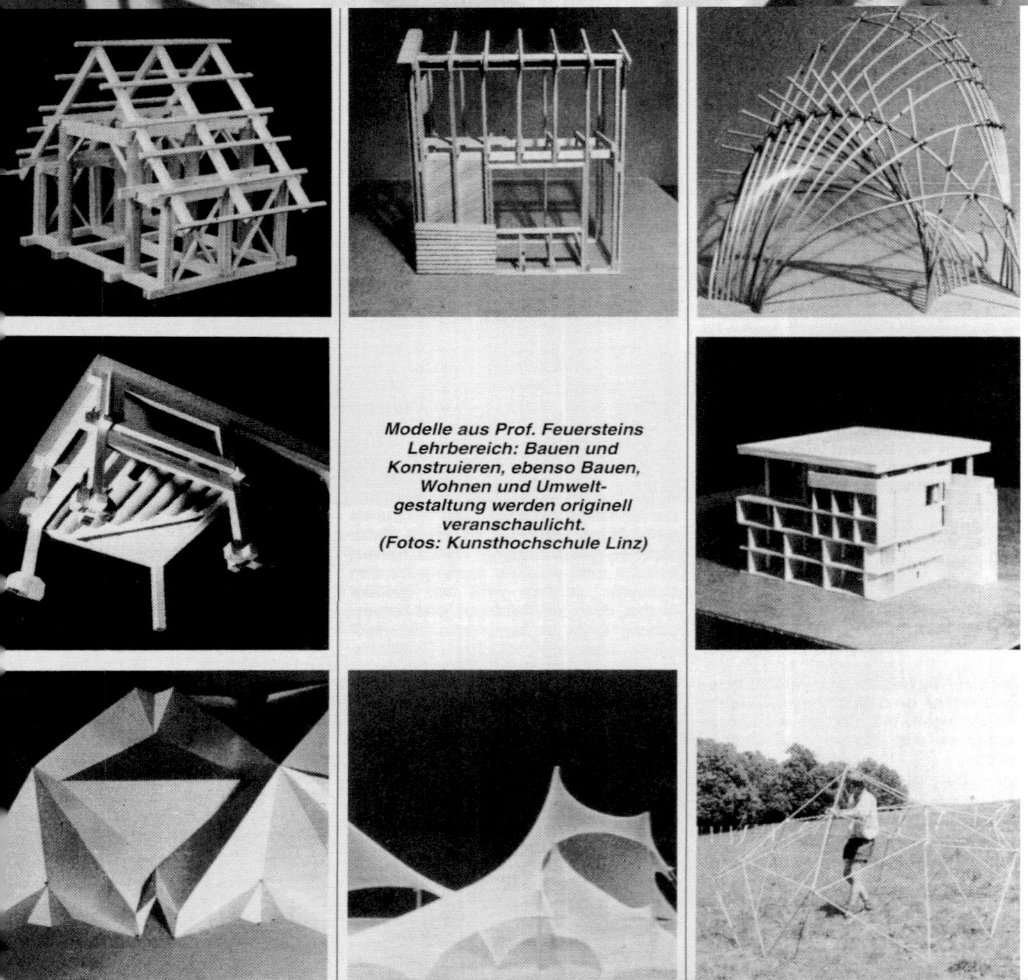

38

Modelle von Feuersteins Studierenden, Jahr unbekannt

39

Abschlussarbeit: *Klima Umgestaltung eines Gebäudes „Klima Eck" Landstraße/Stelzhamerstraße in Linz zu einem Reisebüro*, Anton Hrovath, 1973–1980, Btr.: Friedrich Goffitzer

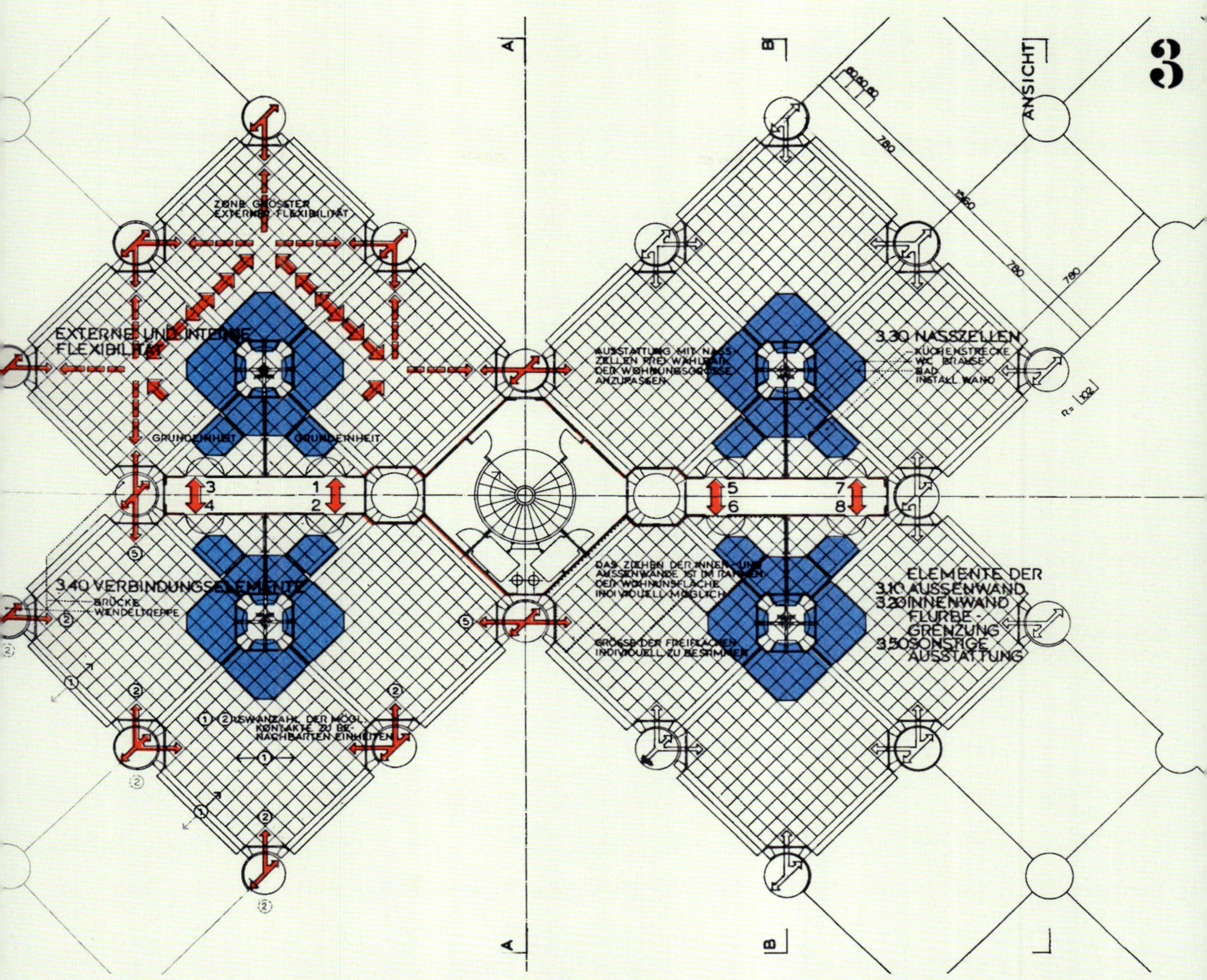

40

Wohnanlage „Jäger im Tal“, Werkgruppe Linz, 1968–1978

Der am Stadtrand von Linz gelegene Wohnbau mit elf Einheiten kann zweifellos als Experimental- und Versuchsbau bezeichnet werden. Dazumal mit dem Landeskulturpreis ausgezeichnet, ging dem Projekt eine langjährige und interdisziplinäre Forschung voraus. Die Planenden waren in erster Linie daran interessiert, neue Formen des Wohnens und Bauens zu erproben. Technisch und baulich wurde das Projekt von der Abteilung Systembau der VÖEST mitentwickelt, betreut und unterstützt.

41

Grundriss der Wohnanlage „Jäger im Tal“, Werkgruppe Linz, 1968–1978

„Der Plan für die Elemente 3. Ordnung. Die blauen Bereiche zeigen die vorgeschlagenen Positionen der Sanitärzellen, die restliche Fläche bleibt frei für die individuelle Gestaltung. Mit Nummern und Pfeilen bewerten die Architekten die Kopplungsmöglichkeiten pro zylindrischem Zwischenraum. Die Fläche zwischen zwei Grundeinheiten beschreiben sie als die ‚Zone größtmöglicher Flexibilität‘.“[1]

1 Abschlussarbeit: *Flexibles Wohnen in Linz – Ein Zwischenbericht nach 50 Jahren*, Rebekka Hirschberg, ETH Zürich, 2023

OBERÖSTERREICHISCHE

Nachrichten

VEREINIGT MIT DER · TAGES-POST · GEGRÜNDET 1865

S 4.— Lire 450 Dinar 10.— Nr. 256** Montag, 6. November 1978

PARTEIFREIE UND UNABHÄNGIGE TAGESZEITUNG

Oberösterreicher gehörten zu den größten Nein-Sagern

LINZ. Außer Vorarlberg und Tirol gehörten die Oberösterreicher zu den größten Nein-Sagern zu Zwentendorf. Landeshauptmann Ratzenböck erklärte dazu, daß mit rund 53 Prozent von Nein- und nur 47 Prozent von Ja-Stimmen in Oberösterreich die Wähler der SP ein Mißtrauen ausgesprochen hätten. Dies deshalb, weil die Volksabstimmung durch Aussagen des Bundeskanzlers Kreisky zu einer parteipolitischen Frage gemacht worden war. Vermessen wäre es jedoch, von der Volksabstimmung auf den Ausgang der Landtagswahl im nächsten Jahr zu schließen. Landeshauptmannstellvertreter Hartl bekannte, daß das oberösterreichische Ergebnis für die SP kein Erfolgserlebnis gewesen sei.

Nach dem Nein bekennt Kreisky persönliche Niederlage

WIEN. Zwentendorf wird Österreichs teuerste technische Ruine: Mit 50,47 Prozent Nein-Stimmen gegen 49,53 Prozent Ja-Stimmen sprachen sich die Österreicher gestern gegen eine Inbetriebnahme des mit einem Aufwand von bisher rund 6 Milliarden Schilling gebauten Atomkraftwerkes aus. Bundeskanzler Kreisky bezeichnete das Ergebnis der Abstimmung als „eine persönliche Niederlage, schon deshalb, weil ich der Partei empfohlen hatte, über Zwentendorf eine Volksabstimmung abzuhalten." Kreisky, der bekanntlich bei der jüngsten Klausurtagung der SP-Abgeordneten für diesen Fall einen Rücktritt nicht ausgeschlossen hatte, will heute vor dem Parteivorstand „eine persönliche Stellungnahme abgeben", wie er gestern betonte. Während Handelsminister Staribacher davon sprach, daß selbstverständlich auf Grund des Volksentscheides das Kernkraftwerk nicht in Betrieb genommen werden wird, stellte Kreisky fest: „Was jetzt mit Zwentendorf geschieht, geht mich nichts an."

Eine Spekulation mit jenen Österreichern, die sich nicht aktiv an der Volksabstimmung beteiligten, lehnte Kreisky entschieden ab. Ob er die Volksabstimmung überhaupt als einen Fehler angesehen habe? „Gerade auf Grund dieses Ergebnisses ist es kein Fehler gewesen. Ohne Volksabstimmung hätte sich der Wahlkampf über die Atomenergie bis zu den nächsten Nationalratswahlen prolongiert und damit eine sachliche Entscheidung über die Zukunft Österreichs überhaupt verhindert." An eine Vorverlegung der Nationalratswahlen denke er nicht, betonte Kreisky.

Taus: Kein Grund zum Feiern

„Jede politische Partei hat das Ergebnis der Volksabstimmung als Volksentscheid zu respektieren", erklärte VP-Bundesparteiobmann Josef Taus. „Die VP hat vorher in allen Äußerungen klar gesagt, daß nach Gewissen und frei von Parteizugehörigkeit entschieden werden solle."

Auf die Frage, ob es ihm jetzt leid tue, keine Nein-Empfehlung abgegeben zu haben, meinte Taus: „Es gibt nichts zu bereuen, nichts zu feiern, nichts zu betrauern. Das Volk hat entschieden."

Die Volkspartei habe schon vorher erklärt, sie würde ein Nein nicht als Erfolg und ein Ja nicht als Niederlage empfinden. Der Österreicher habe so ruhig und diszipliniert gehandelt, seiner demokratischen Reife sei ein gutes Zeugnis auszustellen.

Auf eine weitere Frage, ob er nun im Parlament den Rücktritt des Bundeskanzlers fordern werde, sofern dieser ihn nicht selbst bekanntgebe, meinte Taus, jetzt sei der Bundeskanzler am Zuge, er habe sich selbst in Frage gestellt und eine ungeheure Politisierung in eine Sachfrage hineingetragen. Die Volkspartei habe zweimal eine Konsenslösung angeboten und sei zweimal brüsk zurückgewiesen worden. Dann habe sich der Kanzler in die Volksabstimmung geflüchtet, was er, Taus, nie ganz verstanden habe.

Das jüngste Angebot der Volkspartei auf der Klubtagung in Villach über eine Zusammenarbeit in Energiefragen sei aufrecht. Es gehe darum, die Energiepolitik auf eine neue Basis zu stellen, sie mehr als bisher öffentlich zu diskutieren und ein Energiesparkonzept — von seiner Partei habe Abgeordneter König eines vorgelegt — zu erarbeiten.

Da 70 Prozent der Wähler durch Nichtwählen oder Neinstimmen gegen die Inbetriebnahme von Zwentendorf entschieden hätten, sei beim gegenwärtigen Stand der technischen Entwicklung an eine Inbetriebnahme nicht zu denken.

FP-Bundesobmann Götz nahm keineswegs die mehr als 50 Prozent Nein-Stimmen als Anhänger der Freiheitlichen Partei in Anspruch, wohl habe diese sicherlich einen Beitrag geleistet. Bereits vor fünf Jahren habe die FP durch den Abgeordneten Stix ein Energiekonzept vorgelegt und beim derzeitigen Stand der Technik sich für ein „Nein" zum Kernkraftwerk ausgesprochen.

„Unbeschreiblich glücklich"

Die Atomgegnerin und Vorsitzende der Katastrophenhilfe österreichischer Frauen, Elisabeth Schmitz, äußerte sich „unbeschreiblich glücklich" über das Ergebnis der Abstimmung. Die Österreicher hätten ihre große Reife bewiesen, da sie Gesundheitsrisken und Gefahren für kommende Generationen abgelehnt hätten. Schmitz sprach von einem ungeheuren Maß an ethischem Verantwortungsbewußtsein für Kinder und Kindeskinder. Außerdem scheine ihr, daß es doch in der Bevölkerung ein hohes Niveau an Wissen über die Gefahren und die international nicht lösbare Atommüllfrage gebe.

Univ.-Prof. Dr. Alexander Tollmann, Vorsitzender der „Arbeitsgemeinschaft Nein zu Zwentendorf": „Die Erwartungen, die man in den gesunden Menschenverstand gesetzt hat, haben sich erfüllt."

LESEN SIE WEITER AUF SEITE 2

So stimmten die Gemeinden

Der Punkt

Schlinge

Die Frage ist nun, ob Kreisky die Schlinge benützt, zu der er sein Schicksal mit dem Zwentendorfs verknüpft hat. hepo

Von HERMANN POLZ

Stärker durch die Niederlage

Nach der Debatte um die Unternehmertätigkeit von Finanzminister Androsch, nach der Niederlage im ORF-Kuratorium und nach den Einbußen bei den Kommunalwahlen in Wien und bei den Betriebsratswahlen in der Voest hoffte die Sozialistische Partei, mit einem kräftigen Ja bei der Atom-Volksabstimmung wieder Auftrieb zu bekommen. Aber mit einem Nein folgte der Serie von Schlägen ein weiterer Schlag. Es ist der bisher schwerste, weil Kreisky sein Prestige mit dem Ausgang dieser Volksabstimmung verknüpft hatte. Er hat die Atom-Vertrauensfrage an die Österreicher gerichtet, und es ist ihm das Mißtrauen ausgesprochen worden. Daran gibt es nichts herumzudeuteln, wie immer man im einzelnen das Ergebnis interpretieren mag. Auch Kreisky hat in einer ersten Stellungnahme gestern abend von einer persönlichen Niederlage und einem Mißerfolg seiner Partei gesprochen.

Aber im Gegensatz zu vorhergehenden Mißerfolgen trägt er an diesem die Hauptschuld. Mit der totalen Verpolitisierung dieser Volksabstimmung hat er sie von vornherein auf sich genommen. Wohl hat die VP in der Hoffnung auf politisches Kapital immer mehr die neutrale Position verlassen, aber Kreisky hat die tastend vorgetragene politische Aufforderung voll und ganz angenommen. Für ihn war sie ein Anlaß, massiv in die politische Offensive zu gehen und für den Fall einer Niederlage seinen Rücktritt so kräftig anzudeuten, daß er ihn nicht auszusprechen brauchte. Damit hat er eine große Zahl möglicher Atombefürworter aus dem nichtsozialistischen Lager in die Stimmenthaltung oder zum Nein gedrängt. Es war der schlechteste Einfall, den Kreisky in dieser Situation haben konnte. Es gelang ihm damit nicht nur, etliche Atombefürworter gegen sich aufzubringen, sondern auch seine Partei in Verwirrung zu stürzen. Die Abtrünnigen in Wien konnte er indes auch auf diese Weise nicht wieder seiner Partei zurückgewinnen.

Nach all dem Vorhergegangenen wäre die Konsequenz zweifellos der Rücktritt. Möglich oder sogar wahrscheinlich, daß ihn Kreisky heute dem Präsidium und dem Vorstand seiner Partei anbieten wird. Aber bereits gestern abend werden sich in allen Teilen Österreichs die Bittprozessionen nach Wien formiert haben, um Kreisky flehentlich zum Bleiben zu veranlassen, falls er wirklich so tun sollte, als ob er täte, was er nie wollte.

Die Sozialisten erlitten nun zwar nicht nur mit Kreisky, sondern

St. Peter/Au: Erpresser rasch entlarvt Seite 5

Offenhausen: Frau erschlug Ehemann und verbrannte sich selbst Seite 7

Fünf Ausschlüsse in der Fußball-Landesliga Seite 19

Nachrichten extra
Der tägliche RESL-WITZ
auf Seite 3

Wähle die Sportler des Jahres

Seite 16

Wettervogel

Nebel bleibt uns auch heute in den Tälern nicht erspart. Sonne gibt's dafür auf den Bergen. 8 bis 13 Grad

Auf einen Blick

	Stimmberechtigte	Abgegebene Stimmen	Gültige Stimmen	Ja	Nein
Österreich	5,083.673	3,259.118	3,183.147	1,576.839 (49,5 %)	1,606.308 (50,5 %)
Oberösterreich	809.887	550.776	537.965	254.335 (47,3 %)	283.630 (52,7 %)

42

Artikel „Nach dem Nein bekennt Kreisky persönliche Niederlage", 1978

Nachdem das erste Atomkraftwerk Österreichs zwar fertiggestellt, aber noch nicht in Betrieb genommen worden war, wurden die Proteste gegen das AKW Zwentendorf im Jahr 1974 so laut, dass sich eine breite öffentliche Debatte entspann. Der damalige Bundeskanzler Bruno Kreisky positionierte sich gegen den Protest und für das Atomkraftwerk. Im November 1978 kam es schließlich zu einer Volksabstimmung. Mit einer knappen Mehrheit von 50,47 Prozent wurde gegen die Inbetriebnahme entschieden. Aus den Zwentendorf-Protesten und den darauffolgenden Protesten gegen ein Wasserkraftwerk bei Hainburg 1984 formierte sich „Die Grüne Alternative Liste", aus der später die Partei „Die Grünen" hervorgehen sollte.

43

Plakat des ersten Ars Electronica Festivals, 1979

Das erste Ars Electronica Festival im Jahr 1979 war ein Pilotprojekt, das die heraufziehende digitale Revolution zum Anlass nahm, nach möglichen Zukünften zu fragen. Bevor das Ars Electronica Festival eine eigene Veranstaltungsreihe wurde, fand es in seinem Gründungsjahr im Rahmen des internationalen Brucknerfests gemeinsam mit der ersten Klangwolke statt. Seit damals hat sich das erst im Zweijahrestakt und seit 1986 jährlich stattfindende Festival, das sich an der Schnittstelle von Technologie und Kunst angesiedelt, als identitätsstiftende Größe für die Stadt Linz etabliert.

44

Eröffnungsrede des ersten Ars Electronica Festivals, 1979

Am 18. September 1979 hielt ein Roboter, genannt *SPA 12*, der für das Event extra aus den USA eingeflogen worden war, die Eröffnungsrede des ersten Ars Electronica Festivals.

45

Hauptplatz, Vorbereitungen zum Protest, 1979

Die Idee, den bereits mit umfangreichen Bunkeranlagen der Nationalsozialist*innen unterkellerten Linzer Hauptplatz um eine Tiefgarage zu erweitern, stammt vom Architekten Artur Perotti. Er ist 1979 bereits Träger des Ehrenrings der Stadt, als er zum Geschäftsführer des Linzer Planungsinstituts für die Altstadt ernannt wird. Wenngleich erst ab 1988 unter dem Hauptplatz geparkt werden kann, lässt Perotti 1979 die Stellplätze in dessen südwestlichem Teil entfernen. Unter den am Hauptplatz künstlerische und industrielle Gestaltung Studierenden regt sich nicht nur Widerstand gegen die hier neu vorgesehene „Rabiat-Verpflasterung", sondern auch Ärger darüber, dass diese Flächen überhaupt versiegelt werden sollen und dass dies ohne Bürger*innen-Beteiligung entschieden wurde. Die unterschiedlichen, in der Folge von ihnen organisierten Widerstandsformate – u. a. ein Protestspielplatz auf dem Hauptplatz – bezeichnet Rainer Zendron heute als Initialzündung zur Gründung der Stadtwerkstatt.

46
(S. 28)

Hauptplatz, Protestspielplatz, 1979

47
(S. 29)

Hauptplatz, Protest gegen die „Rabiat-Verpflasterung", 1979

DONAU KAUFHAUS
SCHUHGRO

BrauAG Bier

48

Allgemeine Sparkasse Linz, Wolfgang Radler, 1979

Das als Punkthochhaus konzipierte Bauwerk mit zentralem Erschließungskern und 6000 Quadratmetern Nutzfläche sollte den neuen Anforderungen an das Bankwesen entsprechen und beeindruckt insbesondere durch die großzügigen, abgehängten Ebenen in Würfelform. Im Jahr 2008 wurde als vorerst letzte größere Maßnahme die Fassade saniert.

49

Ausstellung „Anstiftung zur Initiative", 1979

Die Stadtwerkstatt wurde 1979 als Künstler*innenkollektiv von Kunstuni-Studierenden mit dem „Ziel der kritischen Auseinandersetzung mit den Bedingungen des Lebens in der Stadt und der Förderung kultureller Initiativen auf volksnaher Ebene" gegründet. In den darauffolgenden Jahren entwickelte sich die Stadtwerkstatt zu einem relevanten, kulturellen Bestandteil der freien Szene in Linz sowie zu einem politischen Player in der Diskussion um die Zukunft des Stadtteils Alt-Urfahr.

50

Frühstück in der Kurve von Rainer Zendron, 1979

Die Installation *Frühstück in der Kurve* von Rainer Zendron war eine Reaktion auf die laufenden Abrissarbeiten im Stadtteil Alt-Urfahr.

51

Herzballon vor dem Brucknerhaus auf der Donaulände, 1979

Ungefähr 100.000 Personen, die Hälfte der Einwohner*innen von Linz, versammelten sich am Abend des 18. September auf der Donaulände in der Nähe des Brucknerhauses. Angekündigt worden war eine sogenannte Klangwolke, die die ganze Stadt bedecken sollte. Die Bewohner*-innen von Linz waren im Vorhinein gebeten worden, ihre Radios auf die Fensterbretter zu stellen. Aus den auf der Donaulände verteilten Lautsprechern, verschiedenen Klangstationen in der Stadt sowie aus allen Radios erklang im gleichen Moment Bruckners Symphonie Nr. 8, während ein verspiegelter Fesselballon in die Luft stieg. Obwohl die Zeitungen in den darauffolgenden Tagen hauptsächlich über das von der Klangwolke ausgelöste Chaos berichteten, etablierte sich die Veranstaltung und findet seither jährlich statt.

52

Plakat „Linzer Frauen haben ein Haus besetzt“, 1980

Um auf den Missstand eines fehlenden Frauenhauses aufmerksam zu machen, besetzen Linzer Frauen Mitte November 1980 ein leerstehendes Studierendenwohnheim in der Altenberger Straße in Urfahr. Die Besetzung wurde nach fünf Tagen geräumt, das erste Frauenhaus in Linz eineinhalb Jahre später in der Spaunstraße eröffnet.

1980

53

Helmuth Gsöllpointner, Angela Harreiter und Christopher Alexander mit Modell der Ausstellungshalle des Forum Design, 1980

Zwischen dem 28. Juni und dem 5. Oktober 1980 versammelte das Forum Design im Rahmen einer Ausstellung zum Übergang von der Moderne zur Postmoderne eine Vielzahl an Designer*innen und Unternehmen in Linz. Teilgenommen haben unter anderem ALESSI, Christopher Alexander, Achille Castiglioni, CITROËN, Peter Cook, Michael Graves, Haus-Rucker-Co, Rebecca Horn, HONDA, Kenzo, Sol LeWitt, Raimund Loewy, Allesandro Mendini, Charles Moore, NIKON, Gustav Peichl, Roland Rainer, Sonia Rykiel, SIEMENS, Ettore Sottsass, Robert Venturi und die voestalpine AG. Unter dem Leitspruch „Design formt den Alltag" und konzipiert von Helmuth Gsöllpointner, Peter Baum, Angela Hareiter und Laurids Ortner, wird das Forum Design zu einem der bedeutendsten Designereignisse der zweiten Hälfte des 20. Jahrhunderts gezählt.

54

Ankündigungsschilder Forum Design, 1980

55

Innenaufnahme Forum Design, 1980

56

Forum Design, Frontansicht, Haus-Rucker-Co/Christopher Alexander, 1980

57

Forum Design, Außenaufnahme, Haus-Rucker-Co, 1980

58

Forum Design, Linz Café, Christopher Alexander, 1980

59

Forum Design, Vogelperspektive, Haus-Rucker-Co, 1980

Als Helmuth Gsöllpointner, Professor an der Kunstuniversität Linz, unter dem Titel Forum Design eine Vielzahl internationaler Designexpert*innen auf einem brachen Stück Land zwischen Donau, Autobahn und Eisenbahnbrücke versammelte, entstand ein besonderer Moment der Designgeschichte. Über 100 Tage wurde im Sommer und Herbst 1980 in den Mittelpunkt gerückt, wie sehr der Mensch der Gegenwart von Design beeinflusst wird. Die wagonähnlichen, bewusst provisorisch anmutenden Pavillons wurden von Haus-Rucker-Co konzipiert und an einem der Enden durch das Linz Café, einen gelben Holzbau des eingeladenen Architekten Christopher Alexander, ergänzt. Die sehr erfolgreiche Veranstaltung nahm wegen einer Reihe von Unstimmigkeiten und dem Rückzug von Subventions- und Geldgebenden ein unrühmliches Ende.

60

Oberbank Donau-Forum, Perotti & Greifeneder & Partner, 1977–1980, Erweiterung: Weber Hofer Partner AG, 2008–2010

Dieses große und äußerst kompakte Verwaltungsgebäude liegt an der unteren Donaulände und wurde 2007 großzügig durch Veranstaltungsräume erweitert. Markant ist die Fassade, die von Glas und bronzefarbenem Leichtmetall dominiert wird.

61

Siedlung Auwiesen 1/1, Vogelperspektive, Herbert Karrer mit Perotti & Greifeneder & Partner, 1979–1981(–1994)

Die im Süden der Stadt liegende Wohnsiedlung beheimatet heute knapp 10.000 Personen und wurde von 1979 bis 1994 in vier Planungsphasen erbaut. Von 1979 bis 1981 wurde der erste Abschnitt, Auwiesen 1/1, errichtet. Die von der GWG (Gemeinnützige Wohnungsgesellschaft der Stadt Linz) als Bauträgerin beauftragten und als Schottenbauten konzipierten Wohngebäude bieten nach wie vor eine hohe Lebensqualität und eine großteils autofreie Siedlungsumgebung. Die eigentlichen Wettbewerbsgewinner Herbert Karrer und Wolfgang Kaufmann wurden für die Gesamtplanung von Perotti & Greifeneder & Partner abgelöst.

1981

62

Konzert von Willi Warma bei der Eröffnung des Jugendzentrums in der Lederergasse, 1981

63

Siedlung Auwiesen 1/1, Einblick in Siedlungsabschnitt, Herbert Karrer mit Perotti & Greifeneder & Partner, 1979–1981(–1994)

64

Siedlung Auwiesen 1/1, angehobene Erschließungs- und Freiraumebene, Herbert Karrer mit Perotti & Greifeneder & Partner, 1979–1981(–1994)

65

Biesenfeld, Luftbild, Perotti & Greifeneder & Partner, 1977–1981

Das im Stadtteil Dornach/Auhof gelegene Demonstrativbauvorhaben umfasst 634 Wohnungen auf einer Gesamtgrundfläche von etwa 61.000 Quadratmetern. Die Wohnanlage Biesenfeld gilt als eines der ersten partizipativen Wohnprojekte Österreichs und ermöglichte die Mitsprache der Wohnungswerber*innen bei der Planung der Grundrisse und Gemeinschaftsflächen. Architektonisch ist die Siedlung als Raster mit gleichförmigen Knotenpunkten, den Erschließungskernen, angelegt und setzt sich aus 31 modularen, zwischen ihnen liegenden Baukörpern zusammen.

66

Biesenfeld, Konzept-Schnitt, Perotti & Greifeneder & Partner, 1977–1981

67

Wohnanlage Biesenfeld, Perotti & Greifeneder & Partner, 1977–1981

Sabine Pollak

SUPERSTADT!

Von A bis Z

A

Atemzonen

Im Oktober 2023 organisierte das Kunstmuseum Lentos eine Ausstellung des Vorlasses von Günter Zamp Kelp, der Hunderte Zeichnungen, Collagen und Modelle an das Museum übergeben hatte. Einer der drei Protagonisten der Gruppe Haus-Rucker-Co bringt nun das zurück nach Linz, womit für die Gruppe alles begann: den Aufruhr gegenüber geistloser Stadtplanung, den Widerwillen gegen die vorherrschende Ökonomie und die diebische Freude, die Günter Zamp Kelp auch heute noch aus den Augen leuchtet, wenn er den „Mind Expander" erklärt, so, als wäre es ganz normal, dass zwei Leute auf dem gelben Plastiksessel Platz nehmen, die Köpfe unter der Pneuhaube, um das Bewusstsein und andere Sinne und Körperteile zu erweitern.

B

Brückenkopf

2009 bezog ich mein Büro für Urbanistik im linken (Linz sieht man immer vom Hauptplatz aus in Richtung Urfahr) Brückenkopfgebäude. Bezeichnenderweise war in meinem Büro im zweiten Stock früher die Klasse von Laurids Ortner untergebracht, einem der drei Haus-Rucker-Co-Männer. Eine ganze Klasse in einem Büro? Das klingt größer, als es tatsächlich war. Am schönsten waren die Frachtschiffe, die langsam vor den Fenstern zur Donau vorbeizogen. Anfangs wurde ich schier erschlagen von den dicken und tumb-runden Säulen in der dunklen Halle vor meinem Büro. Der pseudofeudalen Prunktreppe im Erdgeschoß folgte damals eine enge, gewinkelte Stiege wie in einem Einfamilienhaus, und dann kam diese Halle. Der Name, unter dem das Gebäude der Kunstuniversität bekannt war – das *Brückenkopfgebäude* – versprach mehr, als es konnte. Es war kein Brückenkopf, also ein Halt für die Brücke, sondern eine Maßnahme, um den Hauptplatz zu schließen und Symmetrie zu schaffen. Kein Nazi-Gebäude ohne Symmetrie. 2009 atmete der Nationalsozialismus noch aus allen Öffnungen der beiden Gebäude, obwohl eines davon schon seit Jahrzehnten mit Kunst besetzt war. Und dann war da die dumm-dunkle Säulenhalle vor dem Büro. Zum Glück ergab sich bald eine Nutzung für die Halle, die wir mit guten Sitzmöbeln ausgestattet hatten: Kurz nach mir zog ein Obdachloser dort ein und bespielte tagsüber die Säulenhalle. Manchmal tanzte er zur Musik aus einem Mini-Radio vor sich hin. Und manchmal machte er kleine Kunst-Installationen aus einem Kleiderbügel und leeren Plastikflaschen.

C

Chicks on Speed

2012 war ein gutes Jahr für SUPERSTADT!. Das Thema: Utopia, Utopia. Jan Tabor diagnostizierte einen Zukunftsstau in Utopia, Lars Schmid performte als Biene verkleidet, Magnus Larson verwandelte Wüstensand in Struktur, AMID.cero9 collagierten ihre *second nature*, Liam Young ließ Drohnen fliegen und schließlich traten die Chicks on Speed auf. Eigentlich hatte ich die Frauen von Pussy Riot angefragt, aber die durften nicht aus dem postutopischen Russland ausreisen. Chicks on Speed waren aber auch gut. Die Bad-Girls-Group performte passend zum Superstadt-Thema einen Song namens Utopia, den sie später bei ihrem Label herausbrachten, in Kritiken beschrieben als „minimalist, dark-edged electro bound for the dancefloor, influenced by freestyle and U.K. anarcho-punk in equal measure". Die Chicks waren etwas weniger ungestüm als erwartet, aber schließlich waren sie inzwischen auch gesettelt, hatten Kinder bekommen, unterrichteten an Kunstuniversitäten und schrieben an ihren Dissertationen. Am Ende des Symposiums fand eine Versteigerung statt; der Hauptpreis war ein Tag mit dem wilden und unvergesslichen Jan Tabor. Ob der Student den Preis je eingelöst hat, ist mir unbekannt. Inzwischen ist es zu spät, denn Jan Tabor verstarb am 29. Oktober 2021 in Venedig. (-> S. 103, Abb. 195)

Utopia, Chicks on Speed (Auszug), 2014
Utopia is a mirror of multiple imagined worlds, Cobra, Fluxus, Feminism gave us paradise, the perfect place, John Lennon and Yoko Ono founded a new land in 1973, a vision of peace and freedom, now that was revolutionary! U is for Utopia! The cities have been built and constructed, and renovate them god-damn-it, stop knocking down my neighborhood. This is my Utopia, I'm adding to it, you better not delete it, this is my Utopia. U is for Utopia!

D

Dorf, SUPERDORF!

Wäre ich noch länger an der Abteilung Architektur geblieben und nicht zur künstlerischen Abteilung raum&designstrategien gewechselt, hätte ich als letztes Symposium SUPERDORF! veranstaltet. Aber ich bleibe bei der Kunst, und SUPERDORF! bleibt eine Idee.

E

Experiment

Architektur ist Experiment, Urbanistik ist Experiment. Ein Unterrichten ohne Experimente wäre für mich vollkommen sinnlos. Ich bin nicht diejenige, die Studierenden zeigt, wie es sein soll. Vielleicht, weil mein Vater Chemiker war. Sein Arbeitsplatz an der Universität Graz war ein helles, großes Labor mit wundersamen Glaskolben, rauchenden Flüssigkeiten und Papierstreifen in den schönsten Farbspektren. Sein Beruf war ein einziges Experiment. Ich habe immer von einem Architekturlabor geträumt, in dem Versuche laufen und wo man mit rauchenden Köpfen neue Zutaten mixt. Die Architektur-Ateliers in Linz im vierten Stock unter dem betonierten Dach mit den luftigen Glasöffnungen kamen diesem Labor schon sehr nahe. Was aber fehlt, ist der für mich mit so angenehmen Erinnerungen behaftete, sanfte, aber beständige Geruch nach Chemikalien, wenn mein Vater nach Hause kam.

F

Feminismus

Urbanismus und Feminismus sind zwei Begriffe, die nicht viel gemeinsam haben außer ihrer Endung – *ismus*. Gibt es irgendeine Stadt auf der Welt, die feministisch geplant ist, Belange von Frauen in allen Bereichen berücksichtigt und Frauen in ihrer Freiheit und ihrem Werdegang unterstützt? Welche Stadtplanung erklärt sich solidarisch mit allen Frauen in der Stadt, die sie plant? Und dann ausgerechnet Linz und Feminismus? Doch, da ist schon etwas: Der „transkulturelle, feministische Zusammenschluss für Krawall" etwa, der an jedem 8. März den Linzer Hauptplatz laut bespielt, und natürlich Valie EXPORT, die feministischste Künstlerin überhaupt, weltweit und eben auch in Linz. Würde ich heute ein Symposium SUPERSTADT! in Linz organisieren, wäre es ein feministisches Symposium. Für eine superfeministische Zukunft von Stadt. SUPERFEM!

G

God's Entertainment

2011 wurde das experimentelle Theaterkollektiv God's Entertainment zu SUPERSTADT! SUPERWOHNEN! eingeladen. Wie in den meisten ihrer Arbeiten ging es bei der Performance in Linz mit dem Titel „Wohnen nervt" um eine Konfrontation mit der politischen und kulturellen Identität der Österreicher*innen. Die Gruppe adjustierte sich als Saalordnungsteam, fragte die Besucher*innen beim Eingang in den Saal, wie sie wohnen – ob in einer Wohngemeinschaft, einer Eigentumswohnung, einem Heim, Hochhaus oder Einfamilienhaus. Dementsprechend wurden im Saal Zonen gebildet und die jeweiligen Bewohner*innen saßen, mit farblich unterscheidbaren Aufklebern versehen, unter ihresgleichen, also neben den anderen Eigentümer*innen, Mieter*innen oder Hausbesetzer*innen. Manche wollten nicht bekanntgeben, wie sie wohnen, oder verweigerten den Sitzplatz in ihrer Zone, wurden aber zurechtgewiesen.

H

Haus-Rucker-Co

Haus-Rucker-Co sind die Rolling Stones der Architektur. Weil das Baugeschehen und die Stadtplanung in den Nachkriegsjahrzehnten in Österreich so schrecklich waren, wollten sie anfangs nicht bauen, auch nicht in Linz. Lieber intervenieren statt hyperventilieren vor lauter Banalität des Möglichen. Als zwei der drei letztlich in Linz doch etwas bauten, waren alle ein wenig enttäuscht. Aber nichts bleibt, wie es einmal war, und auch Ikonen der Architekturrebellion müssen einmal Geld verdienen. Ikonisch bleibt bis heute nichtsdestotrotz die Ankündigung der Ausstellung Haus-Rucker-Co im Museum des 20. Jahrhunderts im Jahr 1970 in Wien: Die drei jungen Männer stehen schräg und fallen dennoch nicht um. Ein Bild wie ein Plattencover, Rockstars eben. Die Ausstellung selbst trug den lapidaren Titel LIVE.

I

Isotope

Das sagenhaft gute Logo von SUPERSTADT! mit der Grafik der großartigen Anja Aichinger ist von den Isotypen (International System of Typographic Picture Education) Otto Neuraths inspiriert. Auch SUPERSTADT! hatte einen bildpädagogischen Auftrag, und der lautete: Linz ist gut, aber es geht noch mehr. Also denkt euch den ganzen Verkehr weg, überlegt, was wäre, wenn es Schiffe gäbe statt Autos, wenn alle den öffentlichen Raum einnehmen würden, wie sie wollten, wenn aus allen Ecken und Enden der Stadt die Natur hervorquellen würde und alle Linzer*innen gut leben könnten in ihrer Superstadt.

J

Jahrmarkt

Linz hat einen Jahrmarkt inmitten der Stadt. Das klingt erstmal großartig. Aber der zweimal jährlich stattfindende Urfahraner Markt okkupiert eine riesige asphaltierte Fläche, die das restliche Jahr über so gut wie leer steht. Das heiß umkämpfte und im Sommer heiß glühende Areal wird seit Jahren umgeplant und doch kommt es zu keinem Ergebnis. Kaum hat wieder jemand eine Idee, schreien andere sofort: „Aber der Markt!". In einem Workshop mit God's Entertainment riefen Studierende der Architektur auf dem Areal einmal das „Fr. Eiland" aus (die utopische Insel Fr-eiland oder auch Frau Eiland). Ein großes Zelt wurde errichtet, Besucher*innen bekamen im Einreisebüro einen Pass für „Fr. Eiland" ausgestellt, und weil gerade WM war, wurde ein Miniaturautokino aus Karton gebaut. Den umliegenden Parkplatzsuchenden wurden gegen eine geringe Gebühr bewachte Parkplätze angeboten, die tatsächlich einige von ihnen in Anspruch nahmen. (-> S. 103, Abb. 196)

K

Katastrophe

2015 lief SUPERSTADT! unter dem Titel DIE KATASTROPHE! angesichts der heutigen Desaster aktueller denn je zuvor. Noch immer halten sich Architektur und Stadtplanung aus den Katastrophen fein heraus. Was haben denn wir mit Krieg und Klima zu tun? Das bisschen Beton und Versiegelung! Das Gegenteil ist der Fall. Katastrophen sind immer mit Risiken verbunden und der Umgang mit Risiken ist der Architektur und Planung nicht fremd. Bauen bringt Risiken mit sich, in konstruktiver (Einsturz), programmatischer (Scheitern), ökologischer (Sondermüll) oder ökonomischer (Ruin) Hinsicht. Risiko wird im Bauen jedoch auch mit Qualität gleichgesetzt. Je mehr Risiko, desto sensationeller ist und desto mehr Publizität erlangt Architektur. Katastrophale Ereignisse wie Erdbeben, Überflutungen oder Terroranschläge scheinen von der Planung wiederum unbeeinflussbar, haben aber immer auch mit Architektur zu tun. Siedlungen in Gefahrenzonen, abgeschottete Enklaven und monofunktionale Großarchitekturen legen die Formel nahe: mehr Architektur = mehr Katastrophen. Was also nun – weniger Architektur? (-> S. 108, Abb. 207)

L

Linz

SUPERSTADT! hat sich selten direkt um Linz gekümmert. Es ging um die Zukunft von Stadt, Linz wurde aber durch Umwege über Zürich, London oder Kopenhagen behandelt. Um Linz selbst zu diskutieren, fehlte die notwendige Distanz. So saßen wir gemeinsam mit Leuten aus allen möglichen Städten zusammen, sprachen über das Fremde und meinten das Hier. Wer sich erhoffte, die Zukunft von Linz zu sehen, wurde enttäuscht, denn Abschweifen war das Thema. Dennoch, manches Mal reichte es den Besucher*innen. Sie sprangen auf und beklagten sich laut über etwas, das wieder einmal schiefgegangen war in Linz: die neue Stadtautobahn, die fehlenden Radspuren, die Hochhäuser. Daran entzündeten sich immer die flammendsten Diskussionen.

M

Moderation

SUPERSTADT! wurde von vielen verschiedenen Moderator*innen geleitet und sie waren immer gut. Als für einige Jahre der Performancekünstler Otmar Wagner die Moderation übernahm, wurde jede Einleitung eines Vortrags zum performativen Akt. Der Höhepunkt seiner Ansagen war die Einleitung von Catherine Rossi mit ihrem Vortrag *Design at Night: Radical Disco* über italienische Diskotheken der 1980er Jahre. Weil Rossi an diesem Abend Geburtstag hatte, setzte sich Otmar Wagner eine Discokugel über den Kopf und tanzte für sie unter glitzernden Lichtwirbeln. Rossi war begeistert. So etwas hatte sie noch nie erlebt.

N

Nacht

2016 fand das Symposium SUPERSTADT! DIE NACHT! passend zum Thema in der Nacht statt. Stadt und Stadtplanung widmen sich erstaunlich selten den Stunden, wenn die meisten Stadtbewohner*innen schlafen. Dabei bildet die Nacht seit jeher eine der interessantesten Facetten von Stadt mit all ihren Klischees. Die Elektrifizierung beendete die Dunkelheit in den Straßen. Die Großstadt erfand das Nachtleben. Und bis heute ist es eher die Nacht, die ein urbanes Abenteuer verspricht. Nächte sind zum Feiern und zum Lieben da, aber auch zum Schlafen und zum Arbeiten. Im Schutz der Dunkelheit kann man träumen und Graffiti sprayen, wechselt man Kleidung oder Identität, sinkt in tiefen Schlaf, liegt wach oder verliert sich im Rausch. Urbane Räume der Nacht sind mit Träumen, Angst, Kontrolle und dem Verlust dieser Kontrolle zugleich besetzt. Meine Nächte hingegen sind oft schlaflos. Daher schrieb ich auch ein Buch über die Schlaflosigkeit, die Architektur und Stadtplanung der Moderne erzeugt haben. Eigentlich ist es eher ein Buch über Weiblichkeit und Wohnen und wie die beiden Begriffe seit jeher gemeinsam gedacht wurden. Aber eigentlich gehört ja auch alles zusammen: die Nacht, die Architektur der Moderne, das Träumen, die Angst und die ewige Metaphorisierung des weiblichen Geschlechts. Schluss damit!

O

Off-utopisch

Eine Zeitlang waren Utopien in Architektur und Stadtplanung verpönt. Seit einigen Jahren sind sie wieder en vogue. Es gibt eine gewisse Nostalgie in Bezug auf die utopische Moderne. Aber die Utopien von heute sind definitiv anders. Ich würde sie nicht post-utopisch oder neoutopisch nennen, sondern eher „off-utopisch". Off wie ein Off-Beat, eine Off-Fashion, eine Off-Stage oder wie die Stimme aus dem Off, etwas, das nicht im Vordergrund steht, aber sehr gut funktioniert. In meiner Recherche zu Utopien stieß ich auf die russische Medienkünstlerin Svetlana Boym, die in Harvard lehrt. Sie hat den Begriff „off" erstmals für die Architektur verwendet und ersann den Begriff off-modern, um die Projekte von Vladimir Tatlin zu beschreiben, insbesondere den Tatlin-Turm. Es war die Off-Moderne, die es Tatlin erlaubte, abseits der Moderne zu stehen und neue Beziehungen zwischen Form und Funktion, künstlerischer Praxis und politischem Denken zu erfinden. Off-utopische Projekte bewegen die Architektur also aus dem Alltagsrhythmus heraus und erkunden die manchmal gespenstischen Welten jenseits des Imaginären. Aber: Gleichzeitig bleibt die Basis real.

P

Performance

Von Beginn an waren Performances ein wichtiger Teil jedes Symposiums. Sie rüttelten nachmittags schläfrig gewordene Besucher*innen wach, waren politischer als mancher Vortrag und zeigten Architekt*innen, was es noch so alles gibt abseits der eigenen Disziplin. Pläne zeichnen? Wozu, denn der *performative turn* war längst eingetreten. Performativer Urbanismus wird heute universitär unterrichtet und wer etwas an der Stadt ändern will, sollte sich nicht auf langjährige Umwidmungen verlassen, sondern selbst anpacken. Also raus aus den Ateliers und rein in die Stadt. Meine Lieblingsperformance war jene von Daniel Aschwanden zu SUPERSTADT! WHAT IF? im Jahr 2013. Er begann mit einem normalen Vortrag über die Seestadt Aspern nördlich von Wien. Dann eskalierte die Situation zunehmend, er zog sich aus, die Stimme hyperventilierte ebenso wie der Sound, er setzte sich eine aus Pneus gebaute Hut-Stadt auf den Kopf und warf eine große Kiste voller Playmobilfiguren in den Zuschauerbereich. Projektionen, tosende Musik, ein Raum voller Aktion. Daniels größte Sorge war gewesen, so erzählte er mir später, dass er nicht mehr alle Playmobilfiguren finden würde, denn die hatte er sich von seinem Sohn ausgeborgt. Am 8. Juli 2021 starb auch Daniel Aschwanden. (-> S. 106, Abb. 201)

Q

Nichts. Es gibt absolut nichts zu Q.

R

Revolte

2017 stand das Symposium unter dem Motto „Revolte". Dazu entwarf eine Studentin ein sehr schönes handgemaltes schwarzrotes Plakat. Ihre unzähligen Versuche, die Namen der Vortragenden auf dem Plakat anzuordnen, wurden im Gang vor dem Symposium ausgestellt. Pier Paolo Tamburelli, Architekt von baukuh aus Mailand, war beeindruckt. Noch nie hatte er seinen Namen auf so vielfältige Weise falsch geschrieben gesehen: Pier Tamburini, Pier Tambarelli, Pierre Tamberini, Paolo Timberelli. In seinem Vortrag zeigte er die ausgezeichnete Casa della Memoria in Mailand, ein Archiv des Widerstands. Mit dem Widerstand des Publikums war es hingegen nicht weit her. Das gemeinsame Singen der Internationale misslang ganz furchtbar, sorgte aber für großes Gelächter. (-> S. 115, Abb. 217)

S

Superparty

Jedes Symposium SUPERSTADT! endete mit der Superparty. Oft waren mehr Leute auf der Party als beim Symposium, aber egal, denn Musik und Tanzen gehören dazu. Beim ersten Symposium brachte die Künstlerin Susanne Rogenhofer aka Sweet Susie die Tanzenden in Ekstase. Sie arbeitet zwischen Bild, Ton, Raum und Text und beschäftigt sich künstlerisch forschend mit den Auswirkungen von Neoliberalismus und Ökologiekrise. So soll Urbanistik sein!

T

Tatlin

Vladimir Tatlin war der Hausrucker der 1920er Jahre. Sein Monument für die Dritte Internationale war mit vierhundert Metern Höhe hoffnungslos überzogen. Es war von vornherein klar: Das würde nie gebaut werden. Also baute Tatlin ein sechs Meter hohes Modell des Turms, packte es auf einen Wagen und zog damit gemeinsam mit Genoss*innen auf Demonstrationen durch die Straßen. Ein Architekturmodell als politisches Mittel. Das gab es meines Wissens nie wieder in der Architekturgeschichte.

U

Utopie

Keine Utopie ohne Regeln. Kaum etwas war so strikt geregelt wie *Utopia* von Thomas Morus aus dem Jahr 1515. In den 1970er Jahren wurden die Utopien dann lustgesteuerter und weniger reglementiert. Heutige Utopien sind wiederum etwas ernster geworden. Sie lassen sich nicht auf eine simple Kritik am Bestehenden reduzieren, nach dem Motto, die Gesellschaft ist schlecht, die Technologie ist gefährlich. Sie orientieren sich nicht ausschließlich am Körper (schon gar nicht am männlichen), und Lustbefriedigung genießt eindeutig nicht oberste Priorität. Die Bilder ähneln sich, aber es ist vorbei mit den rotlichtigen Weichzonen im babylonischen Turm. Es mag an einer allgemeinen Reglementierung des Körperlichen liegen, an einer neuen Prüderie oder an einer Zeit, die nicht jene der Luststeigerung ist. Kein Wunder also, dass die neuesten Utopie-Entwürfe Substitute einführen für körperliche Lust und Genuss. Die Projekte sind nun nachhaltig, ökologisch einwandfrei, es wird eigene Landwirtschaft betrieben und die Menschen leben in einer „Sharing Economy". Nach den nackten Männergesellschaften in den Plastikblasen von Haus-Rucker-Co und anderen nehmen sie sich nahezu keusch aus. Die Welt gleicht gerade noch einem Garten der Lüste, steht jedoch kurz vor dem Kollaps. Die Demokratien haben sich aufgelöst, Städte sind Kriegszonen, die Landschaft ist verseucht und selbst Sonnenschein erinnert uns nur an den Klimawandel. Die Zukunft wird grausam sein, aber nicht uninteressant. Vorbei ist die lustige Zeit der Freiheit, als die Kapseln schwebten und die Stadt ein Dauerfestival beging. Also Achtung, Baby!

V

Valie EXPORT

Es gibt nichts zu sagen zu Valie EXPORT, außer: Sie ist die Größte!

W

Wie wohnen?

Es bleibt die wichtigste Frage der Planung: Wie sollen wir wohnen? SUPERWOHNEN! im Jahr 2011 hatte viele Highlights. Eines davon war Heidulf Gerngross. Er zeigte – wie könnte es anders sein? – den „Archiquanten", seine Lösung aller Architekturprobleme, auch jene des Wohnens. Archiquanten sind vielfältig einsetzbar, sei es als Hosenknopf, Schaukelstuhl oder als Haus. In ungebremster Dynamik und Geschwindigkeit jagte er Hunderte Bilder über die Projektionswand und führte sein persönliches Gerngross-Theater auf. Während der anderen Vorträge fiel er durch laute „Bravo, Bravo!"-Zwischenrufe auf, was bei manchen Vortragenden Verunsicherung auslöste. Im SUPERSTADT!-Buch *Schwimmende Städte, fliegende Häuser … Zur Utopie der Stadt* (Wien 2014) schrieb Gerngross einen Text zum Archiquanten:

Der Archiquant als GESTALTUNGSMOLEKÜL.

Der Archiquant ist ein geistiges und praktisches Werkzeug für die Gestaltung von Gebrauchsgegenständen.

Der Archiquant ist ein ARCHITEKTURTEILCHEN.

Der Archiquant ist eine neue, archaisch geometrische Figur wie Kreis, Rechteck, Dreieck etc.

Seine Breite B ist sein Radius R. Seine Tiefe T ist der Goldene Schnitt von B oder R.

Sein Umfang enthält die Naturkonstanten π und φ. Umfang U = 2rπ/6 x + rφ x. 2.

Der Archiquant ist die generative Erweiterung proportionaler Gestaltung.

Der Archiquant ist ein Pass-Stück. Er ist den menschlichen Maßen angepasst. Jede Gestaltung mit dem Archiquanten ist automatisch mit den Proportionen des menschlichen Körpers verbunden.

Die Form des Archiquanten wurde vom Architekten Heidulf Gerngross gefunden, entdeckt, entwickelt und gebraucht. Für die Konstruktion des Archiquanten hat der Künstler und Mathematiker Kurt Hofstetter eine Konstruktion mit Zirkel und Lineal entwickelt, basierend auf der elementaren Ableitung des Goldenen Schnittes von den Proportionen der Natur.

Der Archiquant eröffnet einen neuen Raum für ein sich ausbreitendes GESTALTUNGSFELD. Er verbindet Kurve und Gerade.

Der Archiquant ist ALLGEMEIN.

X

Zehn

2019 wurden zehn Jahre SUPERSTADT! gefeiert. Für das Symposium im Jahr 2020 mit dem Titel WIE LEBEN? war schon alles geplant. Zimmer waren reserviert und Reisen gebucht. Und dann kam die Pandemie. Alles wurde abgesagt. Also machten wir ein Buch aus den geplanten Beiträgen. Der Klappentext liest sich im Nachhinein seltsam, wenn man weiß, wie viele um ihr Überleben kämpften, aus gesundheitlichen Gründen oder ökonomischem Druck.

„Selten waren die Möglichkeiten, sein eigenes Leben zu gestalten, wo und wie man will, so vielversprechend wie heute. Jedoch die lange Liste täuscht. Selbstverwirklichung ist mit Herkunft und Biografie verknüpft, alternative Haustypologien sind an die Ökonomie des Immobilienmarktes gebunden und alles endet schnell, wenn kein Geld da ist. Nicht wir bestimmen, wie wir leben wollen, sondern das verfügbare Kapital. Die Baugruppe findet kein leistbares Grundstück, der Kollektivraum entfällt wegen schlechter Ausnutzung und jedes Raumexperiment ist dem freien Spiel des Marktes ausgesetzt. Nichts ist so sehr mit Kapital verbunden wie das Bauen von Stadt. Da fällt es schwer, an wählbare Identitäten und dafür geeignete Architekturen zu glauben. Die Stadt muss wachsen, Profit sticht Gemeinwohl und Stillstand im Bauboom wäre ein Rückschlag im Wettbewerb.

Das Resultat sind Wohnhäuser mit Regelgeschoßen, generische Shoppingmalls und ein schwindender öffentlicher Raum. Aber wollen wir all das so bauen? Welchen Werten folgt Architektur? Zehn Autor*innen schreiben Handlungsanweisungen für gedachte und gebaute Lebensmodelle, Alternativen zur Investorenstadt, antiglobale Architekturen, neue Produktionsformen, Individualität, Kollektivität und ein neues Verhältnis zur Natur. Letztlich dreht sich alles darum: Wie macht man es jetzt gut, so, dass es dann gut läuft, beim Wohnen, Arbeiten, Lieben und Leben?"

Sabine Pollak (Hg.): *Wie leben? Die Stadt in den Zeiten der Möglichkeiten*. Wien 2021

Y

Ypsilon

Das Ypsilon ist der architektonischste Buchstabe. Er ist nicht so traditionell wie das Dach-A, nicht so füllig wie das O, nicht so sperrig wie das W und nicht so statisch wie das M. Das Ypsilon ist elegant.

Z

Zabriskie Point

Einmal präsentierte ich in einem Einführungsvortrag als letztes Bild den ikonischen Filmstill aus *Zabriskie Point* (Michelangelo Antonioni, 1970). Das Bild zeigt etliche Paare, seltsam punktuell verteilt, beim Sex in der kargen Sandlandschaft des Death Valley. Das Love-in der Filmgeschichte schlechthin hatte wenig mit dem Vortrag zu tun, war aber ein schönes Schlussbild. In dem Film gibt es auch interessante Architektur: ein tolles, waghalsig in den Berghang gebautes Haus, das allerdings schließlich explodiert. Es ist eine sehr schöne Explosion, in Zeitlupe und mit dem Sound von Pink Floyd unterlegt. Schier endlos fliegen häusliches Mobiliar, Kleider und andere Utensilien durch die Luft. Zum Schluss ist das Haus weg, und was bleibt sind sich liebende Körper. Es gibt eben mehr und Wichtigeres als Architektur auf dieser Welt.

68

Plakat „In der Sahara staubt's auch." von s'Kollektiv, 1981

Interview

THuM Ateliers
im Gespräch mit
c/o now

Sta(d)t(t)strategien

*Die von Daniela Herold und Rolf Touzimsky betriebene Architekturpraxis THuM Ateliers fokussiert die Schnittstelle von Architektur und Urbanismus, was die beiden selbsttätig zu Expert*innen der Linzer Stadtentwicklung(spolitik) macht. c/o now sprechen via Bildtelefonie im Februar 2024 mit THuM über die Stadt, die beider Biografien bis heute prägt.*

c/o now (CN): Ihr seid beide nicht nur gebürtige Linzer*innen, sondern ihr habt auch in Linz studiert und euer Büro gegründet. Woher kommt eure urbanistische Perspektive auf die Architektur, und wurde diese an der Kunstuniversität gefördert?

Rolf Touzimsky (RT): Ich glaube, alle haben einen emotionalen Zugang zu den Städten, in denen sie Großteile ihrer Lebenszeit zugebracht haben. Wenn du dich dann mit Architektur und Stadtplanung beschäftigst, wird dir irgendwann klar, dass es da mehr gibt als rein technische oder künstlerische Aspekte. Jede Stadt besteht im Wesentlichen aus komplexen, sozialen Zusammenhängen. Ich bin beispielsweise im Linzer Unfallkrankenhaus direkt auf der innerstädtischen Seite der Westbahntrasse zur Welt gekommen. Für den Neubau des Musiktheaters hat man dort später den kompletten Stadtgrundriss neu organisiert. Die Straße führt mittlerweile über das Gelände des dafür abgerissenen UKHs. Das Musiktheater wiederum steht direkt auf der damit unterbrochenen Stadtachse und manifestiert die Teilung in eine Stadt nördlich und südlich der Westbahn. Das ist natürlich auch eine soziale Grenze. Und dass es in Linz mittlerweile fast nur noch um die Innenstadt geht und der weitaus größere Teil der Stadt im Süden kaum Aufmerksamkeit bekommt, geschweige denn die Ränder der Stadt, das tut besonders weh. (-> S. 105, Abb. 199)

Daniela Herold (DH): Wir haben an der Kunstuniversität während der ersten Konzeption der Linzer Architekturschule von Friedrich Goffitzer studiert. Und der hatte, wie es in seiner Generation üblich war, vor allem eine typologisch geprägte Vorstellung von Architektur, in deren Mittelpunkt das Objekt stand. Seine am leidenschaftlichsten vorgetragene Vorlesung galt der Harmonie- und Proportionslehre. Es gab aber auch Wilfried Posch und seine Lehrkanzel für Städte- und Wohnungsbau, die sehr auf Roland Rainer fixiert war, bei der aber auch Themen wie Polyzentrik und Gartenstädte eine große Rolle spielten. Günther Feuerstein wiederum hatte eine Lehrkanzel inne, die schon durch ihren Namen andere Vorstellungen eröffnete: Umraumgestaltung. Feuerstein hat uns nahezu zu Experimenten angetrieben und uns mit den Ideen der österreichischen Avantgarden der 1970er wie Haus-Rucker-Co, Coop Himmelb(l)au oder Zünd-Up vertraut gemacht.

RT: Eine zeitgenössische Idee vom Arbeiten an der Schnittstelle zu experimenteller Architektur, Kunst, Stadt und Soziologie haben wir aber vor allem durch die von Herbert Lachmayer geleitete Kunstklasse „Die Experimentelle" vermittelt bekommen. Lachmayer war international extrem gut vernetzt und umtriebig und hat uns als Studierende daran großzügig teilhaben lassen. Prägend war für uns auch, dass Raoul Bunschoten im Rahmen einer Workshopwoche an der *die architektur* mit Studierenden der AA aus London in der Kunstuniversität arbeitete. Das Ergebnis hat Bunschoten später unter anderem in seiner Publikation *Urban Flotsam*[1] veröffentlicht. Ich war beeindruckt, wie sie durch Recherchen und Analysen innerhalb kürzester Zeit als Team zu einem sehr exakten Verständnis einer Stadt und zu konkreten Vorschlägen kamen.

DH: Wir wollten lernen, auch so zu arbeiten, und haben uns deshalb entschieden, Linz für eine Weile den Rücken zuzukehren. Und in den 1990er Jahren gab es mit Berlin eine Stadt, die alle urbanistisch Interessierten als vermeintlich riesiges Stadtlabor für Aneignungsprozesse in ihren Bann zog. Im ehemaligen Ostteil der Stadt haben wir uns an der damals noch existierenden Architekturabteilung der Kunsthochschule Weißensee eingeschrieben, die in dieser Zeit für uns vor allem mit Namen wie Peter Wilson, Dagmar Richter oder Daniel Libeskind in Verbindung stand. Die Lehrenden dort waren sehr greifbar und nachdrücklich am Dialog interessiert. Du hast dort alles vom ersten Schritt an gemeinsam entwickelt. Das war ein ziemlicher Augenöffner.

RT: Dann mussten wir zunächst zurück nach Linz, um unser Diplom zu machen. Dort stand Goffitzers Emeritierung an. Aus den Hearings zu seiner Nachfolge, bei welchen mit Roger Connah auch einer unserer Favoriten vortrug, bekam Roland Gnaiger schließlich den Ruf. Wir kannten ihn vorher nicht, wollten uns aber so oder so auf keine neue Lehrkultur in Linz mehr einlassen. Wir hatten dort noch einmal ein hervorragendes halbes Jahr. Denn die Kunstuniversität begann zeitgleich, ihre Fühler nach der Tabakfabrik auszustrecken, und ich weiß nicht mehr, wie und durch wen – es könnte Lachmayer oder auch Reinhard Kannonier, der damalige Rektor der Kunstuni, gewesen sein –, jedenfalls bekamen wir dort für unser Diplom als Pioniernutzer*innen eine ganze Etage im Behrensbau zur Verfügung gestellt. Überflüssig zu erwähnen, dass uns bei dieser gigantischen Fläche ausreichend Platz für das ein oder andere rauschende Fest blieb.

DH: Ich habe mich dann direkt am Berlage Institute eingeschrieben und auch Rolf ist in die Niederlande, um bei NL Architects zu arbeiten. Das war noch einmal eine sehr prägende Zeit, denn die Superdutch-Generation war da gerade auf ihrem Höhepunkt und alle pilgerten dorthin, um ihre Bauten und Städte zu sehen und von ihnen zu lernen.

RT: Ich hatte bei NL eine der besten Zeiten meines Lebens. Auch wenn mir auf halbem Weg das Tische-Stipendium gekürzt wurde, weshalb ich am Ende trotz des Verkaufs meines Autos nahezu bankrott nach Linz zurückkehren musste.

CN: Die besten Voraussetzungen, um dort dann ein Büro zu gründen!

DH: Überhaupt nicht. Ich kann mich gut erinnern, wie wir monatelang von einer Ausstellungsarchitektur für die Landwirtschaftskammer leben mussten. Aber dann haben wir den EUROPAN Wettbewerb in Salzburg gewonnen, ein Stadtquartier mit unterschiedlichen Nutzungen: geförderter Mietwohnbau, ein Seniorenwohnhaus samt Tagesstätte und ein Bauteil für betreutes Wohnen, ein Supermarkt, Büro- und Gewerbeflächen und obendrauf ein öffentlicher Park.

RT: Ich bin bis heute davon beeindruckt, wie die Stadt Salzburg mit einem jungen Büro wie uns umgegangen ist. Erstmal wurde uns herzlichst gratuliert. Dann hat Johann Padutsch, der als Stadtrat für Stadtplanung politisch für das Projekt verantwortlich war, uns offen und direkt gefragt: „Traut's euch das überhaupt zu?" Nach der ersten Schockstarre haben wir von diesem Punkt aus jede Hürde und jedes Hindernis partnerschaftlich gemeinsam überwunden. Am Ende haben wir für das von Stadtrat Padutsch initiierte Stadtteilentwicklungsprojekt Stadt:Werk:Lehen gemeinsam mit anderen Büros aus Salzburg und Wien den Otto-Wagner-Städtebaupreis und die Wohnungsbaugenossenschaft den Bauherrenpreis erhalten. Wenn ich diese Erfahrung mit den Linzer Realitäten vergleiche, dann bleibt mir wenig mehr als zu beklagen, dass wir in unserer Stadt viel zu oft hochmotiviert beginnen und die Dinge dann in Intransparenzen versanden.

CN: Könnt ihr uns da ein Beispiel geben?

DH: Ich glaube, Rolf denkt da ganz konkret an ein Projekt, das wir zusammen mit Hans Kropshofer in Linz initiiert hatten. Schon unsere Diplomarbeit hatte sich ja mit Transformationsszenarien für das ehemalige Werkstättenareal der ÖBB südlich des Hauptbahnhofs auseinandergesetzt. Während dieses Gelände tatsächlich erst heute entwickelt wird, stand damals der unweit gelegene Frachtenbahnhof zur Diskussion. Die Stadt hatte bis dahin als mehr oder weniger einzige Zielvorstellung formuliert, dass dort irgendwann Wohnungsbau entstehen soll. Wir wiederum hatten das im Kopf, was wir in Berlin und in den Niederlanden kennengelernt hatten, und wollten auf dem Gelände eine Art Stadtwerkstatt einrichten, in der die Linzer*innen selbst die Möglichkeit bekommen sollten, das Quartier mitzuentwickeln. Und erstaunlicherweise hat die Stadt Linz uns auf das Gelände gelassen. Wir haben dann im ehemaligen Kantinengebäude Veranstaltungs- und Ausstellungsflächen eingerichtet, wir hatten ein trans_areale_buffet, es wurden Projekte wie der Brachlandgarten entwickelt, Kooperationen mit der Kunstuniversität initiiert und wir hatten zahlreiche tolle Gäste aus ganz Europa da, die vortrugen und mit den Linzer*innen zusammenarbeiteten. Es erschienen zwei aufwendige Publikationen, der *trans_areale_report*, die den Prozess dokumentierten.[2] (-> S. 85, Abb. 155, 156)

RT: Dann haben wir eine rote Linie überschritten. Wir wussten, dass wir eigentlich nur dazu beauftragt waren, herauszufinden, was die Linzer*innen mit dem Areal verbinden und was davon fortzuschreiben wäre. Und wir wussten, dass das ebenso gut als eine Textbeigabe unter vielen für einen möglichen Masterplan-Wettbewerb enden könnte. Also wollten wir das Vakuum füllen und Tatsachen schaffen. Gemeinhin sind wir ja mittlerweile so konditioniert, dass wir Bauschilder, selbst wenn sie zunächst nur eine mögliche Zukunft visualisieren, schon fast wie offizielle Dokumente lesen. Ein von Hans Kropshofer stark unterstütztes Projekt eines Studenten spielte genau damit: Ein Baustellenschild wurde aufgestellt, samt nachgespielter Spatenstichzeremonie. Ich glaube, da wurde vielen erst klar, was wir eigentlich vorhatten, und plötzlich sahen wir uns mit immensem Widerstand bis hin zur Rechtsmittelandrohung konfrontiert. Klaus Luger, dem heutigen Bürgermeister, der damals als Stadtrat unter anderem für die Raumplanung und das Baurecht zuständig war, ist es auf den letzten Drücker noch gelungen, die Entscheidung zu erwirken, dass das Bauschild als „Kunstarbeit" zumindest für ein paar Monate stehen bleiben darf.

DH: Für unser Projekt trans_areale ging es aber von da an bergab. Plötzlich war alles mit Schwierigkeiten und Bedenken verbunden und als wir schließlich von der Stadt Linz zu einer Pressekonferenz gebeten wurden, in welcher wir den Prozessplan für die Entwicklung des Areals präsentieren sollten, den wir gemeinsam mit Architekt*innen, Soziolog*innen und Stadtplaner*innen aus Berlin und Basel angesetzt und visualisiert hatten – außer uns war niemand und vor allem keine Presse eingeladen –, da wussten wir, welche Stunde geschlagen hatte. Es wurde ein ganz klassischer Planungswettbewerb angesetzt und sie wollten für die Ausschreibung noch nicht einmal mehr einen Textbaustein von uns. Rolf wollte es sich nicht nehmen lassen, zumindest zu den Sitzungen zu gehen, was die Architektenkammer für ihn hart erstreiten musste. Erster Sitzungspunkt war der Ausschluss unseres Projektpartners Hans Kropshofer, denn der sei ja schließlich kein Architekt, sondern ein Künstler.

CN: Trotz dieser Enttäuschung habt ihr aber später ausreichend Energie aufgebracht, um euch in Linzer Stadtstrategien einzubringen? (-> S. 127, Abb. 235)

RT: Na ja, es ist halt auch unsere Stadt! Als Klaus Luger uns ansprach und fragte, ob wir uns eine Beteiligung vorstellen könnten, hatten wir darüber hinaus den Eindruck, dass die Stadtstrategie für ihn, als Vision seiner Stadtentwicklungspolitik als Linzer Bürgermeister, erarbeitet werden sollte. Und ich glaube bis heute, dass das der Plan war. Das von Andreas Kleboth dafür so ambitioniert wie professionell organisierte und orchestrierte Konzept scheiterte aber an einer Sache, von der zunächst niemand etwas ahnen konnte. Es wurden mehrere Teams beauftragt, zu bestimmten Themenfeldern zu arbeiten. Wir taten uns mit Bart Lootsma zusammen, der damals noch den Lehrstuhl für Architekturtheorie in Innsbruck innehatte, aber bereits in Linz lebte und den wir aus unserer Zeit in den Niederlanden kannten. Auf Grundlage dieser schließlich öffentlich vorzutragenden Inputs sollte als Herzstück des Stadtstrategie-Prozesses ein breiter Diskussionsprozess angestoßen werden. Die Vorstellungen fanden unter Einhaltung sämtlicher Corona-Maßnahmen tatsächlich noch statt. Das große Potenzial des Verfahrens konnte aber natürlich nicht im Ansatz ausgeschöpft werden. Und so hart das klingt muss man deshalb auch sagen, dass dieses gelbe Heft, das letztlich als Linzer Stadtstrategie veröffentlicht wurde, nicht mehr ist – und sein konnte – als eine Zusammenstellung von Fragmenten, die von den Beteiligten eigentlich in den großen Prozess hätten eingestreut werden sollen. Wir tun uns darum auch schwer damit, unsere Intentionen, bis auf einige wenige Buzzwords, darin wiederzufinden. Dieses Projekt konnte einfach nicht so zu Ende gefahren werden, wie es konzipiert war. Es war eigentlich als Startschuss für eine umfassende Strategie gedacht, auf deren Weiterentwicklung wir immer noch hoffen.

CN: Es gibt im Heft beispielsweise eine eigentlich sehr schöne Grafik, die sich mit der Polyzentrik der Stadt Linz beschäftigt. Die Studierenden an der Kunstuniversität beschweren sich aber regelmäßig darüber, dass Stadtteile wie Auwiesen darauf gar nicht vorkommen. So etwas wäre im Prozess sicher zur Sprache gekommen.

DH: Exakt. Darüber hinaus konnten sich bestimmte Handlungsstränge erst gar nicht entfalten. Noch wichtiger als die Szenarien, die wir beispielsweise für die Stadtstrategie entworfen hatten, war uns am Ende des Tages, dass wir alle zusammen Kommunikationsstrategien entwickeln, die es vor allem der Politik ermöglichen sollten, im Schatten der unumgänglichen Transformationsprozesse abseits ideologischer Vorstellungen zu argumentieren. Wie verkaufe ich als konservative*r Politiker*in meiner Klientel, dass es auch in ihrem Interesse ist, auf ÖPNV, Maßnahmen zur klimagerechten Stadt und geförderten Wohnbau zu setzen?

RT: Dass wir das nicht zusammen hinbekommen haben finde ich besonders tragisch. Denn jetzt sprechen wir in Linz eigentlich nur noch von den Innenstadtstrategien. Ganz einfach deshalb, weil da jeder mal hinkommt und das somit der kleinste gemeinsame Nenner ist. Und um noch einmal auf den Anfang unseres Gesprächs und die von euch erwähnte Polyzentrik zurückzukommen: Man muss sagen, dass sich um den ungleich größeren Süden der Stadt, geschweige denn die Ränder, wieder keiner bemüht.

CN: Die Konsequenzen aus der Innenstadtstrategie bestehen ja inzwischen auch hauptsächlich aus temporären Bespaßungen und aus – auch darüber echauffieren sich die Studierenden mit Eifer – in großen Blumenkübeln am Hauptplatz aufgestellten Bäumchen als Feigenblattmaßnahmen zum Stadtklima.

RT: Man muss schon sagen, dass wir als Linz mutigere Vorstellungen unserer Stadt brauchen. Und wir brauchen auch Bilder und Ästhetiken, um diese kommunizierbar, diskutierbar und verhandelbar zu machen. Die sollten sich genauso an Architekt*innen wie Politiker*innen, Investor*innen und jeden einzelnen Menschen in Linz richten. Das Handwerkszeug der Architektur und Stadtplanung gäbe das eigentlich her.

CN: Wenn wir jetzt konstatieren, dass es kein gegenwärtiges Leitbild, kein Stadtmodell für Linz gibt, dann ist es unvermeidlich, die Frage nach dem letzten Versuch, ein solches aufzubauen und durchzuführen, zu stellen.

DH: Die Stadtstrategien hätten das ja werden können. Wir könnten auch über Roland Rainer und seine Gartenstädte, über Puchenau und die SolarCity sprechen, welche ja die Bausteine beziehungsweise realisierten Visionen einer Stadterweiterung waren. Und im Kulturhauptstadtjahr 2009 haben Katharina Weinberger und Bart Lootsma gemeinsam mit dem afo auch noch einmal versucht, einen Diskussionsprozess in diese Richtung anzustoßen.[3] Aber seien wir uns ehrlich und sprechen wir den Elefanten im Raum an: Die letzten stadträumlich bedeutenden und räumlich noch gut lesbaren Planungen sind jene des Nationalsozialismus für die Führerstadt Linz. Deren Zeugnis sind nicht nur die Brückenkopfgebäude, in denen die Kunstuniversität heute untergebracht ist.

RT: Damals während des trans_areale-Projekts wollte beispielsweise die Ars Electronica eine Station bei uns am Frachtenbahnhof einrichten. Das wurde mit dem Argument abgeschmettert, dass die Linzer Kulturmeile sich entlang der Donaulände befände und Kulturräume ausschließlich dort vorzusehen seien. Es ging dabei freilich um anderes. Diese Anekdote illustriert aber, welche sich fortschreibende Wirkmacht die Planungen des Nationalsozialismus in einer kleinen Stadt wie Linz bis heute haben. Denn die Idee, an der Donau entlang Kulturbauten aufzureihen, stammt originär von niemand anderem.

DH: Und mit dem Nationalsozialismus kamen auch die von Zwangsarbeiter*innen aufgebauten Hermann-Göring-Werke. Aus ihnen ging nach dem Krieg die VÖEST hervor, die bis heute der Garant des Linzer Wohlstands ist und die unsere Stadt materiell wie immateriell entsprechend geprägt hat. Und ich würde mich zu der These hinreißen lassen, dass es auch die VÖEST war, die sich als letzte eine umfassende Vorstellung davon gemacht hat, wie diese Stadt aussehen könnte. Sie hatte ein Leitbild und sie hatte auch ein Stadtmodell. Es gibt eine Publikation – *Bauten für die Welt. Eine Dokumentation der Ingenieursleistungen der VÖEST* –, nach deren Lektüre ich Linz mit völlig anderen Augen gesehen habe. Die VÖEST hatte nahezu alle Typologien in ihrem Stahlbau-Repertoire und vieles davon ist in Linz und Umgebung prototypisch auch gebaut worden, wie diverse Schwimmbäder und Schulen. Es sind aber auch viele Institute der JKU Linz aus der VÖEST heraus gefertigt oder auch die beiden mittlerweile gesprengten Wohnhochhausscheiben auf dem Harter Plateau, die letztlich nichts anderes waren als ein 1:1-Modell für größere Entwicklungsprogramme. Noch viel interessanter aber ist, dass es bei der VÖEST früher drei Unterabteilungen gab: Architektur, Stadtplanung und serieller Stahlbau. Um exemplarisch eine Biografie herauszugreifen, verweise ich darauf, dass der ehemalige Leiter der Abteilung Architektur bei der VÖEST, Franz-Xaver Goldner, nach deren Auflösung von 1988 bis 2003 Linzer Baudirektor war.[4] Und das ändert noch einmal die Perspektive auf die Stadt, die Kunstuniversität und die Ausstellungsformate wie das Forum Metall und das Forum Design, die der VÖEST als Stahlkomplex Gestaltung wenn nicht entgegen-, so zumindest zur Seite gestellt haben.

CN: Wow, was für ein Schlusspunkt! Vielen Dank, Daniela und Rolf, für dieses Gespräch!

Anmerkungen

1 Bunschoten, Raoul/Hoshino, Takuro/Binet, Helene (Chora): *Urban Flotsam: Stirring the City*. Rotterdam 2001

2 Herold, Daniela/Kropshofer, Hans/Touzimsky, Rolf (Hg.): *trans_areale_report 02. Strategische Stadtentwicklung, Dokumentationsmagazin*. Linz 2005

3 Eine dreiteilige Veranstaltungsreihe mit abschließendem Symposium, die über das Jahr 2008 mit dem Titel „Linz Status Quo" im afo architekturforum oberösterreich organisiert und abgehalten wurde

4 Oberösterreichische Nachrichten (26.01.2016): „Braucht die Stadt Linz wieder einen Baudirektor?". https://www.nachrichten.at/oberoesterreich/linz/Braucht-die-Stadt-Linz-wieder-einen-Baudirektor;art66, 2094666 (letzter Zugriff: 15.03.2024)

69

Plakat „...tatort...rathaus..." von s'Kollektiv, 1982

Da Linz aufgrund der Schwerindustrie in den 1980er Jahren mit mangelnder Luftqualität zu kämpfen hatte, gründete sich im Jahr 1982 die unabhängige Bürgerinitiative Linzer Luft. Die Gruppierung ist unter anderem für die Stilllegung der Trichlorphenolanlage 1983 verantwortlich, nachdem es gelungen war, 10.000 Unterschriften für das Anliegen zu sammeln.

1982

70

Empfang der Radfernfahrt für den Frieden vor dem Alten Rathaus, 1982

Als Reaktion auf das mögliche Bedrohungsszenario einer atomaren Eskalation des Kalten Krieges formierte sich Anfang der 1980er Jahre in vielen westlichen Staaten eine Friedensbewegung, deren zentrale Forderung die Friedenssicherung durch Abrüstung war.

71

Eröffnung des ersten Frauenhauses in der Spaunstraße in Linz, 1982

72

Tabakfabrik, Vogelperspektive, Peter Behrens und Alexander Popp, 1928–1938, Erweiterung: Suter + Suter, 1981–1982

In den Gebäuden einer ehemaligen Wollzeugfabrik wurde 1850 die Linzer Tabakfabrik gegründet. Aufgrund der kontinuierlich wachsenden Produktion entschied man sich für den Neubau der Fabrikationsanlagen. Für die Umsetzung beauftragte man die Architekten Peter Behrens und Alexander Popp, die das Projekt schließlich in mehreren Etappen zwischen 1928 und 1937/38 realisierten.[1] 1981/82 erreichte die Tabakfabrik dank zusätzlicher Gebäude ihre größte Ausdehnung und die Bauten von Behrens und Popp erhielten im Zuge dessen Denkmalschutzstatus. Nach der Privatisierung 2001 wurde der Betrieb 2009 endgültig eingestellt. In Folge erstand die Stadt Linz das 38.148 Quadratmeter große Fabrikareal und verwaltet die 80.000 Quadratmeter Nutzfläche seither über eine Tochtergesellschaft. Bei der Revitalisierung[2] des Zwischenkriegsbaus war besonders die Außenhaut im Fokus, da diese den Anforderungen an eine energieeffiziente Gebäudehülle in keiner Weise entsprach. Öffentliche Bereiche, wie Stiegenhäuser und Flure, blieben hingegen völlig unberührt. In den vergangenen Jahren vermarktet sich die Tabakfabrik als Zentrum für kreative und digitale Arbeit und bietet Raum als Veranstaltungsort. Mit den Abrissarbeiten der am westlichen Ende liegenden Hallen aus den 1980er Jahren begann 2021 eine neue Phase für die Tabakfabrik. Bis 2025 wird dort von einem privaten Investor ein vierteiliges Gebäudeensemble errichtet. Auf dem von der Stadt über Erbbaurecht vergebenen Areal sind Büro- und Hotelflächen sowie 190 Wohneinheiten angedacht, Herzstück wird der 109 Meter hohe Quadrill Tower.

1 deWiki.de (o. D.): „Tabakfabrik Linz". https://dewiki.de/Lexikon/Tabakfabrik_Linz (letzter Zugriff: 12.03.2024)

2 Knall-Brskovsky, Ulrike: *Die Linzer Tabakfabrik. Fabrikationsgebäude II / ehemalige Rauchtabakfabrik*. Linz 2014, S. 6–9

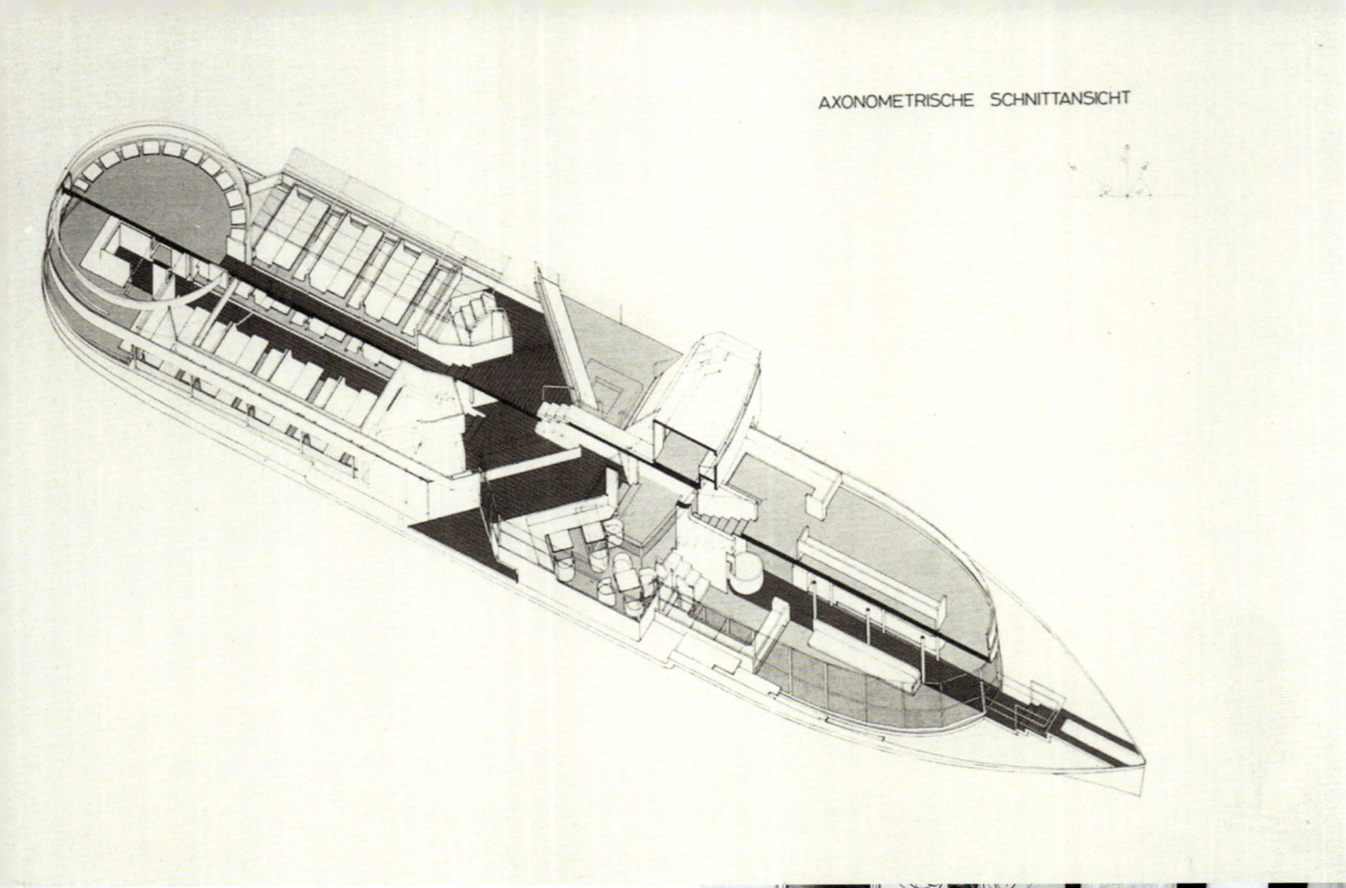

73

Abschlussarbeit: *Entwurf und Gestaltung der Aufbauten und Einrichtung eines Personenschiffes am Ossiachersee in Kärnten*, Horst Lechner (verstorben), 1983, Btr.: Friedrich Goffitzer

1983

74

Vertreter*innen der Bürgerinitiative Linzer Luft bei Bürgermeister Hillinger, 1983

75

Diskussion zur Revitalisierung Alt-Urfahr der Bürgerinitiative „Alturfahr Ost; für sanfte Sanierung statt Abriss", 1983

76

Diskussion der Bürgerinitiative „Alturfahr Ost; für sanfte Sanierung statt Abriss" im Pavillon vor der Stadtwerkstatt, 1983

In den 1980er Jahren entstanden Pläne, den beiden aus der NS-Zeit stammenden Brückenkopfgebäuden auf der anderen Uferseite zwei weitere Brückenköpfe – das Neue Rathaus und ein Opernhaus – gegenüberzustellen. Daraufhin organisierten sich Bürger*innen gegen den geplanten Abriss der Bestandsgebäude. Hierbei spielte die Stadtwerkstatt, die in der Friedhofsstraße 6, einem der gefährdeten Gebäude, untergebracht war, eine zentrale Rolle. Das Gebäude konnte – obwohl sich die Bewohner*innen weigerten, auszuziehen – nicht gerettet werden. Der Bau des Opernhauses konnte allerdings genauso wenig durchgesetzt werden. Ein Teil der Bausubstanz von Alt-Urfahr Ost blieb somit erhalten.

77

Blockade einer Anlage der Chemie der VÖEST durch Greenpeace, 1983

OFFENER BRIEF AN DIE VERANTWORTLICHEN

Die **Trichlorphenolanlage** der **Chemie Linz AG** ist jetzt die **einzige** und **letzte**, die in Europa in Betrieb ist. Die Anlage von Hoffmann-La Roche in Seveso ist explodiert. Böhringer bei Hamburg hat aufgrund zurückgehender Aufträge, schärfer werdender gesetzlicher Auflagen und nicht zuletzt wegen massiver öffentlicher Proteste ihre Anlage am 5. Mai 1983 stillgelegt.

Trichlorphenol ist der Grundstoff für den Unkrautvernichter 2,4,5-T, der ähnlich wie DDT sich in den Nahrungsketten anreichert und Mißbildungen bei Tier und Mensch verursachen kann.

Roh-Trichlorphenol ist unvermeidlich mit dem im Zuge der Produktion entstehenden hochgiftigen **Dioxin** (Seveso-Gift) verunreinigt. Obwohl das Dioxin so weit wie technisch möglich „ausgefiltert" wird, bleiben die Folgeprodukte dioxinverseucht. Mit dem an sich schon schädlichen 2,4,5-T gelangt Dioxin auf unsere Felder und somit in unsere Nahrung.

Herr Dr. **Kirchweger**, wollen Sie als Generaldirektor der Chemie Linz AG sich weiterhin auf die zur Zeit noch hohen Gewinne aus der Trichlorphenol-Produktion verlassen, anstatt umweltverträgliche und damit zukunftssichere Produkte anzustreben?

Betriebsräte der Chemie Linz AG, wollt ihr weiterhin zusehen, wie 20 Arbeiter tagtäglich ihre Gesundheit riskieren? Bereits in den siebziger Jahren gab es bei der alten Anlage einen Unfall, der zirka 100 Arbeitern Chlorakne (schwer heilende offene Geschwüre) bescherte.

Herr Bürgermeister **Hillinger**, warum unternehmen Sie nichts, daß Seveso sich in Linz nicht wiederholen kann? Wenn auch das Produktionsverfahren nicht haarscharf gleich ist, die Giftmenge und -art ist dieselbe.

Herr Landeshauptmann Dr. **Ratzenböck**, was werden Sie tun, wenn die Dioxinabfälle nicht mehr exportiert werden können, wenn die Verbrennung auf Hochseeschiffen verboten wird, wenn die BRD den Transit der Gifttransporte nicht mehr gestattet?

Herr Gesundheits- und Umweltschutzminister Dr. **Steyrer**, wann werden Sie die Verwendung der hochgiftigen Trichlorphenolprodukte als Unkrautvernichter und Desinfektionsmittel verbieten – auch die Einfuhr?

Herr Bundeskanzler Dr. **Sinowatz**, als oberster Eigentümervertreter der Verstaatlichten Industrie, und Herr Generaldirektor Dr. **Grünwald**, als geschäftsführender Eigentümervertreter, werden Sie weiterhin zusehen, wie die Chemie Linz AG mit veralteten und gefährlichen Produkten unsere Gesundheit, aber auch Arbeitsplätze gefährdet? Bald werden Trichlorphenolprodukte weltweit verboten sein.

Wir fordern im Interesse all jener, die zwar nicht die „Verantwortung", dafür aber das „Risiko" tragen, die **sofortige Schließung der europaweit letzten Trichlorphenolanlage.**

Alternative Liste OÖ.
Bürgerinitiative „Linzer Luft"
Kritische Chemie
Oberösterreichischer Naturschutzbund
Vereinte Grüne Österreichs
Weltbund zum Schutze des Lebens

Linz, 27. Mai 1983

79

Offener Brief an den Generaldirektor und die Betriebsräte der Chemie Linz AG, den damaligen Linzer Bürgermeister, den Landeshauptmann, den Umweltschutzminister und den Bundeskanzler, 1983

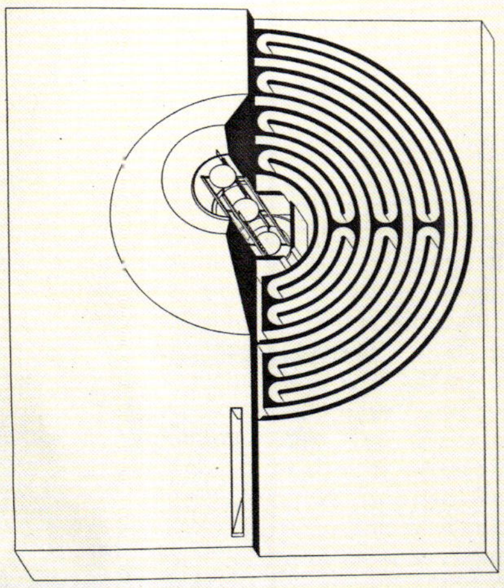

78

Abschlussarbeit: *Magisches Theater – räumliche Begegnungen*, Johannes Eller, 1984, Btr.: Friedrich Goffitzer

1984

80

Titelblatt KAPU-Zine, 1984

Der Kulturverein KAPU etablierte sich Anfang der 1980er Jahre als Veranstalter von Konzerten, Ausstellungen, Diskussionen und Filmvorführungen. Der Standort in der Kapuzinerstraße war zuvor bereits Sitz der Sozialistischen Jugend, aber auch des Reichsbunds der katholischen Jugend sowie der Hitlerjugend gewesen. Seit ihrer Gründung leistete die KAPU einen relevanten Beitrag zur Entwicklung der alternativen Musikszene in Linz und ist im Gegensatz zu den Vorgängerinstitutionen poltisch im linken Spektrum zu verorten.

81

SPÖ-Plakat „Für Linz", 1984

Nachdem die Linzer Musikszene Anfang der 1980er Jahre begonnen hatte, sich für ein autonom verwaltetes Rockhaus – mit Möglichkeiten für Probe, Auftritte und Aufnahmen – einzusetzen, wurde diese Forderung mehr und mehr von der Politik aufgegriffen. Im September 1984 eröffnete die Linzer Stadtregierung schließlich den Posthof als Haus für Zeitkultur am Hafen. In Andreas Kumps Buch *Es muss was geben. Die Anfänge der alternativen Musikszene in Linz* beschreibt Irene Judmayer diese Jahre als eine Zeit, in der viele Privatinitiativen durch die Politik vereinnahmt wurden und sich Linz von einer Stahlstadt zur Kulturstadt wandelte.

82

Mitgliederbrief der Kulturinitiativen Oberösterreich, 1984

Die Anfang der 1980er Jahre in Oberösterreich aufkommende breite Kulturbewegung akkumulierte sich 1984 in der Gründung der Kulturplattform KUPF, deren Zielsetzung die Verbesserung der Rahmenbedingung für freies Kunst- und Kulturschaffen in Oberösterreich ist.

83

Inserat „So wird Linz die sauberste Industriestadt Österreichs!", 1985

In den 1980er Jahren herrschte aufgrund der Luftverschmutzung eine negative Außenwahrnehmung der Stadt Linz. Sprüche wie „In Linz, da stinkt's" waren en vogue, in den Medien wurde über fatale Gesundheitszustände von Bewohner*innen berichtet. Daraufhin zog die SPÖ unter dem amtierenden Bürgermeister Schanovsky 1985 mit dem Slogan „Linz muss die sauberste Industriestadt Österreichs werden" in den Gemeinderatswahlkampf.

1985

84

Schülerdemo gegen Smog vor dem Neuen Rathaus, 1985

Nachdem 1985 mehrere Tage Smog über Linz lag, organisierten sich tausende Schüler*innen und marschierten von ihren jeweiligen Schulen vor das Neue Rathaus, um gegen die starke Luftverschmutzung zu demonstrieren.

85

Neues Rathaus, Rupert Falkner und Anton Fürtler, 1980–1985

Der damaligen Zeit entsprechend, entschied sich die Linzer Stadtregierung dazu, die bis dahin auf die Stadt verstreuten Verwaltungseinheiten in einer neu entstehenden Großstruktur in Alt-Urfahr zu bündeln. Für das Neue Rathaus, direkt an der Nibelungenbrücke gelegen, wurden – nicht ohne Proteste – Teile von Alt-Urfahr abgerissen. Heute ist die Meinung zum Betonkoloss und seinen architektonischen Überlegungen differenzierter.

1. Persönliche Daten
   Alter Größe Beruf
2. Grund der Haft ?
3. Zum wievielten Mal in Haft ?
4. Seit wann sind Sie schon hier?
5. Wann werden Sie entlassen?
6. In welchen anderen Gefängnissen waren Sie? Wie lange insgesamt?
7. Waren die Haftbedingungen dort besser/schlechter? Inwiefern?
8. Was arbeiten Sie jetzt?
9. Könnten Sie sich eine bessere (geeignetere) Arbeit vorstellen? Welche?
10. Haben Sie zu wenig Freizeit?
11. Ist Ihre Freizeit voll ausgenützt? Womit?
12. Benützen Sie die Bibliothek?
13. Was und wieviel lesen Sie?
14. Turnen Sie?
15. Welche Spiele spielen Sie?
16. Wie oft wird der Festsaal benützt?
17. Was machen Sie im Aufenthaltsraum?
18. Musizieren Sie?
19. Wie oft sehen Sie fern?
20. Welche Hobbys haben Sie?
21. Was fehlt Ihnen bzw. würden Sie zur Ausübung dieses Hobbys benötigen?
22. Wie oft sind Sie im Freien?
23. Was halten Sie von einem begrünten Hof?
24. Haben Sie eine Teeküche bzw. brauchen Sie eine?
25. Haben Sie einen Schreibtisch bzw. brauchen Sie einen?
26. Wie groß muß dieser sein?
27. Wie viele Regale benötigen Sie?
28. Wie viele Kästen brauchen Sie?
29. Haben Sie viele persönliche Gegenstände/Kleidung in die Haft mitgebracht? Welche?

86

Empfang von Demonstrierenden für den Frieden durch Stadträtin Hofer im Neuen Rathaus, 1985

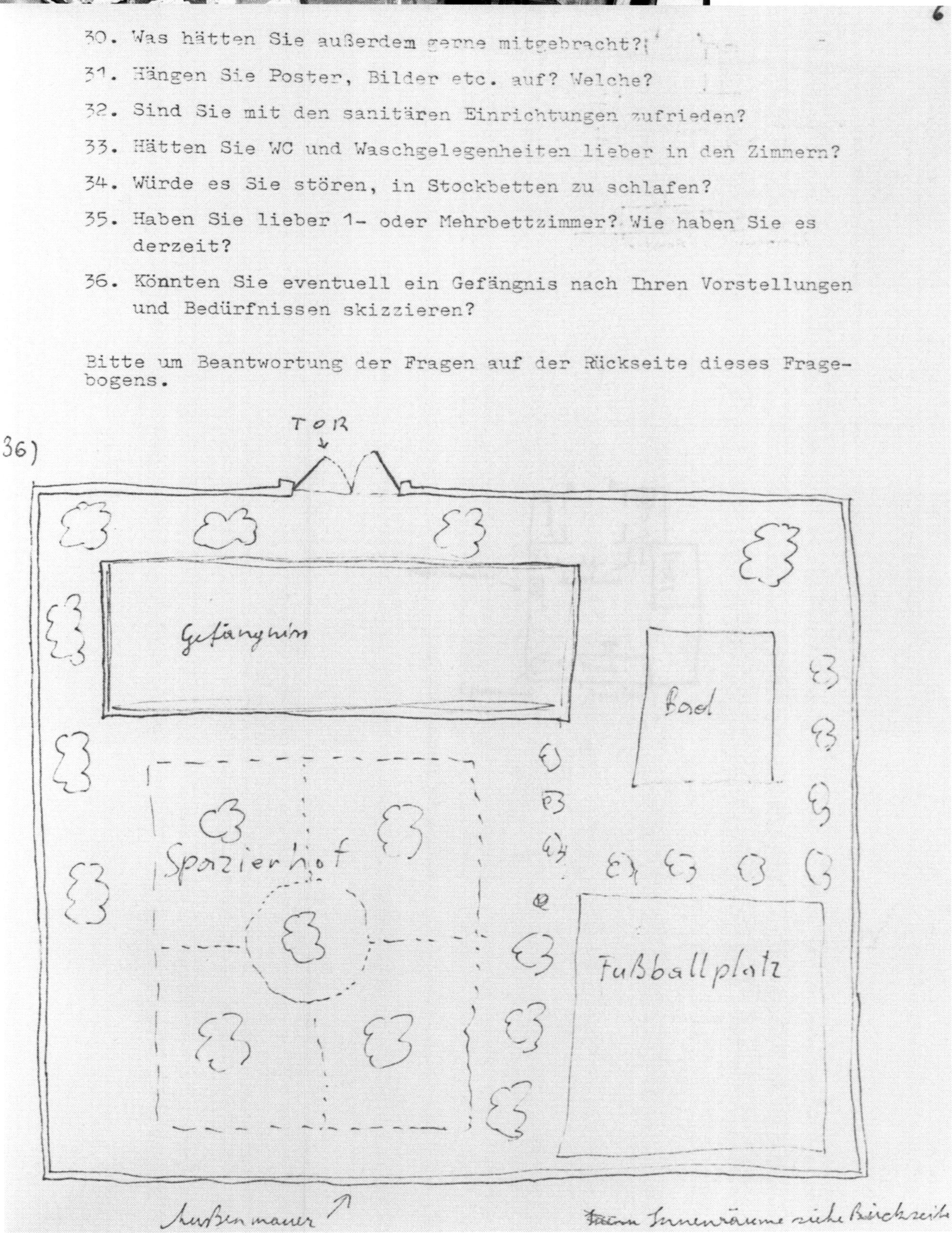

6

30. Was hätten Sie außerdem gerne mitgebracht?
31. Hängen Sie Poster, Bilder etc. auf? Welche?
32. Sind Sie mit den sanitären Einrichtungen zufrieden?
33. Hätten Sie WC und Waschgelegenheiten lieber in den Zimmern?
34. Würde es Sie stören, in Stockbetten zu schlafen?
35. Haben Sie lieber 1- oder Mehrbettzimmer? Wie haben Sie es derzeit?
36. Könnten Sie eventuell ein Gefängnis nach Ihren Vorstellungen und Bedürfnissen skizzieren?

Bitte um Beantwortung der Fragen auf der Rückseite dieses Fragebogens.

87

Abschlussarbeit: *Umbau und Einrichtung der Strafvollzugsanstalt Wien-Simmering unter Berücksichtigung des Strafvollzugsgesetzes 1969*, Peter Grünwald, 1985, Btr.: Friedrich Goffitzer

LINZER LUFT VON DAMALS

Sauaktion anläßlich der Ausstellung „Linzer Luft" im Volkshaus Bindermichl, Februar 1985.

B: Eine Sau ist ein nützliches Tier.
V: Aber was hat die im Volksheim zu tun?
B: Nein, da hat sie nichts zu tun.
V: Da hat sie nichts zu suchen.

B: Das sage ich auch.
O: Sie sind der Meinung, daß eine Sau hier nicht herein gehört?
V: Da sind wir alle dagegen.
B: Nein, eine Sau darf hier nicht rein. Das sage ich gleich, das ist ein Volksheim und das ist nicht ein Saustall.
O: Aber das ist ein Ausstellungsraum gleichzeitig.
B: Bitte?
D: Das ist ein Ausstellungsraum.
B: Das ist kein Ausstellungsraum, ja für Ausstellungen, aber das ist kein Saustall, ich sage es Ihnen noch einmal.
V: Aber der Bürgermeister …
B: Das ist eine Volkshausgalerie und das ist eine Begegnungsstätte für Menschen und eine Sau gehört nicht hier rein, das sage ich Ihnen gleich.

G: Darf ich Ihnen kurz was sagen?
B: Nein, nein, nein!
G: Sie haben sich für die Freiheit der Kunst ausgesprochen.
B: Ja, das ist keine Kunst, eine Sau da rein zu stellen.
G: Nein, es geht um den Inhalt.
B: Nein, nein, nein,…
G: Sicher, Kunst ist das geistige Transportmittel. Sie wissen das ganz genau. Und was damit transportiert wird…
B: Nein, nein, das ist keine Kunst. Entschuldigen Sie bitte. Sie haben voll, Sie haben voll für die Folgen einzustehen. Da sind 300 VOESTler drinnen, hoffentlich können Sie die halten, die 300 von der VOEST.

Pepi Maier, Georg Ritter, Thomas Lehner, Erika Wolfinger, Otto Mittmannsgruber

Diskussion mit dem damaligen Bürgermeister Prof. Hugo Schanovsky. Stadtwerkstattarchiv, 1985

180

88

Protokoll der „Sau-Aktion" der Linzer Luft im Volkshaus Bindermichl, 1985

Unter dem Motto „Linz wie es früher war" brachten Angehörige der Linzer Luft und der Stadtwerkstatt 1985 ein Schwein in eine Bezirksversammlung der SPÖ im Volkshaus Bindermichl. Damit wollten sie eine Linzer Landidylle, die es vor der starken Luftverschmutzung gegeben haben soll, referenzieren. Das Schwein, das zuvor mit Seifenlauge eingerieben worden war, ließ sich nur schwer wieder einfangen und löste so einen großen Tumult aus.

89

Aktion „Opera Buffa“ der Stadtwerkstatt gegen den Bau des Opernhauses in Alt-Urfahr, 1985

Als Protestaktion gegen den geplanten Bau eines Opernhauses in Alt-Urfahr Ost veranstaltete die Stadtwerkstatt 1985 eine „Opera Buffa“ auf dem Dach eines Nachbargebäudes der Stadtwerkstatt. Die Vorführung lief unter dem Titel „Die Oper lebt“ und sollte darauf hinweisen, dass es in der Nachbarschaft bereits ein reges Kulturleben gäbe und es keines neuen Opernhauses bedürfe.

90

Wahlplakat der „Grünalternativen“ für die Landtags- und Gemeinderatswahl, 1985

Nachdem aus der Anti-AKW-Bewegung der späten 1970er Jahre verschiedene grüne Gruppierungen hervorgegangen waren, kandidierten bei der oberösterreichischen Landtagswahl im Oktober 1985 drei verschiedene grüne Parteien, die VGÖ („Vereinigte Grüne Österreichs“), die DGÖ („Die Grünen Österreichs“) und die GAL („Grün-Alternative Liste“). Zu diesen einzelnen Kandidaturen war es gekommen, da man sich auf kein Bündnis einigen konnte – was dazu führte, dass letztendlich keine grüne Partei in den Landtag einzog.

Trotz der Skandale

● Umfrage: Fast 70 Prozent für totale Reorganisatio
● Gefeuerten Managern droht Pensionsstreichung
● Psychopathen verunsichern mit Bombendrohunge

Wien. – Jetzt machen sich Psychopathen einen Spaß daraus, die ohnedies schwer geschockte VOEST-Mannschaft auch noch durch Bombendrohungen zu verunsichern. Die irrationale Wut anonymer Anrufer richtet sich vor allem gegen die gefeuerten VOEST-Manager, die zu vollen Bezügen spazierengehen. Der einzige, aber wichtigste Lichtblick, der die Bunkerstimmung in der VOEST erhellt: Fast alle Österreicher sind der Ansicht, daß die VOEST trotz der Skandale weiterleben muß!

Diese Grundeinstellung wird durch eine telefonische Blitzumfrage des SPÖ-nahen IFES-Instituts untermauert: 68 Prozent der Bevölkerung sind demnach dafür, daß die VOEST bestehenbleibt, aber total reorganisiert werden sollen. 19 Prozent der Befragten sprachen sich für eine Privatisierung des Konzerns aus, vier Prozent fürs Zusperren und drei Prozent für einen Verka
ausländische Firmen. Nat
drängte sich die brennend ak
Frage auf, wer an dem Millia
fiasko der VOEST schuld ist: 63
zent der Österreicher stemp
laut IFES die Manager zum Sün
bock, 18 Prozent die Regierun

Tatsächlich droht den zurüc
tretenen Vorstandsdirektoren
fristlose Entlassung, wie ge

VON DIETER KINDERMAN

Kanzler Sinowatz und Verk
minister Lacina durchblicken lie
Ein Sonderprüfungskommand
bis Donnerstag einen Bericht
über auf den Tisch legen, ob d
Ungnade gefallenen Spitzenm
ger von den ruinösen Ölspekul
nen der VOEST-Tochter „Inte
ding" gewußt haben. Sollte das
Fall sein und die fristlose Entlass
ausgesprochen werden, dann
den die Direktoren um ihre m
nenhohen Abfertigungen und
sionen umfallen. So wie das s
beim (offenbar untergetauch
Ex-„Intertrading"-Geschäftsfü
Preschern praktiziert worden
Sein Stellvertreter Lettner w
gestern vom Dienst abberufen.

Bei Dr. Gernot Preschern s
sich überhaupt die (strafrecht
relevante?) Frage, welches Spi
bei den Ölspekulationen tatsäc
gespielt hat. Es gibt Experten
nungen, wonach es selbst in de
zwielichtigen Ölgeschäften fast

Was dahinter steckt

VON ERNST TROST

Parteien

Die Partei sei „eine Gesamtheit gleichgesinnter Personen und die von ihnen vertretene Richtung in religiösen, politischen, sozialen oder wissenschaftlichen Dingen im Gegensatz zu anders Gesinnten". Die Definition des „Grimmschen Wörterbuches" 1889 klingt etwas schwerfällig. Im „Neuen Brockhaus" sind die politischen Parteien „Vereinigungen, deren Mitglieder und Anhänger einen gemeinsamen Einfluß auf die Staatsgestaltung und die staatliche Willensbildung erstreben"; und ein anderes Lexikon nennt die Partei „eine organisierte Gruppe, die versucht, die Wahl von Amtsinhabern unter einer bestimmten Etikette zu bewerkstelligen". Für viele Österreicher mag die Definition wohl anders lauten: Für sie ist die Partei eine Organisation, die keinen anderen Zweck hat, als ihnen einen Posten, eine Wohnung oder sonst irgendwelche Pfründe zu sichern.

Aus dieser Sicht muß die staunenswerte Erkenntnis führender Politiker betrachtet werden, daß man an die Spitze der verstaatlichten Industrie Manager nicht auf Grund ihrer Parteizugehörigkeit und eines Proporzsystems stellen sollte, sondern nach ihrer fachlichen Qualifikation. Eine solche Aussage hat im politischen Denken hierzulande revolutionäre Sprengkraft – als ob Gorbatschow plötzlich eine Oppositionspartei zulassen würde. Da stürzen Mauern ein, da brechen Dämme – und dabei sollte es doch das Selbstverständlichste auf der Welt sein.

Nicht in unserem Lande. Denn da gilt die Politik eher als eine Art Versorgungsunternehmen. Die Parteien brauchen Posten, die sie zu vergeben haben, um ein politisch träges Volk überhaupt zur Mitarbeit zu gewinnen – weil hier so viele politische Willensbildung mit privater Vermögensbildung verwechseln.

Wenn Russen reisen

Im Kommunismus sind bekanntlich alle gleich, und manche sind sogar gleicher als die anderen. Wenn der Russe Michail Gorbatschow in den Westen reist, dann hält er dort spektakuläre Pressekonferenzen, um sich und sein System ins rechte (linke) Licht zu setzen. Wenn die Russin Jelena Bonner-Sacharowa endlich die Erlaubnis erlangt, zu zwei chirurgischen Eingriffen in den Westen reisen zu dürfen, dann muß sie vorher ein Dokument unterzeichnen, daß sie im Westen keine Pressekonferenzen abhält. Wenn der Russe Michail Gorbatschow im Westen den Kontakt zu Journalisten sucht, dann erwartet er sich schöne Fotos und schöne Zitate. Wenn die Russin Jelena Bonner-Sacharowa im Westen nur ein Wort zu Journalisten sagt, dann erwartet sie das Verbot der Wiedereinreise zu ihrem verbannten, kranken Gatten.

So ist es, wenn zwei Russen reisen . . . **KURT SEINITZ**

● Der Akt Androsch wurde gestern vom Untersuchungsrichter wieder an die Finanzbehörde übermittelt, die jetzt neuerlich zu prüfen hat, ob es beim Villenkauf von Androsch zu einer Steuerhinterziehung gekommen ist und daher neue Bescheide ausgestellt werden müssen.

● Präsident Reagans Sicherheitsberater Robert MacFarlane tritt wegen unüberbrückbarer Differenzen mit dem Stabschef des Weißen Hauses, Donald Regan, zurück. Auch Nancy Reagan kritisiert den Stil von Donald Regan.

● Für Saniped besteht wieder Hoffnung. Das burgenländische Werk wird für Scholl zwei Jahre lang weiter Sandalen produzieren. Auch konkrete Kaufinteressenten wurden schon gefunden, darunter ein großes und ein mittleres Unternehmen der deutschen Schuhindustrie.

Herr Strudl

„Dem VOEST-Betriebskaiser Ruhaltinger, der si immer auf wohlerworbene Rechte beruft, müßt ma halt sagn, was mir scho als Kinder glernt habn: Wo nix is, hat der Kaiser s' Recht verlorn."

PLO-Hauptmann: Sprengstoffkoffer

Verona. – Wird in Europa e
neuer großer Terroranschla
vorbereitet? Die italienische P
lizei verhaftete gestern eine
Palästinenser. In seinen Koffe
befanden sich 20 Kilo T-
Sprengstoff, 2 polnische M
schinenpistolen, 3 Revolver,
Schalldämpfer, 80 Meter Zün
schnur. Der Terrorist: „Ich pr
testiere gegen meine Verha
tung! Ich bin immun! Ich b
Hauptmann der PLO aus de
Hauptquartier des Vorsitzend
Arafat! Ich bin in Sondermissi
nach Holland unterwegs! I
genieße Immunität!"

Mittwoch, 4. Dezember 1985 — POLITIK — Seite 3

Die VOEST muß leben

öglich ist, innerhalb kürzester Zeit Milliardenbeträge zu verlieren. och dazu, wo die „Intertrading" re dubiosen Transaktionen über ostkastenfirmen auf den Cayman lands in der Karibik und mit falhen Deklarationen abgewickelt aben soll. Kanzler Sinowatz bennte sich gestern in einem „Kro"-Gespräch „zur Notwendigkeit ner tiefgreifenden, kompromißlon VOEST-Reform". Wörtliches tat: „Für Verkehrsminister Lacina d mich gibt es dabei keine Tabus.

ÖVP-„General" Graff forderte stern einen Kassensturz bei der OEST, um das wahre Ausmaß der tastrophe festzustellen. Er warf r Regierung eine Flucht aus der rantwortung vor, weil sie für ihr genes Versagen nur die Manager ftbar machen wolle. Noch ein ort zu dem Vorschlag von Lanshauptmann Ratzenböck, die OEST zwischen Oberösterreich d Steiermark aufzuteilen: Sinoatz kann sich eine Teilung nur ch Fachgebieten und nicht nach ndergrenzen vorstellen.

Viele Köche . . .

Thema des Tages

VON PETER GNAM

Der Riese

Hunderttausende Arbeitsplätze in Österreich hängen an der VOEST. Ließe man den Riesen sterben, dann würden Zulieferungsbetriebe ebenso zugrunde gehen wie weiterverarbeitende Unternehmen. Das sei jenen gesagt, die jetzt leichtfertig von der „Zerschlagung des defizitären Monsters" reden und damit eine Untergangsstimmung rund um die VOEST verbreiten.

Natürlich werden harte Konsequenzen und auch Opfer notwendig sein, wobei unverständlich ist, daß die Gehälter und die fetten Pensionen der gefeuerten Manager nicht sofort gestrichen worden sind. Wer Steuermilliarden im Ölgeschäft verspekuliert, ist ein Fall für den Staatsanwalt, auch wenn er „nur" fahrlässig gehandelt haben sollte oder „nicht informiert" worden ist.

Erst wenn beim alten Management Konsequenzen sichtbar werden, kann mit der VOEST-Belegschaft der Neuaufbau in Angriff genommen werden. Damit der Riese weiterlebt, müssen sicher die gesunden von den kranken Betrieben getrennt und für die kranken Betriebe Konzepte erarbeitet werden, wie sie weiterleben können.

Sonst stirbt die VOEST, und das darf nicht sein!

„Die VOEST-Arbeiter nicht für die ehler der Manager büßen lassen!"

Wien. – Dicke Luft herrschte stern bei den knapp 70.000 EST-Arbeitern und auch im nisterrat, als die Regierungstglieder noch intern über die EST-Krise diskutierten. Te der Meinungen: „Die EST-Arbeiter sollen nicht für Fehler der Manager büßen."

VOEST-Zentralbetriebsrat Ruhalger zur „Kronen-Zeitung": „Kein EST-Arbeiter wird einschneide Maßnahmen akzeptieren, nn er sieht, daß die verantworten Manager für dieses Debakel

VON PETER GNAM

ter ihre Gehälter bekommen." den Opfern sollte, so Ruhaltin ganz oben „und nicht beim tier oder bei der Bedienerin angen werden". Über die neuen nzepte müsse mit der Belegaft verhandelt und dürfe nicht Fernsehen gegangen werden. die Adresse der selbsternannten EST-Reformer, die einschneide Maßnahmen verlangen, tete Ruhaltinger die Frage, ob „die Leute auf der Straße haben oder Arbeitslosengeld zahlen wollen, mit allen damit verbundenen Menschenopfern und Menschenleid".

In Kenntnis dieser Stimmung bei den VOEST-Arbeitern drängten gestern praktisch alle Minister intern, den VOEST-Vorstand bei Streichung der Bezüge und der fetten Pensionen zu entlassen. Aus der Antwort Minister Lacinas ging hervor, daß über den Managern ohnehin das Damoklesschwert der Entlassung hänge.

BAWAG Kapitalspar-Versicherung
Neu
33⅓ % schenkt Ihnen der Staat dazu
Das darf man nicht versäumen!
- 12 Jahre lang zahlt der Staat zu Ihren jährlichen S 3.750,– noch als Prämie S 1.250,– dazu
- Pro Jahr und Familienmitglied (auch Kinder) S 5.000,– möglich
- Höchster Ertrag für Ihr Geld
- Dazu Versicherungsschutz während der ganzen Laufzeit
- Unbürokratisch – kein Weg zum Finanzamt
- Gewinnchance durch Auslosung

BANK FÜR ARBEIT UND WIRTSCHAFT
BAWAG

91

Artikel „Trotz der Skandale: Die VOEST muß leben", 1985

Am 26. November 1965 trat die gesamte Spitze des Linzer Stahlkonzerns VÖEST auf Anweisung des damaligen Bundeskanzlers Fred Sinowatz zurück, was die sogenannte Verstaatlichtenkrise auslöste. Dem vorausgegangen waren riskante Öl-Spekulationsgeschäfte, bei denen die Intertrading – ein Tochterunternehmen der VÖEST – einen Verlust von 4,2 Milliarden Schilling (305 Millionen Euro) verursachte. Zusätzlich wurde die VÖEST 1985 von einem weiteren Skandal erschüttert, bei dem sich herausstellte, dass ein anderes Tochterunternehmen der staatlichen VÖEST Waffen an den Iran, der sich im Krieg gegen den Irak befand, geliefert hatte. Da der Waffenexport an kriegsführende Staaten nach dem österreichischen Waffenexportgesetz strikt verboten war, wurde das Noricum Management schuldig gesprochen, die Neutralität Österreichs gefährdet zu haben.

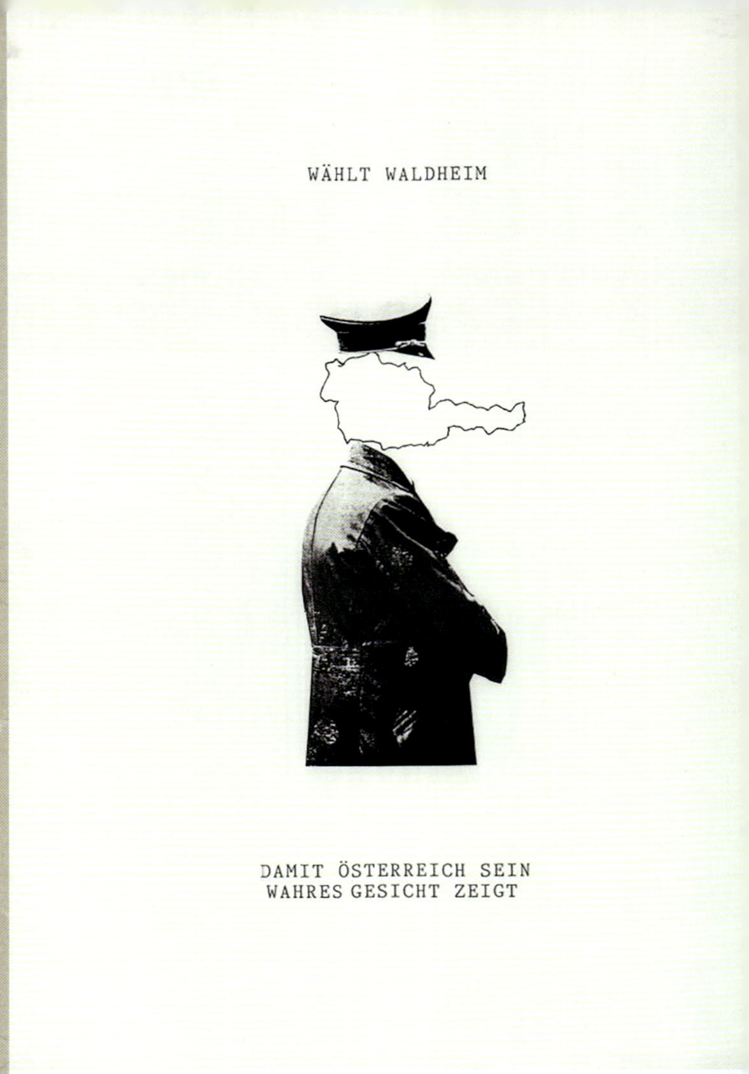

94

Abschlussarbeit: *Türme und ihre Bedeutung – Umbau des Aussichtsturms auf der Franz-Josephs-Höhe in Linz mit anschliessendem Cafe*, Reinhold Sams, 1986, Btr.: Friedrich Goffitzer

95

Plakat „Wählt Waldheim. Damit Österreich sein wahres Gesicht zeigt", 1986

Während des österreichischen Präsidentschaftswahlkampfs im Jahr 1986 entflammte aufgrund der Nominierung von Kurt Waldheim durch die ÖVP zum ersten Mal seit 1945 eine breite öffentliche Diskussion zur Rolle Österreichs im Zweiten Weltkrieg. Bisher hatte sich Österreich gerne als „erstes Opfer" des Nationalsozialismus verstanden. Der Präsidentschaftskandidat, vormals Generalsekretär der Vereinten Nationen, hatte seine Mitgliedschaft in einer NS-Organisation und seinen Kriegseinsatz während des Zweiten Weltkriegs bis dato verschwiegen. Trotz der vielen Proteste gewann Kurt Waldheim die Wahl, gilt heute aber oft als „Aufklärer wider Willen", da durch seine Kandidatur die erste Aufarbeitungswelle des Nationalsozialismus in Österreich ausgelöst wurde.

92

Anti-Atom-Protest am Linzer Hauptplatz, 1986

Am 26. April 1986 explodierte der Reaktor Nr. 4 des ukrainischen Atomkraftwerks Tschernobyl. Diese Nuklearkatastrophe hatte gravierende Folgen und führte zu einem verstärkten kritischen Bewusstsein innerhalb der breiten Gesellschaft.

1986

93

Diskussion zur Westtangente im Studierendenwohnheim Guter Hirte, 1986

Bereits in den 1970er Jahren entstanden in Linz Pläne für eine vierte Donaubrücke und den Ausbau einer Westtangente. Da es in der Bevölkerung allerdings zu Protesten gegen den Ausbau kam, wurde das Projekt 1986 als gescheitert erklärt. Im Jahr 2000 kamen die Pläne unter dem neuen Namen Westring Linz wieder auf den Tisch. Obwohl die Proteste gegen den Straßenausbau anhalten, befindet sich das Projekt seit 2019 in Bau.

96

Protest gegen die Privatisierung der VÖEST am Linzer Hauptplatz, 1986

Am 16. Januar 1986 versammelten sich mehr als 40.000 Demonstrierende auf dem Linzer Hauptplatz, um gegen die geplante Privatisierung der VÖEST zu demonstrieren. Bei dieser von der Gewerkschaft organisierten Demo handelte es sich um die bis dahin größte Demonstration der Zweiten Republik.

97

Besetzung des Ochsenwirt in der Hauptstraße in Urfahr durch „ARGE soziale Wärme", 1986

Als das Gebäude des ehemaligen Ochsenwirts im Zuge der Auseinandersetzungen um den Stadtteil Alt-Urfahr Ost abgerissen werden sollte, wurde es im Dezember 1986 besetzt und bis zur Räumung im Januar des darauffolgenden Jahres als Obdachlosenasyl genutzt.

98

Roland Gnaiger in der Fernsehreihe „Plus-Minus", 1987

In der Fernsehreihe „Plus-Minus" im ORF stellt Roland Gnaiger in den 1980er und 1990er Jahren in 151 Folgen jeweils ein gelungenes Projekt einem in seinen Augen weniger gelungenen gegenüber. Gnaiger adressiert dabei unter anderem Themen wie Zersiedelung und Landschaftsverbrauch und machte sich so nicht nur um die Vermittlung baukultureller Diskurse verdient, sondern erlangte auch selbst Bekanntheit über ein Fachpublikum hinaus.

1987

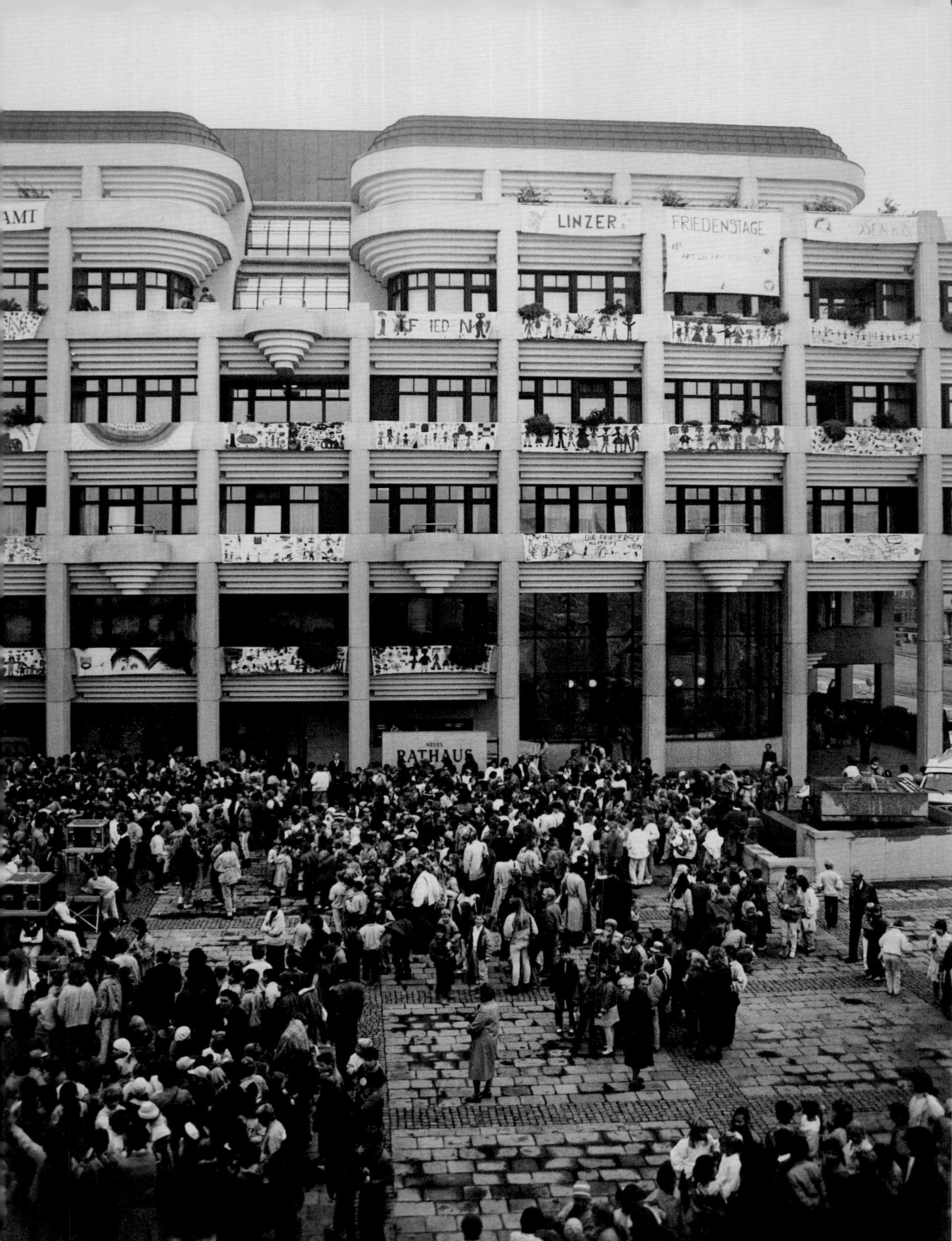

99

Linzer Friedenstage im Neuen Rathaus, 1987

Nachdem die Vereinten Nationen das Jahr 1986 zum Friedensjahr erklärt hatten, bekannte sich auch die Linzer Kommunalpolitik „zu einer aktiven Friedenspolitik und zur Sicherung und Erhaltung des Friedens in der Welt“. Im Oktober desselben Jahres wurde die Deklaration „Linz als Friedensstadt“ einstimmig im Gemeinderat beschlossen.

100

Pfarrkirche St. Leopold, Außenansicht, Gottfried Nobl, 1967–1971/1986–1987

Die Kirche am Fuße des Pöstlingbergs wurde 1970 fertiggestellt und 1987, nachdem sie völlig ausgebrannt war, mit wesentlichen architektonischen Veränderungen im Innenbereich neu geweiht.

101

Pfarrkirche St. Leopold, Innenansicht mit Altar, Gottfried Nobl, 1967–1971/1986–1987

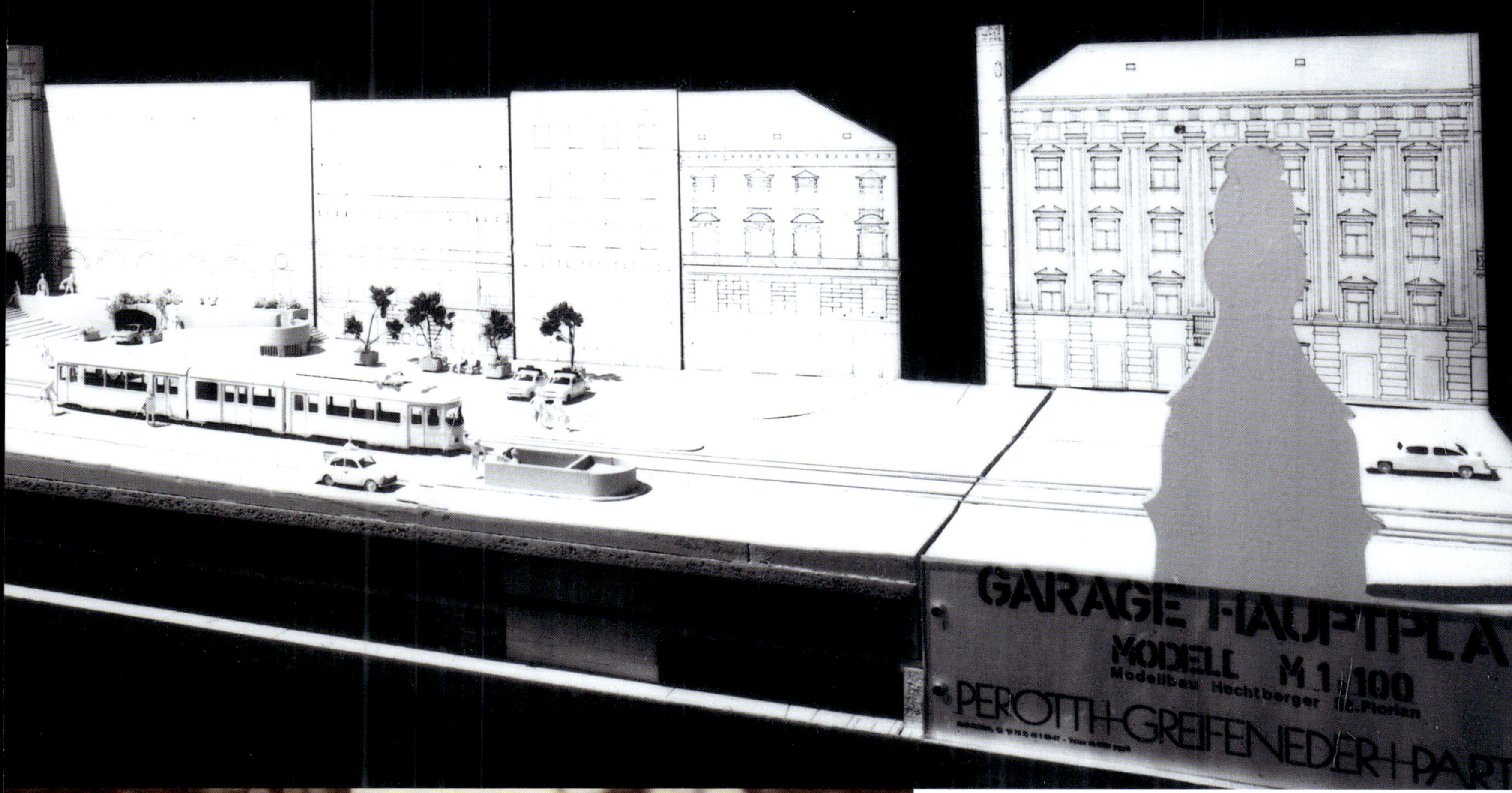

102

Abschlussarbeit: *Meeres-aquarium am Roten Meer*, May Bdour, 1988, Btr.: Friedrich Goffitzer

1988

103

Hauptplatz, Modell für Tiefgarage, Perotti & Greifeneder & Partner, 1987/88

Der an der Donau liegende Hauptplatz dehnt sich auf 13.140 Quadratmetern im Linzer Stadtzentrum aus und ist von Handels-, Büro-, aber auch Wohnhäusern umbaut. Zusätzlich fungiert der Hauptplatz als Ort für Märkte, Demonstrationen und als Knotenpunkt des öffentlichen Verkehrs.[1] Abseits des Bestands (Mittelalter bis Barock) stechen die von 1940 bis 1945 an der Donauseite errichteten Brückenkopfgebäude im neoklassizistischen Stil heraus. Sie sollten das historische Gebäudeensemble als Teil des nationalsozialistischen Masterplans „Führerstadt" ergänzen. Nach umfangreichen Protesten zur Verkehrsberuhigung und gegen eine „Rabiat-Verpflasterung" des Platzes in den Monaten davor folgte im November 1979 schließlich die Fußgängerzonen-Verordnung.[2] Um 1988 wurde der Hauptlatz durch einen Tiefgaragenbau an der Oberfläche verkehrsberuhigt und umgestaltet. Mit September 2022 ist der Hauptplatz offiziell zu einer Begegnungszone geworden. Die nach wie vor vorhandene Zonierung in unterschiedliche Mobilitätsformen sorgt allerdings dafür, dass der Platz von vielen Autos durchfahren wird. Eine diesbezügliche Veränderung soll die laufende Errichtung der Westringbrücke und die Erarbeitung eines Innenstadtkonzepts durch externe Planer*innen bringen. Sowohl die Fertigstellung der Brücke als auch die neuen Ansätze zur vollständigen Beruhigung des Hauptplatzes für den Individualverkehr sind für Herbst 2024 angekündigt.[3]

1 LinzWiki.at (o. D.): „Hauptplatz". https://www.linzwiki.at/wiki/Hauptplatz/ (letzter Zugriff: 23.03.2024)

2 Der Standard/Rohrhofer, Markus (31.05.2022): „Der lange Weg zur Mobilitätswende. Linzer Hauptplatz soll autofrei werden"

3 MeinBezirk.at/Diabl, Christian (29.03.2022): „Hajart kündigt autofreien Hauptplatz für 2024 an". https://www.meinbezirk.at/linz/c-politik/hajart-kuendigt-autofreien-hauptplatz-fuer-2024-an_a5244631 (letzter Zugriff: 08.03.2024)

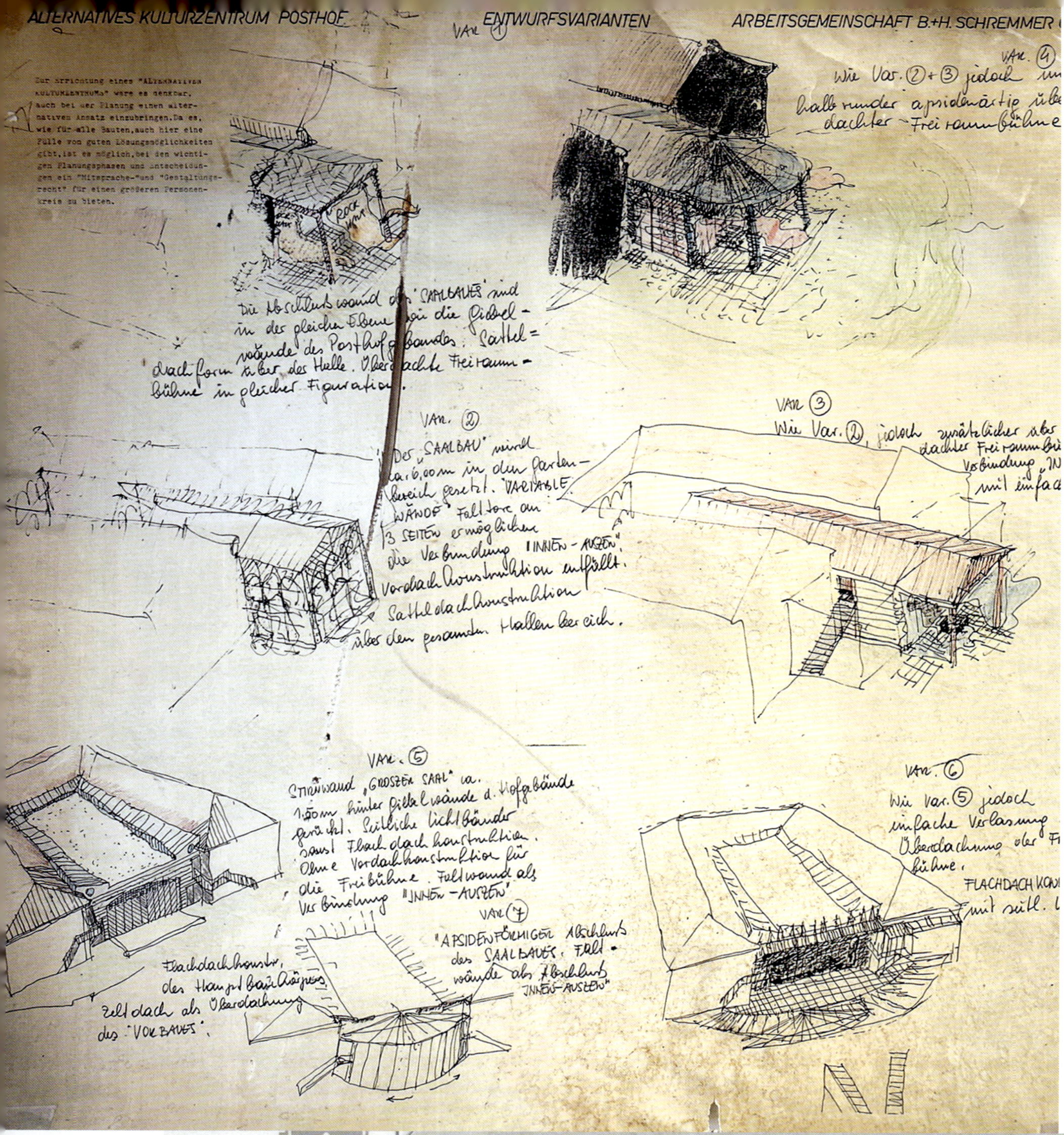

104

Posthof, Entwurfsskizzen, Schremmer-Jell Architektinnen, 1982/1988–1989/2008

1989

105

Posthof, Modell zur Bestandsadaptierung, Schremmer-Jell Architektinnen, 1982/1988–1989/2008

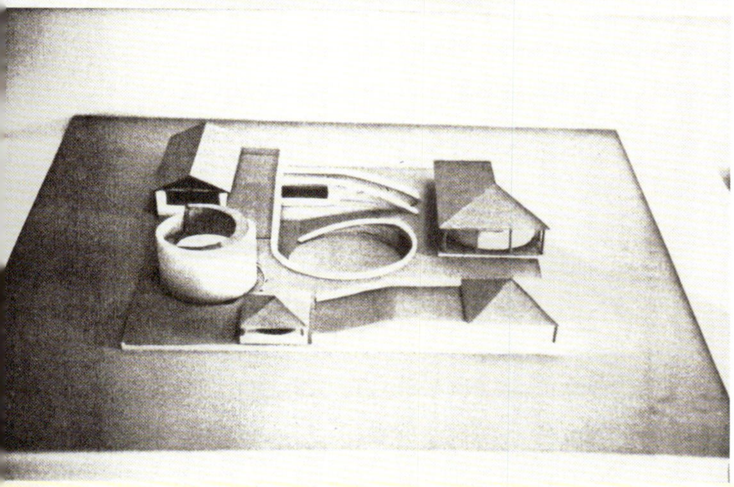

106

Abschlussarbeit: *Entwurf und Einrichtung eines Atriumhauses auf einem gegebenen Grundstück*, Norbert Haderer, 1988, Btr.: Friedrich Goffitzer

14 DIEFURCHE — *Dossier* — NR. 40/5. OKTOBER 1995

DAS MÜHLVIERTEL IST AUFGEWACHT

Vor der Zukunft

VON CHRISTIAN HÖLLER

Ob er im Mühlviertel bleiben wolle? Der junge Autostopper, den ich von Linz nach Freistadt mitnehme, schüttelt energisch den Kopf. „Nein, im Mühlviertel sehe ich keine Zukunft für mich“, antwortet er verdrossen. Sie sind zu Hause sieben Kinder und keines will den Bauernhof der Eltern übernehmen, weil dieser zu klein ist, um ordentlich wirtschaften zu können. Nur neun Hektar umfaßt

Am Ende der Welt gelegen, galt das Mühlviertel lange als Armenhaus Oberösterreichs. Seit der Wende 1989 gibt es Hoffnung für das Grenzland.

viele so kategorisiert – mit geringer Produktivität das Wirtschaftsleben. Immer mehr Landwirte verlassen da-

südlich der Donau bereits aufwärts strebenden Wirtschaftsraum.

Die letzten Kontakte nach Südböhmen rissen 1968 nach dem Ende des Prager Frühlings endgültig ab. Gerade im Norden des Mühlviertels war man mehr nach Böhmen orientiert als nach Süden, zur Donau, hin. Drüben war Stift Hohenfurth, waren Krumau und Budweis, war das Moldauland, lagen auch inzwischen verschwundene Dörfer mit Verwandten und Bekannten, gab es für manchen verlorengegangenen Besitz. Der Eiserne Vorhang bedeutete für viele das Ende der

107

Artikel „Vor der Zukunft. Das Mühlviertel ist aufgewacht“, 1989

Als im Jahr 1989 der Eiserne Vorhang zwischen Ost- und Westeuropa fiel, wurde dem nördlich von Linz gelegenen Mühlviertel eine rosige Zukunft vorausgesagt. Für das bis dahin wirtschaftlich wenig entwickelte Grenzgebiet wurde die Öffnung der Grenze zu Tschechien als Möglichkeit gesehen, sich wirtschaftlich weiterzuentwickeln.

108

Imagekampagne „Linz. Eine Stadt lebt auf", 1989

Nachdem Linz unter Bürgermeister Schanovsky zur saubersten Industriestadt Österreichs ernannt worden war, rief die Stadt 1989 eine neue Imagekampagne unter dem Motto „Linz. Eine Stadt lebt auf" ins Leben, die Linz als aufstrebende Kulturstadt verorten sollte.

109

Abschlussarbeit: *Entwurf eines Museums für Natur, Mensch und Umwelt im Bereich Obere Donaulände – in Verbindung mit dem Linzer Schloßmuseum*, Peter Schneider, 1991, Btr.: Friedrich Goffitzer

1991

110

Abschlussarbeit: *Unterwasserforschungsstation – Beschreibung und Reflexion der eigenen Arbeitsprozesse*, Karl Swoboda, 1989, Btr.: Friedrich Goffitzer

111

Banner der Anhänger des SK VÖEST, 1990

1990

112

Abschlussarbeit: *Kultur- und Freizeitzentrum – eingebunden in die Vorstudie Stadtbach Braunau*, Hubert Steindl, 1991, Btr.: Friedrich Goffitzer

113

Abschlussarbeit: *Entwicklung einer Reihenhaussiedlung in Grein an der Donau*, Oberösterreich, Norbert Haderer, 1991, Btr.: Friedrich Goffitzer

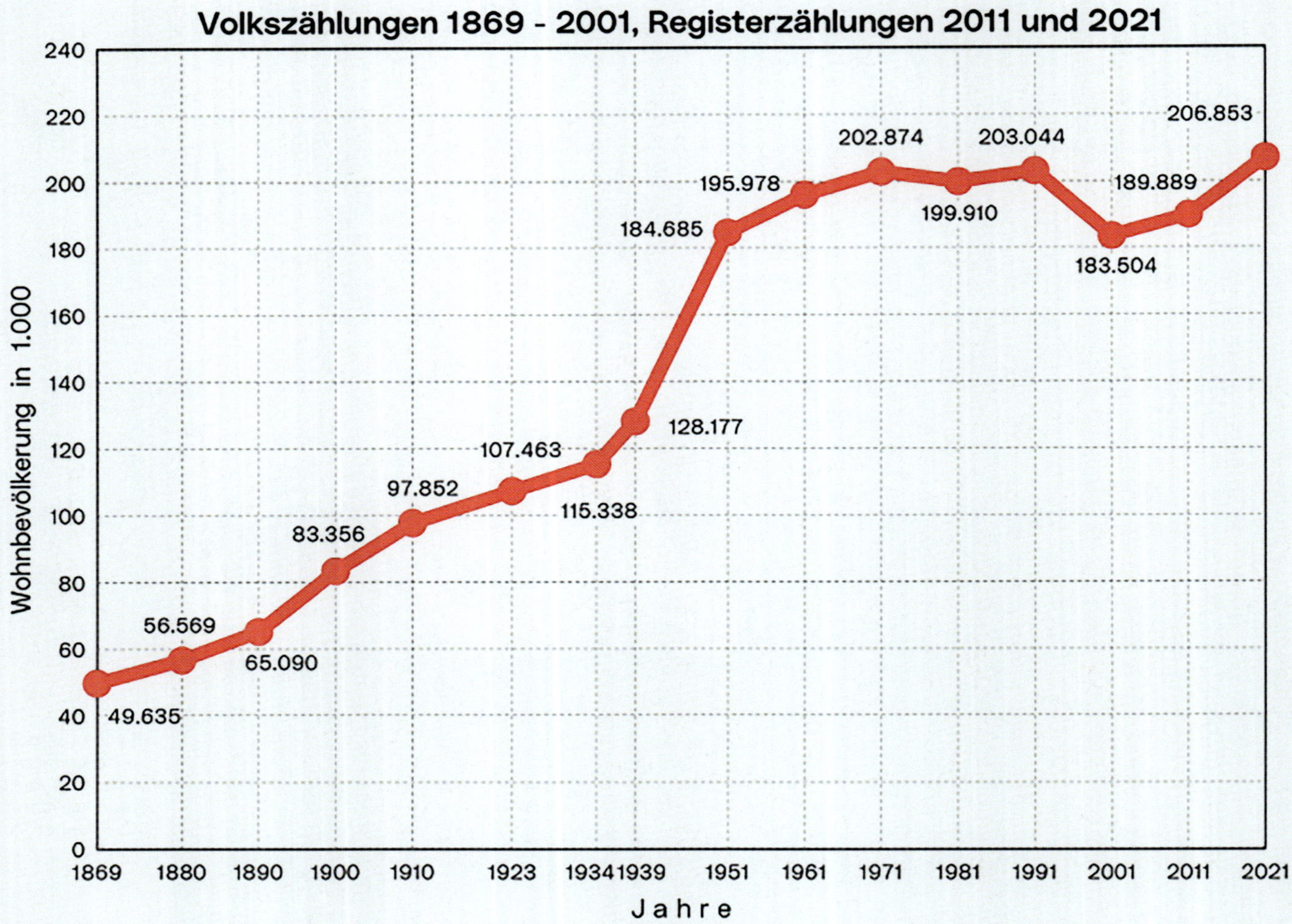

114

Bevölkerungsentwicklung 1869 bis 2021, 2022

Zwischen 1991 und 2001 erfährt Linz einen Bevölkerungsrückgang. Als Grund dafür wird der stetige Ausbau der Autobahnanbindung nach Linz vermutet, der das Pendeln erleichterte und hauptsächlich die Abwanderung von Familien ins Umland begünstigte.

Essay

Sigi Atteneder

Mit Architektur zu tun

die architektur – Kontinuitäten, Brüche, Transformationen

Einleitung

In einer komplexen Welt, die vor fundamentalen Herausforderungen und damit verbundenen Umbrüchen steht, muss sich auch die Architektur neu orientieren. Vieles aus der Vergangenheit und ein Großteil der aktuellen Architekturpraxis müssen kritisch hinterfragt werden. Will unsere Profession ihre Legitimation bewahren, sind die Klimakrise, ökologische Zusammenbrüche und die massiven Verwerfungen durch eine wachsende sozio-ökonomische Ungerechtigkeit glaubhaft zu adressieren und zu bewältigen. Die Baukultur, sprich die Architektur und ihre weit gefächerten Kontexte, war lange Zeit eng mit der natürlichen Umgebung, dem jeweiligen Ort und den dort lebenden Menschen verbunden und somit eine ortsbezogene Kulturtechnik. Die aktuellen räumlichen Ausformungen, und mit ihnen die Architektur, haben sich leider von diesen maßgebenden Kontexten abgekoppelt und entfremdet. Viele Lebensräume sind heute natur- und menschenfeindlich. Zu selten spricht Architektur gezielt die Bedürfnisse der Menschen an und verabsäumt es damit, ein physisches, mentales und seelisches Gerüst für unsere Gesellschaften zu bilden. Es ist an der Zeit, diese Entwicklungen zu korrigieren. Die notwendige Transformation soll aber keine Bürde sein, sondern als Chance begriffen werden. Mit Neugierde, Freude und Einsatz müssen wir den Fokus auf die wichtigen Themen der heutigen Zeit lenken. Die Grundlagen der Profession können als Rahmen dienen.

„Mit Architektur zu tun" bedeutet demnach einerseits, dass Architektur für eine Vielfalt von Lebensbereichen eine sehr hohe Relevanz hat: Ob Wohnen, Arbeiten oder Freizeit – fast alle Facetten des Lebens finden in gestalteten Räumen statt. Andererseits haben unzählige äußere Faktoren wiederum Einfluss auf die Architektur. Mit Architektur zu tun haben selbstverständlich auch wir bei *die architektur*. Ausgehend von der Vermittlung architektonischer Grundlagen prägen insbesondere ökologische, ökonomische und soziale Gerechtigkeit unser Tun. Wir widmen uns realen Kontexten und Projekten, verschiedenen Maßstabsebenen sowie dem Aktiv-Sein, dem *Machen*.

Dieser Essay geht nach einem kurzen Abschnitt zur aktuellen Architekturpraxis auf die inhaltliche Ausrichtung sowie die Herausforderungen und Ziele der Architekturabteilung der Kunstuniversität Linz ein und nimmt eine knappe geschichtliche Einordnung vor. Danach werden fünf Themenblöcke vorgestellt, die Teil einer Transformation im Architekturbereich sein können.

Zur aktuellen Architekturpraxis

Trotz zum Teil herausragender architektonischer Leistungen und einzelner richtungsweisender Projekte fällt ein Befund der aktuellen Architektur- und Baurealität wenig schmeichelhaft aus. Ein großer Teil der weltweit produzierten und diskutierten Architektur wirkt elitär, formalistisch und oberflächlich. Fatalerweise ist das auch das Bild, das die Architektur nach außen abgibt. Publiziert und öffentlich wahrgenommen wurde lange Zeit vorwiegend die „Starchitecture", die das Bild von Architektur als abgehoben prägte.

Zu allem Übel wurde Architektur Teil eines Spekulantentums und Immobilienhypes, der wesentlich an der Zerstörung der Welt als Grundlage menschlichen Lebens beteiligt ist. Gebäude, Dörfer, Städte und Regionen wurden und werden verunstaltet, entsozialisiert und sind in der Folge nicht mehr lebenswert. Der Rückzug in charakterlose Wohnungen oder hinter den Gartenzaun kontextloser Häuser verdirbt Landschaften, Öffentlichkeit und Gemeinschaft. Dazu tragen zweifelsohne auch andere gesellschaftliche Entwicklungen bei. Fest steht aber: Die Architektur hat sich nicht ausreichend für notwendige räumliche Qualitäten eingesetzt.

Architekt*innen stehen vor der Frage: Welche Rolle möchte ich in der Welt einnehmen, wofür mich engagieren, wogegen eintreten? Die Architektur muss sich neu erfinden und orientieren, um ihrer gesellschaftlichen Verantwortung gerecht zu werden. Die Herausforderungen unserer Zeit, darunter der Zusammenbruch des ökologischen Gleichgewichts und des sozialen Zusammenhalts, erfordern ein radikales und schnelles Umdenken und Handeln. Dafür ist neben einem klaren Bekenntnis aber auch eine positive Haltung und ein verstärkt zu kultivierendes Zusammenarbeiten erforderlich. Wir an der Architekturabteilung der Kunstuniversität Linz sind fest entschlossen, mit Ernsthaftigkeit und Freude an diesen Herausforderungen zu arbeiten.

die architektur

Entgegen der oben beschriebenen Entwicklungen widmet sich *die architektur* in substanzieller Breite und Tiefe neben den wesentlichen Grundlagen der Profession bereits seit Jahrzehnten intensiv der Umwelt, dem Klima, sozialen Aspekten und dem Thema lebenswerte Räume. Die genannten gesellschaftlichen Herausforderungen werden über reale Kontexte, konkrete Planungsaufgaben und einen hohen architektonischen Qualitätsanspruch adressiert. Lehrende und Studierende arbeiten gemeinsam an einer Architektur, die Mensch, Gemeinschaft und Umwelt gerecht wird. In einer Zeit der äußeren und inneren Transformation sehen aber auch wir uns neuen Aufgaben gegenübergestellt. Ziel muss das Fortschreiben unserer herausragenden Geschichte und die Integration neuer Ansätze und Ideen sein, beides vor dem Hintergrund der genannten Schwerpunkte.

die architektur lebt von einem familiären Miteinander, von einem breiten Spektrum an Themen innerhalb eines klaren Profils ebenso wie von Weltoffenheit und Lebendigkeit. Die Entwicklung einer kritisch-konstruktiven Haltung zu aktuellen Fragestellungen und das Erarbeiten möglicher Handlungsrahmen für die Studierenden sollen Leitlinien der Entwicklung sein. Die Besinnung auf mögliche universelle Attribute der Architektur, verbunden mit einem Blick auf gesellschaftliche Gegebenheiten, soll auch künftig die Ausbildung prägen.

Das Interesse für die Gestaltung von Raum an der Kunstuniversität Linz ist vielfältig begründet. Das Bauhaus stellte für die Vorgängerinstitution, die „Kunstschule der Stadt Linz", in der Zeit nach dem Nationalsozialismus einen wesentlichen Ankerpunkt dar. Obwohl es danach, in der Anfangszeit der Kunsthochschule, noch keine formelle Architekturklasse gab, legten hervorragende Lehrende und Professor*innen ein Fundament auch für die heutige Architekturausbildung. Laurids Ortner mit seiner „Grundklasse", Günther Feuerstein mit „Umraumgestaltung" und Friedrich Goffitzer zuerst mit „Innenarchitektur", ab 1990 dann mit „Architektur" prägten die Felder räumlicher Gestaltung.

Als Nachfolger Friedrich Goffitzers verlieh schließlich Roland Gnaiger der Architekturabteilung wesentlich seine Handschrift. Roland Gnaiger, der an der Akademie der Bildenden Künste in Wien bei Ernst Plischke und Roland Rainer studierte und als Architekt in Vorarlberg arbeitet, leitete die Abteilung zwischen 1996 und 2018. Aufgrund seines langen Wirkens geht die aktuelle inhaltliche Ausrichtung zum Großteil auf die Zeit unter seiner Führung zurück. Substanzielle Arbeit, gute Architektur und Leidenschaft für Baukultur, abseits von Moden und oberflächlichen Strömungen – dafür stand Roland Gnaigers Lehrtätigkeit. Kraftvoll war sein Credo, wonach die Kontexte, nahe und weite, stets zentrale Rollen beim Entwerfen einnehmen sollten. Sein Werk als Architekt, etwa die Schule in Warth, ist Zeugnis dafür. Mit der Setzung auf dem Grundstück ist es gelungen, die einzige ebene Fläche des Dorfes zu erhalten und dank der untergebrachten Funktionen einen sozialen Treffpunkt für die Dorfgemeinschaft zu schaffen. Die ausgezeichnete architektonische Sprache stellt bis heute einen Meilenstein des Bauens im alpinen Bereich dar, gerät aufgrund der genannten anderen Qualitäten aber beinahe in den Hintergrund. Insofern steht Warth auch sinnbildlich für Roland Gnaigers Arbeit an der Kunstuniversität Linz. Architektur verstehen und können, heißt sie mit dem größeren Ganzen in Verbindung bringen und dieses größere Ganze wiederum in Relation zum großen Ganzen setzen – so könnte Roland Gnaigers Erbe in aller Kürze wiedergegeben werden.

Die Architekturabteilung wurde ab 1996 durch eine Lehrkanzel für Städtebau ergänzt. Von 1996 bis zu seiner Emeritierung 2008 leitete Wilfried Posch diese Lehrkanzel. Posch, ebenfalls ein Roland-Rainer-Student, wirkte bei einigen großen und maßgeblichen Wohnbauprojekten in und um Linz mit. Er war sowohl bei der Gartenstadt Puchenau als auch bei der Wohnbebauung Leonfeldnerstraße im Planungsteam. Zwischen 2008 und 2021 leitete Sabine Pollak die mittlerweile in „Urbanistik" umbenannte Lehrkanzel. Pollak studierte Architektur an der TU Graz, der Universität Innsbruck sowie der TU Wien, wo sie auch promovierte. Sabine Pollaks Arbeit an der Architekturabteilung zeichnete sich durch experimentelle und künstlerische Ansätze in urbanen Kontexten aus. 2021 wechselte sie innerhalb der Kunstuniversität in die Abteilung für Raum- und Designstrategien, die sie seither leitet.

Nach der langen Zeit unter der Leitung Roland Gnaigers befinden wir uns an der Architekturabteilung nun in einer Umbruchsituation. Neben dem Umgang mit massivem Wachstum – von einer Architekturprofessur und einer daran angeschlossenen Lehrkanzel für Städtebau beziehungsweise Urbanistik hin zu einer Abteilung mit fünf Professuren, einem Bachelor-, zwei Master- und zwei postgradualen Programmen – stellt sich im Sog globaler Entwicklungen auch für uns verstärkt die inhaltliche Frage. Es gilt, die hervorragende Arbeit vergangener Jahrzehnte zu bewahren und darauf aufbauend Neues einzubringen, das Spektrum zu erweitern und die Abteilung weiterzuentwickeln.

Als universitäre Einrichtung kommt für uns zur Auseinandersetzung mit der Profession an sich noch das gemeinsame Arbeiten und Lernen mit den Studierenden hinzu. Dabei möchten wir nicht die zerstörerischen (Wirtschafts-)Strukturen aufnehmen oder sogar bedienen, sondern eine Architekturausbildung, die den Menschen, den Gemeinschaften und der Natur gerecht wird. Wir fordern und fördern kritische Studierende, die das Handwerk der Architektur beherrschen, darüber hinaus aber auch in der Lage sind, maßgebliche ökologische, ökonomische und soziale Zusammenhänge zu erkennen und in ihre Arbeit einzubeziehen. Eckpfeiler unserer Lehre bilden das Einholen und Strukturieren von Informationen, das Erkennen und Verstehen von Beziehungen und das Entwickeln von Lösungen auf höchstem architektonischem Niveau.

Transformation

Ich möchte im Folgenden fünf Bereiche skizzieren, die – neben dem klaren Fokus auf ökologische, ökonomische und soziale Gerechtigkeit – wesentliche Teile einer Transformation in der Architektur und in der Architekturausbildung sein können.

Erstens sollten wir wieder eine Diskussion über die Grundsätze der Architektur führen. Womöglich sind selbst Attribute aus der Antike, wie Standhaftigkeit und Stabilität (*Firmitas*), Nützlichkeit und Funktion (*Utilitas*) und Anmut und Schönheit (*Venustas*), Orientierungspunkte und eröffnen zudem eine Gegenposition zu überbordenden Regulierungen. Auch die Erfüllung menschlicher Grundbedürfnisse kann einen Rahmen setzen. Die Schaffung von Behausungen und damit eines Schutzes vor Hitze, Kälte und Nässe für alle Menschen ist die fundamentale Aufgabe der Architektur. Deren Verbundenheit mit äußeren Bedingungen und kulturellen Ausformungen macht sie darüber hinaus aber auch zum Kulturgut und sie spiegelt die vielseitigen Lebensumstände wider. Es haben somit auch experimentelle, lustvolle und expressive Facetten, repräsentative Projekte und Ikonen sowie die Suche nach Neuem ihren Platz.

*Architekt*innen sind die diejenigen, die der Menschheit heute am besten dienen können, aber wir müssen die gesamte Definition von Architektur oder Architekt*innen ändern.*
Yasmeen Lari, 2023[1]

Zum Zweiten sind weit über das architektonische Objekt hinausgehende Gegebenheiten, Umstände und Auswirkungen relevant. Bisherigen Ausführungen zufolge stehen hier ökologische, ökonomische und soziale Zusammenhänge im Mittelpunkt. Diese sind mindestens ebenso wichtig wie objektbezogene ästhetische und funktionale Entwurfsfragen. Beziehungen bestimmen die Welt und sind für unser Zusammenleben maßgebend. Es gilt demzufolge, Kontexte in Planungsprozessen zu berücksichtigen und sowohl Betroffene und Nutzer*innen als auch die Öffentlichkeit miteinzubeziehen und mitgestalten zu lassen. Für gute Architektur muss diese Relationalität, mehr als das in letzter Zeit der Fall war, fester Bestandteil sein.

Beziehungen [...] werden als eingebettete Praktiken verstanden. Anstatt bereits konstituierte Entitäten/Identitäten zu akzeptieren und mit ihnen zu arbeiten, legt diese Politik ihren Schwerpunkt auf die relationale Konstruiertheit der Dinge [...]. [...] sie schlägt ein relationales Verständnis der Welt vor und eine Politik, die darauf reagiert.
Doreen Massey, 2005[2]

Drittens muss die Architektur praktikable Lösungen anbieten. Es gilt, gemeinsam mit anderen Feldern konkrete Vorschläge für Entwurfs-, Planungs- und Bauaufgaben zu erarbeiten. Diese praktische Ebene bedingt auch eine Auseinandersetzung mit der Physis von Entitäten und mit Material und Materialität. Besonders für die ökologischen Aspekte der Architekturarbeit spielen Material und Technik wichtige Rollen. Ein konkretes, praktisches Arbeiten bedeutet auch, das *Handwerk* der Architektur zu verstehen und zu beherrschen. Handwerk ist hier weit gefasst und meint nicht nur manuelle Arbeit und Geschicklichkeit. Es meint auch Kenntnisse und Fähigkeiten in Bezug auf Rahmenbedingungen, Prozesse und Kontexte. Eine Nähe zum klassischen Handwerk ist dennoch wünschenswert. Ohne Tischlerin, Zimmerer und Bauhandwerk gibt es keine Verbindung der Entwurfsarbeit in die physische Welt.

Die emotionale Belohnung, die das Handwerk für die Erlangung von Fähigkeiten bietet, ist eine doppelte: Die Menschen sind in der greifbaren Realität verankert und sie können stolz auf ihre Arbeit sein. Doch die Gesellschaft stand diesen Belohnungen in der Vergangenheit im Weg und tut dies auch heute noch. Zu verschiedenen Zeiten in der westlichen Geschichte wurde die praktische Tätigkeit abgewertet und von vermeintlich höheren Zielen abgekoppelt. Technisches Geschick wurde der Vorstellungskraft entzogen, die greifbare Realität von der Religion angezweifelt, Stolz auf die eigene Arbeit als Luxus gesehen. Als engagiertes menschliches Wesen ist der Handwerker/die Handwerkerin aber etwas Besonderes und hält diesen Phänomenen der Vergangenheit und Gegenwart einen Spiegel vor.
Richard Sennett, 2008[3]

Als vierter Punkt erscheint mir wichtig, Konzepte und Theorien zu kennen, Diskurse zu führen und Erkenntnisse in die Entwurfsarbeit einfließen zu lassen. Neben der Architekturtheorie an sich können etwa auch naturwissenschaftliche Interessen an Materialien und ihren Eigenschaften oder sozialwissenschaftliche Betrachtungen menschlichen Zusammenlebens für die Architektur relevant sein. Anknüpfend an Punkt drei ist beispielsweise seit den 1990er Jahren ein verstärktes theoretisches Interesse an Material und Materialität zu beobachten. Damit verbundene Konzepte reichen von der Rolle der Materialität im Feminismus[4] über das Anzweifeln der Höherstellung des Menschen[5] und die Relevanz von Materialität für ökologische Fragen[6] bis zu einer Materialität, die im Zentrum des Verhältnisses von Mensch und Kapital steht und bis zu Marx zurückreicht. Insgesamt entwickelte sich rund um Materialität ein Diskurs, der für eine ethischere, gerechtere und inklusivere Welt steht und daher auch für die Architektur Bedeutung hat.

Die Materialität selbst ist immer schon eine begehrende Dynamik, eine sich wiederholende Neukonfiguration, die mit Energie versorgt und belebt wird und belebt. Ich habe mich besonders dafür interessiert, wie die Materie zur Materie wird. Wie sich die Materie bemerkbar macht. Dies ist ein feministisches Projekt, unabhängig davon, ob Frauen, Menschen oder andere makroskopische Wesen in Sicht sind oder nicht.
Karen Barad, 2012[7]

Fünftens wird es künftig verstärkt um Technologie und Werkzeuge gehen: Digitales *und* analoges Arbeiten sollen in der Architekturproduktion und in der Realisierung vereint und bestmöglich eingesetzt werden. Die digitale Transformation (digitale Anwendungen, KI) erfordert und ermöglicht ein Weiterdenken auch in der Architektur und der Architekturausbildung. Das Zusammentragen großer Datenmengen und das Verarbeiten und Speichern von Informationen (bisher *Auswendiglernen* und *Merken*) tritt in den Hintergrund, weil Maschinen das wesentlich besser und schneller können als Menschen. Jedoch muss dieses Informationsmanagement zu einem Teil der von Menschen gesteuerten gestalterischen Arbeit gemacht und müssen auf dieser Grundlage bestmögliche Prozesse und Ergebnisse erarbeitet werden. Die Kompetenz von Menschen (und somit auch von Architekt*innen) im Vergleich zu Maschinen liegt in Fähigkeiten wie Inspiration, Intuition, Fantasie und grenzenloser Kreativität sowie in der Freude und Lust, etwas Neues zu denken und zu schaffen. Diese Kompetenzen müssen wir erhalten und uns verstärkt aneignen.

Wir müssen ein Verständnis der Zukunft entwickeln, indem wir die Wechselwirkungen zwischen drei bemerkenswerten menschlichen Beschäftigungen untersuchen, die die Zukunft als kulturelle Tatsache, d. h. als eine Form der Differenz, gestalten. Es handelt sich dabei um Imagination, Antizipation und Aspiration. Ich habe an anderer Stelle über die Vorstellungskraft als soziales Faktum, als Praxis und Arbeitsform geschrieben und versucht, sie wieder in den Mittelpunkt der kulturellen Aktivität zu stellen. Das Gleiche kann und muss mit der Antizipation und dem Anspruch geschehen.
Arjun Appadurai, 2013[8]

Schlussbemerkung

Das Architekturhandwerk zu beherrschen, einen analytischen und kritischen Blick zu entwickeln, immer mit dem Ziel guter Architektur und lebenswerter Räume in einer ökologisch, ökonomisch und sozial gerechteren Welt, stellt einen übergeordneten Rahmen, sowohl für die Profession als auch für unsere Arbeit an der Universität dar. Die Besinnung auf die Grundlagen, das Einbeziehen von Kontexten, das Erarbeiten konkreter und praktischer Lösungen, die Integration von Konzepten und Theorien und der sinnvolle Einsatz neuer Technologien erscheinen mir des Weiteren als wichtige Eckpunkte einer künftigen Architektur. Im universitären Betrieb müssen wir Mittel, Unterstützung und Raum für unsere Studierenden schaffen und sie arbeiten lassen. Wir müssen aber auch gemeinsam mit ihnen eine Haltung kultivieren. Haltung im Sinne von Wille, Motivation, Moral und schließlich Ethik. Wie stehen wir als Architekt*innen der Welt gegenüber? Wofür machen wir uns stark? Wogegen treten wir auf? Wem und was widersprechen wir öffentlich? Welche Lösungen bieten wir an? Es geht auch in der Architekturausbildung nicht mehr darum, Wissen weiterzugeben. Niemand weiß, welche Kenntnisse und Fähigkeiten in 20 Jahren nötig sein werden. Was wir aber tun können, ist, aus unserer Erfahrung heraus und gemeinsam mit den Studierenden Situationen zu analysieren, die richtigen Schlüsse daraus zu ziehen und, im Zusammenspiel mit anderen Professionen, Lösungsansätze zu erarbeiten. Wir brauchen junge Menschen, die Probleme lösen können, die noch unlösbar erscheinen oder von denen wir noch gar nichts wissen. Ein Blick in die Augen unserer Studierenden und das Wissen um ihre herausragenden Fähigkeiten insichtlich Vorstellungskraft, Vorausschau und Anspruch stimmen mich positiv für die Zukunft der Architektur.

Anmerkungen

1 ArchDaily/Lari, Yasmeen (13.10.2023): „Architects should serve humanity. Interview: Luisiana Channel". https://www.archdaily.com/tag/louisiana-channel (letzter Zugriff: 14.12.2023); Übersetzung ins Deutsche: Autor

2 Massey, Doreen: *For Space*. London 2005, S. 10; Übersetzung ins Deutsche: Autor

3 Sennett, Richard: *The Craftsman*. London 2008, S. 21; Übersetzung ins Deutsche: Autor

4 Grozs, Elizabeth: „Feminism, Materialism, and Freedom". In: Coole, Diana/Frost, Samantha (Hg.): *New Materialism. Ontology, Agency, and Politics*. Durham/London 2010, S. 139

5 Haraway, Donna: „A Manifesto for Cyborgs: Science, Technology, and Socialist Feminism in the 1980s". In: *Australian Feminist Studies*. Nr. 2/4, 1987, S. 1–42

6 Bennett, Jane: *Vibrant Matter: A Political Ecology of Things*. Durham, USA 2010

7 Barad, Karen: „Matter feels, converses, suffers, desires, yearns and remembers". In: Dolphijn, Rick/van der Tuin, Iris (Hg.): *New Materialism. Interviews & Cartographies*. Ann Arbor 2012, S. 48–70, S. 59; Übersetzung ins Deutsche: Autor

8 Appadurai, Arjun: *The Future as Cultural Fact. Essays on the Global Condition*. London/Brooklyn 2013, S. 286; Übersetzung ins Deutsche: Autor

Interview

mia2 und
Clemens Quirin
im Gespräch mit
kntxtr

Zwischen Praxis und Lehre

Wie blicken Alumni der Architektur Linz auf die eigene Ausbildung zurück und welche Wünsche haben sie an das Architekturstudium heute und in Zukunft? Gunar Wilhelm und Sandra Gnigler (mia2) sowie Clemens Quirin reflektieren im Gespräch mit Katharina Benjamin und Angelika Hinterbrandner (kntxtr) im November 2023 ihre eigenen Erfahrungen. Die Diskussion spannt den Bogen von den Anfängen ihres Studiums an der Kunstuniversität Linz über prägende Projekte bis hin zu aktuellen Überlegungen zur Rolle der Architektur in der Gesellschaft. Im Zentrum stehen die Verankerung von Nachhaltigkeit und sozialen Aspekten in der Lehre sowie die Herausforderungen und Möglichkeiten der heutigen Architekturausbildung.

Angelika Hinterbrandner (AH): Inwiefern hat euch das Studium in Linz geprägt und in welchem Zusammenhang steht das damit, dass ihr noch heute in Linz arbeitet?

Gunar Wilhelm (GW): Das Studium in Linz spielte eine wesentliche Rolle für unsere berufliche Entwicklung. Bereits während unseres Studiums hatten wir die Möglichkeit, an Wettbewerben teilzunehmen, bei denen wir Erfahrungen in der Gestaltung von Fassaden und Innenräumen sammeln konnten. Diese ersten Projekte führten zur Gründung unseres Büros. Nicht zuletzt ist auch der Name unseres Büros – mia2, was im oberösterreichischen Dialekt „wir zwei" bedeutet – ein direktes Ergebnis unserer gemeinsamen Zeit in Linz.

AH: Clemens, du hast Linz eine Weile nach dem Studium verlassen. Was verbindest du heute mit deiner Studienzeit und der Stadt?

Clemens Quirin (CQ): Linz war aus meiner Sicht ein idealer Ort zum Studieren. Die Stadt und die Universität waren überschaubar, was einen engen Austausch innerhalb der Kulturszene und eine familiäre Atmosphäre an der Kunstuniversität ermöglichte. Diese Offenheit und die Möglichkeit, je nach Talent im Studium unterschiedliche Schwerpunkte zu setzen, waren prägend für meine Erfahrungen in Linz. Einige sind wie Sandra und Gunar in die Architekturpraxis gewechselt. Viele haben auch andere Wege eingeschlagen, sind in die Vermittlung oder in anverwandte Berufe wie Illustration gegangen.

GW: Prägend war auch die Studiokultur. In Linz hatten wir den Luxus, von Beginn unseres Studiums an einen Atelierplatz auf der Universität zu haben. Dies förderte den Austausch mit Kommiliton*innen und die interdisziplinäre Zusammenarbeit. Besonders wertvoll war die Möglichkeit, abseits von Kritiken oder Präsentationen über die Jahrgänge hinweg Erfahrungen und Ideen auszutauschen, was unseren Lernprozess maßgeblich beeinflusste.

Sandra Gnigler (SG): Die jahrgangsübergreifende Zusammenarbeit war ein Schlüsselelement. Es gab keine strikte Trennung nach Jahrgängen, was einen lebendigen und inspirierenden Austausch förderte und uns ermöglichte, von verschiedenen Perspektiven und Erfahrungen zu profitieren.

Katharina Benjamin (KB): Welche Themen waren während eures Studiums besonders präsent und haben euch beschäftigt?

GW: Die Bedeutung der Nachhaltigkeit, die heute allgegenwärtig ist, war damals bereits in ihren Anfängen spürbar. Dieses Thema zog Studierende an, die an einer kritischen und zukunftsorientierten Auseinandersetzung damit interessiert waren. Auch die Beschäftigung mit Bautraditionen und Kultur anderer Länder, zum Beispiel durch Projekte in Bangladesch, bot wichtige Einblicke und hat ein tiefes Verständnis für nachhaltiges Bauen ermöglicht.

AH: Ich würde gerne das Thema Nachhaltigkeit aufgreifen. In Linz hat sich mit „BASEhabitat – architecture for change" ein eigener Studiengang mit Fokus auf das Thema herausgebildet. Clemens, du warst als Studio Manager auch selbst Teil davon. Wie kam es zur Entwicklung des Studiengangs?

CQ: BASEhabitat war ursprünglich nicht als Studiengang geplant. Das Studio entstand aus mehreren Projekten, die ab 2004 von der Studienrichtung Architektur beziehungsweise von Studierenden umgesetzt wurden: „Living TEBOGO", ein Heim für Kinder mit Behinderungen in Südafrika, die „METI School" in Bangladesch von Anna Heringer und ein weiteres Diplomprojekt mit dem Namen „BAYA" von Ursula Nikodem-Edlinger und Danijela Tolanov, ebenfalls in Südafrika. Die Gründung von BASEhabitat war ein logischer Schritt, um diesen und weiteren Projekten einen Rahmen zu geben. 2010 folgte die erste Summer School. Der Studiengang entstand erst später, nach meiner Zeit als Studio Manager. Ganz allgemein kann man sagen, dass Roland Gnaiger ein wesentlicher Impulsgeber war, der frühzeitig die Bedeutung von Nachhaltigkeit in der Architektur erkannte. Er engagierte Lehrbeauftragte, die Expertise in Bauökologie, Bauphysik und solarer Architektur mitbrachten und sich intensiv mit diesen Themen auseinandersetzten.

AH: Inzwischen werden Studios und Design-Build-Projekte, die aus dem europäischen Kontext heraus global agieren, kritisch reflektiert und im Rahmen eines postkolonialen Diskurses hinterfragt. Wie hat sich dieses Thema in Linz widergespiegelt?

CQ: Diese kritische Betrachtung teile ich. Unmittelbar mit den ersten Design-Build-Projekten und der globalen Perspektive, die sich damit in Linz eröffnete, kamen auch kritische Stimmen auf, die notwendig waren, um Entwicklungen anzustoßen. Heute konzentriert sich das Studio auf das ökologische Bauen, den Einsatz nachhaltiger Baustoffe und die Förderung internationaler Vernetzung. Die BASEhabitat Summer School und die Netzwerke, die in diesem Zuge entstanden sind, haben mittlerweile eine größere Bedeutung erlangt als die Arbeit im Ausland. Projekte werden zunehmend in Linz oder in anderen Teilen Österreichs realisiert, da bekanntlich auch hier im Kontext der Klimakrise großer Handlungsbedarf besteht.

GW: Ergänzend zu Clemens' Ausführungen möchte ich noch auf die Initiativen in Bangladesch eingehen. Diese entstanden ursprünglich aus Eigeninitiative von vier Studierenden, unter denen auch ich war. Uns faszinierte die Möglichkeit, uns mit einer fremden Baukultur und den dortigen Bautraditionen auseinanderzusetzen, insbesondere mit dem Lehmbau. In unserer komplexen europäischen Bauwelt, die geprägt ist von Verordnungen und Vorschriften, fällt es uns oft schwer, uns auf das Wesentliche zu konzentrieren und unsere Herangehensweise zu hinterfragen. In Bangladesch galt es, an andere Dinge zu denken.

Die Annahme, dass Häuser aus Beton gebaut werden müssen, steht im Widerspruch zur lokalen Verfügbarkeit von Materialien wie Zement, Kies und Sand. Dabei ist oft nur das Fundament das eigentliche Problem, das durch angepasste Bauweisen gelöst werden kann. Durch Austausch auf Augenhöhe, der ein tiefes Verständnis für lokale Bautechniken und Materialien ermöglichte, konnten wir nachhaltige und angepasste Lösungen vor Ort entwickeln. Zusätzlich konnten wir von den dortigen Traditionen lernen und sie in unseren eigenen Arbeitskontext integrieren. Diese Erfahrung ermöglichte es uns, unsere eigenen methodischen Ansätze kritisch zu hinterfragen und zu reflektieren. Dieses Voneinander-Lernen sehe ich als einen wesentlichen Aspekt, der auch heute in der Lehre und in unserer Praxis im Austausch mit lokalen Handwerker*innen von Bedeutung ist.

KB: Blicken wir in die Zukunft. Der Ruf nach einer radikalen Veränderung der Architekturausbildung wird immer lauter. Wie steht ihr zu dieser Notwendigkeit, das Architekturstudium zu verändern?

CQ: Die Architekturausbildung steht an einem Wendepunkt, an dem eine grundlegende Erweiterung und Neuausrichtung unumgänglich ist. Essenzieller Schlüsselaspekt dieser Transformation ist die stärkere Fokussierung auf die soziale Dimension von Architektur und auf die ökologischen Auswirkungen des Bauens. Die Projekte in Bangladesch, die wir zuvor diskutiert haben (und wie wir heute damit umgehen), unterstreichen die Bedeutung dieser Themen. Sie haben uns gezeigt, wie tiefgreifend Architektur unsere Gesellschaft beeinflusst und welche Rolle sie in unserem täglichen Leben spielt. Bei den ökologischen Auswirkungen ist zuallererst der Umgang mit Bestand zu nennen. Es wird viel zu viel abgebrochen und neu gebaut. Es wäre viel nachhaltiger und ressourcenschonender, die bestehende Bausubstanz um- und weiterzubauen. Ein anderes Beispiel ist die Wiederverwendung von Bauteilen. Diese Fragen und Themen gewinnen an Bedeutung und sollten entsprechend verstärkt in der akademischen Ausbildung berücksichtigt werden, um zukünftige Architekt*innen darauf vorzubereiten, verantwortungsvoll zu planen und zu bauen.

GW: Aus unserer praktischen Erfahrung wissen wir, dass ein tiefes Verständnis für bautechnische Lösungen unerlässlich ist, um nachhaltige Veränderungen in der Architektur zu bewirken – egal ob im Neubau oder im Bestand. Dieses Wissen sollte bereits im Studium verankert werden. Wenn wir Architekt*innen nicht die Kompetenz und Klarheit besitzen, hier bewusst Veränderungen anzustoßen, zu begleiten und auch technisch zu lösen, werden wir nicht diejenigen sein, die einen Wandel herbeiführen.

KB: Die Notwendigkeit, mehr im Bestand zu bauen, zu sanieren und weiterzubauen, stellt die bisherige Logik des Architekturstudiums im Sinne des „leeren, weißen Blattes" infrage. Wir stehen vor der Herausforderung, dass man die vorhandene Struktur verstehen und in ihrem Zustand analysieren muss, was in der traditionellen zwölfwöchigen Struktur kaum umsetzbar ist. Inwiefern müssen wir unsere Herangehensweise überdenken und anpassen?

CQ: Da möchte ich als Beispiel die Architekturausbildung an der Universität Liechtenstein nennen. Dort gibt es das Entwurfsstudio „Studio Upcycling", das sich genau damit befasst. Ganz konkret wurden in Vorbereitung für ein Entwurfsprojekt die eigenen Universitätsgebäude hypothetisch zerlegt und die daraus gewonnenen Bauteile katalogisiert. Diese Bauteile konnten und mussten die Studierenden in ihrer Entwurfsarbeit verwenden. Der Entwurf begann also nicht mit einem leeren weißen Blatt, sondern mit den verfügbaren Baustoffen. Die Auseinandersetzung mit Bestand und die Wiederverwendung von Bauteilen wird selbstverständlicher Bestandteil der Ausbildung. Das ist nicht weniger als ein Kulturwandel, der einen reflektierten Umgang mit vorhandenen Strukturen und Ressourcen fördert und Studierende dazu anregt, ihre kreative Energie in die Transformation und Weiterentwicklung bestehender Gebäude zu stecken.

SG: Das Üben und Erlernen dieser Fähigkeiten ist ein zentraler Aspekt, der sich nicht in wenigen Wochen erzwingen lässt. Es geht nicht nur darum, verschiedene Werkzeuge und Methoden kennenzulernen, sondern auch darum, zu verstehen, wie man sie effektiv in unterschiedlichen Kontexten einsetzt, wie man mit Komplexität umgeht und von welchen Faktoren Entscheidungen abhängen. Jede Situation erfordert eine individuelle Herangehensweise, und genau diese Flexibilität und Anpassungsfähigkeit sind es, die das Studium heute vermitteln sollte. Dieser Prozess ist gleichzeitig ein Selbstfindungsprozess als Architekt*in: Wie will ich arbeiten? Wie vermittle ich meine Projekte, meine Ideen und meine Gedanken? Und wie schaffe ich es, die Parameter, die mein Projekt beeinflussen, egal ob bei Neubau, Umbau oder Sanierung, so zu analysieren, dass ich die dahinter liegenden Entscheidungsprozesse für mich verständlich machen kann, um sie dann auch anderen vermitteln zu können?

Diese Abläufe, den gesamten Arbeitsprozess für sich einmal durchgespielt zu haben, das ist nicht mit einem Semesterprojekt getan. Denn nur mit bravem Sitzen in der Universität wird man kein*e fertige*r Architekt*in. Das erfordert eine tiefgreifende Auseinandersetzung mit der Materie, eine ständige Reflexion des eigenen Schaffens und den Willen, sich kontinuierlich weiterzuentwickeln und auszuprobieren. Ziel muss es sein, eine eigene Haltung zur Architektur zu entwickeln und zu lernen, wie man diese Haltung durch die eigenen Projekte zum Ausdruck bringt.

GW: Es geht nicht nur darum, Wissen anzusammeln, sondern auch darum, zu lernen, wie man dieses Wissen kreativ und effektiv einsetzt. Die Universität bietet eine einmalige Gelegenheit, verschiedenste Werkzeuge und Methoden auszuprobieren, um herauszufinden, welche am besten zum eigenen Stil passen und wie man sie zur Lösung architektonischer Probleme nutzen kann.

CQ: Dieser Prozess des Lernens und der Anpassung geht weit über das Studium hinaus, wie du gesagt hast, Sandra. Architektur ist eine Disziplin, in der man kontinuierlich dazulernt und sich weiterentwickelt. Die ersten Jahre nach dem Studium sind besonders prägend, da man die Möglichkeit hat, das Gelernte in der Praxis anzuwenden und zu vertiefen.

AH: Die Freiheit, innerhalb des Studiums direktes Engagement umzusetzen, und die Möglichkeit, Projekte von der Idee bis zur Realisierung zu begleiten, empfinde ich als besonders kennzeichnend für Linz. Wie seht ihr die Rolle von *die architektur* in diesem Lern- und Entwicklungsprozess?

GW: Unsere Erfahrungen an der Universität waren frei von Druck. In dieser Atmosphäre konnten wir eine tiefe Leidenschaft für unseren Beruf entwickeln. Die Begeisterung, mit der wir an unsere Projekte herangingen, und der Wille, uns über das geforderte Maß hinaus in die Themen zu vertiefen, waren entscheidend. Diese Begeisterung ist für uns der Schlüssel zum Lernen und zur persönlichen Entwicklung. Darüber hinaus bot *die architektur* durch den selbstverständlichen Zugang zu einem eigenen Studio-Arbeitsplatz einen Rahmen für gemeinschaftliches Lernen und selbst initiierte Projekte. Wir organisierten eigene Veranstaltungen und starteten Initiativen, die unser Engagement und unsere Zusammenarbeit stärkten. Diese Freiheit in Kombination mit dem Antrieb, den wir mitbrachten, war für uns zentrale Grundlage unserer Ausbildung.

CQ: Wichtig ist, dass Studierende genau diese Freiheit haben, ihren eigenen Interessen nachzugehen, Projekte zu initiieren und ihren Weg zu finden. Unsere Freiheit während des Studiums war außergewöhnlich. Architektur ist kein Beruf, der sich in feste Schablonen pressen lässt. Sie erfordert Eigenantrieb und das Interesse, sich weiterzuentwickeln und eigenständig zu lernen. Leider hat die Einführung der Bachelor- und Masterstudiengänge zu einer gewissen Verschulung geführt, die diese Freiheiten einschränkt.

Die Kunstuniversität Linz hat uns nicht nur akademisches Wissen vermittelt, sondern uns auch gelehrt, wie wichtig es ist, aktiv in das Stadtleben einzutreten und Projekte von der Idee bis zur Umsetzung zu begleiten. Rückblickend waren diese Erfahrungen prägend für unsere Entwicklung als Architekt*innen und für die Art und Weise, wie wir heute unsere Projekte angehen und Ideen vermitteln.

SG: Es geht und ging nie nur um die Vermittlung von Wissen, sondern um die Entwicklung anwendbarer Fähigkeiten, um Kreativität und ein tiefes Verständnis für die Aufgaben und Verantwortlichkeiten von Architekt*innen.

AH: Ihr habt die Bedeutung von praktischer Erfahrung und der Auseinandersetzung mit realen Projekten betont. Wie blickt ihr heute auf dieses Thema?

GW: Persönlich hatte ich während meines gesamten Studiums keinen direkten Einblick in den Alltag eines Architekturbüros, was anfangs eine Herausforderung war. Die Relevanz der Wechselwirkung zwischen theoretischem Lernen und Anwendung wurde mir erst später klar, besonders in der direkten beruflichen Praxis und beim Umgang mit jungen Absolvent*innen. Roland Gnaiger legte keinen Schwerpunkt auf Praktika innerhalb des Architekturstudiums. Er sah darin die Gefahr, dass die Studierenden durch zu frühe Spezialisierung in ihrer Kreativität eingeschränkt und zu marktkonform ausgebildet werden könnten. Aus heutiger Sicht spreche ich diesen praktischen Erfahrungen eine immense Bedeutung zu. Sie ermöglichen es den Studierenden, die Welt außerhalb der Universitätsblase kennenzulernen, und verhindern einen Kulturschock, wenn sie mit der Realität des Berufslebens konfrontiert werden.

CQ: Bei der Frage nach der Integration praktischer Arbeit ins Studium bin ich der Meinung, dass die Entscheidung bei den Studierenden liegen sollte. Es gibt eine Vielzahl von Wegen, praktische Erfahrung zu sammeln – nicht nur das traditionelle Praktikum in einem Architekturbüro.

AH: Wie ist eure aktuelle Verbindung zur *die architektur*?

SG: Aktuell sind Gunar und ich in der Lehre tätig und bringen unsere praktischen Erfahrungen besonders hinsichtlich des Materials ein. Obwohl die Vorlesungen hauptsächlich von Gunar gehalten werden, entwickeln wir die Kursinhalte gemeinsam aus unserer Praxis – die auch meine Lehre in den Vertiefungsfächern prägt – heraus.

GW: Unser Ziel ist es, vor allem den Bachelorstudierenden in den ersten Semestern ein solides Fundament zu vermitteln. Die Bedeutung von Grundlagenarbeit sehen wir als essenziell an. Die Basisfähigkeiten, wie Planzeichnen und einen guten Grundriss entwickeln zu können, sind unverzichtbar, um in der Welt der Architektur bestehen zu können.

CQ: Es geht um die Fähigkeit, qualitätsvolle Räume zu entwerfen, die das tägliche Leben bereichern können. Linz hat ein starkes Profil in dieser Hinsicht, was wiederum eng mit Roland Gnaiger verbunden ist. Er hat eine Architektur gefördert, die nicht nur für besondere Anlässe gedacht ist, sondern im Alltag Bestand hat. Keine Architektur, die durch marktschreierische Elemente Aufmerksamkeit erregt, sondern eine, die wirklich gebraucht wird und die jeden Tag funktioniert. Diese Ausrichtung auf eine praktische, alltagstaugliche Architektur, die gleichzeitig hohe gestalterische Qualitäten besitzt, war damals sehr prägend und bleibt ein wichtiger Teil des Profils des Studiengangs.

SG: Ich möchte Clemens' Gedanken zur intensiven Auseinandersetzung mit Räumen und das Thema der Entwicklung aus dem Grundriss heraus noch erweitern. Unser Fokus lag immer auf den scheinbar simplen Basics: Wie kommt man auf einen guten, einfachen Grundriss und Raum, und wie kann darauf aufbauend gute Architektur entwickelt werden?

Heutzutage scheinen die Studierenden in der Lehre mit einer Vielzahl von Aspekten konfrontiert zu sein, wodurch die fundamentale Bedeutung der Grundlagen oft in den Hintergrund rückt. Sie beherrschen zahlreiche Programme und Technologien, doch die Herausforderung besteht darin, durch diese Werkzeuge hindurch zur Essenz der Architektur vorzudringen. Das Verständnis für Raum und Struktur, kombiniert mit der Fähigkeit, die Rolle der Architektur in der Gesellschaft kritisch zu reflektieren, bildet das Fundament, auf dem eine sinnvolle und nachhaltige Architekturpraxis aufbaut. Diese Aspekte zu vermitteln und zu verstärken, sollte ein zentraler Bestandteil jeder Architekturausbildung sein. So können wir sicherstellen, dass die nächste Generation von Architekt*innen nicht nur technisch versiert, sondern auch tief in den sozialen und ethischen Dimensionen ihres Schaffens verwurzelt ist.

AH: Vielen Dank für das Gespräch!

115

Abschlussarbeit: *Planung eines demontierbaren Informationspavillons aus Aluminium*, Thomas Forsthuber, 1991, Btr.: Friedrich Goffitzer

1991

DENKEN WIEDER MODERN

Eine Reflexion zu Linz ist Gewalt (weiterführend)

Was Linz nicht schon alles ist. Diese dreiteilige Wortkonstellation quält den Verstand erheblich. Eines ist diese Stadt aber mit Sicherheit nicht: Diskurs. Übergreifend wird hier nicht gedacht. Theater Phönix, Stadtwerkstatt, Kapu, ÖH-Kulturreferat, Offenes (sic!) Kulturhaus haben sich allesamt Nischen geschaffen. Berührungspunkte gibt es kaum. Insofern war die Veranstaltungsreihe "Rechts um" von der Uni Linz, dem Phönix und den OÖ Nachrichten ein richtungsweisender Schritt. Warum die Podiumsdiskussion "Linz ist Gewalt" (am 3.5.1993 im Theater Phönix) trotzdem etwas enttäuschte, sollen die folgenden Zeilen widerspiegeln.

Skinheads, Hooligans, Medien und Codes

Wahrnehmung (als erster Schritt) und Auseinandersetzung (als "logische" Fortführung) sind zwei so Sachen. Jugend ist in dieser Stadt überhaupt noch nie wahrgenommen wurden. Zumindest nicht wirklich. Das Interesse an Phänomenen und Tendenzen innerhalb von Jugendkulturen und Musik-bewegungen (seit jeher untrennbar miteinander verbunden!) ist zu keiner Zeit empirisch umgesetzt worden. Selbst die, die es eigentlich (so sollte man meinen) interessieren sollte - nämlich Journalisten, Soziologen, Mitarbeiter mehrerer Magistratsabteilungen - übten sich in typischer österreichischer Visionslosigkeit. Sämtliche Schreibtische waren von der Straße zu weit entfernt. Dort findet Jugend aber statt, dort wo Bewegung ist, wo man sieht und gesehen wird, wo Kleidung aufgetragen wird, wo die Codes entstehen. Von solchen Orten und Vorgängen sind genannte Institutionen in unserer Stadt aber völlig isoliert. Was eingangs über Kapu, Stadtwerkstatt etc. geschrieben wurde, läßt sich auch über sämtliche Zeitungen, den ORF oder das Kulturamt sagen. Alles passiert in sich. Keiner schafft das Crossover, es gibt keine Begegnung, keinen Austausch, keine Befruchtung, keine direkte Reflexion. Was sehr schade ist, weil (wie ich merken mußte) grundsätzlich ja alle an einem Strang ziehen. Wissen um Codes, Musiken, Trends erfährt einen Generationsverlust. Musiker müssen Journalisten erst erzählen, was sie da machen. Das Funkhaus steht ohnehin in einer anderen Galaxis. "Die Überwindung der Provinz ist, Menschen zu finden, mit denen man arbeiten kann.", hat mir mal Peter Donke auf das Diktiergerät gesprochen. An diesen Satz muß ich sehr oft denken. Die Scheuklappen stehen uns allen sehr gut. Aber ich will hier nicht meinen Frust vermengen, denn schließlich wollte ich auf die lokal nicht fundierte Auseinandersetzung mit Formen der Jugendkultur hinaus.

Nicht mehr ganz so harmlos

Lange Zeit bewegte sich die immer wieder dokumentierte Ahnungslosigkeit der Medien gegenüber Musik und Jugendkultur in harmlosen Bahnen. Sie war jedem egal, weil selbstverständlich. Irgendwann Ende der Siebziger hat die Wahrnehmung solcher Phänomene aufgehört. Punk, New Wave, sämtliche neuere Formen der schwarzen Musik wurden nicht mehr mitgemacht. Die lokalen Medienleute verließen sich auf Pressetexte und fremde Interpretationen. Gleichzeitig wuchs aber ein diesbezüglich sehr pedantisches Publikum heran, das solche Inkompetenzen richtig als Oberflächlichkeiten erfuhr. Es waren tatsächlich Oberflächlichkeiten. Sämtliche Medienformen blieben in ihren Möglichkeiten in diesem Spektrum weit zurück. Für einen kleinen Mod war es 1984 selbstverständlich, daß nur Klischees und Unwahrheiten bei gelegentlichen Zeitungsartikeln über ihn gemeldet wurden. Dies verärgerte oder belustigte die Betroffenen zwar, hatte aber keine Auswirkungen. Alles, was Anfang der Achtziger in punkto Jugend in der Stadt passierte, hatte keine direkten Auswirkungen, ist aber insofern interessant, weil damals die Grundsteine für ein besseres Verständnis der heutigen Umstände gelegt worden wären. So belanglos zum Beispiel die damalige Modszene war, so interessant wurden einige ihrer Vertreter ein paar Monate später, als sie sich ihre Haare abscheren ließen und zu den ersten Linzer Skinheads wurden. Mit Verstärkung vom Fußballplatz, sprich der ersten Generation der VOEST LINZ-Hooligans, und einigen Überläufern aus der Punkszene, erfuhr Skinhead eine lokale Geburt. Ab diesem Zeitpunkt wurde Berichterstattung über Jugendkultur zum verfälschenden Element. Denn die ersten Linzer Skinheads waren kein reiner Neonazihaufen, bekamen von der Presse aber bald dieses Bild aufgezwungen, so daß viele Protagonisten sich nicht länger den Stress des ständig sich rechtfertigen müssen, hingeben wollten, die Haare wieder wuchern ließen, während sich die übriggebliebenen Skinheads ob ihrer Provokation der Gesellschaft (und bei den meisten drehte es sich eigentlich nur darum!) bestätigt fühlten und tatsächliche Neonazis die Nähe zu diesen Kreisen suchten. Diese Phase dauerte aber nicht lange. Schnell waren die Fußballfans wieder nur Fußballfans und mit Aufkommen der zweiten Hooligangeneration hörte sich der rechte Touch des VOEST Mobs überhaupt auf, wie auch der Skinheadlook nicht mit dem wesentlich zeitgemäßeren und der Polizei (zu diesem Zeitpunkt) gegenüber neutraleren Hooligan-Outfit konkurrieren konnte. Die Doc Martens wanderten in den Kasten und die Bomberjacken wurden gegen Sportswear getauscht. Die Neunziger hatten begonnen und von einer rechten Ideologie redete doch im Stadion kein Mensch. Dort ging es ums Boxen, um Linz gegen Wien, um die nötige Kopfanzahl an Hooligans, die man für das nächste Auswärtsspiel gegen die Austria brauchte. In der zweiten Hooligangeneration gehörten die hier geborenen Söhne von Gastarbeitern zum fixen Bestandteil. Dieser Personenkreis hatte überhaupt keinen Bezug mehr zu Skinheads und Neonazis. Zwar gab es ständig Ärger mit Punks und anderen (so bezeichneten) "linken" Jugendlichen, was aber eher auf eine Andersartigkeit des Aussehens zurückzuführen ist. Skinheads und Hooligans nannten die schmuddeligen Punks seit jeher liebevoll "Zecken", was sie mit langen, ungewaschenen Haaren und versiffter Kleidung gleichsetzten.

HipHop unterm Hakenkreuz

Für die Medien waren alle Hooligans vorerst rechts. Insbesondere die Linzer Rundschau suhlte sich in Inkompetenz und ständigen Schlagzeilen. Ähnlich auch die Kronen Zeitung. Reißerisch und auflagefördernd (?) wurde hier ein Bild entworfen, das in den beschriebenen Farben auf der Straße gar nicht existierte. Nie machte sich auch nur ein Reporter die Mühe, länger als ein kurzes Interview zu recherchieren. Auseinandersetzung war auch seitens der Stadt nicht angesagt. Die schob alle Verantwortung auf den unfähigen Verein Jugend und Freizeit ab, in dessen Jugendzentren für einen Garderobenständer zwar - wie im Fall des JUZ Auwiesen - laut dem dortigen Sozialarbeiter/Jugendbetreuer stolze 10.000 Schilling ausgegeben wurden, außer dem unvermeidlichen Tischtennis aber keine Alternative geboten wurde. Hier setzt wieder die fehlende Auseinandersetzung mit der Populär- und Jugendkultur ein. Welcher Teen will sich schon von einem Rauschebart mit einer "Genesis"-Plattensammlung etwas sagen lassen? Sämtliche auf diesem Gebiet tätigen Streetworker oder Jugendbetreuer, die mir im Laufe der Jahre untergekommen sind, möchte ich hier getrost als Müslis und Hippies bezeichnen. Das kann man einen Diss nennen. Nicht weiter schlimm, weil die jetzt so eben angesprochenen ohnehin nicht wissen, was dissen heißt. Die lesen sicher so ein Lexikon der Jugendsprache und verlassen sich auf den Spiegel oder den Stern. Und wie weh es immer tut, wenn solche Hippies nach all den Jahren ihre mühevoll gesammelten Erkenntnisse herausstöhnen. So als hätten wir es nicht immer schon gewußt. Von Codes haben sie trotzdem allesamt keine Ahnung. Hin und wieder blitzen VOX-TV-Weisheiten auf, aber wenn man zum Beispiel bedenkt, wie lange es gedauert hat, bis die Medien kapieren, daß Skinheads auch linke Facetten bieten (S.H.A.R.P., Redskins etc.), dann fragt man sich schon, wie seicht der Tiefgang des Interesses manchmal sein kann.

Warum ich an die Zukunft von HipHop glaube

HipHop wird die Kleidungsgrenzen zerstören. Linke werden wie Hooligans aussehen. Feindbilder werden sich zersetzen. Es wird nur mehr einen Groove geben. Es wird gemeinsam getanzt werden.

All dies und noch viel mehr

All dies und noch viel mehr hätte bei jener Podiumsdiskussion über die Ursachen und Hintergründe der Gewalt in Linzer Straßen angesprochen gehört. Statt dessen bemängelte man das Fehlen des deklarierten Feindes (Hooligans, FPÖ-Vertreter). Feinde braucht es gar keine, wie diese Diskussion eindrucksvoll gezeigt hat. Es genügt, wenn lauter Gleichgesinnte in einem Raum sitzen und aneinander vorbeireden, nicht aufeinander eingehen. Von dieser unseren Unfähigkeit leben die tatsächlichen Rechten nämlich wirklich. Respekt an Thomas Baum und Gerhard Haderer. Meinungen zum Thema sind erwünscht. Der Diskurs soll weitergehen.

ANDREAS KUMP

116
117

Artikel „Denken wieder modern", *KAPU-Zine*, 1993

Ende der 1980er, Anfang der 1990er Jahre kam es in Linz vermehrt zu gewaltvollen Aufeinandertreffen zweier Jugendgruppen, den Anhänger*innen des Fußballvereins der VÖEST und den Punks rund um die KAPU. Während das Thema in den Medien als „Gewaltexzesse" aufgebauscht wurde, beschrieben Teilnehmende diese Schlägereien oft als weniger gewaltvoll als die darauf folgenden Polizeieinsätze. Nachdem im Jahr 1990 ein Polizist bei einer Auseinandersetzung mit einer Gruppe Hooligans in der Altstadt starb, brach eine Debatte über Sicherheit vom Zaum, die zur Installation von Überwachungskameras im Linzer Zentrum führte.

1993

118

Design Center, Thomas Herzog und Hans Jörg Schrader, 1988–1993

Das Ensemble aus (Ausstellungs-) Halle und Hotel – zwei horizontal angelegte Großformen – aktivierte mit seiner Fertigstellung gewissermaßen einen Nicht-Ort zwischen Bankgebäuden, Brachen und Verkehrsachsen. Als Symbol für das Linzer Selbstverständnis als Designstadt und in indirekter Anknüpfung an das Forum Design entstand dem Zeitgeist der Hightech-Architektur entsprechend eine äußerst funktionelle, zurückhaltende und vielfältig genutzte Halle mit Dimensionen von 240 × 80 Metern.

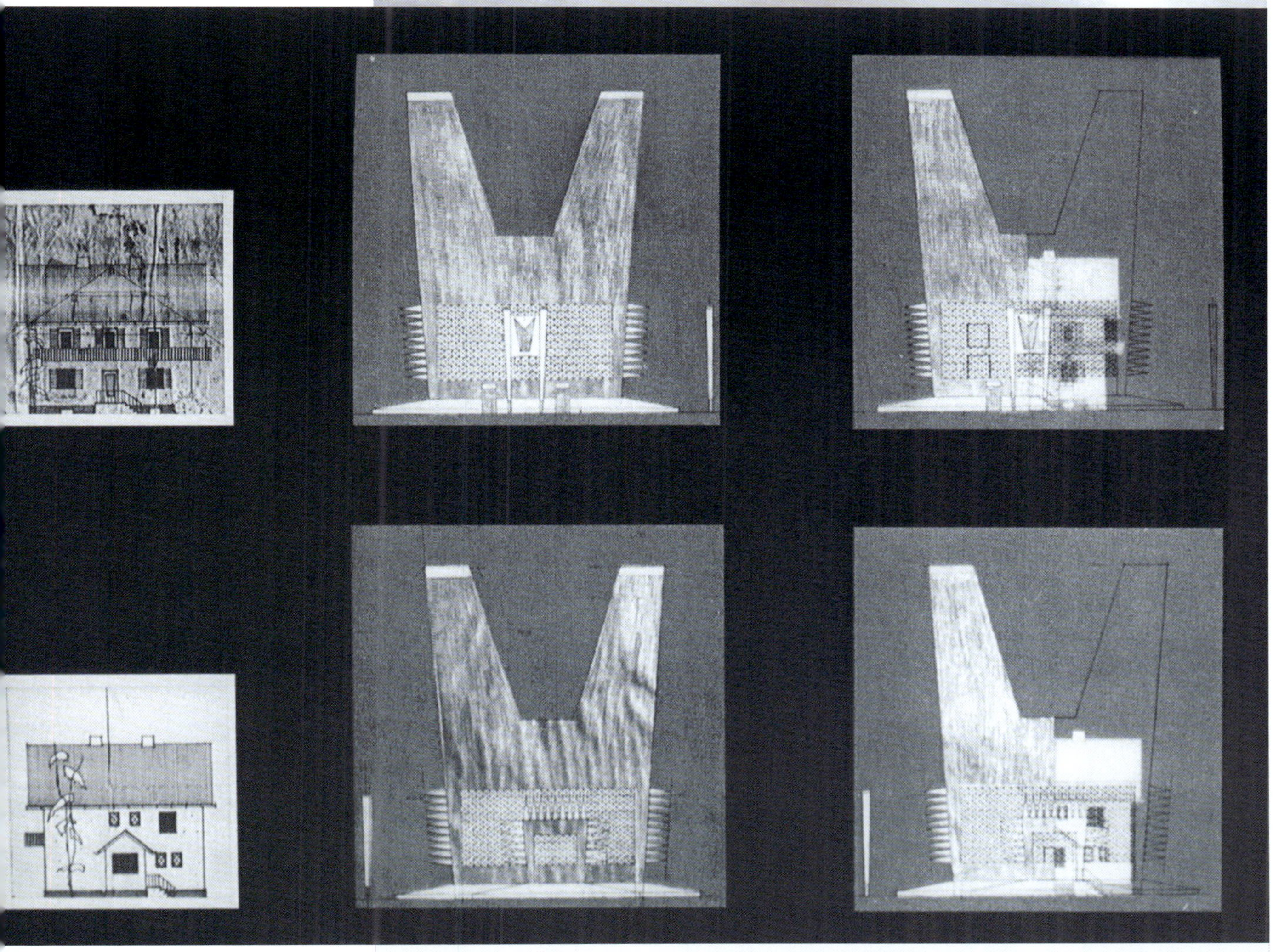

119

Abschlussarbeit: *Projekt zur Analyse eines Einfamilienhauses*, Lukas Halder, 1994, Btr.: Friedrich Goffitzer

1994

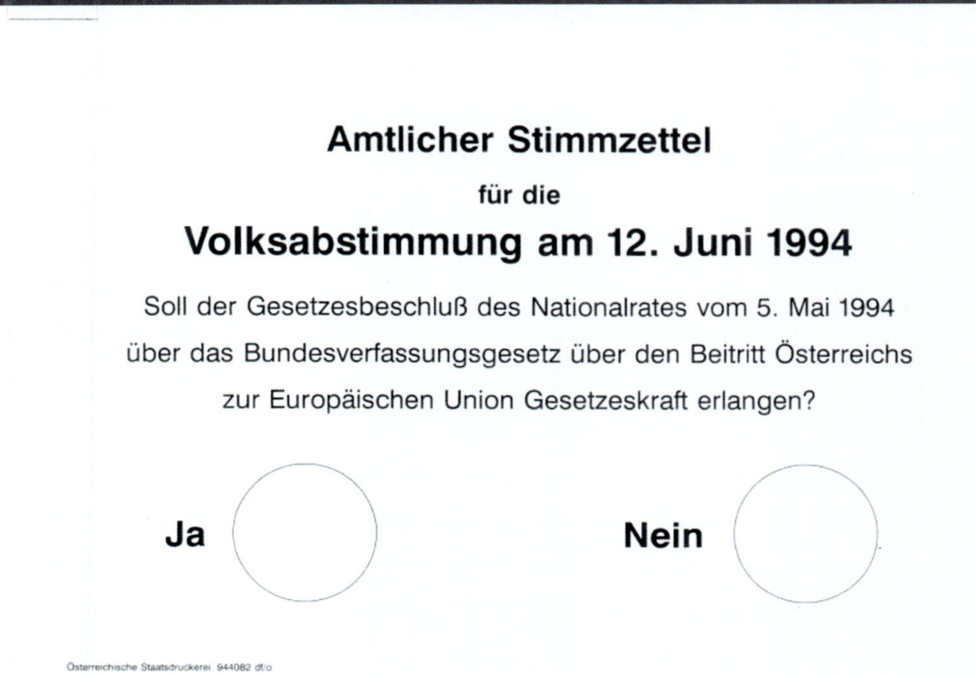

Amtlicher Stimmzettel

für die

Volksabstimmung am 12. Juni 1994

Soll der Gesetzesbeschluß des Nationalrates vom 5. Mai 1994 über das Bundesverfassungsgesetz über den Beitritt Österreichs zur Europäischen Union Gesetzeskraft erlangen?

Ja **Nein**

Österreichische Staatsdruckerei 944082 dt/o

120

Amtlicher Stimmzettel für die Volksabstimmung über den EU-Beitritt Österreichs, 1994

Nachdem am 12. Juni 1994 die Volksabstimmung über den EU-Beitritt Österreichs mit 66,6 Prozent Zustimmung ausgegangen war, trat am 1. Januar 1995 der Beitrittsvertrag Österreichs mit der Europäischen Union in Kraft. Die Republik Österreich wurde damit offiziell Teil des Europäischen Währungssystems (EWS) und nahm als Beobachterin an der Westeuropäischen Union (WEU) teil. Österreich schloss sich allerdings nicht der NATO an und wurde somit nach Irland und gleichzeitig mit Schweden und Finnland ein weiterer neutraler EU-Staat.

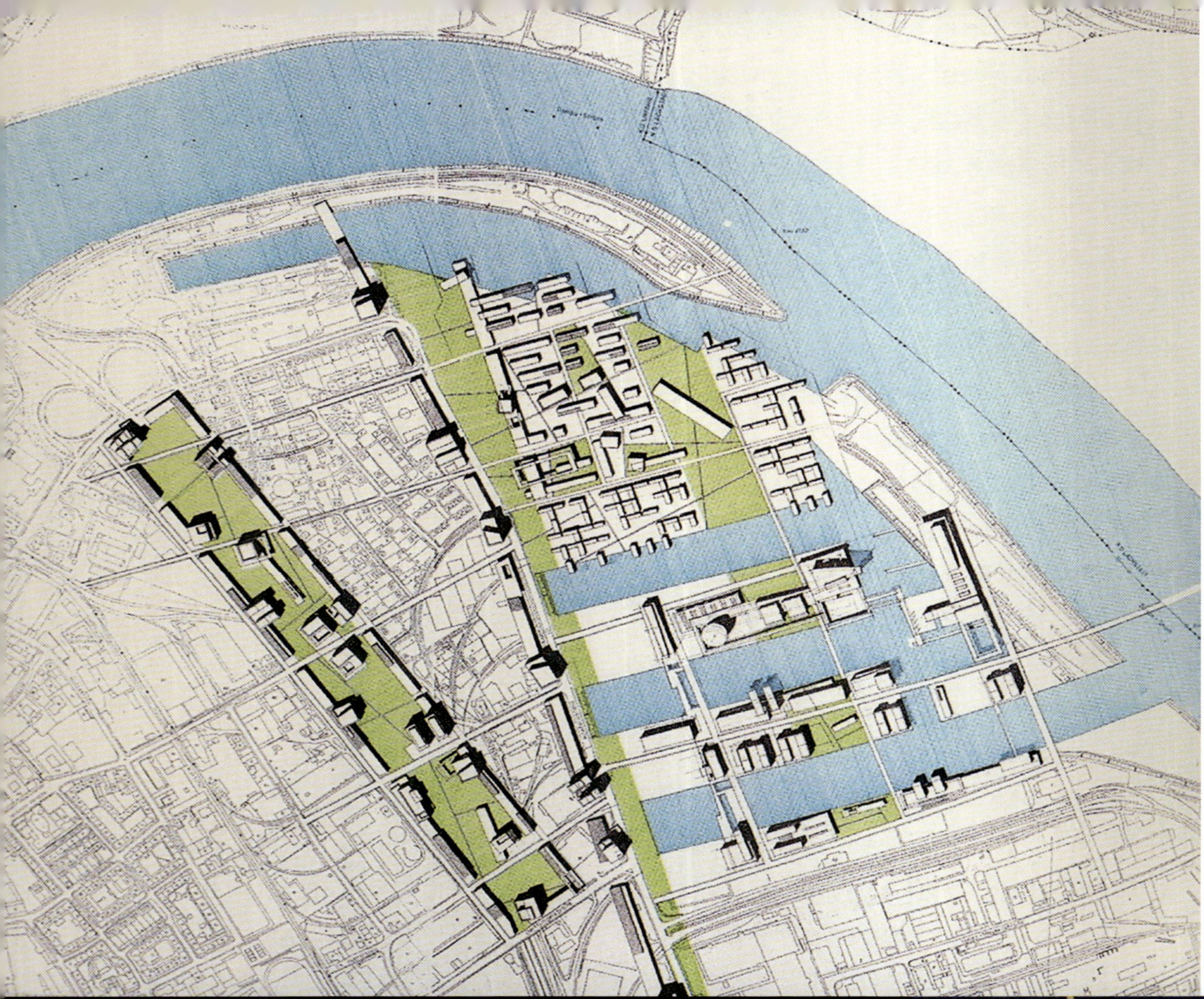

121

Entwurf für das Hafenareal, Rolf Touzimsky, 1994

Der Beitrag von Rolf Touzimsky zur Sommerakademie '94 schläg eine Überplattung der Stadtautobahn A7 und damit eine Verbindung von Innenstadt und Hafengebiet vor.

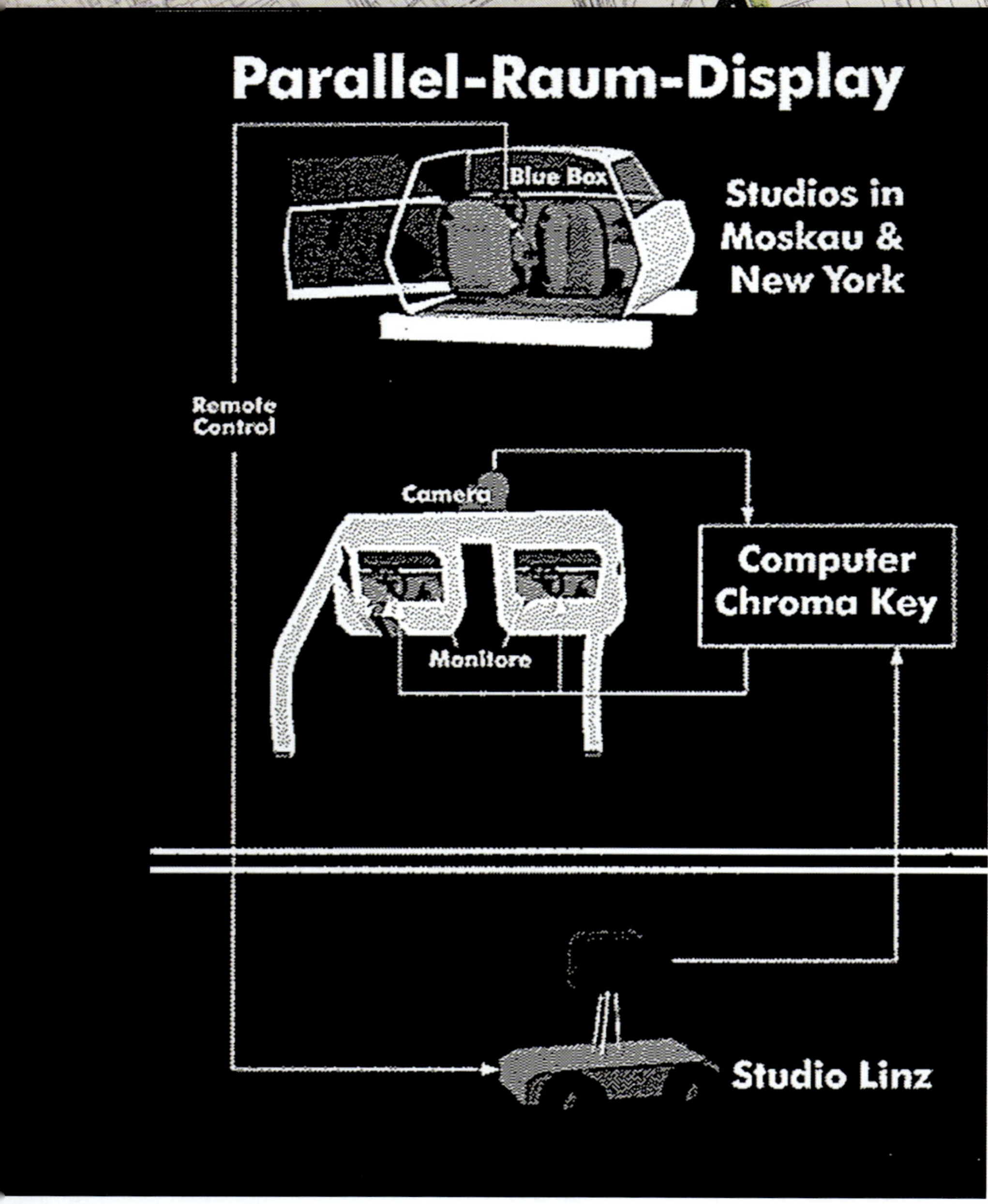

122

Projekt *Checkpoint 95*, Grafik „Parallel-Raum-Display", 1995

Nach Ende des Zweiten Weltkriegs war Linz von 1945 bis 1955 eine unter den Besatzungsmächten aufgeteilte Stadt. Die Donau stellte hierbei die Trennlinie zwischen der sowjetischen Zone nördlich des Flusses und der im Süden gelegenen amerikanischen Zone dar. In den ersten sieben Jahren war das Überqueren der Donau nur mit einer Reiseerlaubnis der Alliierten möglich. Im Jahr 1995 verwies die Stadtwerkstatt mit ihrem Projekt Checkpoint 95 im Rahmen des Ars Electronica Festivals auf diesen Abschnitt der Linzer Geschichte: ein von New York und ein von Moskau aus gesteuertes Fahrzeug begegneten sich auf der Nibelungenbrücke.

1995

123

Projekt *Checkpoint 95* auf der Nibelungenbrücke im Rahmen des Ars Electronica Festivals, 1995

124

Gruppenbild Sommerakademie '94, 1994

Die Teilnehmenden der Sommerakademie '94 (hier im Innenhof der Kunstuni Linz) kamen von mehreren europäischen Universitäten: der Ecole Polytechnique Fédérale de Lausanne (F), Architectural Association London (GB), TU Karlsruhe (D), TU Prag (CZ), TU Wien (A) und der Hochschule für künstlerische und industrielle Gestaltung Linz (heute Kunstuni Linz).

125

Bootstour Sommerakademie '94, 1994

Die Sommerakademie '94 wurde federführend vom damaligen Baudirektor der Stadt Linz, Arch. Dipl.-Ing. F. X. Goldner (Bildmitte), ins Leben gerufen.

126

Abschlussarbeit: *Sternwarte – (für einen astronomischen Verein in Linz)*, Bettina Brückler, 1995, Btr.: Friedrich Goffitzer

127

Puchenau II, Luftbild, Roland Rainer, 1978–1995

Über zwei Jahrzehnte dauerten die Forschungs- und Entwicklungs- sowie Bauarbeiten an der in zwei Abschnitten errichteten Gartenstadt Puchenau. Das Mastermind hinter dem Projekt, der Wiener Architekt Roland Rainer – Koryphäe mit nationalsozialistischer Vergangenheit – setzte zwischen 1963 und 1968 Puchenau I mit 235 Wohneinheiten und zwischen 1978 und 1995 Puchenau II mit 760 Wohneinheiten nach seiner Idee des verdichteten Flachbaus um.

128

Publikation zur Aufarbeitung der NS-Zeit, 1996

Mitte den 1990er Jahren begann in Österreich eine zweite Aufarbeitungsphase der eigenen NS-Vergangenheit. Im Jahr 1995 beispielsweise wurde im Nationalrat der „Nationalfonds der Republik Österreich für Opfer des Nationalsozialismus" begründet, der Fragen der Entschädigung lösen und symbolische Zahlungen an Überlebende leisten sollte. In Linz wurde im September 1996 der Beschluss des Linzer Gemeinderates zur Durchführung des wissenschaftlichen Projektes „Nationalsozialismus in Linz" gefasst, der erstmals eine wissenschaftliche Auseinandersetzung im größeren Rahmen mit der Linzer NS-Vergangenheit veranlasste.

1996

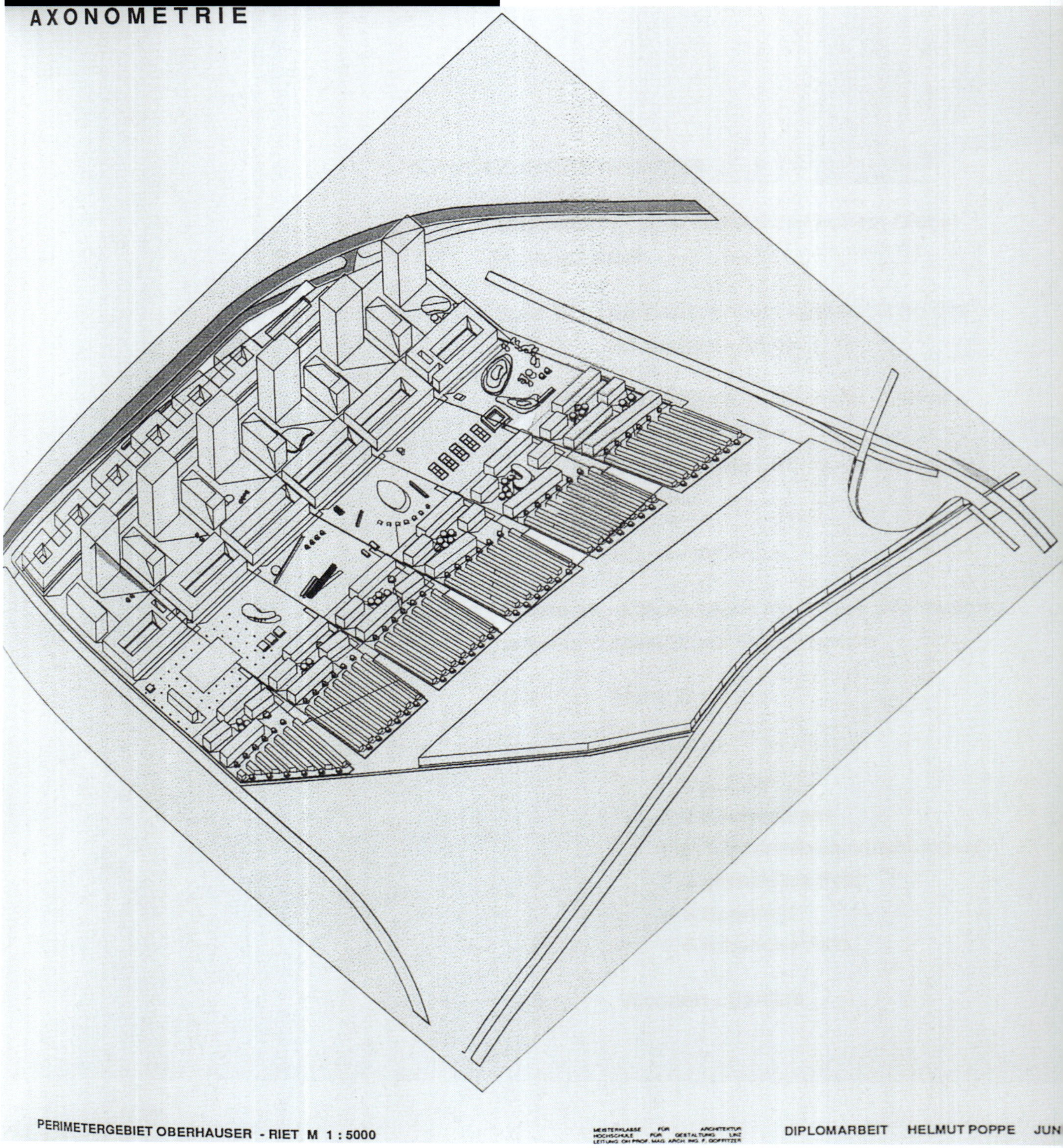

129

Abschlussarbeit: *Städtebauliches Gutachten für Zürich-Nord – Perimetergebiet Oberhauserriet Stadt Opfikon*, Helmut Poppe, 1996, Btr.: Friedrich Goffitzer

130

Eröffnungsfeier des Ars Electronica Center, 1996

Nachdem das Ars Electronica Festival sich seit 1979 bereits in Linz etabliert hatte, wurde im Jahr 1996 das Ars Electronica Center unter dem Titel „Museum der Zukunft" mit einem prominenten Standort direkt an der Donau – dort, wo einst das Opernhaus geplant war – eröffnet.

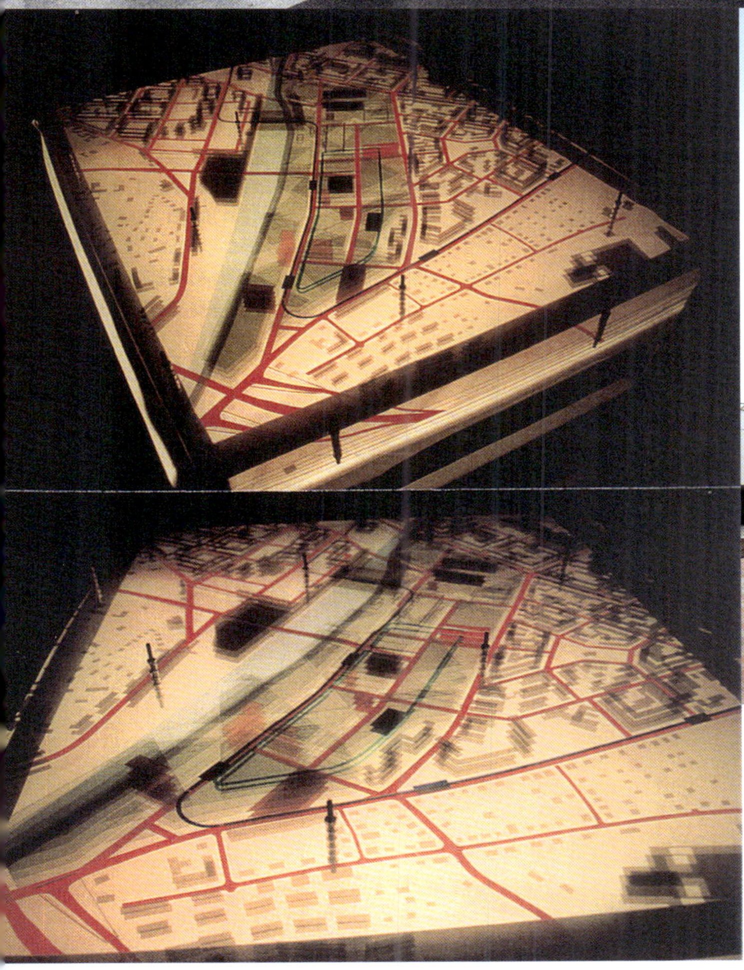

131

Abschlussarbeit: *Urbanisierung ÖBB-Werkstätten-Areal*, Daniela Herold/Rolf Touzimsky, 1997, Btr.: Roland Gnaiger

1997

132

afo architekturform oberösterreich, 2020

Das afo architekturforum oberösterreich wurde im Jahr 1994 als Plattform für Architektur und Baukultur ohne festen Sitz gegründet. Erst 1997 zog das afo, zeitgleich mit der Galerie Maerz, in ein Gebäude am Herbert-Bayer-Platz, das zuvor als Volksküche der Stadt Linz genutzt worden war.

133

Plakat für die Podiumsdiskussion „Temelin wächst – Oberösterreich schaut zu", 1997

Der Baubeginn 1987 und die Inbetriebnahme des Atomkraftwerks Temelin 2002, welches 50 Kilometer von der österreichischen Grenze entfernt in Tschechien liegt, lösten in der oberösterreichischen Gesellschaft Verunsicherung sowie Widerstand aus. Im Jahr 2002 fand sogar ein Volksbegehren unter dem Titel „Veto gegen Temelin" statt. Die Inbetriebnahme, die im Juni desselben Jahres stattfand, konnte allerdings nicht verhindert werden.

134

Lichtinstallation auf der Fassade des Generali-Gebäudes im Rahmen des Europäischen Kulturmonats, 1998

Bevor Linz 2009 zur Europäischen Kulturhauptstadt gekürt wurde, fand im Jahr 1998 vom 28. August bis zum 4. Oktober bereits der Europäische Kulturmonat statt. Unter dem Thema „job.net.gen.fun“ wurde anhand von mehr als 30 Projekten der rasante Wandel von Arbeit, Informationstechnologie, Wissenschaft und Gesellschaft in Linz präsentiert.

1998

135

OK Offenes Kulturhaus, Innenraum, Riepl Riepl Architekten, 1994–1998

Der historische Ursprung des OK liegt in der Übergabe von Klostergebäuden an das Land Oberösterreich. 1977 konnte in den ehemaligen Kirchenräumen das Landeskulturzentrum, wie es damals hieß, in der Linzer Innenstadt eröffnet werden. Seit dessen Umbau zwischen 1994 und 1998 ist das OK ein auf zeitgenössische, medienbasierte Kunst spezialisiertes Ausstellungs- und Veranstaltungshaus. Äußerlich beinahe unverändert, wurde der Innenraum für ein offenes Konzept mit großzügiger Infrastruktur adaptiert. Heute verfügt das OK über circa 1800 Quadratmeter an Ausstellungs- und Produktionsflächen für Künstler*-innen und bietet Platz für das Programmkino Moviemento, einen Club und Gastronomie. Die Gebäude des OK fassen in ihrer Mitte den öffentlich genutzten OK-Platz. Neben dem ständig wechselnden Ausstellungsprogramm ist das OK auch Veranstaltungsort unterschiedlicher Festivals.

136

OK Offenes Kulturhaus, Riepl Riepl Architekten, 1994–1998

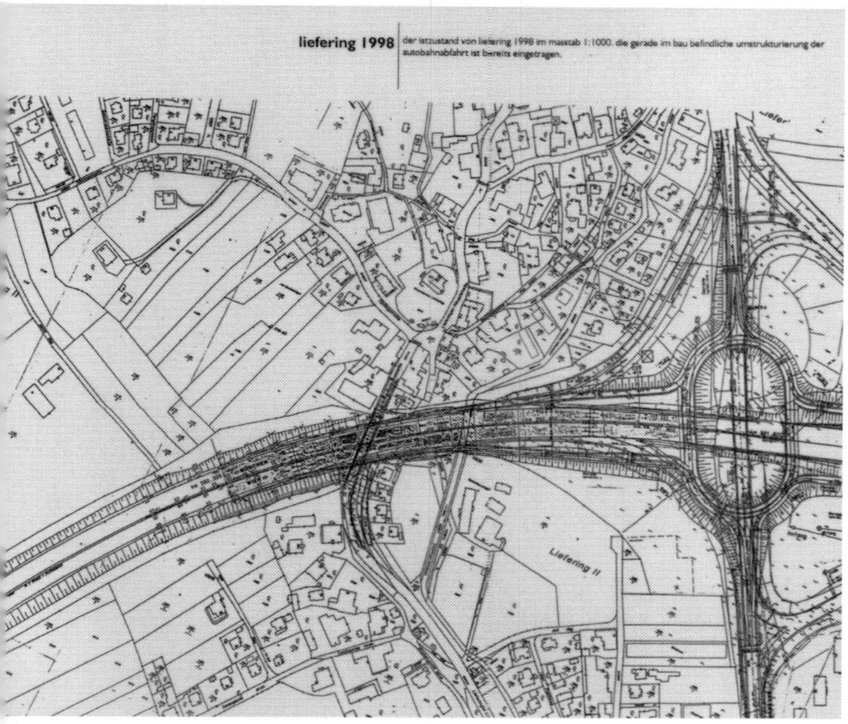

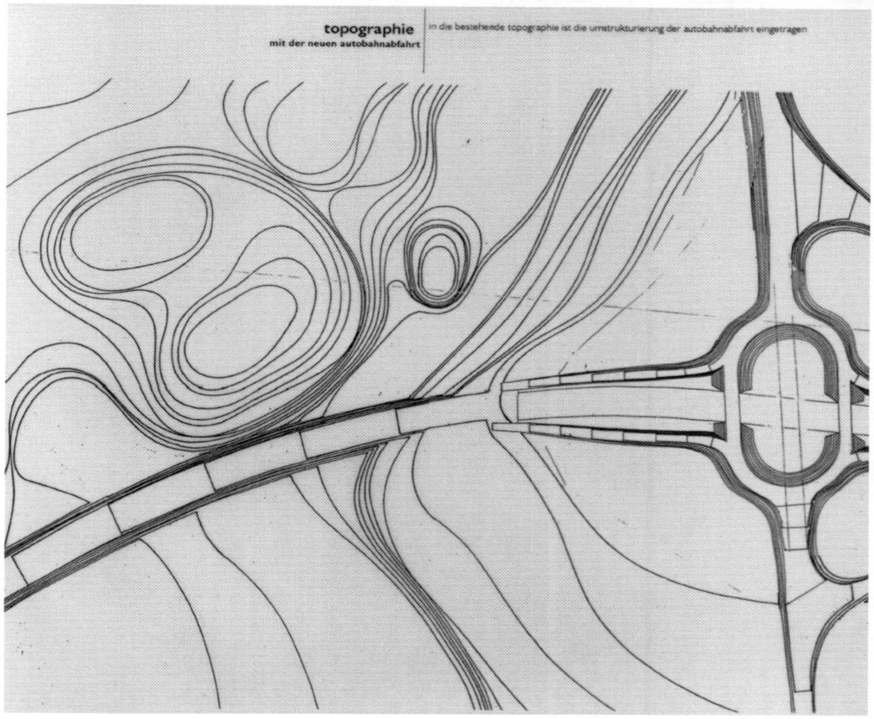

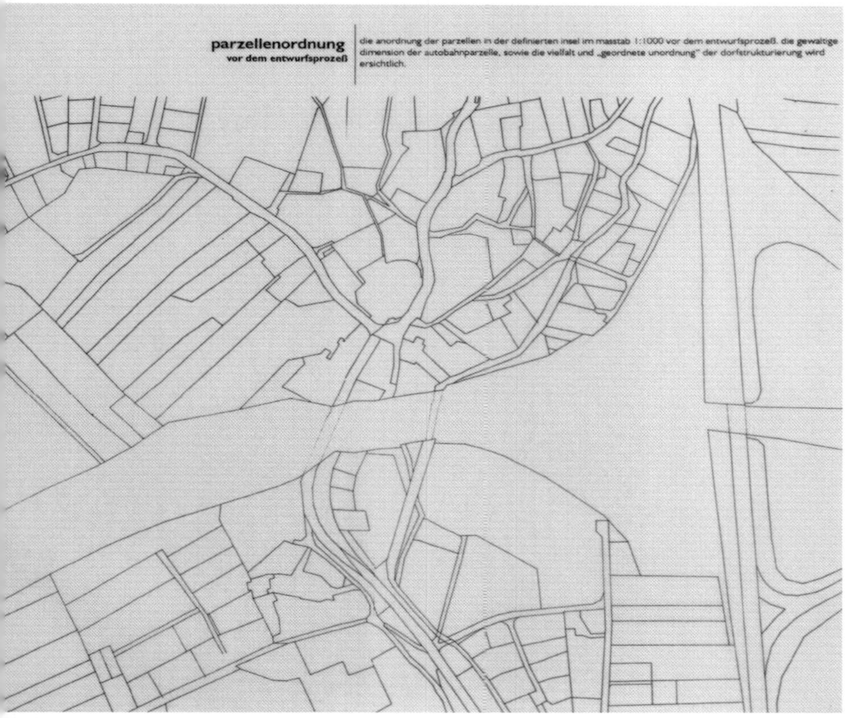

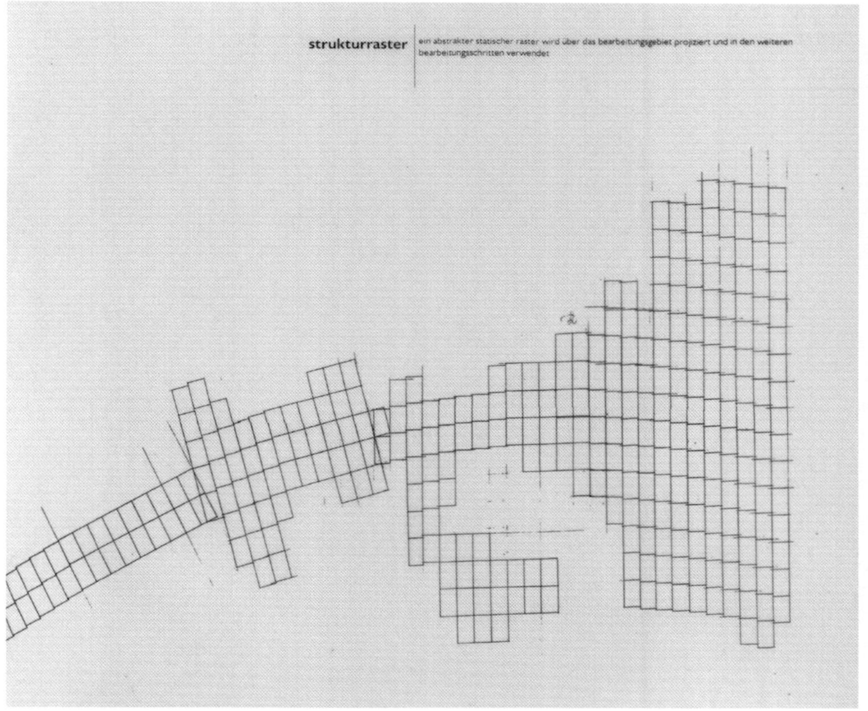

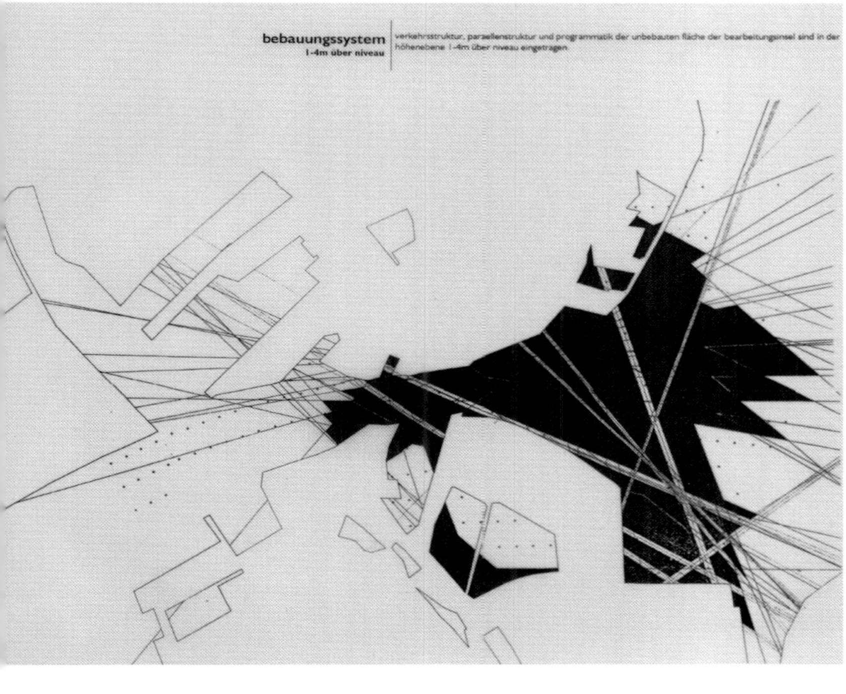

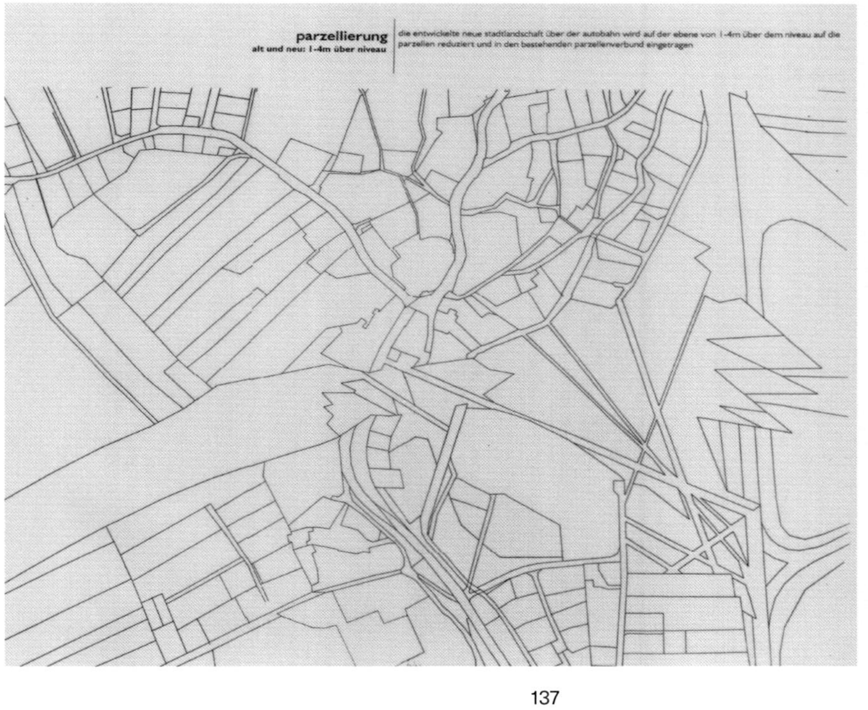

137

(S. 73–74)

Abschlussarbeit: *Künstliche BeziehungsLandschaften – Autobahnüberbauung Salzburg/Liefering*, Roland Gruber, 1998, Btr.: Roland Gnaiger

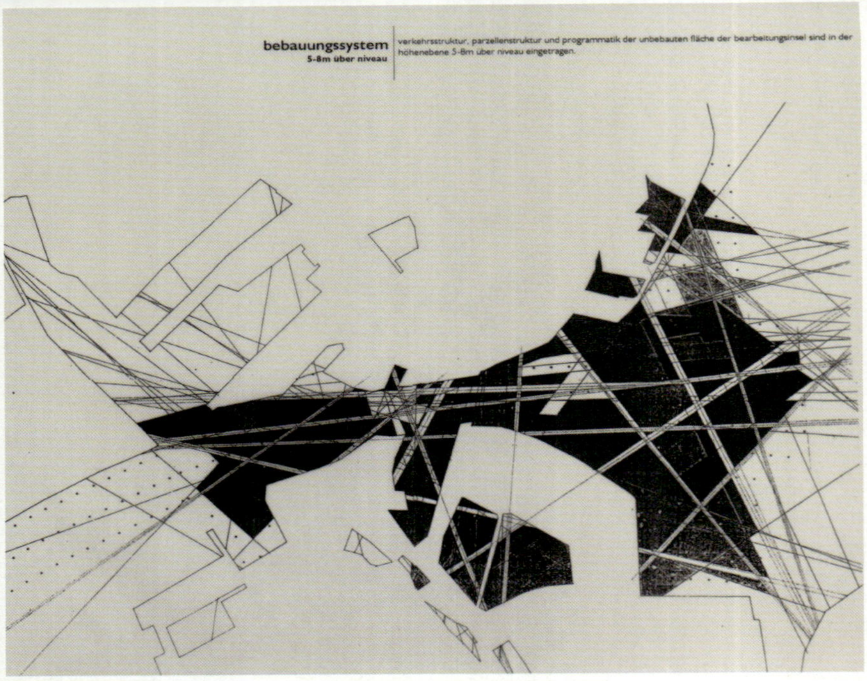

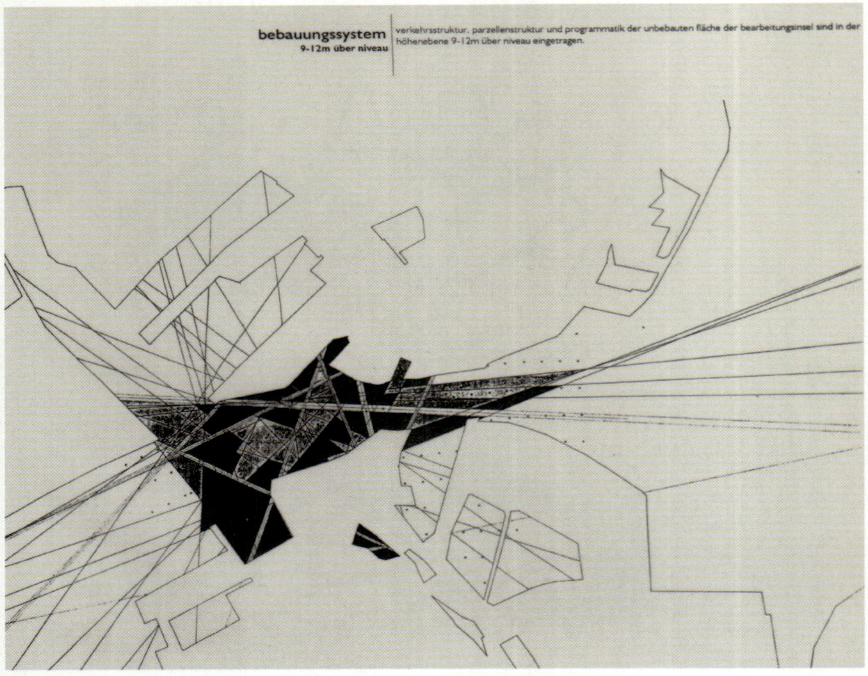

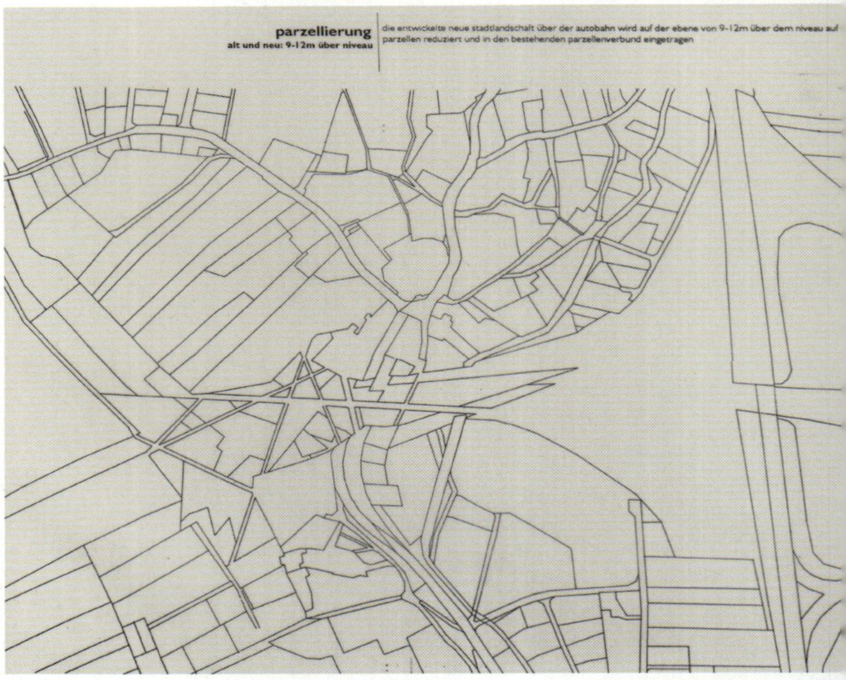

138

Seniorenzentrum Dornach/Auhof, Helmut Christen, 1997–1999

Das 1999 eröffnete Seniorenzentrum verfügt großteils über Einzelzimmer, die sich auf drei Stockwerke und fünf unterschiedliche Pflegebereiche aufteilen, sowie umfangreiche Gemeinschaftsbereiche und ein mittig angelegtes Atrium. Dem Bauwerk ist eine gläserne Haut vorgestellt, die einerseits Ruhe und Abschottung ermöglicht und andererseits durch ihre Transparenz und in Kombination mit den angegliederten Außenanlagen fließende Übergänge zu den benachbarten Wohn- und Grünanlagen des Stadtteils schafft.

1999

Ulrike Schwantner

BASEhabitat – architecture for change

Vom Pilotprojekt mit nachhaltigen Baumaterialien zum internationalen Studienangebot

Das Studio BASEhabitat an der Kunstuniversität Linz beschäftigt sich seit 2004 mit Themen nachhaltiger und sozial verantwortlicher Architektur in sehr unterschiedlichen Kontexten. Wir hinterfragen die dominierenden Dogmen und erarbeiten alternative, umwelt- und sozialverträgliche Architekturprojekte. Es geht darum, den tatsächlichen Bedarf zu erkennen, Bestand zu nutzen, statt neu zu bauen, regenerative Baumaterialien zu verwenden und neue Prozesse der Planung und Umsetzung zu entwickeln. BASEhabitat steht für eine radikale Transformation der Architektur.

*Der große Verbrauch von Energie und Ressourcen sowie die steigende soziale Ungleichheit stellen die Architektur vor enorme Herausforderungen. Der Gebäudebestand und die Bautätigkeit verursachen mehr als ein Drittel des globalen CO_2-Ausstoßes. Gemeinsam mit unseren Studierenden entwickeln wir alternative Projekte und setzen diese auch um. Junge Architekt*innen werden bei uns zu Builders of Change.*

Prof. Sigi Atteneder,
Leiter der Abteilung Architektur und des Studios BASEhabitat

BASEhabitat bietet zwei Studienprogramme für nachhaltige und sozial verantwortliche Architektur an: einen deutschsprachigen Master in Architektur (seit 2018) und einen postgradualen Lehrgang (seit 2020), der sich an internationale Architekt*innen richtet. Beide Programme erforschen das Potenzial regenerativer Baumaterialien wie Lehm, Fasern und Bambus und verbinden theoretisches Wissen mit praktischer Erfahrung in Workshops und auf internationalen Baustellen.

Als Weiterbildungsangebot veranstaltet BASEhabitat in Österreich eine internationale Summer School zu Lehm- und Bambusbau mit 100 Teilnehmenden aus der ganzen Welt. Mit dem BASElab, einem Materiallabor für regenerative Baumaterialien, führen wir seit 2021 am Sumerauerhof in St. Florian bei Linz Werkstatträume für Workshops und Ausstellungen.

Seit 2014 ist BASEhabitat Mitglied im UNESCO Chair „Earthen Architecture, Building Cultures and Sustainable Development“.[1] 34 Bildungseinrichtungen aus Amerika, Asien, Afrika und Europa sind Teil dieses Netzwerks und leisten wichtige Arbeit im Bereich Forschung, Ausbildung und Kooperation im Lehmbau.

Das Studio BASEhabitat hat sich über die Jahre stetig weiterentwickelt. Das Team aus den Bereichen Architektur, Raumplanung, Handwerk, Landschaftsarchitektur und Management hat aus Projekten gelernt, Neues entwickelt, Partnerschaften geknüpft und Herausforderungen zum Anlass genommen, weiterzudenken.

Die Anfänge – erste internationale Bauprojekte

–

Therapieräume Living TEBOGO

Begonnen hat die Geschichte von BASEhabitat 2004 mit einer Projektanfrage an Prof. Roland Gnaiger, von 1996 bis 2019 Leiter der Architekturabteilung an der Kunstuniversität Linz, zur Planung und Umsetzung eines Heims für Kinder mit Behinderung in Südafrika. Das Tebogo Home for Handicapped Children sollte einen Anbau für den Speisesaal sowie Therapieräume bekommen. Gefragt war ein Entwurf, der qualitätsvoll auf die Bedürfnisse der Kinder eingeht, der mehr bietet als vier Wände aus Betonsteinen und ein Dach über dem Kopf. Durch die Verwendung geeigneter Baustoffe (Lehm, Holz und Fasern) und unter Berücksichtigung der klimatischen Verhältnisse sollte ein Raumklima entstehen, das ohne künstliche Kühlung und Heizung auskommt. Motivation war auch, an den lokalen Bautraditionen anzuknüpfen und aus ihnen zu lernen. Das Team von Studierenden und Lehrenden stand vor großen Herausforderungen. Innerhalb eines Semesters musste ein Entwurf für einen Ort entstehen, dessen Rahmenbedingungen ihnen nur in Ansätzen bekannt waren. Zur Unterstützung wurden ein Bauphysiker und ein Pädagoge sowie der Lehmbau-Pionier Martin Rauch mit ins Boot geholt. Unmittelbar im Anschluss an die Planung wurde das Gebäude in einem zweimonatigen Baueinsatz realisiert. Jede Baustelle steckt voller Überraschungen, und in einem fremden Land und ohne viel Vorbereitungszeit sind die Herausforderungen noch größer. Glücklicherweise konnte das Gebäude mit vereinten Kräften umgesetzt und der NGO übergeben werden. Aus der Nachbarschaft gab es vor allem von den Frauen tatkräftige Unterstützung. Living TEBOGO wurde mit dem Energy Globe Award 2007 ausgezeichnet – ein Statement dafür, dass wir ein brandaktuelles Thema angepackt hatten, dass es an der Zeit war, Baumaterialien und Bauweisen zu überdenken. Trotz aller Euphorie war klar, dass das Projekt seine Schwachstellen hatte, dass es in Planung und Ausführung Fehler gegeben hatte, und so wurden nach einigen Jahren auch Baumängel sichtbar. In zu kurzer Zeit hatten wir uns etwas vorgenommen, für das es uns schlichtweg an Erfahrung und Know-how in diesem Kontext gefehlt hatte. (-> S. 87, Abb. 163)

–

METI School

Anna Heringer, Architektin und Absolventin der Kunstuniversität Linz, plante in ihrer Masterarbeit gemeinsam mit Eike Roswag-Klinge eine Schule in Bangladesch, die METI School. Schnell fand sich erneut eine Gruppe von Studierenden, die zum Bau nach Bangladesch reisen wollte. Das Gebäude wurde mit den Materialien Lehm und Bambus in lokaler Tradition umgesetzt, der Entwurf legte großen Wert auf die pädagogische Qualität der Räume. Es gab engen Kontakt zur lokalen Gemeinschaft, die auch an der Umsetzung mitwirkte. Die Schule ist nach wie vor in Betrieb. Das Projekt wurde 2007 mit dem Aga-Khan Award for Architecture ausgezeichnet und vielfach publiziert. Überzeugt vom Baustoff Lehm und von der Wichtigkeit der Hands-on-Tätigkeit der Studierenden, wurden in den folgenden Jahren weitere Projekte als Entwurfsaufgaben und in Masterarbeiten entwickelt. Insgesamt wurden 30 Projekte geplant, 17 davon realisiert. Seit 2016 liegt der Fokus zunehmend in Europa, genauer: in Österreich, und die Bandbreite der verwendeten Materialien ist gewachsen. (-> S. 84, Abb. 153; S. 88, Abb. 168)

Aufbau von tragfähigen Strukturen im Projektablauf

Die Erfahrungen der ersten Jahre hatten verdeutlicht, dass Projekte nur sinnvoll sind, wenn sie sorgfältig geplant sind und in tragfähige Strukturen eingebettet werden. Wir haben gelernt, den Zeitdruck aus der Projektabwicklung herauszunehmen und Raum für Feedback zu schaffen. Es braucht eine ausreichend lange Vorbereitungsphase für die Ausarbeitung sämtlicher Details. Auch die Bauphase selbst will gut vorbereitet sein: Seit 2015 gibt es eine qualifizierte BASEhabitat-Bauleitung, die Projekte vom Entwurf bis zur Umsetzung begleitet und so erheblich zur Qualitätssicherung beiträgt.

Damit die Studierenden optimal auf den Baustelleneinsatz vorbereitet sind, lernen sie in praktischen Material-Workshops in Linz verschiedene Lehmbautechniken kennen, probieren Materialmischungen aus, testen Wandaufbauten und bringen erste Lehmputze auf. Diese Grundkenntnisse sind eine wichtige Vorbereitung auf die Baustellen und gleichzeitig eine gute Basis für die Entwurfstätigkeit der angehenden Architekt*innen. Über die Jahre haben wir die Workshops ausgebaut und die Palette nachhaltiger Baumaterialien erweitert.

Besonders wichtig im Zusammenhang mit den Bauprojekten ist der Aufbau von langfristigen Partnerschaften. Erst so wird es möglich, das Umfeld zu verstehen, Kooperationen auf Augenhöhe zu erreichen und gemeinschaftlich zu planen. Der Bauprozess und die Gebäude können so zusammen mit den Partner*innen evaluiert und verbessert werden.

–

PHOOLNA-Wohnungen

Im Laufe einer Partnerschaft über fünf Jahre wurden in einem Lepradorf im Norden Indiens mehrere Wohnungen aus Lehm und Bambus gebaut. Die ungebrannten Lehmsteine konnten selbst produziert werden; die richtige Mischung hatten Studierende mit einem Experten aus Indien zuvor getestet. Die dicken Wände aus Lehm helfen, die Feuchtigkeit in den Räumen zu regulieren und die Temperaturunterschiede zwischen Tag und Nacht auszugleichen. Gebaut wurden die Häuser von Dorfbewohner*innen gemeinsam mit den Studierenden unter Anleitung eines Bauleiters. Die Erfahrungen aus der ersten Etappe konnten in einem Folgeprojekt umgesetzt werden. PHOOLNA wurde für den Terra Award 2016 nominiert und mit dem National Energy Globe Award India 2017 ausgezeichnet.

Eine traurige Erkenntnis der letzten Jahre ist die Zunahme der Wetterextreme, die vermehrt auch bei den Projekten zu spüren sind. Stürme und Überschwemmungen haben im Projektgebiet in Indien dazu geführt, dass zwei Wohnungen schwer beschädigt wurden. Diese negativen Dynamiken müssen im Entwurf berücksichtigt werden. „Klimafolgenanpassung“ ist selbst in Österreich mittlerweile ein verbreiteter Begriff. Unsere Gebäude und Städte sind nicht ausreichend auf den bevorstehenden Temperaturanstieg vorbereitet. Die Dringlichkeit für eine Bauwende in der Baubranche ist offensichtlich. (-> S. 112, Abb. 209, 210)

CO_2-Reduktion durch regenerative Baumaterialien

Zu den regenerativen Baustoffen zählen nachwachsende Rohstoffe sowie Lehm als gänzlich kreislauffähiges Material. Pflanzen binden im Wachstum CO_2 und speichern es während der Nutzungsphase. Lehm wird ohne große Energiezufuhr zum Baustoff und am Ende des Lebenszyklus eines Gebäudes mit minimalem Aufwand wieder zum Rohstoff. Um diese seit Jahrtausenden verwendeten Materialien in die Gegenwart zu übertragen, muss tradiertes Wissen mit Innovation kombiniert werden. Lehm ist ein faszinierendes Baumaterial, das in einem Großteil der Erde kostengünstig verfügbar ist. Mit der richtigen Technik und einem guten Entwurf, der auf die Materialeigenschaften eingeht, können langlebige Bauten entstehen, in denen Lehm seine baubiologischen Qualitäten ausspielt.

–

Travel Guide Earthen Architecture in Central Europe

In unserer Arbeit sind wir immer wieder mit Vorurteilen gegenüber Lehm und natürlichen Baumaterialien konfrontiert. Sie haben einen schlechten Ruf in Bezug auf Haltbarkeit und werden eher mit provisorischen Behausungen assoziiert als mit innovativer Architektur. Um dem entgegenzuwirken, haben wir 2016 einen Reiseführer erstellt, in dem eine Sammlung von hoch interessanten zeitgenössischen und teils historischen Bauten aus Lehm in Zentraleuropa präsentiert wird. Eine beeindruckende, stetig wachsende Zahl an Gebäuden zeigt, dass eine positive Dynamik spürbar ist.
Regenerative Baumaterialien in der Lehre zu vermitteln und in konkreten Projekten anzuwenden, erfordert eine kontinuierliche Professionalisierung in diesem inspirierenden Themenfeld. Auf diese Weise lässt sich garantieren, dass die Gebäude durch ihre Qualität überzeugen. Das BASEhabitat-Team erweitert kontinuierlich seine eigene Expertise, vor allem im Lehmbau. Die Vernetzung mit anderen Institutionen im Bereich der Materialwissenschaften zu regenerativen Ressourcen ist dabei von großer Bedeutung.
Als Mitglied des UNESCO Chair „Earthen Architecture“ ist BASEhabitat in ein globales Netzwerk zur Erforschung und Förderung des Lehmbaus eingebunden. BASEhabitat ist Gründungsmitglied im Netzwerk Lehm Österreich, das 2018 initiiert wurde und sich zum Ziel gesetzt hat, als Interessensverband für alle am Material Lehm Interessierten zu agieren, sie zu vernetzen und damit den Lehmbau sowohl in Österreich als auch international zu fördern. Diese Netzwerke sind wichtige Schnittstellen zwischen Handwerk, Materialproduktion,

Planung und Universitäten.
Im Bereich Bambus arbeiten wir mit erfahrenen Fachleuten zusammen. Bambus ist ein Gras, das nur sehr bedingt mit Holz zu vergleichen ist; ihre Struktur und statischen Eigenschaften sind völlig verschieden. Bambus vereint die Druckfestigkeit von Beton mit der Zugfestigkeit von Stahl. Ins Projekt PHOOLNA ist beispielsweise die Expertise eines engagierten nepalesischen Architekturbüros eingeflossen, das erfolgreich sowohl Lehm als auch Bambus als Baumaterialien in Nepal etabliert.

–

BA:CAN
BASEhabitat-Studierende haben in diesem Forschungsprojekt den Bambusbau in Kolumbien und Ecuador dokumentiert. Einer der weltweit bekanntesten Pionier*innen auf diesem Feld ist Simón Vélez. Der kolumbianische Architekt hat auf der Expo2000 in Hannover mit einem 17 Meter hohen Bau aus Bambus für Aufsehen gesorgt. Bambus gewinnt weltweit an Bedeutung, auch in verarbeiteter Form, beispielsweise als Laminat.
Neben Lehm und Bambus gibt es eine Vielzahl von regenerativen Baustoffen, die langsam in diversen Variationen am Bau (wieder) Verwendung finden. In Europa entstehen Hochhausfassaden aus Schilf, lasttragende Bauten aus Stroh, Wände aus Hanfkalk. BASEhabitat verwendet in seinen Projekten Materialien, die vor Ort verfügbar sind, und entwickelt daraus Entwürfe, die durch ihre Formensprache überzeugen und optimal auf die Bedürfnisse der Nutzer*innen und des Umfelds eingehen.

Mehr Design, weniger Material

Im Sinne einer kreislauforientierten Architektur ist es oberstes Ziel, mit Materialien sorgsam umzugehen und qualitätsvolle Gebäude zu schaffen, die über lange Zeit genutzt und angepasst werden können.

–

Landwirtschaftszentrum BAAN DOI
In Zusammenarbeit mit der NGO Baan Doi, die sich um benachteiligte Kinder im Norden Thailands kümmert, haben wir ein Reisfeld in ein Zentrum für nachhaltige Landwirtschaft umgewandelt. Die NGO kann sich nun selbst mit Lebensmitteln versorgen und den Kindern eine Ausbildungsperspektive bieten. Basierend auf einem Masterplan sind seit 2018 mehrere Gebäude entstanden, auch Abfallstoffe aus der Landwirtschaft werden verwendet.
In Thailand ist aufgrund der massiven Abholzung in der Vergangenheit Holz als Baumaterial kaum mehr verfügbar. Daher haben wir eine einfache Anlage zur Behandlung von rohem Bambus gebaut, in der unsere Partner*innen selbst ihr Baumaterial produzieren können.
Lehm kann direkt vom Grundstück gewonnen werden und zu Lehmsteinen und Lehmputz verarbeitet werden. Reisschalen und Reisstroh, Abfallprodukte der Landwirtschaft, eignen sich ideal als Zuschlagstoff im Lehmbau und erhöhen dessen Widerstandsfähigkeit. In der engen Zusammenarbeit mit Handwerker*innen aus Thailand konnten in dem Projekt neue Ideen entstehen und Techniken verbessert werden. (-> S.142, Abb. 256)

–

Materiallabor am Sumerauerhof
2021 haben wir begonnen, ein Materiallabor für regenerative Baumaterialien aufzubauen. In Theorie und praktischen Workshops beschäftigen wir uns in den Werkstätten am Sumerauerhof in St. Florian unter anderem mit Schilf, Hanf, Kalk und Pilzmyzel. Ziel ist es, eine Materialdatenbank aufzubauen und der Öffentlichkeit zugänglich zu machen. Der Holzbau hat sich über die Jahre in Europa etabliert und völlig neue Dimensionen erreicht. Damit das auch für andere regenerative Materialien gelingt, müssen verschiedene in den Bau involvierte Akteur*innen zusammenspielen. Daher ist es essenziell, diese Materialien bereits in die Lehre zu integrieren. Auch für Fachschüler*innen von HTLs und HLBLAs bieten wir Materialworkshops an.
In den letzten Jahren hat das Thema der Wiederverwendung von Bauteilen zunehmend Bedeutung erlangt. Es ist eine große Herausforderung für die Zukunft der Baubranche. Während viele Ressourcen knapp werden, ist Abfall eine wachsende Ressource.

–

LenA Re-Use
In dem Kooperationsprojekt mit materialnomaden haben wir Fassadenelemente aus Lochblechpaneelen von ÖBB-Wagons entwickelt, die nun neben anderen wiederverwendeten Bauteilen bei der Erweiterung eines Einfamilienhauses in Oberösterreich eingesetzt werden.

Mehr Kollaboration für mehr Nachhaltigkeit

Eine Transformation des Bausektors gelingt nur durch das kollaborative Zusammenspiel von vielen Beteiligten. Das Rollenbild von Architekt*innen hat sich gewandelt. Sie werden zu Vermittelnden zwischen verschiedenen Disziplinen und Gewerken, Fachplaner*innen, Ausführenden, Investor*innen und Nutzer*innen. Viele unserer Projekte sind aus Kooperationen entstanden, in denen wir fachübergreifend gemeinsam Neues denken und umsetzten.

–

Hägi Wendls Kulturzentrum
Bei dem Umbau- und Sanierungsprojekt in Vorarlberg wurde zwischen 2020 und 2023 aus einem historischen Bauernhaus ein Wohnhaus mit Kulturraum für die Nachbarschaft. BASEhabitat-Studierende waren insgesamt zwei Semester auf der Baustelle und haben gemeinsam mit den Bauleuten, Architekt Martin Mackowitz und Handwerksbetrieben aus der Region dieses Pilotprojekt umgesetzt. Das historische Gebäude wurde gänzlich mit regenerativen Baustoffen erneuert. Die Außenhülle blieb praktisch unverändert; im Innern wurde das Haus neu geplant und aus Bestandsmaterial wieder aufgebaut, sorgfältig ergänzt durch Holz, Fasern und Lehm. Im Wandaufbau wurde eine Mischung aus Hackschnitzeln und Lehmschlemme als Isoliermaterial getestet, verputzt mit Lehm. Die Böden im Erdgeschoß sind aus Stampflehm und Trasskalk, im Obergeschoß aus Lehm und Holz, die Bar besteht aus ausrangierten Dachziegeln. Besonders spannend an dem Projekt war die Zusammenarbeit dieser vielen experimentierfreudigen Akteur*innen, die ein Pilotprojekt für den Umgang mit Bestand und für Planungs- und Bauprozesse der Zukunft geschaffen haben. Das Energieinstitut Vorarlberg hat Hägi Wendls als Vorzeigeprojekt nachhaltiger Althaussanierung ausgewählt und 2023 mit dem Holzbaupreis Vorarlberg in der Sonderkategorie gesellschaftliche Relevanz ausgezeichnet. (-> S.143, Abb. 258, 259)

Ausbildungsangebote bei BASEhabitat

Wir sehen es als unsere Verantwortung, Fragestellungen kritischer und sozial verantwortlicher Architektur sowie nachhaltiger Bauweisen zum integralen Bestandteil der Lehre zu machen.

–

Internationale Summer School zu Lehm- und Bambusbau
Seit 2010 veranstalten wir jedes zweite Jahr eine Summer School, bei der international anerkannte Expert*innen in praktischen Workshops vermitteln, wie man mit Lehm und Bambus bauen kann und wie diese Techniken in der zeitgenössischen Architektur Anwendung finden. Mehr als 100 höchst motivierte Teilnehmer*innen aus der ganzen Welt lernen gemeinsam, knüpfen Netzwerke und werden zu wichtigen Multiplikator*innen für das Bauen mit regenerativen Materialien. Es ist faszinierend zu verfolgen, welche Projekte aus diesem Netzwerk heraus entstehen. Der Veranstaltungsort, das Agrar-BildungsZentrum Salzkammergut in Altmünster, ist ein prämierter Holzbau, der die internationalen Gäste nicht nur durch seine Lage am Traunsee, sondern auch durch seine innovative Architektur beeindruckt. Die Summer School erreicht neben Architekt*innen auch Handwerker*innen und interessierte Fachleute anderer Disziplinen.

Zukunftsweisende Studiengänge nachhaltiger Architektur

Mit dem Master Architektur und dem internationalen postgradualen Lehrgang konnten zwei zukunftsweisende Studiengänge in nachhaltiger Architektur auf den Weg gebracht werden, ausgezeichnet mit dem österreichischen Sustainability Award 2021 in der Kategorie Lehre und Curriculum.
In beiden Programmen verbringen Studierende ein Semester auf einer Baustelle und lernen so, den Architekturprozess in seiner Gesamtheit zu erfassen. Im Entwerfen spielen regenerative Baustoffe eine zentrale Rolle, die in Theorie und praktischen Workshops vermittelt werden. Die Module beschäftigen sich kritisch mit sozialen und nachhaltigen Fragestellungen. Dabei geht es um Themen wie partizipative Planung, inklusives Design und kontroverse globalen Perspektiven.

Bei BASEhabitat bringen wir Menschen aus unterschiedlichen Disziplinen, sozialen Kontexten und Ländern zusammen, um gemeinsam neue Visionen und Strategien einer zukunftsfähigen Architektur umzusetzen.

Anmerkungen

1 Gegründet 1998 von CRATerre an der School of Architecture der Université Grenoble

Lehrende von BASEhabitat im Gespräch mit Mitgliedern des Netzwerks ifa_diaspora

An Embrace of Imperfection – Bauprojekte im Globalen Süden and Beyond

Das Netzwerk ifa_diaspora, das sich am Institut für Architektur (IfA) der TU Berlin gruppiert hat, verfolgt das Ziel, strukturellen und institutionellen Rassismus in der Architektur und im weiteren Sinne der gebauten Umwelt aufzudecken. Es geht ihnen vor allem darum, die rassistischen Hegemonien in Architekturlehren aufzuzeigen, zu hinterfragen und aktiv abzubauen. Dabei setzen sie sich für ein kritisches Planungsfeld durch nachhaltige und multiperspektivische Wissensproduktion innerhalb des Fachgebiets ein. Ein Großteil der Initiative besteht aus postmigrantischen Studierenden und People of Color. In ihren Auseinandersetzungen beschäftigen sich ifa_diaspora außerdem kritisch mit Design-Build-Projekten im Globalen Süden im Rahmen der Architekturlehre, die auch zum Profil von BASEhabitat gehören. Samuel Hilari und Abhinav Thakar von ifa_diaspora haben sich im November 2023 unter anderem dazu mit Elisa Engel und Ulrike Schwantner von BASEhabitat ausgetauscht.

Abhinav Thakar (AT): Es gibt da diese Kartierung, die Projektanfragen, realisierte Projekte, Forschungs- und Entwurfsprojekte, aber auch die Herkunftsstaaten der Studierenden von BASEhabitat weltweit abbildet. Wir fanden diese Karte wunderbar, um ins Gespräch einzusteigen und darüber zu reden, wie BASEhabitat zustande kam, was die Intentionen waren und heute sind. (-> S. 118, Abb. 222)

Ulrike Schwantner (US): Die „BASEhabitat Network Map", die wir leider seit 2018 nicht fortgeführt haben, soll ebene jene unsere Vernetzungen in die Welt symbolisieren. Was wir tun, in Lehre, Forschung und Bauen, ist nur möglich, weil es diese Netzwerke gibt. BASEhabitat ist dabei eigentlich eher zufällig entstanden. Zunächst gab es eine Projektanfrage aus Südafrika, die wir angenommen haben, und das positive Feedback zum Projekt hat uns zu mehr motiviert. Es entwickelte sich eine Vision, im Rahmen der Architekturausbildung Projekte mit nachhaltigen Materialien umzusetzen, mit qualitätvollen Entwürfen für gutes Raumklima zu sorgen und dabei an lokale Bautraditionen anzuknüpfen. Die Studierenden sollten von der Recherche über den Entwurf bis zur Realisierung dabei sein. Sehr große Ambitionen, an denen wir über die Jahre gewachsen sind. Es gab nicht nur Erfolgsgeschichten, sondern auch Fehler und Fehleinschätzungen. Wir versuchen nach wie vor, uns weiterzuentwickeln. Was diese Karte aber auch zeigt, ist das globale Interesse an den Themen, die BASEhabitat beschäftigen. Wir waren selbst überrascht von der Dynamik. Auf das erste Projekt folgten weitere Anfragen für Bauten, kontaktierten uns Menschen, die nach Ausbildungsmöglichkeiten im Lehmbau suchten. Nicht alle Projekte wurden umgesetzt. Manche waren nur als Entwurf oder Forschungsarbeit gedacht, für andere haben die Rahmenbedingungen nicht gepasst oder die Partner*innen haben sich dagegen entschieden. Es ist enorm wichtig, die Bauten nicht projektverliebt auf Biegen und Brechen umzusetzen, sondern auch zu akzeptieren, wenn es mal nicht zur Umsetzung kommt. Nichtsdestotrotz wird dabei Wissen erarbeitet und Kooperationen werden intensiviert.

Samuel Hilari (SH): Wenn man sich die Chronologie der Projekte von BASEhabitat anschaut, waren diese bis 2016 immer im Globalen Süden angesiedelt. Viele europäische Hochschulen haben die Design-Build-Lehrmethode für sich entdeckt und sind dann dort hingefahren, um etwas zu bauen. Wie steht ihr heute zum Bauen im Globalen Süden und wie hat sich insgesamt das Konzept des Design-Build als Lehrmethode verändert?

US: Prof. Roland Gnaiger, der die Abteilung Architektur und das Studio BASEhabitat damals verantwortete, war der Bezug der Architekturlehre zum Handwerk enorm wichtig. Das war die Voraussetzung dafür, dass die erste Projektanfrage aus Südafrika angenommen wurde. Neben praktischen Erfahrungen am Bau war eine weitere Motivation, zu zeigen, dass mit Lehm Gebäude errichtet werden können, die selbst in extremen klimatischen Verhältnissen für ein angenehmes Raumklima sorgen. Natürliche Baumaterialien haben global gesehen großes Potenzial. Dass wir und viele andere Hochschulen zum Bauen in den Globalen Süden gegangen sind und immer noch gehen, ist aus verschiedenen Gründen kritisch zu sehen. Mit welcher Berechtigung und Erwartung kommt eine Universität aus Europa in den Globalen Süden? Warum baut man nicht am eigenen Hochschulstandort? Unter welchen Voraussetzungen kann man in einem sehr fremden Kontext überhaupt sinnvoll planen und bauen? Wie geht man mit dem Machtgefälle um, das sich auch in diesen Projekten widerspiegelt? Alles Dinge, über die man nicht einfach hinwegsehen darf. BASEhabitat bemüht sich, mit einem sehr selbstkritischen Blick an die Projekte heranzugehen. Wir haben unsere Arbeit über die Jahre immer weiterentwickelt und unser Lehrangebot um die International Summer School, einen Masterstudiengang und einen Postgraduate-Lehrgang für internationale Studierende erweitert. Darüber hinaus haben wir unser Interesse an natürlichen Baumaterialien und den dazugehörigen Handwerksfertigkeiten unter dem Begriff „Material Science" zugespitzt. Während wir mittlerweile einen professionellen Bauleiter im Team haben, versuchen wir seit ein paar Jahren, überwiegend in Europa zu planen und zu bauen.

Elisa Engel (EE): Unsere Gegenwart ist von postkolonialen Strukturen geprägt. Natürlich auch in der Architektur. Exklusion und Ungleichheit spiegeln sich auch in den Städten der westlichen Industrienationen wider. Für diese Zusammenhänge sollte an den Universitäten Verständnis geschaffen werden. Architekt*innen müssen lernen, vielschichtig zu denken, in verschiedene Lebensrealitäten einzutauchen. Solche Erfahrungen finde ich extrem wichtig.

US: Während wir auf einige unserer ersten Projekte heute kritisch zurückblicken, sehen wir uns gleichzeitig in unserer Vision zukunftsfähiger Architekturen und kooperativer Strategien bestärkt. Zu Beginn hatten wir zu wenig Erfahrung in der Projektabwicklung und der Umsetzung. Manches, was gebaut wurde, war nicht das Richtige für den jeweiligen Kontext. Es gab keine Zeit, die Bauten kritisch zu evaluieren. Mittlerweile sind wir länger am selben Ort und setzen auf langfristige Partnerschaften. In Thailand beispielsweise ist es uns gelungen, eine Kooperation mit einer Partnerin zu starten, die unsere Vorstellungen vollkommen teilt. Hier ist es möglich, die bereits realisierten Gebäude gemeinsam kritisch zu evaluieren und zu verbessern. Es geht uns nicht um das Umsetzen einer eigenen fixen Projektidee, sondern darum, gemeinsam ein gutes Gebäude zu entwickeln und zu bauen. Dazu braucht es viel Know-how der Leute vor Ort, das wesentlich in das Entwurfsprojekt einfließt. Auch beim Bauen ist klar: Das geht nur gemeinsam. Studierende sind keine ausgebildeten Handwerker*innen. Sie lernen von allen am Projekt Beteiligten und umgekehrt. Es gibt auf der ganzen Welt Pionier*innen, die ähnliche Interessen haben wie wir, die sich beispielsweise dem Lehmbau widmen – Universitäten, Forschungseinrichtungen, Architekt*innen. Mit ihnen versuchen wir zusammenzuarbeiten. Um der Nachfrage nach Know-how zu alternativen Bauweisen gerecht zu werden, haben wir die International Summer School zum Lehm- und Bambusbau ins Leben gerufen. Dort lernen Teilnehmende verschiedene Bauweisen und Techniken kennen. Daraus sind aktive Netzwerke entstanden – und weit mehr Bauprojekte und lokale Initiativen, als wir selbst je hätten starten können. Mehr als 400 Personen aus der ganzen Welt waren bisher mit dabei. Parallel dazu versuchen wir, wie schon gesagt, mehr Projekte in Österreich und im europäischen Kontext umzusetzen und dort unsere Expertise im Lehmbau und darüber hinaus anzuwenden. Auch da sind Partnerschaften mit Handwerker*innen, Auftraggeberschaft und anderen Disziplinen nötig. Ein sehr schönes Projekt war „Hägi Wendls" in Vorarlberg, bei dem wir über zwei Jahre beim Umbau eines alten Gebäudes mit natürlichen Baumaterialien mit dabei waren. Die Zusammenarbeit von Studierenden mit Handwerker*innen war für alle sehr lehrreich.

EE: Bei BASEhabitat gibt es drei große Themen. Das eine ist die Arbeit mit natürlichen Materialien, und dazu gehört es, direkt am Bau zu arbeiten und selbst ein Gebäude zu bauen. Das ist eine unheimlich positive Lernerfahrung für die Studierenden und wie ich glaube sehr wichtig. Das andere ist der soziale Aspekt, den wir auf ganz verschiedene Art und Weise bearbeiten. Und das dritte ist die internationale Zusammenarbeit.

AT: Ich finde, dass diese Komplexität der Gegenbeziehungen, über die ihr sprecht, noch nicht so sichtbar ist. Auf der Karte ist, meiner Lesart nach, recht einfach zu erkennen, dass viele Studierende aus Europa kommen und die Objekte, die es zu untersuchen gilt, oder die Orte, an denen agiert wird, außerhalb Europas liegen. Dabei stellt sich rasch die Frage nach Machtdynamiken: Wer hat Wissen und wo wird Wissen hergeholt? Für uns ist das einer der größten Kritikpunkte an Design-Build-Projekten. Denn wenn wir über Repräsentation sprechen und uns Projektdokumentationen anschauen, werden diese ungleichen Machtverhältnisse sichtbar.

EE: BASEhabitat ist an einer österreichischen Universität angesiedelt, der Architektur-Master ist ein deutschsprachiges Studium. Am internationalen Postgraduate-Lehrgang, wo ich unterrichte, nehmen wiederum Studierende aus der ganzen Welt teil. Spannend wird es, wenn sich diese Gruppen durchmischen. Studierende sollten ihren eigenen Kontext verstehen, aber sie sollten auch die Welt und globale Zusammenhänge begreifen lernen und hinterfragen. Eine Bauwende, wie wir sie dringend benötigen, braucht radikales Umdenken und globale Perspektiven. In Botswana gibt es eine Forschungseinrichtung, die unter anderem zu Compressed Sand Blocks, also komprimierten Sandblocken, forscht. Deren Produkte haben wir in unsere Projekte integriert. Bezüglich der Frage, woher das Wissen kommt, möchte ich sagen, dass es vor allem auf die Art und Weise ankommt, wie Wissen weitergegeben wird. Internationale Projekte sind herausfordernd, weil viel Wissen erst im Laufe des Projekts zusammengefügt wird. Beim letzten Projekt in Botswana war uns die enge Zusammenarbeit mit der University of Botswana besonders wichtig. Das war eine Herausforderung, vor allem auf bürokratischer Ebene, und es ist uns nur zum Teil gelungen. Aber wir bleiben dran. Derartige Kooperationen brauchen Zeit. Mir persönlich war es wichtig, dass wir einige Lehrende dabei hatten, die in ihrem Alltag gar keine Lehrenden sind. So hat zum Beispiel Mosadi Letlole Lehmbau unterrichtet, zusammen mit einem Bekannten, der Reetdächer macht. Das sind Personen, die ihre Fertigkeiten in der Familie gelernt haben und diese Techniken alltäglich anwenden. Diese Personen und ihr Wissen werden im Projekt genauso wertgeschätzt wie Professor*innen – und auch genauso bezahlt. Gleichzeitig hat unsere Kollegin von BASEhabitat einen Kurs gegeben zum Lehmbau, wie sie ihn in Österreich unterrichten würde, um eben den Studierenden klarzumachen, dass die Techniken sich unheimlich ähnlich sind. Es gibt verschiedene Möglichkeiten, dieses Wissen zu dokumentieren und weiterzureichen. Vieles davon ist nicht in Büchern zu finden. In Botswana wurde Architektur erst 1975 von einer schwedischen Architektin dokumentiert, aber gebaut wurde natürlich Jahrtausende davor. Da wird es besonders offensichtlich, dass Unmengen von Wissen zwar vorhanden ist, aber nicht in Büchern festgehalten wurde. Dieses Wissen muss wieder Wert bekommen, auch im universitären Kontext.

US: Ich möchte noch etwas ergänzen zur Art und Weise, wie wir unterrichten und wie wir an Projekte herangehen. Wir versuchen den Studierenden zu vermitteln, dass wir gemeinsam lernen, dass wir Lösungen entwickeln und Projekte kooperativ angehen müssen, um Qualität zu schaffen. Egal ob in Österreich oder international, es braucht, wie Elisa sagt, verschiedenes Wissen, und es braucht verschiedene Disziplinen, die zusammenarbeiten. Gleich ob ich in Österreich oder in Indien Grauwasser wiederverwenden will, brauche ich Expert*innen, die mich dabei beraten, und Menschen, die das Ganze auch umsetzen können und nutzen wollen. Jeder Mensch braucht ein Dach über dem Kopf. Aber tatsächlich sind die Rahmenbedingungen global sehr verschieden, nicht nur klimatisch. Wenn ich Veränderung will in Richtung nachhaltiger Architektur, muss ich unbedingt die eigenen Ansprüche überdenken: Wie viele Quadratmeter pro Person und wie viele Ressourcen beanspruche ich völlig unhinterfragt für mich? Genau das wollen wir auch herausholen aus diesen internationalen Begegnungen.

AT: Ich finde auch, dass der Mehrwert von Design-Build-Projekten darin besteht, dass jeder von jedem lernt, und klar entstehen dabei Komplexitäten. Was uns aber vor allem interessiert, ist die Frage der Repräsentation.

Wie werden Projekte dargestellt und was bleibt von ihnen übrig, wenn wir uns die Dokumentationen anschauen? Da ist zum einen die BASEhabitat-Webseite, zum anderen sind da die Publikationen wie beispielsweise das Heft über das Botswana-Projekt sowie Blogs und Filme von Studierenden. Oft wird dabei eben nicht das Wissen der lokalen Partner*innen dargestellt. Diese Perspektiven fehlen oft in den Publikationen. Ich fand es interessant, diese Arbeiten zu lesen. Beispielsweise über das Projekt in Botswana. Aber ich habe eben auch festgestellt, dass die dort gezeigten Sichtweisen zum großen Teil westeuropäische oder deutschsprachige Personen repräsentieren.

SH: Wir interessieren uns für die Darstellung von Projekten, weil die Repräsentation oder die Erzählung, die hinter einem Projekt steht, sehr wichtig ist. Das ist es, was bleibt. Diese Geschichten sollten im Vordergrund stehen statt schönen Bildern von fertigen Gebäuden. Wir haben die Erfahrung gemacht, dass oft ökonomische Abhängigkeiten die Art der Darstellung von Projekten beeinflussen. Mit Hochglanz-Projektfotos bekommt man weitere Finanzierungen – mit kritischer Reflexion und dem Eingestehen von Fehlern nicht. Wie sind da eure Erfahrungen?

US: In der Architektur haben tatsächlich schöne Bilder fertiger Gebäude großen Wert. Prozesse zeigt man wenig. Und grundsätzlich werden eher die Erfolge präsentiert, weniger die Fehler und der Weg dahin. Diese Reflexion passiert auch bei uns eher intern, wenngleich wir das durchaus in der Lehre thematisieren. Diese Auseinandersetzungen finden aber nicht immer den Weg in eine Publikation. Ein Projekt zu dokumentieren ist ein großer Aufwand, für den wir immer wieder zu wenig Ressourcen haben. Seit 2014 erstellen wir Booklets zur Dokumentation der Projekte, und dabei gibt es auch Platz für Kritik. Wir haben beispielsweise ein ganzes Booklet über gescheiterte Projekte gedruckt.

EE: Ich finde es gut, dass wir darüber reden. Die Publikation zum Projekt in Botswana, die ihr ansprecht, ist eine Arbeit der Studierenden, die ihre Projekte noch einmal reflektiert und ihre Ideen für Botswana zusammengefasst haben, als Basis für eine weitere, engere Zusammenarbeit. Dieses Booklet war für die Fortsetzung des Projekts in Botswana sehr hilfreich. Ich habe es an der Universität in Botswana und bei verschiedenen Architekt*innen vorgestellt. Ich konnte sagen: „Wir waren schon mal hier, das und das haben wir uns überlegt. Was haltet ihr von diesen Ansätzen? Seid ihr an einer gemeinsamen Arbeit interessiert?" Dadurch konnten wir die Fortsetzung des Botswana-Projekts in einer engeren Kollaboration mit der Universität erreichen und die Botswana Housing Corporation als Partnerin gewinnen.

SH: Nehmen wir das BASEhabitat-Projekt „Housing for a changing planet" in Botswana als Beispiel für die Kooperation mit lokalen Universitäten. Was uns auffällt ist, dass der Entwurfsanteil der Aufgabe überwiegend in Linz abgearbeitet wurde. Der Entwurf ist jedoch machtpolitisch betrachtet der Schritt, in dem bereits die meisten Entscheidungen getroffen oder zumindest prädeterminiert werden. Für ein Projekt, das Kommunikation auf Augenhöhe mit den lokalen Partner*innen zur Prämisse hat, scheint das eher kontraproduktiv zu sein. Wie organisiert ihr die Verteilung der unterschiedlichen Aufgaben und wie stellt ihr euch den Entwurfsprozess in zukünftigen Projekten vor? (-> S. 126–127, Abb. 233)

US: Das Botswana-Projekt ist der Versuch, eine langfristige und intensive Kollaboration mit einer Universität aufzubauen. Wie das gut gelingen kann, daran arbeiten wir alle gemeinsam noch. Das braucht Zeit. Aber gerade angesichts postkolonialer Perspektiven finden wir den Ansatz lohnend, Architekturfakultäten und -studierende global zusammenzubringen. Es gibt viel Gemeinsames.

EE: Bei „Housing for a changing planet" hätten wir es am liebsten gehabt, dass die Studierenden alle zusammen entwerfen. Das war der Plan mit der Universität. Es sollte gemischte Gruppen geben, die gemeinsam an verschiedenen Bauplätzen entwerfen. Das wäre enorm spannend gewesen. Letztlich war es aber ein Problem, die Studienpläne und Semesterabläufe von zwei verschiedenen Universitäten in zwei verschiedenen Hemisphären aufeinander abzustimmen. Somit gab es eine gemeinsame Recherche, Lehm- und Reet-Workshops und Vorträge von Architekt*innen aus Botswana und aus Österreich für alle Beteiligten. Die Arbeit mit den Studierenden aus Botswana während des Entwurfsprozesses war sehr wertvoll, durch sie fand eine Art Design-Review statt. Zum Abschluss gab es sehr konstruktive Entwurfskritik aus Botswana, von einer Jury, besetzt aus Auftraggeberin (Botswana Housing Corporation) und Universität. Partner*innen aus Botswana waren später bei der BASEhabitat Summer School in Österreich.

US: Ich erinnere mich: Als wir vor Jahren zum ersten Mal konkret darüber gesprochen haben, mit einer anderen Universität zusammenzuarbeiten, gab es schon einiges an Diskussion. Den Entwurf aus der Hand zu geben war nicht vorstellbar, und auch eine gemeinsame Entwurfskritik in einem Team aus zwei verschiedenen Unis schien eine enorme Herausforderung. Damit so etwas Sinn ergibt, braucht es eine klare, gemeinsame Vision. Alle müssen den Mehrwert sehen, müssen Zeit und Interesse haben. Kooperation, selbst im eigenen Land, ist zuerst einmal ein extra Aufwand, weil die Beteiligten Routinen verlassen müssen. Wenn wir eine Kooperation mit einer Universität angehen, dann muss diese breiter sein als: Wir recherchieren gemeinsam, dann entwerfen wir und ihr dürft beim Bauen mithelfen. Das ist nicht unser Ziel. Es ist leider komplizierter, als man sich das wünscht, so wie Elisa es auch erzählt hat. Es gibt in Thailand derzeit ein gemeinsames Projekt, im Rahmen dessen an der Suranaree University of Technology die von uns im „BAAN DOI"-Projekt verwendeten Baumaterialien (Adobe und Bambus) untersucht werden. Am Institute of Environmental Engineering werden Materialtests durchgeführt und der ökologische Fußabdruck der Gebäude bestimmt. Ein sehr wichtiges Feedback.

AT: Dennoch würde ich sagen, dass die Dokumentation am Ende immer noch auf das Endprodukt ausgerichtet ist, statt Prozesse darzustellen, die genau diese Komplexitäten sichtbar und verarbeitbar machen. Darin liegt wahrscheinlich die Kunst – in Zukunft zu sagen: „Diese Prozesse sind messy und überkomplex und vieles von dem, was geplant war, funktioniert so nicht. Aber dann müssen wir es auch nicht so darstellen, als ob alles glattging." Dann liest es sich auch nicht mehr so, als ob irgendwer im Globalen Norden einfach was im Globalen Süden ausprobieren wollte, sondern dieser „Embrace of Imperfection" des Prozesses und die Komplexitäten werden sichtbar. Damit will ich nicht darauf hinaus, dass damit aufgehört werden sollte, Design-Build-Projekte überhaupt anzugehen. Denn genau wie ihr es am Anfang gesagt habt, es profitieren alle Beteiligten davon, bei so einem Projekt dabei zu sein, zu sehen wie gebaut wird, wie die Prozesse laufen und welche Einflüsse darauf einwirken. Das hat schon einen unheimlichen Wert. Die Frage ist aber: Müssen Studierende dafür in einen anderen Kontext gehen? Oder können sie das nicht auch bei Projekten wie dem im Vorarlberg oder der Schweiz, also im europäischen Kontext, erfahren?

EE: Absolut. Natürlich muss man das hinterfragen.

US: Architektur ist mehr als die Planung von Gebäuden. Architekt*innen müssen über den Tellerrand hinaussehen und auch ihre Grenzen erkennen. Sie müssen interdisziplinär arbeiten und selbstreflektiert sein. Die Kompetenzen, die wir vermitteln, sind essenziell für eine zukunftsfähige Architektur, egal wo auf dem Planeten. Und um die zu entwickeln, braucht es auch die Vielfalt der Akteur*innen. Ich glaube schon, dass Studierende erleben sollten, dass man nicht alles linear planen kann und dass diese europäische, stringente Vorstellung eines Prozesses international nicht unbedingt zielführend ist. Vor allem dann nicht, wenn man partizipativ arbeiten und offen für Feedback sein will.

Der Pavillon in der Schweiz wurde von internationalen Studierenden entworfen und gebaut. Es waren Inder*innen, Peruaner, eine Portugiesin – insgesamt Menschen aus sechs Nationen – beteiligt. Sie haben zuerst gemeinsam in Linz Theoriekurse besucht und praktische Übungen im Lehmbau gemacht, dann entworfen und das Projekt schließlich mit einem Bauleiter zusammen realisiert.

Wichtig, glaube ich, ist es, dass man sich die Zeit nimmt, die vielen Fragestellungen, die rund um die Projekte auftauchen, auch in der Lehre aufzugreifen und, wie Abhinav gesagt hat, nicht so zu tun, als ob alles immer perfekt läuft. Ich glaube, da muss es auch eine reflektierende Ebene geben, die fragt, wie es den Studierenden und den Partner*innen während des Projekts ergangen ist. Was war gut, was müssen wir beim nächsten Mal anders angehen? Die Projekte sind letztlich aber sehr verschieden und sie anzugehen ist jedes Mal aufs Neue eine Herausforderung. Mir gefällt der Ausdruck „Embrace of Imperfection" sehr gut. Was wir tun, tun wir aus Überzeugung. Weil wir es für wichtig halten – im Bewusstsein, dass es nicht perfekt ist. Aber wir bleiben dran.

SH: Elisa, Ulrike ...

AT: Vielen Dank für dieses Gespräch!

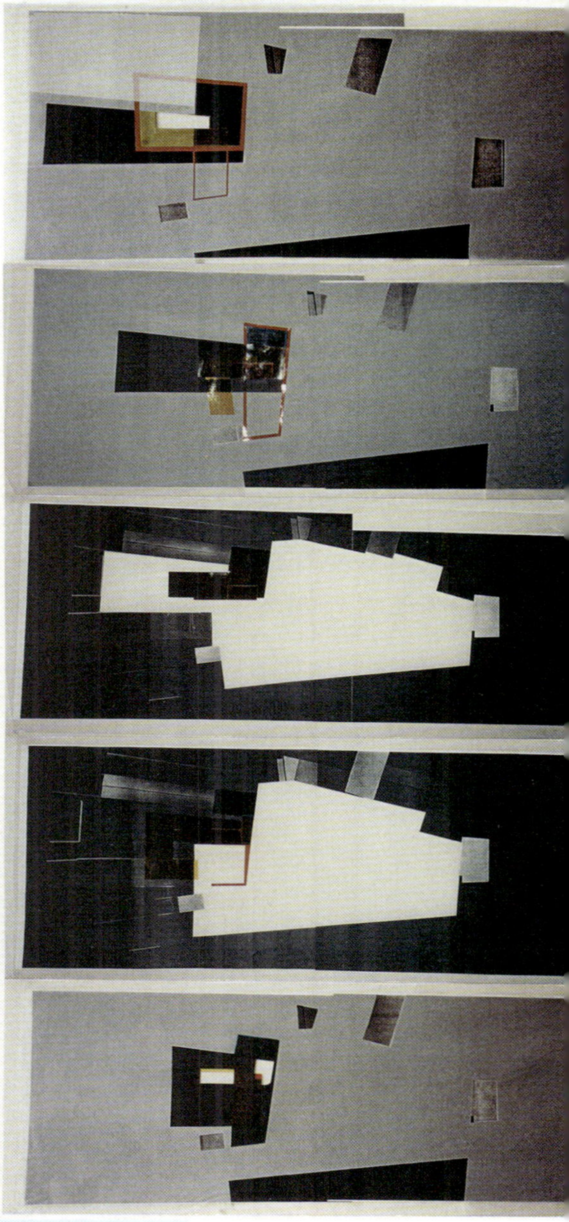

139

Abschlussarbeit: *Studienbibliothek am Schillerplatz – Zubau, Umbau der ehemaligen Studienbibliothek zu einer Landesbibliothek Oberösterreich*, Almut Schindler, 1999, Btr.: Roland Gnaiger

1999

140

Wohnanlage Guglmugl, Architekturbüro Matzinger, 1999–2000

Als Weiterentwicklung seines Les-Palétuviers-Konzepts und der Idee einer anderen Form des gemeinschaftlichen Wohnens errichtete der Architekt zwei 80 Meter lange Baukörper. Diese zwei Zeilen, in denen sich die Wohnungen befinden, sind abgetreppt in einen steilen Nordhang gesetzt und werden durch ein großzügiges, verglastes und gemeinschaftlich genutztes Atrium verbunden und erschlossen. Zusätzliche Gemeinschaftsbereiche bilden der Indoor-Pool, die Sauna, ein Weinkeller und ein Partyraum. Die individuell geplanten Wohnungen haben zusätzlich noch private Freiräume.

2000

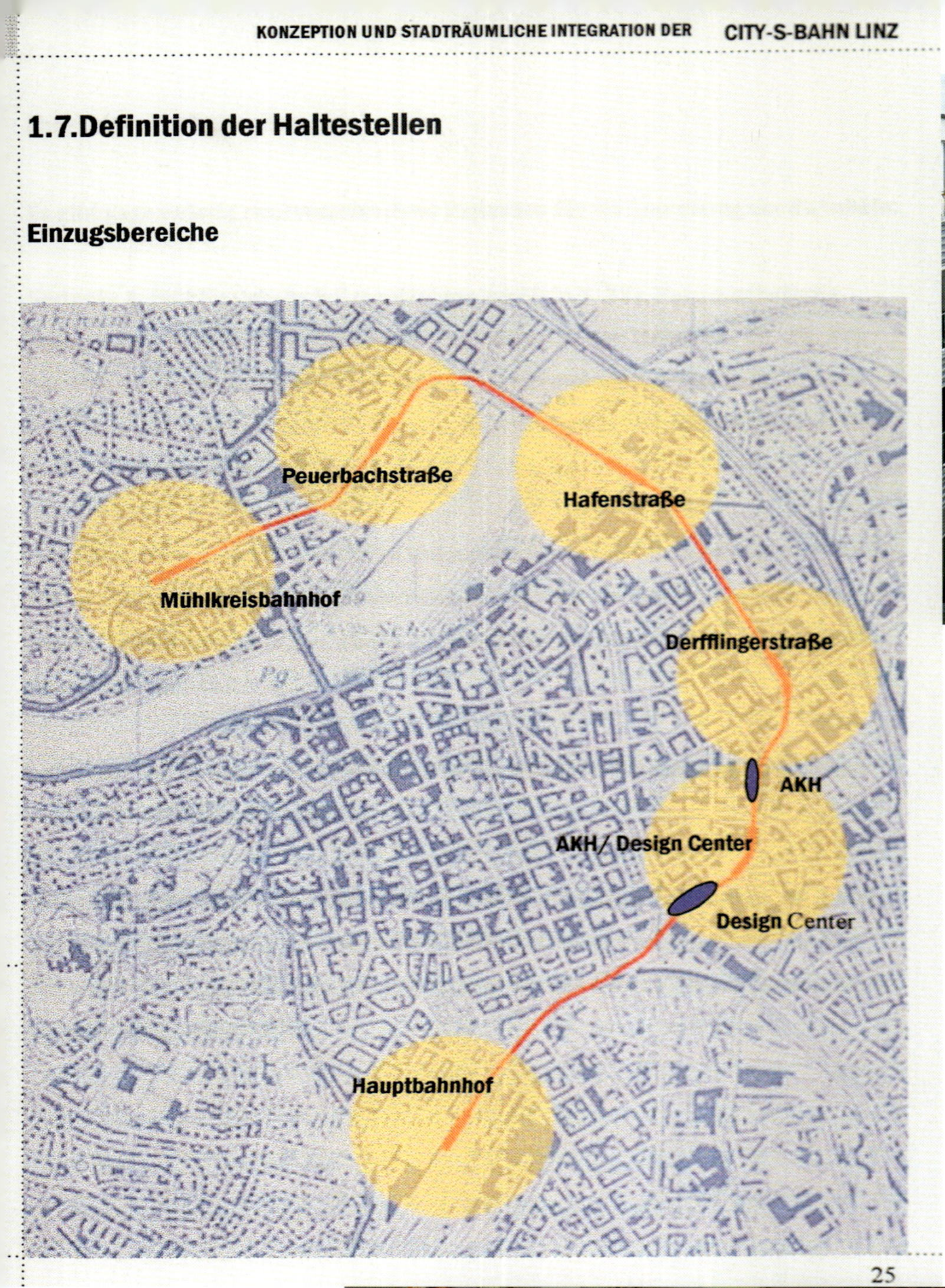
KONZEPTION UND STADTRÄUMLICHE INTEGRATION DER CITY-S-BAHN LINZ

1.7. Definition der Haltestellen

Einzugsbereiche

25

141

Abschlussarbeit: *Konzeption und stadträumliche Integration der City-S-Bahn Linz*, Markus Rabengruber, 2000, Btr.: Roland Gnaiger

142

Wohnanlage Remisenhof, Marlies Binder mit Irmgard Lusser und Heide Mühlfellner, 2001

Auf dem Gelände der ehemaligen ESG-Remise entstand Anfang der 2000er Jahre ein besonderes Projekt, bei dem Frauen sowohl während der Planung – nur sie waren zum Wettbewerb zugelassen – als auch in der Folge als alleinige Nutzerinnen klar im Fokus standen und stehen. „Alltag und frauengerechtes Wohnen" waren die Entwurfsparameter, nach denen die Wohnanlage mit 114 Einheiten geplant wurde. Unbestritten besticht sie durch eine besonders hohe räumliche Qualität und ist bei den Nutzerinnen nach wie vor beliebt.

2001

143

Beleuchtete Arkaden der Kunstuniversität Linz im Rahmen des Wärmepols, 2002

Der Wärmepol, gleichzeitig Kunst- und Kulturplattform und Punschverkauf, durch den die Studierenden der Architekturabteilung sich ihre Exkursionen finanzieren, wurde 2002 von Architekturstudierenden ins Leben gerufen.

2002

144

Titelblatt *Versorgerin*, 2011

Unter dem Motto „Kultur als Motor der Stadtentwicklung" erstellte die Stadt Linz im Jahr 2002 erstmals einen Kulturentwicklungsplan, der Leitlinien, Prioritäten und Rahmenbedingungen für die kulturpolitische Entwicklung der Stadt festlegte. Dieser wurde bereits 2013 überarbeitet und soll 2024 seine dritte Auflage erhalten.

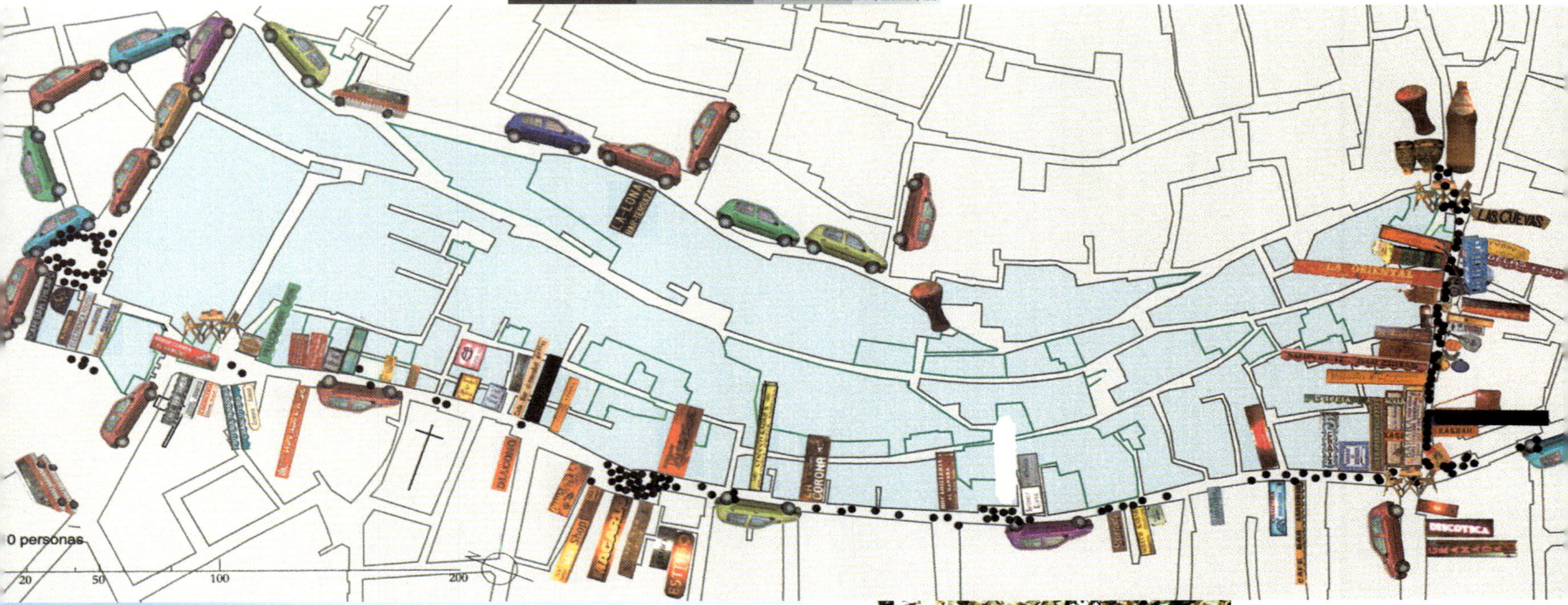

145

Abschlussarbeit: *Wege aus dem Abseits – Strategien und Vorschläge zur Belebung des Zenete, eines Steilhangs im historischen Albayzín von Granada*, Mechthild Schindler-Hofer, 2002, Btr.: Stefano De Martino

146

Jahrhunderthochwasser im Zentrum von Linz, 2002

Im August 2002 erlebte Linz nach anhaltendem Dauerregen ein Jahrhunderthochwasser, was in den Folgejahren unter anderem zu hohen Investitionen in den Hochwasserschutz führte.

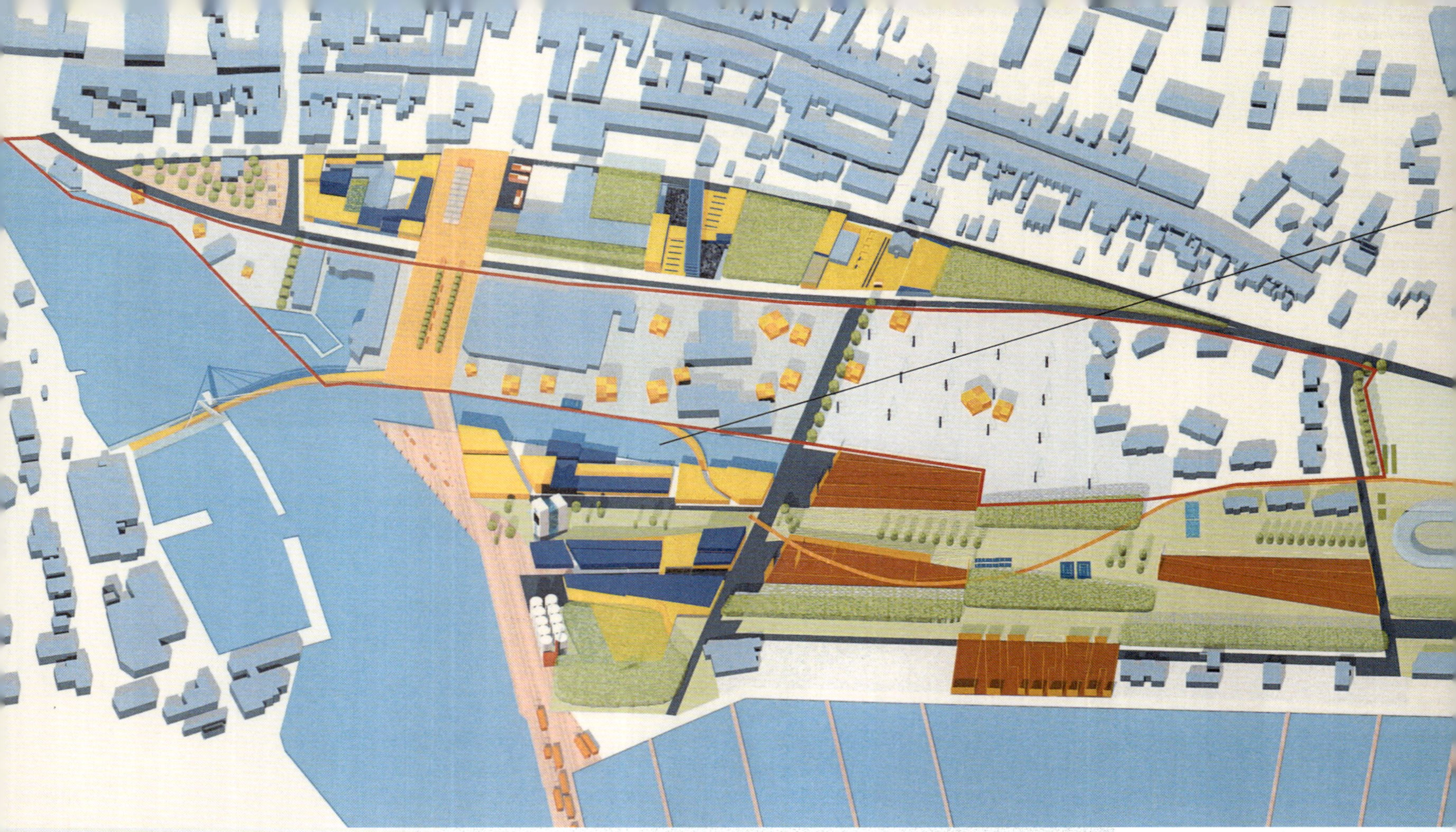

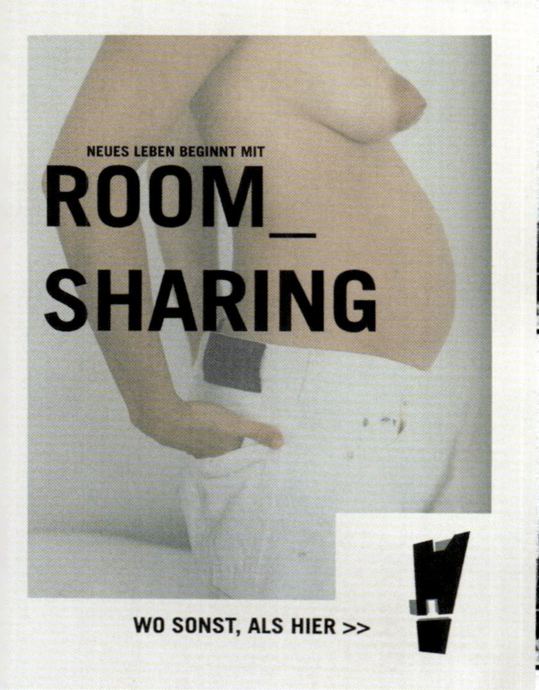

147

Abschlussarbeit: *Revitalisierung und Neunutzung des Hafenareals in Kerteminde in Dänemark*, Anton Martin Lins, 2002, Btr.: Roland Gnaiger

148

Abschlussarbeit: *Wohnarena_Platz*, Siegfried Miedl, 2003, Btr.: Roland Gnaiger

149

Harter Plateau, Abriss der beiden Wohntürme in Leonding, 2003

2003

12.000 gegen Totalverkauf auf der Straße

tag, 5. September 2003 / Nr. 15.563, € 0,80

berösterreich

ronen
eitung
UNABHÄNGIG

www.krone.at
nz, Industriezeile 56b
SERVICE: ☎ 0732/7808-300 REDAKTION: ☎ 0732/7808-0

Voest-Protest: Menschenkette quer durch Linz

BERICHT SEITEN 12/13

Foto: Chris Koller

Heute mit TV WOCHE Österreichs beste TV-Beilage

Gemeinsam gegen den Voest-Totalverkauf – 12.000 Menschen wollten am Donnerstag mit der Menschenkette vom Hochofen zum Linzer Landhaus ein starkes Signal setzen. Doch ihre Chancen, sich durchzusetzen, stehen schlecht: Kanzler Schüssel ließ Vize Haupt abblitzen, den von der FP geforderten Sonder-Ministerrat wird es nicht geben. Und ÖIAG-Aufsichtsrats-Chef Heinzel lässt keine Zweifel: „Wir ziehen den Voest-Verkauf durch" (Berichte im Blattinneren).

Anzeige
Heute schon Glück gehabt?
www.casino-club.com
Das meistbesuchte Casino im Internet!

151

Eröffnungsfeier des Lentos, 2003

Mit dem 2003 gegründeten Lentos Kunstmuseum erhielt Linz ein Museum für moderne und zeitgenössische Kunst direkt an der Donau. Bereits 1946 war die Neue Galerie gegründet worden und deren Sammlung von 1979 bis 2003 im Lentia 2000 untergebracht. 2003 zog die Sammlung in den Neubau auf der Donaulände.

150

Artikel „Vöest-Protest: Menschenkette quer durch Linz", 2003

Unter dem Motto „Stopp dem Ausverkauf Österreichs" sollte im September 2003 eine sieben Kilometer lange Menschenkette vom Werksgelände der VÖEST bis zum Landhaus reichen. Mobilisiert hatte die Fraktion sozialdemokratischer Gewerkschafter*innen, um gegen die geplante, weitere Privatisierung der voestalpine AG zu demonstrieren.

152

Lentos Kunstmuseum, Weber Hofer Partner AG, 2000–2003

Anfang der 2000er Jahre entstand mit dem Neubau des Lentos Kunstmuseum ein weiterer bedeutender Kulturbau auf dem Donauufer: ein langgestreckter Betonkörper mit Glasfassade, welcher unter sich einen 60 Meter langen, stützenfreien öffentlichen Raum aufspannt, der als Eingangsbereich und Skulpturenpark funktioniert. Die ursprünglich als Neue Galerie der Stadt Linz 1947 gegründete Sammlung bekam nach Stationen im Brückenkopfgebäude West und ab 1979 im Lentia 2000 somit ihr eigenes Zuhause.

153

Abschlussarbeit: *School – handmade in Bangladesh*, Anna Heringer, 2004, Btr.: Roland Gnaiger

2004

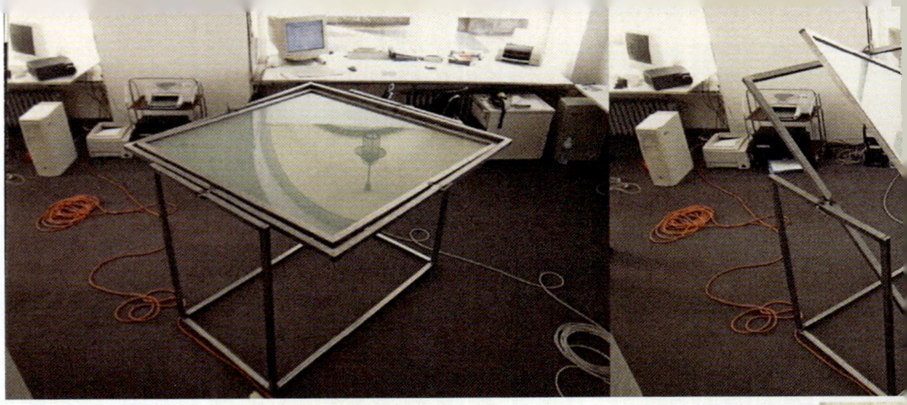

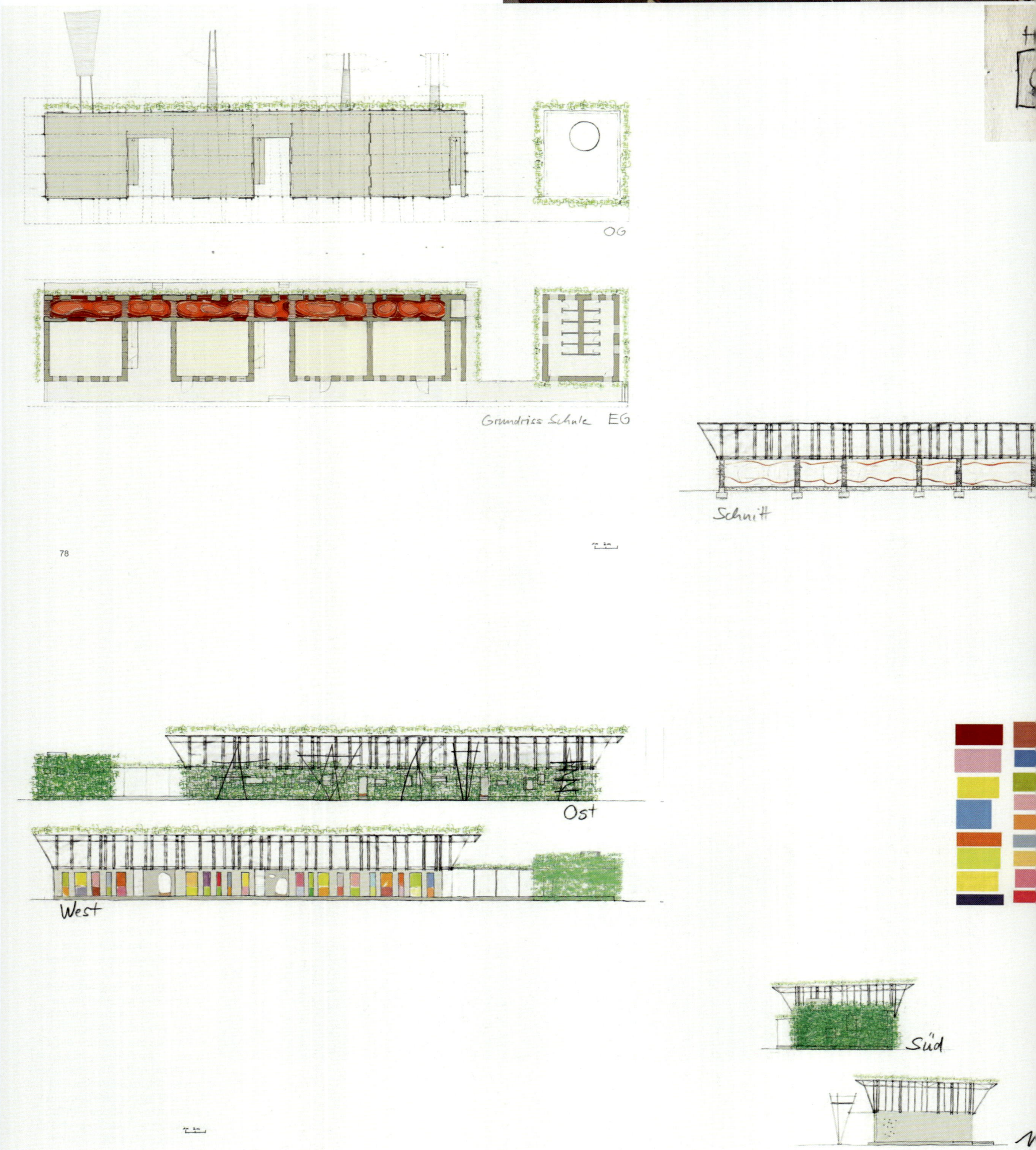

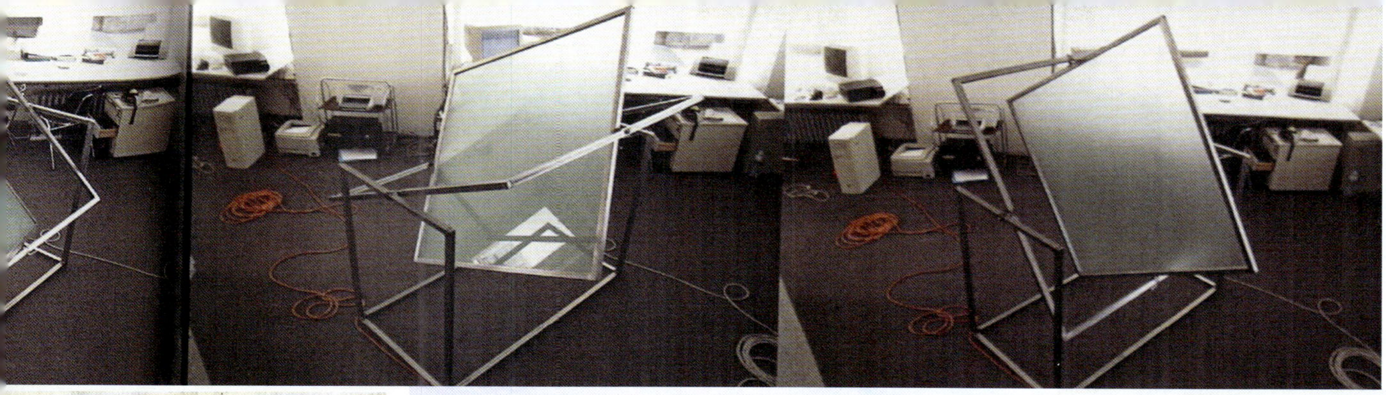

154

Abschlussarbeit: *Zweckfreie, reine Forschung, die sich unabhängig von jeder pragmatischen, äußeren Zielorientierung um die Ausweitung des Erkenntnisstandes bemüht*, Astrid Hager/Wolfram Mehlem/Vinzenz Naderer/Christian Reicher/Michael Weingärtner, 2004, Btr.: Wolfgang Tschapeller

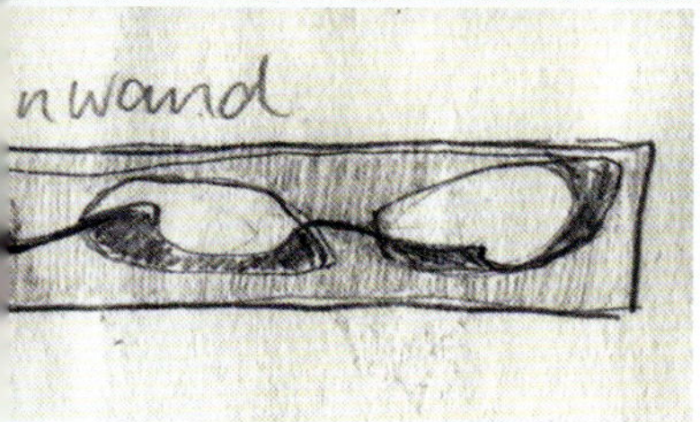

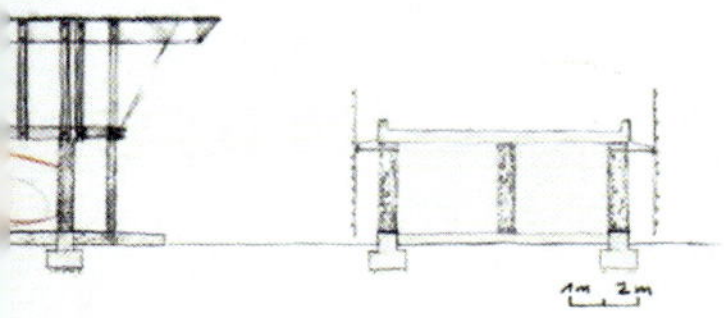

79

155

Titelblatt *trans_areale_report* 01, 2004

Der Brache am ehemaligen Frachtenbahnhof widmen sich von 2003 bis 2005 Daniela Herold und Rolf Touzimsky von ThuM Ateliers gemeinsam mit Hans Kropshofer. Das von ihnen konzipierte Stadtforschungs- und Stadtentwicklungsprojekt trans_areale sah für die Entwicklung des Gebiets zu einem neuen innerstädtischen Quartier einen aneignungsoffenen, prozessorientierten Stufenplan unter Einbeziehung einer breiten Öffentlichkeit vor. Schließlich fand das Projekt nach einer Zwischennutzungsphase des Gebiets keine weitere Unterstützung der Stadt Linz. Zwischen 2012 und 2017 wurde auf dem knapp 8,5 Hektar großen Gelände von Linzer Wohnbaugesellschaften Wohn- und Gewerbebebauung errichtet. Das Gebiet des ehemaligen Frachtenbahnhofs trägt mittlerweile den Namen „Grüne Mitte".

156

Titelblatt *trans_areale_report* 02, 2005

2005

32

Statt Gummipuppen auch Kanarienvögel auf dem Beifahrersitz?

PUCHENAU/LINZ. In der Gemeinde macht ein Gerücht die Runde, dass nicht nur Gummipuppen, sondern auch Haustiere in Autos gesetzt werden, um dem Stau vor Linz zu entgehen.

VON HELMUT ATTENEDER

Angeblich, so das Gerücht, soll ein besonders findiger Pendler einen Kanarienvogel in sein Auto gesetzt und mit dem tierischen Fahrgast die Busspur benutzt haben. Bei einer Verkehrskontrolle soll der Lenker den verdutzten Polizisten gesagt haben, dass Lebendtiertransporte die Busspur benutzen dürfen.

Letzteres stimmt tatsächlich, bestätigt der Leiter der Polizeiinspektion Kaarstraße, Josef Hackl. Der Beamte schränkt allerdings ein: „Das gilt natürlich nur für Schlachtviehtransporte. Ein Hund oder eine Katze – womöglich mit Hut und Schal – sind damit natürlich nicht gemeint." Die Ausnahme für Transporte mit Schlachtvieh gebe es aus Tierschutzgründen.

Inzwischen geht die polizeiliche Jagd auf Gummipuppen-Schummler zwischen Ottensheim, Puchenau und Linz weiter. Jetzt beteiligen sich auch Beamte der Polizeiinspektion Puchenau an der Suche. Josef Hackl erklärt, warum: „Weil es immer wieder Pendler gibt, die bereits in Puchenau auf die Busspur wechseln und sich erst kurz vor Linz wieder in den Stau einordnen. Im Frühverkehr wird seit Bekanntwerden der Gummipuppen-Schummlerei praktisch täglich kontrolliert.

Wie in Land&Leute exklusiv berichtet, informierten Augenzeugen davon, dass Linz-Pendler aufblasbare Gummipuppen im Auto platzieren, um so die Busspur benutzen zu dürfen – was ab einer Zahl von drei Insassen erlaubt ist.

157

Artikel „Statt Gummipuppen auch Kanarienvögel auf dem Beifahrersitz?", 2004

Um den Stau, der täglich vom Pendelverkehr ausgelöst wurde, zu reduzieren, beschloss die Stadt Linz 1998, den Busstreifen auf der B 127 ab Puchenau für mit mindestens drei Personen besetzte Kraftfahrzeuge freizugeben. Gerüchten zufolge sollen die Pendler*innen statt Fahrgemeinschaften zu bilden Gummipuppen auf ihrem Beifahrersitz positioniert haben.

158

solarCity, Zentrum, Auer Weber Architekten, 1999–2005

159

solarCity, Wohngebäude der 2. Ausbaustufe, Treberspurg und Partner, 2003/2005

160

solarCity, Wohngebäude WSG, Richard Rogers Partnership/ Ausführungsplanung: Herbert Karrer, 1999–2005

161

solarCity, Luftbild, Masterplan: Roland Rainer, Thomas Herzog, Trebersprung und Partner (2. Ausbaustufe)/Freiraumgestaltung: Atelier Dreiseitl, 1999–2005

162

Collage der studentischen Bildungsinitiative FLAUM (Forschungslabor öffentlicher Raum) aus Linz, 2005

Die solarCity ist eine auf dem Reißbrett entstandene Siedlung im südlichen Stadtteil Pichling. Namensgebend sind die umfangreich auf den Dächern angebrachten Solarkollektoren. Der ursprüngliche Masterplan im Auftrag der Stadt Linz mit einem Siedlungspotenzial von 5000 bis 6000 Wohnungen stammte von Roland Rainer (1990) und wurde später vom Architekten Thomas Herzog stark adaptiert. Ziel war es, mithilfe neuer Technologien einen exemplarischen Stadtteil mit kostengünstigen und energiesparenden Wohnungen zu bauen. Herzog war es auch, der die international anerkannten Architekten Norman Foster und Richard Rogers hinzuzog.[1] Für die Landschaftsplanung wurde ein eigener EU-weiter Wettbewerb ausgerufen. Gemeinsam mit Herzog, Foster und Rogers entwickelte das siegreiche Atelier Dreiseitl ein nachhaltiges urbanes Konzept, das von Garden-Citys und fließenden Übergängen inspiriert war. Obwohl ein neuer Badesee mit Strand angelegt wurde, lag der Fokus stets auf dem Schutz und der Integration des angrenzenden Naturschutzgebiets Traun-Donau-Auen. Die Siedlung wurde ab 1999 auf einer Fläche von etwa 32 Hektar und innerhalb von sechs Jahren errichtet. Heute leben hier 3300 Menschen in 1414 Wohnungen.[2] Aufgrund mehrerer Tiefgaragen ist das Zentrum des Stadtteils autofrei und die möglichst nachhaltige Gestaltung von Energie- und Wasserversorgung sowie Entsorgung in der Nachbarschaft integraler Bestandteil des Konzepts. Schlussendlich waren ein Dutzend Genossenschaften und 19 Planer*innen und Architekt*innen an dem Projekt beteiligt. Der Stadtteil soll zukünftig weiterwachsen.

1 Waechter-Böhm, Liesbeth: „Linz und die SolarCity“. In: *Bauwelt*. Nr. 18/2004, S. 30–43

2 Alles Linz (29.10.2020): „15 Jahre solarCity. Leben und arbeiten in der Sonnenstadt“. https://alleslinz.at/15-jahre-solarcity-leben-und-arbeiten-in-der-sonnenstadt/ (letzter Zugriff: 15.03.2024)

163

Living TEBOGO, Heim für Kinder mit Behinderung in Orange Farm, Südafrika, 2005

Das Tebogo, Home for Handicapped Children beauftrage BASEhabitat mit zwei Erweiterungsbauten, einem Gemeinschaftshaus mit Küche und einem Therapiehaus mit Sanitäranlagen für die Wohn- und Therapiegebäude. Eine Gruppe von 25 Studierenden plante und errichtete zwei Erweiterungsbauten und wurde dabei von Arbeitskräften aus der Nachbarschaft, allen voran von den Frauen vor Ort, unterstützt. Die verbauten Betonsteine, Erde, Lehm, Holz, Stroh und Grasmatten wurden direkt aus dem Township und aus dem unmittelbaren Umland bezogen. Eine Maßnahme, um die lokale Wirtschaft zu stärken und vor allem eine spätere Nachahmung zu ermöglichen.

164

Leben am Hof, Installation von Hubert Lobnig und Iris Andraschek, Festival der Regionen – Geordnete Verhältnisse, Oberes Mühlviertel, 2005

165

Bindermichl, Überplattung und Park, ARGE Kneidinger/Stögmüller/Stöckl, 2003–2005

Die Autobahnüberplattung der A7, welche die beiden Stadtteile Bindermichl und Spallerhof und deren Wohnbebauung durchschnitt, war das Resultat intensiver Bürgerproteste. Im Rahmen dieses infrastrukturellen Großprojekts wurde die tiefergelegte Fahrbahn überplattet, darauf ein großzügiger Landschaftspark mit 8,3 Hektar angelegt und die beiden Stadtteile wieder verbunden. Die heute für den Park gebräuchliche Bezeichnung „Bellevue" hat ihren Ursprung im Kulturhauptstadtjahr 2009 und ist auf die damals direkt über die Tunneleinfahrt ragende Installation „BELLEVUE. Das gelbe Haus" zurückzuführen.

166

BETONSKULPTUR, ortsspezifische künstlerische Intervention von Karl Unterfrauner und Walter Niedermayr, Festival der Regionen – Fluchtwege und Sackgassen, Windischgarsten, 2007

2007

167

Besuchersteg im voestalpine-Werk, Caramel architektInnen, 2006

2006

168

Meti School in Rudrapur, Bangladesch, Anna Heringer, 2006

Anna Heringer realisierte mit ihren Kommiliton*innen von *die architektur* und BASEhabitat zwischen 2005 und 2006 den Entwurf aus ihrer Diplomarbeit. Die Meti School wurde mehrfach ausgezeichnet, unter anderem mit dem Aga Khan Award.

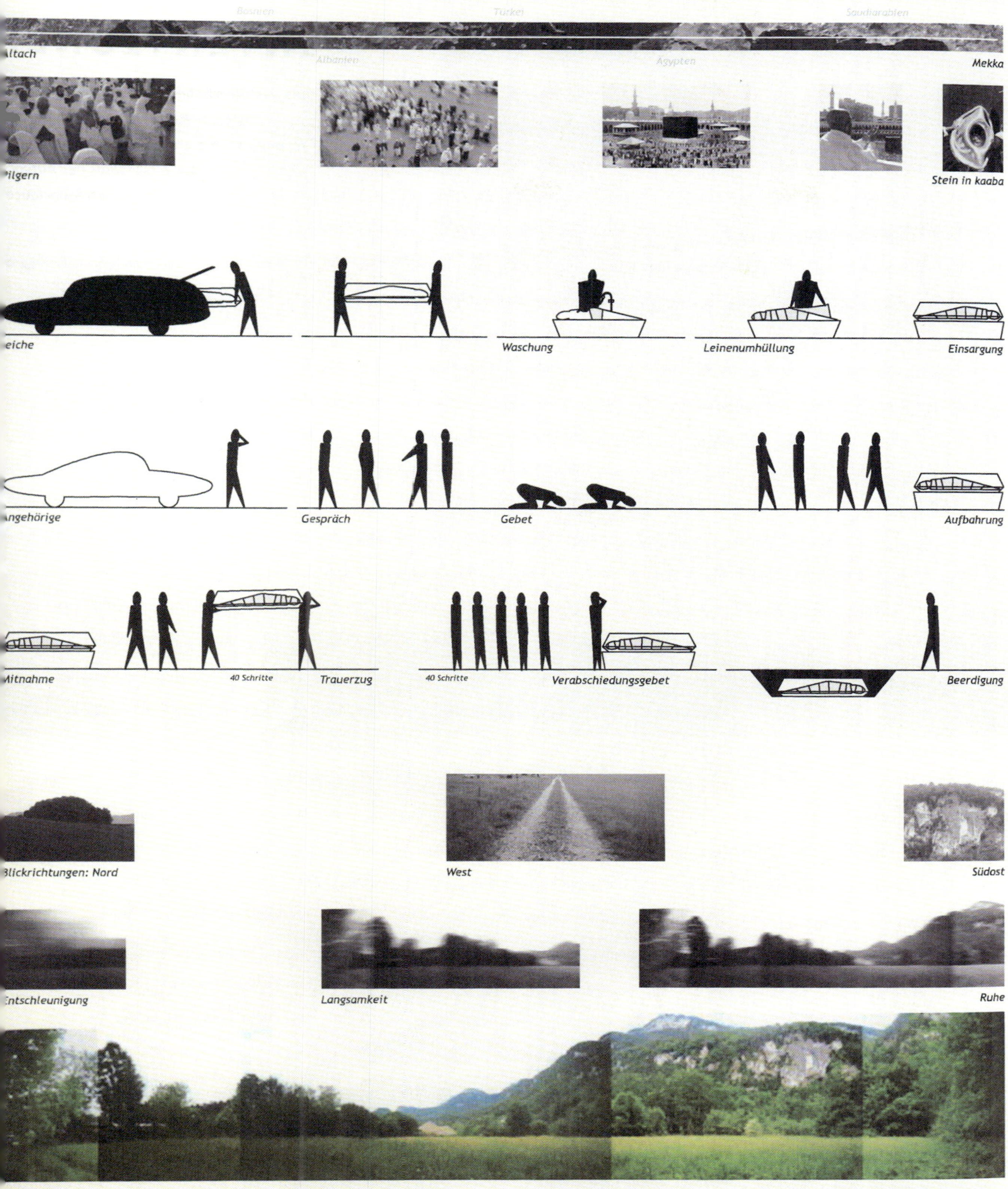

169

Abschlussarbeit: *Islamische Begräbnisstätte für Vorarlberg*, Tobias Hagleitner/Gunar Wilhelm, 2008, Btr.: Roland Gnaiger

2008

170

Posthof, Schremmer-Jell Architektinnen, 1982/1988–1989/2008

Dank der Forderungen der freien Linzer Kulturszene zu Beginn der 1980er Jahre wurde ein ehemaliger Bauernhof zu einem selbstverwalteten Konzerthaus umge-baut. Ab 1982 wurde der Bestand in ein Veranstaltungsgebäude mit einer Kapazität von 600 Sitzplätzen umgebaut und 1989 durch den Posthof II, einen gläsernen Neubau mit Auditorium und Foyer, ergänzt.

171

Abschlussarbeit: *Neubau der AntonBrucknerPrivatUniversität – Universität für Musik, Schauspiel und Tanz*, Sandra Gnigler/Alfred Barth, 2008, Btr.: Roland Gnaiger

172

Abschlussarbeit: *Entpuppt – ein neues Puppenhaus*, Margit Greinöcker, 2008, Btr.: Roland Gnaiger

173

Ars Electronica Center (Erweiterung und Umbau), Klaus Leitner und Walter Hans Michl – TREUSCH architecture, 1996/ 2007–2008

Seit den 1970er Jahren und der Gründung des Ars Electronica Festivals 1979 entwickelte sich Linz als Standort zwischen Industrie, Kunst und Technologie stetig weiter. Mit dem Bau des Ars Electronica Centers an der Urfahraner Seite der Nibelungenbrücke wurde dieser politisch voran getriebenen Entwicklung 1996 Rechnung getragen. Im Vorlauf des Kulturhauptstadtjahres 2009 wurden das „Museum der Zukunft" und sein Bestandsgebäude um einen mehrstöckigen Neubau erweitert und das gesamte Ensemble mithilfe einer teils matten, teils transparenten Glashülle und ihren präzise steuerbaren LED-Elementen verbunden.

Freitag, 12. Dezember 2008 — OÖNachrichten Oberösterreich — 29

Außen sieht das neue Ars Electronica Center toll aus, doch drinnen rumort es gewaltig. Die Personalsituation ist ungeklärt. (Weihbold)

Drei Wochen vor Eröffnung steckt das Linzer AEC tief in der Krise

LINZ. Um 30 Millionen Euro wurde das Ars Electronica Center (AEC) ausgebaut. Am 2. Jänner 2009 wird der Neubau eröffnet. Doch es gibt keinen Wirtschaftsplan, die Stimmung beim Personal ist mies, der Geschäftsführer ist weg.

VON ERHARD GSTÖTTNER

Das neue, von 2500 auf 6600 Quadratmeter erweiterte AEC soll ein besonderes Glanzstück für das Kulturhauptstadtjahr 2009 sein. Doch wegen schon lange gärender, doch nach wie vor ungeklärter Personalprobleme steckt das so genannte Museum der Zukunft am Brückenkopf in Linz-Urfahr nun tief in der Krise.

Denn die meisten Mitarbeiter des AEC sind als sogenannte freie Dienstnehmer tätig, schlecht bezahlt und rechtlich kaum abgesichert. Laut Auskunft von Arbeitsrechtsexperten müssten etliche der insgesamt 200 freien Dienstnehmer des AEC angestellt werden. Drei Gerichtsverfahren laufen, vier weitere Dienstnehmer verhandeln mit AEC-Verantwortlichen um eine Anstellung.

Heuer sollte die rechtlich nicht mehr haltbare Personalsituation saniert werden. Doch der kaufmännische AEC-Geschäftsführer Curt Norbert Schorn scheiterte an Widerständen, gab daraufhin vor einer Woche seinen Abschied bekannt, obwohl sein Dienstvertrag bis 2012 gelaufen wäre.

Wie viel kostet Personal?

Da die Personalsituation im AEC weiter ungeklärt ist, kann auch kein Wirtschaftsplan für das neue Jahr beschlossen werden. Die möglichen künftigen Personalkosten sind nicht gedeckt. Städtische Experten rechnen vorerst damit, dass die Personalkosten des AEC von 3,1 auf 5,7 Millionen Euro steigen werden.

STICHWORT

Rechnungshof prüft

Zum Fall für den Stadtrechnungshof wird das Ars Electronica Center (AEC). Die Grünen forderten gestern im Gemeinderat, dass der Linzer Stadtrechnungshof die AEC-Gebarung überprüft. Alle vier Gemeinderatsfraktionen stimmten für die Prüfung. AEC-Aufsichtsratschef Vizebürgermeister Erich Watzl (VP) ist zuversichtlich, die Personalprobleme noch vor Weihnachten zu lösen.

Kommentar
von Erhard Gstöttner

Hui und pfui

Außen hui, doch drinnen pfui – so ist die Situation des Linzer Ars Electronica Centers (AEC). 30 Millionen Euro kostet der Ausbau, allein acht Millionen Euro waren für die Leuchtfassade nötig.

Viel Geld fürs Bauen, doch wenig Mittel fürs Personal

Während für die Hülle (Hardware) nichts zu teuer scheint, knausern die verantwortlichen Politiker beim Personal.

Der Großteil der AEC-Beschäftigten arbeitet unter rechtlich miserablen Verhältnissen. In dieser Kultur-Einrichtung der Stadt Linz herrschen arbeitsrechtliche Zustände, die man eher bei einem grauslichen Turbokapitalisten vermuten würde, nicht jedoch in einem Betrieb einer SP-dominierten Stadt.

Das AEC ist ein krasser Fall. In Kultureinrichtungen, aber nicht nur dort, handeln Linzer Politiker oft nach dem Motto: viel Geld für's Bauen, doch wenig für die Software (inklusive Personal).

Um sehr viel Geld ließen zum Beispiel die Stadtpolitiker das Lentos-Kunstmuseum bauen. Doch bei der finanziellen Ausstattung für Ausstellungen und Werbung ist das Lentos im Vergleich mit ähnlichen Museen in Österreich ein Hungerleider.

E-Mail: e.gstoettner@nachrichten.a

nachrichten.at

AEC-Probleme: Über die Situation der Mitarbeiter des Ars Electronica Centers (AEC) lesen Sie mehr unter **nachrichten.at/linz**

175

Eröffnungsevent für Image-Kampagne „Linz verändert" in der Rudolfstraße, 2008

Im Rahmen der Konzeptentwicklung für die Kulturhauptstadt 2009 entstand in Linz auch ein neues Stadtlogo mit dem Slogan „Linz verändert". Dies stand laut dem damaligen Bürgermeister Dobusch für das Verwandlungsversprechen, mit dem Projekt Kulturhauptstadt 2009 aus der Stahlstadt ein anderes Linz zu machen.

174

Artikel „Drei Wochen vor Eröffnung steckt das Linzer AEC tief in der Krise", 2008

34 OÖNachrichten Land&Leute Donnerstag, 18. Dezember 2008

OÖN GANZ KURZ

Behinderung: Für die Eröffnung von Linz09 werden derzeit Aufbauarbeiten auf der Nibelungenbrücke durchgeführt. Daher müssen Fußgeher bis 5. Jänner auf die Radwege ausweichen. Radler müssen ihr Fahrzeug schieben.

Nacht-Shopping: Zum Candlelight-Shopping bis 21 Uhr laden die Kaufleute im Trauner Stadtzentrum am 23. 12. ein.

Cowboys feiern: Die 1. Linzer Cowboy-Weihnacht veranstaltet „Fatsy" Ratzenböck am 21. 12. (16.30 Uhr) in seinem Cowboy-Museum in Pichling.

Diskussion über die Zukunft von Linz

LINZ. Wie ist die Lebensqualität in Linz? Wie soll und wie kann sich Linz weiterentwickeln? Das ist Gegenstand einer öffentlichen Diskussion, die heute, Donnerstag, um 17 Uhr im Architekturforum in Linz (Ecke Lederergasse/Herbert-Bayer-Platz) beginnt. Der Eintritt ist frei.

Auf dem Podium diskutieren der Linzer Soziologe **Peter Arlt**, der für die Kulturhauptstadtgesellschaft Linz09 das kürzlich erschienene Buch „Linz-Atlas" erarbeitet hat, Kulturhauptstadt-Intendant **Martin Heller** und Planungsstadtrat **Klaus Luger**. Moderator der Diskussion ist OÖN-Redakteur **Erhard Gstöttner**.

Peter Arlt hat für den „Linz-Atlas" (Springer Verlag, 216 Seiten, 39,90 Euro) die Lebensqualität in Linz mit jener 300 anderer europäischer Städte verglichen, von der Kinderbetreuung über Bildung, Umweltqualität, Verkehr, Kultur bis hin zur Altenbetreuung.

Auf Basis des „Linz-Atlas" wird heute in der Diskussion versucht, zu klären, wie und wo die Linzer Lebensqualität weiterentwickelt werden kann. Was ist gut, was ist weniger gut, was ist schlecht in Linz? Wie kann negativen Entwicklungen gegengesteuert werden? Wie können Fehler der Vergangenheit künftig vermieden werden? Genügen die bisherigen Methoden von Stadtplanung und Gemeindepolitik?

Droht dem AEC der finanzielle Absturz? Morgen, Freitag, soll der Aufsichtsrat Pläne für die Zukunft beschließen. Foto: AEC

Revolte im AEC geht weiter: Vorerst keine Lösung für freie Mitarbeiter

LINZ. Sollen die (schlecht bezahlten und rechtlich schlechtgestellten) freien Mitarbeiter des Ars Electronica Center angestellt werden? Diese Frage ist nach wie vor ungeklärt.

VON ERHARD GSTÖTTNER

Die Personalfrage und die damit verbundenen Kosten sind zentrale Punkte in der derzeitigen Krise des um 30 Millionen Euro ausgebauten Ars Electronica Center (AEC). Schon seit dem Vorjahr versuchte der bisherige kaufmännische Geschäftsführer Curt Norbert Schorn, eine Lösung für die freien Mitarbeiter zu finden.

Im heurigen Sommer schien eine Lösung geglückt. 50 Prozent der insgesamt 200 freien AEC-Mitarbeiter sollten angestellt werden. Doch AEC-Aufsichtsratschef Vizebürgermeister Erich Watzl (VP) trat dafür ein, alle freien Mitarbeiter anzustellen.

Andere Mitglieder des AEC-Aufsichtsrates lehnen den Watzl-Plan ab. „Das AEC soll personell durchlässig bleiben. Kreative Leute sollen die Möglichkeit haben, zeitlich befristet mitzuarbeiten. Ein Haus wie das AEC braucht diese Durchlässigkeit", sagt Klaus Luger (SP), Personalstadtrat und Vizechef des AEC-Aufsichtsrates.

Wer die Anstellungsvoraussetzungen erfülle, solle angestellt werden: „Wir wollen aber keine Quasi-Beamten im AEC." Alle freien Mitarbeiter anzustellen, sei auch finanziell nicht möglich, sagt Luger: „Die im Wirtschaftsplan vorgesehenen jährlichen Personalkosten von 5,6 Millionen Euro sind nicht leistbar." Der von zwei auf 4,8 Millionen Euro erhöhte jährliche Zuschuss der Stadt dürfe nicht allein fürs Personal verwendet werden: „Damit sind auch künftige Modernisierungen zu finanzieren."

> **„Wir wollen keine Quasi-Beamten im Ars Electronica Center."**
>
> KLAUS LUGER
> Stadtrat (SP) und stellvertretender Vorsitzender des AEC-Aufsichtsrates

Der Wirtschaftsplan für 2009, den der mittlerweile einvernehmlich ausgeschiedene Geschäftsführer vorgelegt hatte, sei nicht finanzierbar, beharrt Luger.

Die künftigen Gesamtkosten

Im Wirtschaftsplan von Ex-Geschäftsführer Schorn sind die Kosten für die beiden kommenden Jahre entgegen mehrfach geäußerter Kritik deutlich aufgeschlüsselt: 2009 sind 14,2 Millionen Euro nötig, davon vier Millionen für Sonderprojekte für die AEC-Neueröffnung und für das Kulturhauptstadtjahr. Für 2010 würden die Kosten laut dem nicht beschlossenen Plan 10,16 Millionen Euro betragen.

176

Artikel „Revolte im AEC geht weiter", 2008

Während im Jahr 2008 ein rund 30 Millionen teurer Umbau des Ars Electronica Centers – zu 100 Prozent im Besitz der Stadt Linz – stattfand, klagten sieben freie Dienstnehmer*innen des Ars ihr Recht auf Anstellung ein. Nach einer Prüfung der Gebietskrankenkasse und der Gewerkschaft und einigen politischen Turbulenzen rund um das Thema beschloss der Aufsichtsrat im Januar 2009 eine Umstrukturierung mit neuen Dienstvereinbarungen und neuem Gehaltsschema. Die vormals freien Mitarbeiter*innen wurden ab Februar 2009 angestellt.

177

Titelblatt *Versorgerin*, 2009

Im Rahmen von Studierendenprotesten gegen Beschränkungen des Hochschulzugangs kam es ab Oktober 2009 an verschiedenen österreichischen Universitäten zu Besetzungen von Hörsälen und anderen Räumen. Dabei wurde auch der größte Hörsaal der Linzer JKU elf Tage lang besetzt. Es handelte sich bei der Protestbewegung um einen der größten Bildungsproteste Österreichs.

178

PIXEL im Hof, ANY:TIME architekten, Sabine Funk, Richard Steger, 2009

179

PIXEL am Wasser: „MS Traisen", Innenansicht, ANY:TIME architekten, Sabine Funk, Richard Steger, 2009

PIXEL am Wasser war einer der Standorte des Pixel Hotels, das von 2007 bis 2009 in Linz vom gleichnamigen Verein betrieben wurde. Neben dem zu einem Hotelzimmer umgebauten Schiff im Hafen konnten Linz-Besucher*innen auch über das Kulturhauptstadtjahr hinaus ihre Unterkunft in bis dahin leerstehenden Räumen ehemaliger Geschäftslokale oder Hinterhofwerkstätten im gesamten Stadtgebiet buchen.

2009

180

Schlossmuseum, Südflügel-Erweiterung, HoG Architektur, 2007–2009

Vom Schlossberg aus auf Linz blickend, fehlte dem Schloss seit einem Brand um 1800 der zur Stadt ausgerichtete Südflügel. Als Vorbereitung auf das Kulturhauptstadtjahr 2009 wurde dieser und das denkmalgeschützte Schlossmuseum durch eine große, skulpturale, stählerne Brückenkonstruktion ergänzt.

181

Bindermichl, BELLEVUE. Das gelbe Haus, Peter Fattinger/Veronika Orso/Michael Rieper, 2009

Als temporäre Architektur geplant, beherbergte das gelbe Haus Unterkünfte für Gastkünstler*innen, einen Infokiosk, eine Kantine mit Gastgarten, einen Fahrradverleih, einen Werkraum, einen Schauraum, einen Medienraum, eine Bibliothek und eine öffentliche Bühne. Das Gebäude öffnet sich mit seiner großzügigen Treppenanlage zur künstlich angelegten Parkfläche auf der Überplattung der Stadtautobahn, während sich aus dem Haus Ausblicke auf die Verkehrsflut auftun.

52 Wege die Welt zu retten | 80+1 - Eine Weltreise | Academy of the Impossible 2009 | Academy of the Impossible 2008 | Advent 08 | Akustik - Welt des Hörens | Alfred Rubin 09 | Ars Electronica | Atelierhaus Salzamt | Ausblenden | Begley trifft Bernhard | Bellevue | Best of Austria | Bibliothek der 100 Sprachen | Bibliothek der geretteten Erinnerungen | Biennale Cuvée | Brauhaus | Brucknerfest 09 | Challenging Music, Dance and Performance: The Electronic Media | Circus | Civil wars | Compose! | Crossing Europe | Das Buch der Unruhe | Das grüne Band Europas | Das Land des Lächelns | Das neugierige Museum | Das Unbeschriebene Blatt | Das unsichtbare Lager | Demokratie ist Kultur! | Der „Fall" Forum Design | Der gute Mensch von Sezuan | Der kranke Hase | Designland | Die andere Seite | Die Erben Abrahams | Donaustrand | Doppelgänger | Ein Dutzend Europa | Ensemble09 | Erfundene Erinnerung | Eröffnung09 | eu-art-network | Europa - Die demokratische Herausforderung | European Eyes on Japan | Extra Europa | Fadinger Reloaded | Festival 4020. mehr als Musik : Song | Festival 4020. mehr als Musik : Gott | Festival der Regionen | Finale09 - Aus Nullneun mach Zehn | Fliessende Grenzen | Fouché | Frieden Hören | Frischluftklassik | Für die Beweglichkeit | Ganggarten | Good Night Stuff | Growing Union - Europa Botanisch | Haus der Geschichten | Haus.Friedens.Bruch | Heimspiel & Tanztagelabor | Holz&Blech | Höhenrausch | Hörstadt | I LIKE TO MOVE IT MOVE IT | Ida & Jim | Im Dickicht der Städte | Im Hafen der Sehnsucht | Impossibility of a Solo | IN SITU. Zeitgeschichte findet Stadt: Nationalsozialismus in Linz | Instant Anton | Interkulturelle Studierenden-Dialog Linz09 | Internationales Kinderfilmfestival | Jenseits von Geschichte I | Jenseits von Geschichte II - Disturbing Remains | Joan Dark | Kaleidophon | Kepler | Kepler Salon | Kidsparade | Kinderpunkt09 | Klangwolke | Klänge der Macht | Kommen und Gehen | Kompositionen - Kompozicijos | Kopfstand09 | Kulturbaden | Kulturgeschichtetag 2009 | „Kulturhauptstadt des Führers" | Kulturhauptstadt des Monats | KulturlotsInnen | Kunst Flow | Kunstpalast | Landschaftsoper | Lichtlände | Linz Atlas | Linz Europa Hafenfest | Linz Europa Tour East | Linz Europa Tour West | Linz liest Vilnius | Linz Status Quo | Linz Texas | Linz vs. Vilnius | Linz. Randgeschichten | Linz. Stadt im Glück | LINZFEST09 | Maria Stuart | Meeting Space | Megahertz | Mental Finland | Mesopotamische Erzählung | Mitten durchs Bild | Mörderisches Europa | Nach Linz hinaus | NextComic | Nur durchgereist | Oratorio | Orgelstationen | OÖ Stiftskonzerte | Ö Slam | Parade | Phonomanie 9 | Picknick im Felde | Pixel Hotel | Politik liebt Kunst | Politische Skulptur: Barlach / Kaspar / Thorak / Wotruba / Purimspil | Purimspil | Radio Jazz Research | Radio Play 09 | RebellInnen! | Region der Festivals | Roots&New Dreams | Ruhepol Centralkino | Ruhepol Mariendom | Schaurausch - Kunst in 50 Schaufenstern | Schulprojekte | Schäxpir | See this Sound | Seitensprünge | Seltsame Jubiläen | sicht:wechsel | Sonntagmorgen | Sonus Loci | Stadtkino | Stifter lesen | Subjekt/Objekt | Subversiv Messe | Te Deum der Tausend | Theaterlust1: Schneesturm | Theaterlust2: Sonnenbrand | Tiefenrausch | Toulouse-Lautrec: Der intime Blick | Turmeremit | Turmmusik | UmLinzRum | Universum Linz | Unter Linz | Upper Austrians without borders | Wegzeit | What you really need | Wiener Geschenk | Wo? Wenn nicht alle da! | Yes09 | Zauberkünste | Zeit Geschichte vermitteln | Zu Gast bei Stifter | Zündstoff

182

Alle Projekttitel im Rahmen der Europäischen Kulturhauptstadt 2009, 2023

Essay

Michael Zinner

radikal:RAUMkultur

das Handwerk konkreten Entwerfens im Hier und Jetzt einüben

Die Architektur an der Kunstuniversität Linz befindet sich nach der Ära der Meisterklassen von Goffitzer und Gnaiger in einem strukturellen Umbau. Was kann, was soll oder was muss die sich nun formierende „Architekturfakultät“ mit ihren horizontal organisierten Entwurfsstudios, drei im Bachelor- und vier im Masterstudium, inhaltlich versprechen? Im aktuellen Diskurs um eine Antwort wird oftmals ein inhaltlicher Bogen zwischen „sozial“ und „experimentell“ aufgespannt. Doch ist das eine angemessene Fragestellung für die Architektur an der Kunstuniversität Linz? Das Studio RAUMkultur plädiert jenseits von bauwirtschaftlichem Kunstmissbrauch und baukulturellem Ablasshandel für eine „radikale Architektur“ – für „radikal: Architektur!“. Ein Befund und eine Klarstellung.

welche Architektur?

Die inhaltliche Orientierung und die Entwicklung eines Profils von *die architektur* sind mit der Emeritierung von Roland Gnaiger in den letzten Jahren zu einer wesentlichen Frage in unserer Organisation geworden. Neben Aspekten der Außenwirkung und Profilierung stehen sich auch eine „soziale“ und eine „experimentelle“ Ausrichtung als Pole gegenüber. Einerseits gerät die Bewegung einer „sozialen Architektur“ mittlerweile endgültig, auch in akademischen Kreisen, zu einem Kind unserer Zeit. Denn alle, die nüchtern denken, verfolgen in irgendeiner Form nachhaltige, inklusive, soziale Ideen oder Ziele (was noch nichts über deren Wirksamkeit in nachhaltiger, inklusiver, sozialer Hinsicht aussagt). Der Ruf nach „experimenteller Architektur“ wiederum hat im Kontext von Kunst(universitäten) eine gewisse Tradition – so auch in unserem Haus. Viele Stimmen meinen, in Linz könne in Verbindung mit anderen Künsten eine derartige, im Leitbild verankerte Inter- wie Transdisziplinarität gesucht werden. Was läge also näher, als Architektur via Experiment mit Kunst zu etwas Spezifischem werden zu lassen – in unserem Haus und darüber hinaus?

eindeutiges Erbe

Brisanz erhält dieser Aspekt der Diskussionen nun deswegen, weil das Wirken von Roland Gnaiger eindeutig für das Soziale stand. Mit BASEhabitat und überholz hinterließ er zwei entsprechende internationale Erfolgsgeschichten im sozialen, nachhaltigen Bereich. Als nach wie vor wirkmächtige Standbeine unserer Organisation halfen beide mit, den Ruf einer „Architektur und Gestaltung von Raum als soziale Praxis“[1] in der mitteleuropäischen Hochschullandschaft aufzubauen. Mit den neuen Professuren für BASEhabitat (Siegfried Atteneder) und RAUMkultur (Michael Zinner) hat das vormalige Rektorat um Reinhard Kannonier im Rahmen des Um- und Ausbaus der Abteilung für Architektur eine entsprechende inhaltliche Kontinuität auch personell bekräftigt. Während BASEhabitat eine Architekturausbildung mit sozialem, nachhaltigem Anspruch in konkreter Wirksamkeit (!) als einen wählbaren Schwerpunkt im Masterstudium anbietet, kann dies bei RAUMkultur bereits im Bachelorstudium geübt werden. Darüber hinaus wird vermittelt (zumindest ist das eine unserer Absichten), dass Architektur sich nicht von medial bildgetriebener Hektik, modisch eitler Bildfixierung, egomanisch-umgebungsblindem Selbstverständnis[2] und inhaltlich politischer Verflachung ins gesellschaftliche Abseits leiten lassen darf.

konkrete Frage

Anlässlich der in diesen Jahren angestrebten Berufungen von zwei weiteren Professuren für Entwerfen (Architektur 2024 und Städtebau 2025) wird die inhaltliche Frage naturgemäß einer Reflexion wie Diskussion unterzogen. Die neben anderen Inhalten dabei auch wahrnehmbare Polarisierung zwischen „experimentell“ und „sozial“ ausgerichteter Architektur ist in zweifacher Hinsicht einzuordnen. Einmal gerät die Neubesetzung von mehr als der Hälfte aller Professuren naturgemäß zu einer existenziellen Frage, wobei auch die Gesamtanzahl von lediglich dreieinhalb Entwurfsstudios für das Regelstudium diesen Umstand befeuert. Andererseits erhält die Frage nach der inhaltlichen Ausrichtung mit ihrer oben skizzierten Vorgeschichte und samt allen damit einhergehenden oder noch nachwirkenden subkutanen Autoimmunreaktionen im Haus[3] nochmals Bedeutung. Die Polarisierung „experimentell“ versus „sozial“ ist also mehr als eine inhaltliche Diskussion; sie ist auch eine generationell gefärbte. Angesichts dieser Umstände lohnt es sich, vorerst über inhaltliche Missverständnisse oder Verkürzungen zu sprechen, um schließlich ein Plädoyer (für die nächsten 50 Jahre?) zu formulieren.

sechsmal Architektur

In Österreich kann an sechs Universitäten Architektur studiert werden (wobei noch einige Fachhochschulen hinzukommen). In Wien, Graz und Innsbruck befinden sich die drei großen Universitäten mit Tausenden von Architekturstudierenden. Neben unserer Kunstuniversität Linz zählen die Universität für angewandte Kunst und die Akademie der Bildenden Künste in Wien hingegen zu den drei kleinen mit jeweils einer Hundertschaft von Studierenden. Deren Architekturinstitute gingen aus der Tradition der Meisterklassen hervor. Sie schalten den Studien eine „Zulassungsprüfung“ vor, die die „künstlerische Eignung“ der Bewerbenden prüft. Einmal abgesehen von der Frage, wie treffsicher derartige Verfahren sind, hat dieses Vorgehen zwei Umstände zur Folge, die nicht (!) ursächlich mit Künstlerischem verbunden sind. Einerseits zeigen die Studierenden einen überdurchschnittlich hohen Grad an Beherztheit, Engagement und kritischer Reflektiertheit; sie wollen wahrhaft Architektur studieren. Andererseits bleiben diese drei kleineren Universitäten dadurch als Organisationen dauerhaft überschaubar. Das befähigt sie dazu, ein Milieu des individualisierten Studierens[4] zu generieren, das sich durch überproportional intensive persönliche Betreuung auszeichnet. Ob ihre Studierenden tatsächlich einen höheren Grad an „künstlerischer Eignung“ aufweisen, bleibt dahingestellt. Die drei großen Universitäten weisen mit Sicherheit ähnlich viele künstlerisch Geeignete unter den Inskribierten auf.

drei Geschichten

Sind nun die Kunstuniversität, die Akademie und die Angewandte im Gegensatz zu den großen Universitäten aufgerufen, eine Architektur zu verfolgen, die „experimenteller“ oder „künstlerischer“ gerät? Die Biografien dreier bekannter österreichischer Architekturpersönlichkeiten, die jeweils Geschichte geschrieben haben, zeigen dazu geradeaus Gegenteiliges. Zwei von ihnen haben in den späten 1960er Jahren auf außergewöhnliche Weise für „experimentelle Furore“ gesorgt. Beide, sowohl Wolf Dieter Prix als auch Laurids Ortner, hatten vorher an der TU Wien studiert – und standen, zumindest zu Beginn, dennoch für „Kunst“ und „Experiment“. Letzterer war 1967 Mitgründer der Architektur- und Kunstgruppe Haus-Rucker-Co, Ersterer 1968 Mitbegründer der Architekturkooperative Coop Himmelb(l)au. Im Gegenzug dazu begann die Karriere von Roland Gnaiger an der Akademie der bildenden Künste. Sein Weg führte zu einer formal disziplinierten Architektur mit hoher sozialer Relevanz und unmittelbarem Potenzial für konkrete Veränderung. Schlüsselbauten wie die Schule in Warth oder der Vetterhof in Lustenau zeugen davon. Schnell wird klar, dass die obige duale Vereinfachung nicht weiter anwendbar ist. Denn wir finden heute an allen Universitäten Alumni, die eine „soziale Architektur“ in unterschiedlichsten baukünstlerischen Ausformungen, von „avantgardistisch aufregend“ bis „kontrolliert klar“ verfolgen. Und genauso finden wir jene, die eine „experimentelle Architektur“ mit ebenso vielen Gesichtern suchen. Die Art einer Universität also hat nichts mit ihren Inhalten zu tun. Es sind nach wie vor die Professuren, die sie prägen, auch wenn Meisterklassen passé sind.

formal gleich

Was darüber hinaus alle sechs österreichischen Universitäten für Architektur seit Bologna rechtlich eint, sind die Vorgaben zu ihren Curricula im Sinne der europäischen Berufsharmonisierung für das Architekturschaffen. Formal sind alle Studiengänge längst gleichgestellt. Überall müssen dieselben Kenntnisse und Fähigkeiten vermittelt werden, die in elf Kriterien festgeschrieben sind. Kondensiert lauten diese: Gestalterisches, Geschichtliches, Künstlerisches, Städtebauliches, Sozialpsychologisches, Gesellschaftspolitisches, Prozessreflektierendes, Bautechnisches, Bauphysikalisches, Wirtschaftliches, Behördliches. Mit zunehmender Mobilität der Studierenden zwischen Bachelor- und Masterstudium ist dies auch Grundlage einer Kompetenzenabsicherung zwischen den Architekturfakultäten Europas. So weit, so gleich. An der TU Wien gibt es also genauso viel Kunst im Studienplan wie an der Kunstuniversität Linz, und dort wiederum genauso viel Technik. Und an beiden kann gleich viel „Experiment“ und „Soziales“ erprobt werden, wenn die entsprechenden Professuren dem Raum geben. Jenseits dieser inhaltlichen Fragen gilt es im Übrigen noch zu bedenken, dass die Größe der Häuser mit den sozialen Konsequenzen („anonym“ versus „persönlich“) möglicherweise bedeutender für das Studieren ist als die Kraftfelder „Kunst“ und „Technik“ oder „Experiment“ und „Soziales“.

welche Motive?

Sowohl das anekdotische Heranziehen dreier Biografien als auch der curriculare Hintergrund aller Studienpläne zeigen, wie unangebracht eine Differenzierung zwischen „experimentell“ und „sozial“ ist. Im Gegenteil wird gar offensichtlich, dass insbesondere das Experiment, aber auch das Soziale ihre Orte an unterschiedlichsten Stellen der Architektur finden können – in der Technik, der Struktur, der Gestalt, im Prozess und/oder der Gesellschaft. Doch bleiben simple Zuordnungen hartnäckig bestehen. So ist es bemerkenswert, dass Architekturen, die das Ergebnis experimenteller Prozesse sind, mit geringerer Wahrscheinlichkeit als „experimentell“ bezeichnet werden als solche, die mit Form experimentieren. Dieser und andere ähnliche Umstände legen nahe, wie die Suche nach dem „Experimentellen“ Gefahr laufen kann, zu eng gefasst zu sein oder nicht tief genug zu greifen. Ähnliches lässt sich über „soziale Architektur“ und ihre oftmals für sich beanspruchten partizipativen Prozessen sagen, wenn die entsprechenden Kräfte in ihrer Beherztheit die Autonomie des Gestaltens als vermeintliches Machtgehabe missverstehen. Beide Pole bergen also Chancen und Risiken. Sie oszillieren zwischen einer gemeinten Tiefe im Anspruch und einer unzulässigen Reduktion im Zuspitzen. Jenseits der inhaltlichen Etikettierungen „experimentell“ und „sozial“ darf allerdings beiden Ausrichtungen nicht abgesprochen werden, dass sie zu einer besseren Welt beitragen wollen. Doch ob dies tatsächlich erreicht wird, hängt nicht von inhaltlichen Schwerpunktsetzungen ab, sondern vielmehr von der Integrität der entsprechenden Motive. Denn jede architekturschaffende Persönlichkeit muss sich letztlich die Frage nach der eigenen Eitelkeit stellen: Handle ich für mein Ego oder für die Sache?

keine Bedeutung

Die Sehnsucht nach Bedeutung im Sinne von Wirksamkeit – einer Art kollektiver Selbst-Wirksamkeit – teilen sich traditionell viele Agierende in unserer Disziplin. Bedeutung hieße hier, als Sachkompetenz für Raumfragen von der öffentlichen Hand kontinuierlich angefragt und beigezogen zu werden. Doch noch ist das Gegenteil wahrscheinlicher. Ein durchschnittlicher Bürgermeister (hier bewusst nicht gegendert) wie auch die eine oder andere Fachabteilung auf Landesebene (was sich noch fataler auswirkt) meidet beispielsweise den Architekturwettbewerb, wann immer es sich richten lässt. Vermeintlich droht Aufwand in der Abwicklung, Ohnmacht dem Siegesbüro gegenüber oder Verlust von Kostenkontrolle.[5] Dahinter steckt eben kein Bewusstsein dafür, was sich alles gewinnen ließe. Während die Sachlage durchaus in Balance gehalten werden könnte (und natürlich müsste), wird sie von der Mehrheit derjenigen im Land, die entscheiden, nach wie vor schief wahrgenommen. Doch das zu vermitteln ist uns als Berufsgruppe noch nicht gelungen. Wir haben zu wenig Einfluss und Bedeutung. Das schmerzt uns zwar über die Maßen, dennoch dürfen wir weder entsprechende Ursachen ausschließlich oder vornehmlich bei anderen suchen noch uns in Verdrängung üben. Denn nicht an sich zu arbeiten oder andauernd mit dem Finger auf die anderen zu zeigen bedeutet letztlich Stillstand – sowohl für das Selbstbild als auch für das Fremdbild unserer Branche.

historischer Moment

Angesichts des drohenden multiplen Organversagens unseres Planeten müssen alle danach trachten, in ihrer jeweiligen Position etwas beizutragen. Auch die Architektur muss sich umso mehr in die Lage versetzen, eine bedeutende Rolle in der Gesellschaft einzunehmen. Dass dem seit Jahrzehnten nicht mehr so ist, liegt eben nicht nur an einem Bündel kontextueller Faktoren (Wirtschaftsweise, Technologieanstieg, Medienfilter), sondern hat die Branche selbst mitzuverantworten (Akademismus, Selbstbezogenheit, Opferrolle). Ein Befund aktueller Bautätigkeiten zeigt nämlich ein fatales Bild, das nicht vermuten lässt, es gäbe darauf einwirkende Fachleute: Heute kann jede beliebige private Person wie professionelle Organisation ohne jegliche „Fachkompetenz des Fügens" alles Mögliche aus allem Verfügbaren zu Gebautem fügen. Entsprechend belanglos[6] zeigen sich unsere be-, zer- und versiedelten[7] Landschaften. Dass dies zu einer schizophrenen historischen Situation für uns Architekturschaffende führt, liegt auf der Hand. Wir haben Jahrhunderte lang kulturell eingeübt, (neu) zu bauen – und sehen nun ein Ende dieses Selbstverständnisses auf uns zurasen. Gerade in diesem historischen Moment dürfen wir nicht an Einfluss verlieren. Es ist auch an uns, die „Zuvielgesellschaft" mit ihrer narzisstischen Sehnsucht nach dem Einfamilienhaus wie auch die „Bauwutschaft" mit ihrem neurotischen Zwang zum Weitermachen mit in Wende zu führen, in eine Welt, in der das Gemeinsame an Wert gewinnt.

zwingend missbraucht

In diesem aktuellen Dahinschlingern sind Selbstverständnisse oder Etikettierungen wie „experimentell" und „sozial" der Welt zwar weiterhin herzlich egal, doch werden diese – so wir sie akademisch anstrengen – für fremde Interessen gekonnt und intuitiv missbraucht. Entweder ist dann das „Experimentelle" das gern gesehene bildgetriebene Erotikum der Oberflächen von lieblosen wie maßlosen Massen an Bauvolumen. Oder das „Soziale" wird zum gern gesehenen politikgesteuerten Sedativum, das in kleinen und kleinsten Nischen als Projekt kurzgehalten wird, um auch das Korrekte getan zu haben. Beide Phänomene, sowohl der bauwirtschaftliche Kunstmissbrauch als auch der baukulturelle Ablasshandel, schaffen jene Form von Architektur ab, die für uns alle von Bedeutung wäre: Eine konkret im Hier und Jetzt verankerte, „wirk-lich" gewollte Architektur. In diesem Sinn ist Architektur eine „bedrohte Art". Weder angstgetriebene Politik noch profitfixierte Wirtschaft brauchen sie. Im Gegenteil: Sie stört, weil sie „kompliziert" erscheint. Und alle, die Komplexität mit Kompliziertheit verwechseln, applaudieren, wenn Architektur (im besten Fall rechtlich abgesichert) verhindert werden kann. Doch absurderweise haben es die kaprizierten und wilden künstlerischen Auswüchse unserer Branche einfacher, in diesem besinnungslosen Treiben zu bestehen. Denn eine sichtbar extra aufwendige Architektur ist salonfähig, wenn sie die Medien zu berauschen vermag und in ihrem Sog alle als Gefeierte mitnimmt, die politisch punkten wollen oder müssen. Jeder Hof der Welt braucht sein Spektakel. Und Hofnarren sind natürlich gerne gesehen. Sie sprechen Wahrheiten aus, die nur im Spaß erträglich sind. Und prompt findet auch die sozial engagierte Architektur ihren Unterschlupf. Das ist Inklusion – in zynischer Form!

Plädoyer Raum

Als wir in unserer Abteilung jüngst beim Brainstorming zu unserem Profil zusammensaßen, waren viele im Team von einem Vorschlag begeistert, der angesichts medialer Bildfluten und digitaler Ersatzwelten einer Stärkung zu bedürfen scheint: „Ja, das ist es: RAUM! Das muss wieder und wieder gesagt werden!" Adressiert war damit auch der Anspruch unserer Studios zur Exzellenz im konkreten Entwerfen. Wir wollen uns, beispielsweise in Form von Kooperationen,[8] im eigenen Umfeld einmischen und dadurch auch außerhalb universitärer Sphären etwas wirksam anstoßen. Das klingt möglicherweise banal, doch steckt dahinter ein tieferer Sinn. Denn in einer Zeit kontinuierlicher Krisen wird neben dem theoretischen Denken insbesondere das konkrete, unmittelbare Handeln zu einer eigenen Kompetenz in Sachen Nachhaltigkeit. Architektur erhält hier womöglich eine zweite historische Chance,[9] wieder an Bedeutung zu gewinnen. Das führt mich zu meinem Plädoyer: Wir müssen uns zurückbesinnen, müssen Raumqualität als eine Bedingung für Lebensqualität[10] verstehen und sie auch erzeugen – sei es im Rückbau, im Umbau, im Weiterbau oder im Schaffen von Zwischenraum.[11] Eine „radikale Architektur" also, die gemäß dem Wortsinn ihre Wurzeln konsequent kultiviert, sucht ursächlich Qualität im Raumhaltigen und Zwischenräumlichen, um diese dann mit formalen, technischen, sozialen und umsetzungsbezogenen Aspekten abzugleichen. Wenn wir also unsere Studierenden im konkreten Entwerfen begleiten, wenn wir ihnen bewusst machen, wie zwingend sie dabei ihre Hausaufgaben inkorporieren müssen, wenn wir sie befähigen, reflektiert, verbindlich und mitfühlend zu agieren, dann steigt die Wahrscheinlichkeit für ihre Resilienz im Umgang mit (globalen) Krisen und (eigenem) Artenschutz (letzterer sollte darüber hinaus auch als ein Eigenart-Schutz beseelt werden).

radikal:RAUMkultur

Die Kernkompetenz RAUM allein wäre ausreichend, könnte sie in der Raumproduktion eindeutig fachlich ausgehandelt werden. Doch der aus den Missverständnissen von beiden Seiten geborene Missbrauch, den beide – Täter[12] wie Opfer – mehr unbewusst als wissentlich betreiben, steht dem entgegen. Architektur muss sich also einerseits selbst finden, wofür eine schonungslose Selbstreflexion not-wendig wäre (erst in den jungen Leuten an den Universitäten sehe ich eine gebildete Generation heranwachsen, die dazu bereit ist). Andererseits muss Architektur wieder einen größeren Anteil an Entscheidungen mit beeinflussen und an Geschaffenem mit verantworten. Sie muss letztlich gefährlich werden, wenn sie auf beständige Weise kulturell eingeübte politische und wirtschaftliche Routinen hinterfragt, um zu neuen Entwicklungen zu kommen, diese zu befördern oder ihnen beizustehen. Eine in diesem Sinn radikale Architektur ließe sich also zusammenfassen als „radikal: Architektur!". Das Attribut „radikal" schließt dabei wesentliche Ansprüche einer solchen Architektur mit ein und ist darüber hinaus sinnstiftender und konstruktiver als „experimentell" oder „sozial". Gleichzeitig muss „radikal" stets mit dem „Hier" und „Jetzt" verknüpft sein, denn genau durch diese Verbindung ist Architektur gefährlich, genau so ist sie anwesend. Sie sucht Qualitäten also im Konkreten, in jedem Winkel des Raumes, in jeder Spanne dazwischen, in jeder Situation eines Alltags, für alles Leben auf dem Planeten. Sie verliert sich nicht in formalen Gesten, akademischen Diskursen, weltfremden Spektakeln, wiederkehrenden Moden. Sie ist damit gewappnet gegen Missbrauch, nicht zuletzt auch deswegen, weil sie sich selbst und ihre Rolle reflektieren gelernt hat. Ihre eigene Resilienz möge dann über das Fachliche hinaus für andere zum Vorbild werden. „radikal: Architektur!" löst sich von Etiketten und Akademismen, sie will wirken, sie wendet sich der Welt zu, im Sinne einer Care-Beziehung.[13] Eine solche Architektur wird mit sozialem Anspruch und großer Experimentierfreude dabei helfen, maßlos Belangloses in angemessen Sinnstiftendes zu wandeln. So wird sie „radikal:RAUMkultur" verfolgen.[14]

Anmerkungen

1 Gemäß der Textierung aus einem jüngst eingesetzten Ausschreibungstext

2 Zur historischen Entwicklung von Autorschaft: Zinner, Michael: *Schulen bilden*. Dissertationsschrift. Linz 2016. Vgl. den Blog: http://www.schulraumkultur. at/phd/ (letzter Zugriff: 21.06.2024)

3 Autoimmunreaktion auf die von Roland Gnaiger forcierte Haltung einer „sozialen Architektur"

4 Wobei der *next step* ein „personalisiertes Studieren" wäre, das von mir im Studio RAUMkultur sukzessive eingeführt wird. Im Gegensatz zu Individualisierung wird hier spezifisch auf die jeweilige Person und nicht nur auf deren Leistungslevels eingegangen.

5 Oftmals ohne selbst Kosten einhalten zu können, und wenn, dann nur mit hohen – meist selbst nicht als solche wahrgenommenen – kulturellen Verlusten

6 Der Begriff *Belanglosigkeit* (oder auch Lieblosigkeit) meint hier die Abwesenheit von Zuwendung zu einer Sache (beispielsweise zu der Kunst des Fügens). Der Begriff *Hässlichkeit* hingegen würde zu ästhetischen Diskussionen führen und damit fatalerweise vom Kern der Sache ablenken.

7 Der hier eingesetzte Begriff *Versiedelung* soll über die Zersiedelung hinaus die maßlose Entfesselung von immer neuem Bauwillen als eine Art dekadentem Wahnsinn beschreiben.

8 Zwischen 2018 und 2024 wurden elf der zwölf Entwurfsprojekte von RAUMkultur im Rahmen von Kooperationen mit Dritten (Vereine, Gemeinden, Private) durchgeführt. Siehe dazu auch die Titelblätter der je Semester herausgegebenen Broschüren auf den folgenden Seiten: 118, 120, 133, 138, 149, 162, 165.

9 Die erste Chance kam mit der Moderne.

10 Der Begriff *Leben* bezieht sich nicht nur auf Menschen, sondern auch auf Tiere und Pflanzen.

11 Der exklusive Neubau wurde hier bewusst nicht angeführt. Studierende im Studio RAUMkultur bekommen seit 2018 keine Neubauaufgaben mehr gestellt. Wir benötigen einen Neubaustopp.

12 Die Täterschaft entspringt dem männlichen Streben, die Welt zu dominieren, daher wird hier keine gegenderte Form verwendet.

13 Das Pflegen darf unsere Gesellschaft noch kultivieren, insbesondere die Männer (*Care* steht für Umsorge, Obsorge, ein Sich-Etwas-Annehmen); vgl.: https://care-revolution.org/ (letzter Zugriff: 21.06.2024).

14 Siehe dazu das aus einer Forschungsaktivität hervorgegangene Schulbau-Projekt ROSE auf Seite 148 (Abb. 266, 267).

Interview

Michael Zinner
im Gespräch mit
Barbara Pampe

(hoch)schulRAUMkultur

Barbara Pampe stellt Fragen an Michael Zinner, leidenschaftlicher wie neugieriger Architekt, Hochschullehrer und Mensch, der sich im Rahmen seiner Lehre im Studio RAUMkultur und seiner Forschung zum Thema schulRAUMkultur für veränderte Bildungsbauten, eine Transformation des Bildungssystems und bedeutsame Lehre einsetzt. Das Gespräch wurde im September 2023 geführt.

Barbara Pampe (BP): Dein Entwurfsstudio nennt sich RAUMkultur. Welches Bild von Lernen und Lehre steckt dahinter und welche Inhalte möchtest du vermitteln?

Michael Zinner (MZ): Allem voran stelle ich den Raum heraus – in Großbuchstaben. Das scheint, selbstredend, fast überflüssig. Doch ich will Raum explizit thematisieren, und zwar auf zweifache Weise: Einerseits ist Raum im Gegensatz zu Konstruktion, Technik, Bauphysik und so weiter jener Gegenstand, für den wir im Reigen der Fachwelten dediziert zuständig sind. Raum ist einzig unsere Expertise und Raum ist unsere einzige, also alleinige Expertise. Wir sind die Lobby für Raum. Raum kann schließlich von keinem Unternehmen verkauft werden.

BP: Welche Rolle spielt und welchen Wert hat der analoge Raum in der Kultur der Digitalität?

MZ: Mit dieser Frage kommen wir zum zweiten Punkt. Andererseits ist Raum im Zuge der digitalen Transformation grundlegend und wird auch im eigenen Handwerk nochmal spezifischer in den Fokus gerückt. Eine Jugend, die schon von klein an mit digitalen Medien aufgewachsen ist – inzwischen sind das unsere Studierenden –, muss den analogen Raum, beispielsweise in einem Arbeitsmodell, erst einmal nicht nur kennen, sondern auch neu entdecken und lieben lernen. Raum wie auch Körper beziehungsweise Körperlichkeit erleben im Zuge der digitalen Transformation eine beispiellose Polarisierung. Sich allein in die Vergangenheit oder Zukunft zu flüchten, das ist natürlich zu simpel. Was mir am Herzen liegt, ist die maßvoll balancierte Beachtung beider Aspekte. Raum ist und bleibt natürlich mehr als Rechenleistung oder Geometrie. Raum ist mir daher auch in seinen sinnlich-physischen, sozialrelationalen und sprachlich-politischen Qualitäten wieder neu ein Anliegen.

BP: Welche Bedeutung hat dann das Wort „Kultur" im Titel des Studios?

MZ: Mit Kultur ziele ich auf das Bewusstmachen zeitbezogener Verhältnisse ab. Wir sehen auch in unserer Branche, wie Schnelllebigkeit und Aufmerksamkeitsdefizite Hochkonjunktur erfahren. Die Architekturfotografie mussschon vor der Eröffnung eines Baus im Einsatz sein, oftmals auch, weil die mediale Logik der Büro-Websites eine höhere Schlagzahl an News fordert. Anders gesagt: Unser Zirkus ist zeit-gierig. Niemand kann kaum etwas erwarten – auch wenn niemand darauf wartet!

BP: Inwiefern hat nun dieses Hetzen in der heutigen Zeit mit deinem Begriff und Verständnis von Kultur zu tun?

MZ: Das war nur ein Beispiel dafür, wie uns ein souveräner Umgang mit Zeit im Sinne von Gelassenheit und Demut abhandenzukommen scheint. Der Bau einer Kathedrale wäre heute für Architekt*innen un-denkbar. Ein Fundament zu erschaffen, um dies dann der nächsten Generation zu überantworten? Wie erfolg-los für das eigene Ego und wie zweck-los für ein Büro erschiene das denn? Kein Erfolg und kein Nutzen – das passt so gar nicht in die Logik eines Machbarkeitsdenkens, dem auch Kulturschaffende immer mehr erliegen. Zeit wird knapp. Das frisst uns auf. Und hinter diesem Hetzen liegt ein weiteres Dilemma: Unsere Branche erliegt nach wie vor der Ideologie des Erfindens, sucht ständig das Neue – und landet oftmals beim Sensationellen.

BP: Ist es nicht unser Problem, dass wir uns mit Veränderungen und Neuem schwertun? Das Neue und vor allem das Teilen von neuem Wissen bringt doch auch Weiterentwicklung mit sich?

MZ: Neu und neu sind zwei Paar Schuhe. Es gibt das eine, das „Nächste", das ich ein kontinuierliches Sich-Entwickeln nenne. Und dann gibt es das andere, das „Hauptsache-Neu", das ich als ein verinnerlichtes Erfinden-Müssen beschreiben will. Viele Büros wollen natürlich glänzen, auch wenn das niemand von sich selbst so sagen würde. Sie betreiben ihre Arbeit ernsthaft und befinden sich dennoch (auch!) in der Denkfigur, dass nur das Neue etwas zählt. Das ist ja auch der Kern der Wissenschaft. Doch kann uns das letztlich auch korrumpieren. Deshalb schlage ich vor, Architektur als ein andauerndes Weiterbauen zu verstehen. Wie die Wissenschaft auf den Schultern des Riesen steht, so bauen wir einfach weiter. Diese Denkfigur stärkt uns in unserer Einordnung in das Nächste. Das kann auch – pragmatisch gesehen – wie ein Schutz qua Philosophie wirken. Bauen ist schließlich immer impliziter Teil von Tradition, kann ihr gar nicht entkommen! Jüngst hat Hans Schmalscheidt in der Denkmalpflege die schöne Formel *X + 1 = 1* publiziert. Diese wird sich auf das gesamte Baugeschehen ausdehnen, wenn wir uns einbremsen lernen müssen. Doch vorerst bleibt diese inkorporierte Gier nach dem Neuen, diese Innovations-Verseuchung unserer Welt noch en vogue, auch unter akademischen Eliten.

BP: Geht es nicht vielmehr um den Umgang mit Innovation, nicht nur im technischen Bereich, sondern auch im Planen und Bauen? Auch einfaches Bauen ist mittlerweile aufgrund des immensen und komplexen Regelwerkes eine Innovation. Sollten wir nicht vielmehr den Open-Source-Gedanken, das Teilen von Wissen pflegen und damit Veränderung und vor allem Weiterentwicklung ermöglichen?

MZ: Dem stimme ich zu. Dennoch brauchen Technik und Innovation eine Relativierung, anders, es braucht eine Lockerung unseres kollektiven Gewebes. Denn für die Mehrheit der nach wie vor Technikgläubigen ist Innovation der einzige und, wie betont wird, der vernünftige (!) Weg aus der globalen Krise. Für mich persönlich war es der Weg in diese hinein. Ironischerweise werden wir ohne Technik tatsächlich nicht weiterkommen – doch nur, weil wir uns in einen Technik-Sachzwang versetzt, die Welt gewissermaßen in technische Geiselhaft genommen haben. Innovation wurde Religion, und wie mir scheint, bleibt sie es vorerst weiterhin. Mich interessiert hier ein anderer Begriff, der für eine breitere Denke stehen kann: Transformation.

BP: Transformation ist die neue Nachhaltigkeit. Das Wort wird zum Modewort, obwohl der Wandel noch nicht vollzogen ist und die Umsetzung komplizierter und schwerfälliger wird, als wir es uns wünschen und es notwendig wäre. Lass uns nun zum Zeitbegriff zurückkommen, den du im Zuge der Erklärung von Kultur schon zu thematisieren begonnen hast.

MZ: Hinter dieser religiös-technischen Weltbeherrschungsphilosophie steht der Glaube an die Machbarkeit. Alles muss verfügbar gemacht werden. Auch wir selbst. Doch ein letztes nicht zu beherrschendes Wesen ist die Zeit – das macht sie ungemein interessant. Ihr sind wir noch ausgeliefert. Wir haben den Bezug zu einer uns angemessenen Zeitlichkeit verloren, gieren nach Unsterblichkeit und befinden uns gleichzeitig in einem Wettlauf mit der Zeit, weil es schon drei nach zwölf ist. Wir sind weder zeitlos noch zeitfrei, wie Gebser es sagen würde, wir sind zeitgefangen bis zeittot. Was uns beispielsweise fehlt, sind mehrere Zeitenwahrnehmungen gleichzeitig. Um angemessen mit unseren globalen Chancen umzugehen, brauchen wir ein Gleichzeitigkeitsbewusstsein von Vergangenheit und Zukunft, die in der Gegenwart zusammenfallen. Gegenwart, Moment also, versuchen immer mehr Menschen ja auch morgens, abends oder an den Wochenenden in Meditation einzufangen. Entscheidend ist dies aber nicht nur für unser privates Glück, sondern als Denkfigur. Beide kommen auf uns zu: sowohl die Vergangenheit als auch die Zukunft. Wir dürfen aufhören, der Zukunft nachzulaufen und der Vergangenheit nachzutrauen. Sie sind immer beide da. Wir sollten uns also so verstehen, als würden wir immer in allen Zeiten arbeiten.

Und nun zurück zur Universität: Ich will jungen Leuten eine Idee davon vermitteln, was Zeit sein kann und warum Zeitkultur auch eine Schlüsselfähigkeit sein wird, um aus der Krise zu finden. Könnte ich es bestimmen, würde ich im Architekturstudium ein Jahr Gartenarbeit verankern. Zeitbeziehungen zu entwickeln, das gelingt am tiefsten in und mit realer Erfahrung. Neben der linearen auch die zyklische Zeit zu erleben ist wichtig, um ein tieferes Verständnis für alle Zeit(en) zu entwickeln. Zufall, Zyklus und Vision – sie alle haben etwas mit Zeit zu tun. Das will tiefer als rational verstanden werden. Reale, unterschiedliche Zeiterfahrungen könnten es ermöglichen wahrzuhaben, dass Zeit etwas Größeres ist als wir und dennoch in uns immer wieder neu erschaffen wird. Die Vergangenheit umarmen hieße dann, dies gleichzeitig auch mit der Zukunft zu tun. Und von der Zukunft sollen sich junge Leute küssen lassen, anstatt ihr gestresst hinterher zu hecheln. Muse statt Muss. Deswegen biete ich seit diesem Semester für Interessierte ein Seminar an, das ich ZEITkultur nenne. Pflege und Demut wollen kultiviert werden – und sind Kulturen. Mein Studio könnte also bald schon ZEITkultur heißen.

BP: Wie wäre es mit zeitRAUMkultur?

MZ: Das ist ein schönes Wort. Ich lasse das auf mich wirken und werde es vielleicht wirklich umsetzen.

BP: Gehen wir einen Schritt weiter: „Jede vernünftige Meinung entsteht aus der Konfrontation", meint Giovanni di Lorenzo. Ich formuliere es einmal breiter: „Jede Meinung entsteht aus Konfrontation." Es geht vor allem um die Auseinandersetzung, das Zuhören, das Argumentieren und damit um Meinungsbildung. Wie siehst du das? Wie würdest du das Zitat in deine Lehre übersetzen?

MZ: Da muss ich zuerst noch bei „vernünftig" einhaken. Mir ist bewusst, dass wir mit Vernunft einen Teil unseres Schaffens bewältigen. Doch der Vernunft gleichrangig erlebe wohl nicht nur ich Intuition, Sinn oder schlicht Gefühl. Es herrscht beispielsweise flächendeckender Konsens unter Architekt*innen, dass ein Ort zu Beginn eines Entwurfs real erlebt werden will. Das wäre ein Vorgehen auf der Ebene von Gefühl und Intuition, oder? Mit Vernunft decken wir vieles ab, doch oftmals ist es unser Sinn für das je Genuine im Ort, aber auch für das je Genuine in der Aufgabe oder für das je Genuine bei den Auftraggebenden, der über ein gelingendes Schaffen entscheidet. Die „Meinung" will ich also auch – wie du – aus der Umklammerung der Vernunft von di Lorenzo gelöst wissen.

Ich halte Meinung, oder besser noch Meinungsbildung, für wichtig, führt sie doch zu einem großen Wort: zur Position, die wir einnehmen. Für die Jugend ist das eine entscheidende Aufgabe während des Studiums, auch deshalb, weil in solch einem Lebensabschnitt das Denken gar nicht anders kann, als sich durch Ideologien Identität zu verleihen beziehungsweise (fachliche) Zugehörigkeit zu generieren. Daher bin ich auch zufrieden, wenn bei Studierenden Konfrontation – oder Verehrung, auch das gibt es – als Medien für Positionsbestimmungen wirksam und sichtbar werden. Mein „Lehrmodus" in diesem Bezug ist meine Aufforderung, präzise zu denken. Hier lasse ich Studierende nicht aus der Eigen- wie Fremdverantwortung. Sie müssen nicht umfassend denken, also viel wissen, denn das kommt mit der Zeit. Aber sie müssen präzise denken lernen, und das wiederum ist jeden Moment entscheidend.

BP: Und deine eigene Position? Welche Rolle spielt die in deiner Lehre und wie vermittelst du sie?

MZ: Ich persönlich bin seit geraumer Zeit nicht mehr in der Lage, meine eigene Position zu bestimmen. Zu viele von mir anerkannte Widersprüche kann ich nicht mehr in einen größeren Sinn in mir integrieren. Für einen Universitätsprofessor mag das eigen klingen, doch glaube ich, dass Position in der Sache zunehmend unmöglicher wird. Auch wenn sich hier in diesem Interview eine Position aus meinen Antworten herauslesen lässt, will ich darauf bestehen, meine Position nicht klar bestimmen zu können, ja sogar nicht mehr zu wollen.

BP: Positiv ausgedrückt könntest du sagen, dass du dich ständig selbst in einem Lernprozess befindest und keine Dogmen verfolgst?

MZ: Natürlich! Das Einsehen in eine prozessuale Bedingtheit brachte mich schließlich hierhin. Doch es ist, ohne jammern zu wollen, auch ein „Leiden". Denn meine kontinuierlichen Zweifel lassen sich nicht mehr abschütteln. Dogmen tauchen übrigens weiterhin auf. Es ist eine Illusion, sich dogmenfrei zu wähnen.

BP: Du legst in deiner Lehre viel Wert auf den richtigen Sprachgebrauch und ehrliche Beschreibungen der Entwurfsideen durch die Studierenden. Sprache ist wichtig. Aber warum ausgerechnet in der Architektur, wenn doch die Zeichnung unsere Sprache ist?

MZ: Neben ihrer inhaltlichen Dimension im Denken ist unsere Sprache in ihrer strukturellen Dimension Ausdruck unserer Denkfiguren und somit unserer Bewusstseinsverfassung. Ich habe mich im Zuge meiner Dissertation mit Bewusstseinsforschung beschäftigt. Aus dem sachlichen Thema „Bildungsbau“ bin ich rasch in das modale Thema „Partizipation“ gerutscht und schließlich im gesamthaften Thema „Person“ gelandet – eine Abfolge, die Scharmer in seiner U-Theorie mit der Fragen-Kurzformel „Was? Wie? Woher?“ auf den Punkt gebracht hat. Seit damals ist mir ein Stück weit klarer gewahr, wie das Handeln einer Person mit ihrem Vermögen, sich die Welt zu erklären und sich auf sie einen Reim zu machen, in Wechselwirkung steht. Die Tiefe des Bewusstseins ist demnach Ausdruck von Entwicklung. Dieses Geschehen wohnt in der Zeit, denn wir können nicht bewusst bewusster werden. Das müssen wir geschehen lassen. Und genau hier sind Sprache und der Umgang mit ihr ein mittelbares Medium, um Wahrscheinlichkeiten für gutes Gedeihen zu erhöhen. Deshalb achte ich darauf, dass meine Studierenden jenseits der Sache auch den Umgang mit ihr und die eigene innere Sinnbildung dazu wahrnehmen lernen.

BP: Es wird oft beklagt, dass aktuell Studierende wenig Verantwortung übernehmen wollen. Es geht darum zu erkennen, was getan werden muss, auch wenn es lästig ist. Es geht auch darum, sich der Folgen der eigenen Handlungen bewusst zu sein, Mut zu zeigen, für Mitmenschen ein- und für Werte geradezustehen. Es bedeutet auch, sich für eigene Fehler entschuldigen zu können und sich zu verändern. Ist es auch Aufgabe von Hochschulen, das zu unterstützen, zu fördern und sogar zu fordern, also Herzensbildung zu betreiben?

MZ: Der Begriff *Verantwortung* bedeutet auch, Antwort zu geben, also nicht stumm oder inaktiv zu bleiben. Das ist eine zentrale Qualität im Architekturschaffen. So verzwickt eine Aufgabe auch sein mag, sie trägt die Antworten (Plural!) auf ihre Fragen in sich. Um auch nur eine dieser der Aufgabe innewohnenden Antworten zu der des eigenen Entwurfs machen zu können, braucht es Einfühlungsvermögen. Sich in etwas einfühlen zu können ist eine Folge des Wollens, und dies wiederum ist eine Frage der Haltung. Um Haltung zu entwickeln, braucht es ein Bewusstsein dafür, dass Haltung Sinn macht. Das nenne ich schließlich Herzensbildung.

Doch ist es nicht klug, dieses Thema, und erst recht das Wort „Herz“, in Universitäten an die große Glocke zu hängen. Universitäten sind noch nicht so weit. Sie schlagen sich aktuell zu einseitig mit einem Noch-Mehr an Forschung und Innovation herum, um sich, wie sie meinen, überhaupt behaupten zu können. Ich erlebe das als nervöses Zucken in einem neoliberal-panischen Treiben. Für mich geben Universitäten ein trauriges Bild ab, doch ist dies historisch unvermeidbar. Da müssen wir also erst noch durch. Ich arbeite derweilen still in meinem Bereich und hoffe, damit bei ein paar jungen Leuten unmittelbar Resonanz auszulösen und mittelbar Wirkung zu entfalten.

BP: Welche Aufgaben haben Lehrende im Architekturstudium? Schule muss Kinder und Jugendliche auf die Welt von morgen vorbereiten. Was ist die entsprechende Aufgabe von Universitäten?

MZ: Hier sehe ich Schulen und Universitäten im gleichen Boot, aber nochmals anders als in deiner Frage. Sie sollen auf die Welt von *heute* vorbereiten – ich würde mir hier kein morgen anmaßen. Doch während Schulen das breiter anlegen müssen, sind Universitäten historisch gewachsen in Fachwelten zersplittert, in denen sie sich in die Tiefen des sachlichen Erkenntnisgewinns stürzen. Das ist einerseits weiterhin Bedingung und andererseits zunehmend Weltentfremdung wie Weltentfernung. Wissenschaft leidet unter Verzettelung, und gleichzeitig muss sie das tun: sich verzetteln. Hinzu kommt noch die schleichende Gewissheit, wie sehr Objektivität auch Illusion sein muss. Und schließlich leidet unsere Gesellschaft an zu viel Wissen, gleichzeitig aber auch an Wissensfeindlichkeit. Diese Wissensdilemmata können in Kombination mit heutigen Handlungsunfähigkeiten von Institutionen, Staaten und der internationalen Gemeinschaft auch gut mit dem „rasenden Stillstand“ von Paul Virilio neu umschrieben werden. Hier mittendrin befinden sich Universitäten, verdammt zu Drittmitteln und kontrolliert in ihrer Lehrleistungsfähigkeit.

BP: Siehst du das auch an den Architekturfakultäten und am Architekturinstitut der Kunstuniversität Linz?

MZ: In der Architektur wie auch an Kunstuniversitäten leben wir noch nicht in einem gänzlich abgeholzten Wald. Auch wenn Evaluierungen und Selbstbeschäftigungsadministrationen stetig zunehmen, können wir, salopp formuliert, letztlich nach wie vor machen, was wir wollen. Ich erlebe das als eine Gelegenheit in einem historisch noch ein paar Jahre offenen Zeitfenster – und nutze diese. Ich arbeite also wirklich an der „Vorbereitung auf das Heute“. Schließlich gehören universitäre Alumni zu jenen Eliten, die später mal mit höherer Wahrscheinlichkeit längere Hebel in Händen halten. Genau deswegen sollten sie mehr als Fachidiot*innen sein. Dieses mein Vorhaben halte ich für eine erweiterte wie erweiternde Aufgabe von Universitäten im 21. Jahrhundert. Denn nicht unsere komplexen und/oder komplizierten Systeme mit den Logiken der Selbsterhaltung, sondern konkrete Personen, auch akademische, sind die Orte der Veränderung.

BP: Warum ist das für dich gerade in der Architektur von so großer Bedeutung?

MZ: Ich kenne leider zu viele Architekturschaffende, die ich als emotional oder sozial vollkommen unvermögend wahrnehme – sie zerstören im Modus der Beiläufigkeit Welt, auch wenn sie wegen eines „Erfolgs“ oder etwas „Neuem“ von der Branche gefeiert werden. Der Jubel ist groß, und muss zwanghaft groß sein, der Flurschaden allerdings oftmals gewalt(tät)ig. Er wird in Kauf genommen, verdrängt oder verschwiegen und höchstens raunend hinter den Kulissen besprochen. Und immer noch wundern sich Kolleg*innen wie Kammern, warum Architekturschaffende für den Rest der Welt ein, sagen wir, bemitleidenswertes Bild abgeben. Die Mehrheit der Bürgermeister*innen scheut vor einem Bauvorhaben mit uns. Es droht Mehraufwand, der mit Mehrkosten verbunden scheint. Und sie haben da wie dort auch recht. Ich kritisiere dabei den Mehraufwand, der aus der Unfähigkeit unserer Leute generiert wird, sich auf die Welt einzulassen und berührt wie berührbar zu sein, auch wenn ich verstehe, dass die Rahmenbedingungen gerade nicht förderlich sind. Jener Mehraufwand allerdings, der für die Kultur erforderlich ist, der darf die Menschen ruhig beschäftigen.

BP: Was willst du an dieser Stelle den jungen Architekt*innen mitgeben?

MZ: Ich will mit den jungen Leuten daran arbeiten, dass sie mit der Welt in Kontakt treten, sich auf Menschen einlassen und sich als einen wichtigen, doch in Wechselwirkung mit anderen stehenden Teil eines Prozesses erleben lernen. Insofern soll für mich auch Universität auf die Welt vorbereiten.

BP: Was sollen Studierende bei dir im Studio RAUMkultur im Zeitalter der Bauwende, der Kultur der Digitalität und des Klimawandels lernen?

MZ: Eine große Frage, die ich nur konkret beantworten kann: Alle unsere Entwurfsaufgaben beschäftigen sich mit Umbau, Weiterbau, Sanierung. Das ist mitunter aufwendiger und auch schwieriger zu simulieren, weil wir ja abhängig davon sind, nicht nur entsprechende Themen, sondern auch konkrete Bestandspläne zu finden. Studierende lernen bei mir beispielsweise nicht mehr, wie Tiefgaragen geplant werden, sondern sie beginnen zu deklinieren, was die vielen unterschiedlichen Räder an Stellflächen brauchen. Das zeigt noch die einfacheren Übungen, sie sind sachlicher Natur.

BP: Was sind hier die nächsten, schwierigeren Übungen?

MZ: Was komplexer zu üben ist, sind Fragen des Modus. Denn wie soll partizipatives Entwerfen an einer Universität simuliert werden? Wir sind daher immer auf der Suche nach Partnerschaften mit Gemeinden, Institutionen, Unternehmen oder Privaten, die mit uns auf Ideensuche gehen wollen. Das führt dann und wann sogar zu echten Beteiligungsszenarios, etwa in Gemeinden. Eine großartige Gelegenheit, in der auch die Berührung mit Welt, von der ich oben sprach, erlernt werden kann.

BP: Was können Universitäten und insbesondere Architekturstudierende zur aktuellen Schulbauwelle und zum Innovationsstau im Schulbau beitragen?

MZ: Bei Staus, auch bei Innovationsstaus, bleibe ich gelassen. Doch ist es interessant, dass Universitäten heute nicht auf die Schulbauwelle eingehen. Es braucht Dritte, wie euch beispielsweise, die Montag Stiftungen, die mit privatem Geld im deutschsprachigen Raum ein Epizentrum der Schulbauforschung etabliert haben. In den 1960er und 1970er Jahren hingegen wurden sogar eigene Institute gegründet und die Arbeit auch noch massiv von Ministerien unterstützt oder beauftragt. Damals freilich war die Herangehensweise viel technischer bis technizistischer. Hinzu kam ein noch ungebrochener Fortschrittsglaube, der verstärkt auf Bildungsgerechtigkeit setzte, zumal dies auch Ausdruck und Folge gesellschaftlicher Befreiungsbewegungen war.

BP: Was hat sich hier verändert?

MZ: Heute sitzen wir ernüchtert da und wissen noch nicht, wie wir unseren Kater als Folge eines neoliberalen Deliriums loswerden. Gelder werden zunehmend ungleicher verteilt, so auch ablesbar in den Relationen von Bildung und Wirtschaft. Ich trete um ein paar Hundert Euro als Redner auf, ein Wirtschaftsheini um ein paar Tausend, also um das Zehnfache. Bildungsadministrationen ergehen sich in Kompetenzdefinitionen und Inklusionsbeschreibungen und ersticken so alles Transformierende in Papier, ohne es zu merken. Analoge Wälder werden abgeholzt, abstrakte wuchern. In diesem Umfeld dürfen Universitäten sogar dankbar sein, wenn sie für die Heizung der Gebäude mit Extra-Zuwendung bedacht werden. Der Mainstream investiert enthemmt bis entfesselt in MINT, IT und KI – da bleibt wenig Bewusstsein für Bildung und Schule. Doch Universitäten sind empfänglich für diesen Mainstream, weil sie sich nicht für Bildung, sondern für Forschung und Lehre etabliert sehen. In diesem Sinn tragen Universitäten aktuell wenig bis nichts zu tiefer liegenden Änderungen beziehungsweise zum Geschehen im Bildungsbereich bei.

BP: Wie hast du das Thema in der Lehre und in deinem Entwurfsstudio verankert?

MZ: Bei Studierenden spielt etwas anderes eine Rolle. Sie alle haben gerade Schulerfahrungen hinter sich gebracht. Sloterdijk nannte die Maturant*innen einst „Landsknechte einer abgehalfterten Armee“. Martialisch zwar, doch wenn wir den Blick auf die seelische Dimension der jungen Menschen richten, gut und gerne zutreffend. Wenn Studierende nun einen Schulbauentwurf üben, sind sie natürlich erstmals auch mit Handwerklichem beschäftigt. In einem zweiten Schritt konfrontieren wir sie mit all dem, was wir unter „neue Lernkulturen“ subsumieren, also beispielsweise mit der Ablöse der monokulturellen Instruktion durch einen Reigen an unterschiedlichem Lerngeschehen. Und da zeigt sich etwas Interessantes. Alle zeichnen das, was sie kennen: jene aus den Regelschulen ihre traditionellen Klassenräume und Tafeln, jene aus alternativen Schulmodellen ihre Alternativen. Sie alle bringen ihr verkörpertes Erfahrungswissen ein. Der fette Gewinn sind die Unterschiede innerhalb der Studierendengruppe, denn sie ermöglichen emergente Erkenntnisse. Studierende können erkennen, dass und wie sie noch gefangen sind. Der Schulbau zeigt sich also als schöne Übung, weil er den Leuten noch im Körper steckt. Und das wird dann, wenn sie einmal ihre eigenen Kinder in die Schule schicken, vielleicht etwas verändert haben.

BP: Ich danke dir für das Gespräch!

183

Abschlussarbeit: *Kollektive Wohnformen – neu interpretiert am Beispiel Havana/Kuba*, Andreas Liska, 2009, Btr.: Sabine Pollak

184

„Der Bau.Unter uns“, Ausstellung und Fassadenabschlag im Rahmen von Linz09 – Europäische Kulturhauptstadt, Gabu Heindl mit Hito Steyerl, 2009

2009

185

Logo „Linz 2009 Kulturhauptstadt Europas“, 2009

Einen Höhepunkt des Wechsels der Linzer Selbstdefinition von Stahlstadt zu Kulturstadt stellt das Jahr 2009 dar, in dem Linz, gleichzeitig mit Vilnius, europäische Kulturhauptstadt war. Neben einer Vielzahl an temporären Projekten hat Linz09 auch längerfristige Veränderungen im Stadtbild geprägt. Sowohl der Umbau des Ars Electronica Centers und des Salzamts, die Erweiterung des Schlossmuseums und der Landesbibliothek, der Neubau des Musiktheaters sowie die Modernisierung der Pöstlingbergbahn wurden durch Linz09 angestoßen oder zum Kulturhauptstadtjahr fertiggestellt.

186

Miete, Strom, Gas, Installation von Martin Strauß und Karl-Heinz Ströhle, Festival der Regionen – Normalzustand, Linz-Süd: solarCity und Auwiesen, 2009

187

Abschlussarbeit: *Urban tomography – raum-zeitliche Verdichtung von Stadt am Mittelpunkt einer Linie*, Markus Jeschaunig, 2010, Btr.: Sabine Pollak

2010

188

Protestaktion „Im schwindenden Wasser schwebend schwimmend" vor der Teilverlandung der Hafenbecken, Klappakademie, 2011

Anlass für die Aktion der 2009 gegründeten Klappakademie war das Teilverlandungsprojekt der drei Hafenbecken am Linzer Hafen. Neben der Kritik an der Zerstörung des Lebensraums der Flußbewohner, wollte die Performance auch einen Diskurs um die Zukunft des Hafens anregen, welche zu diesem Zeitpunkt noch unbekannt war. Es wurde befürchtet, dass durch die Teilverlandung die Hafenbecken privatisiert und für die Öffentlichkeit nicht mehr zugänglich sein würden.

2011

189

Protestaktion „Trockenschwimmen" nach der Teilverlandung, Klappakademie, 2012

2012

RESSOURCENKATALOG

190

Abschlussarbeit: *Bildungslandschaft Stadt – Synergien und Potenziale im urbanen Kontext*, Anita Foune/Julia Grims, 2011, Btr.: Roland Gnaiger

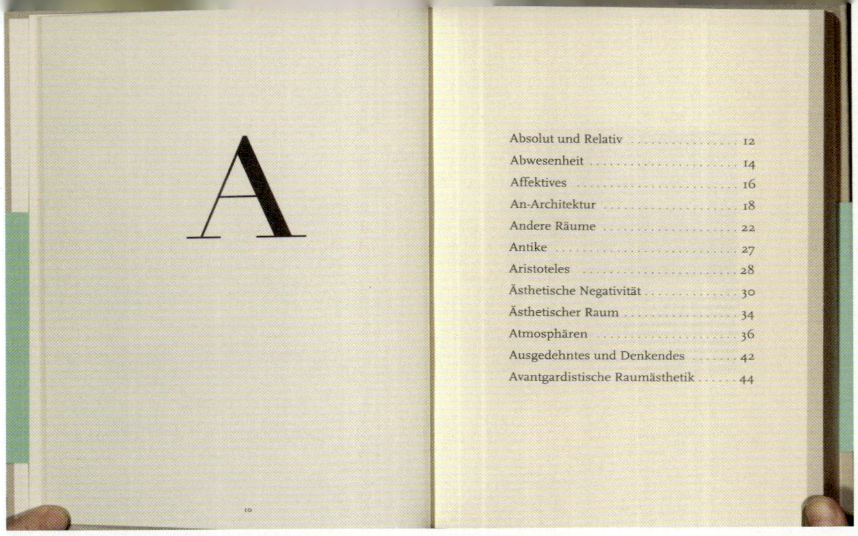

A

Absolut und Relativ 12
Abwesenheit 14
Affektives 16
An-Architektur 18
Andere Räume 22
Antike 27
Aristoteles 28
Ästhetische Negativität 30
Ästhetischer Raum 34
Atmosphären 36
Ausgedehntes und Denkendes 42
Avantgardistische Raumästhetik 44

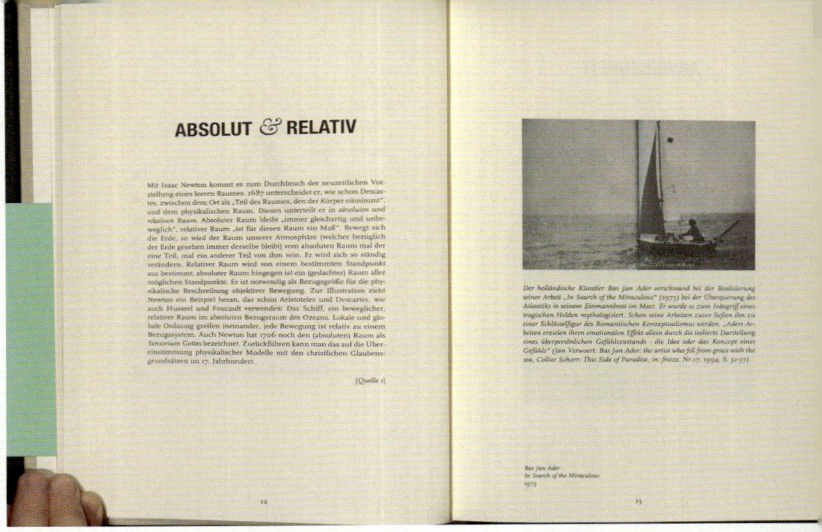

ABSOLUT & RELATIV

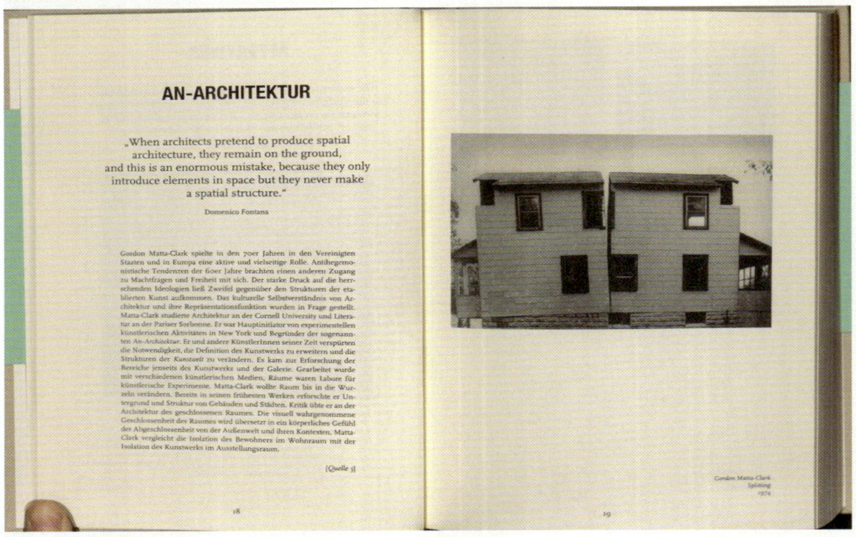

AN-ARCHITEKTUR

„When architects pretend to produce spatial architecture, they remain on the ground, and this is an enormous mistake, because they only introduce elements in space but they never make a spatial structure."

Domenico Fontana

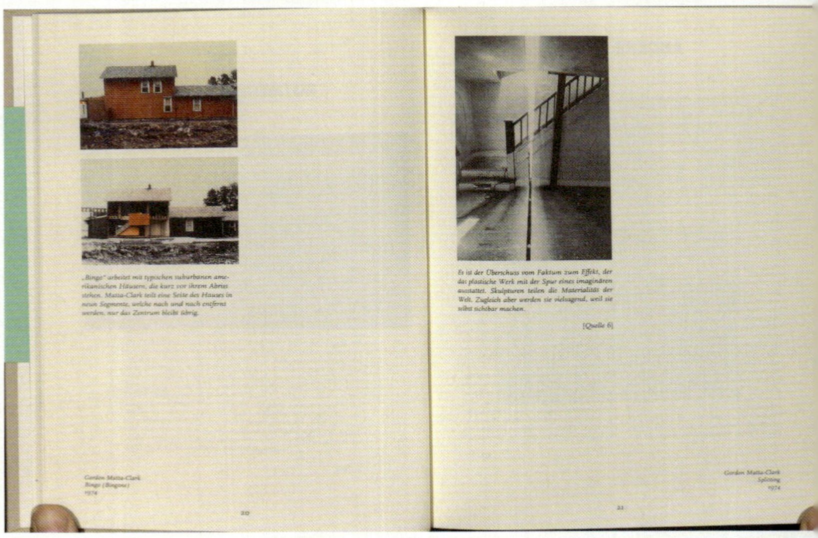

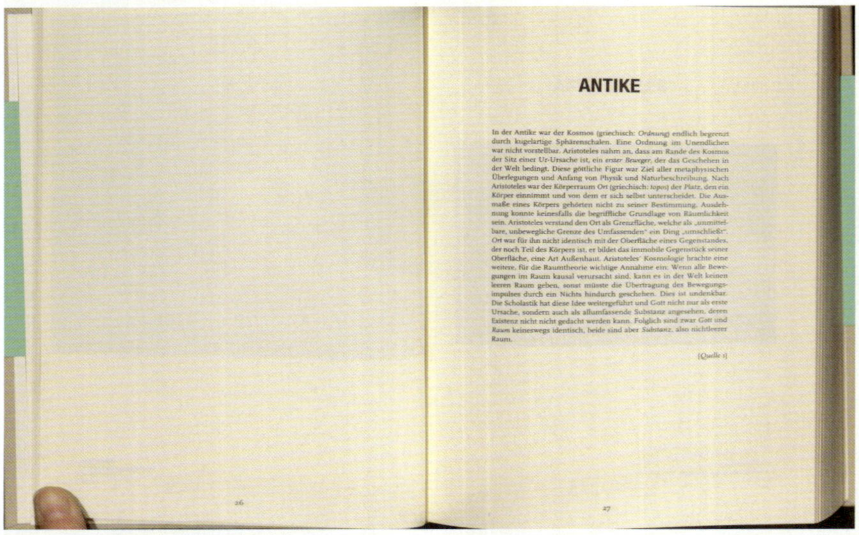

ANTIKE

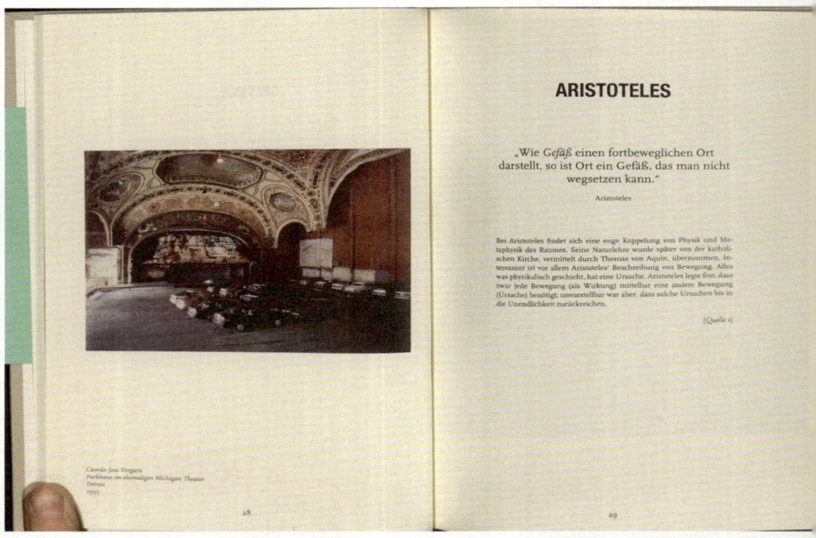

ARISTOTELES

„Wie *Gefäß* einen fortbeweglichen Ort darstellt, so ist Ort ein Gefäß, das man nicht wegsetzen kann."

Aristoteles

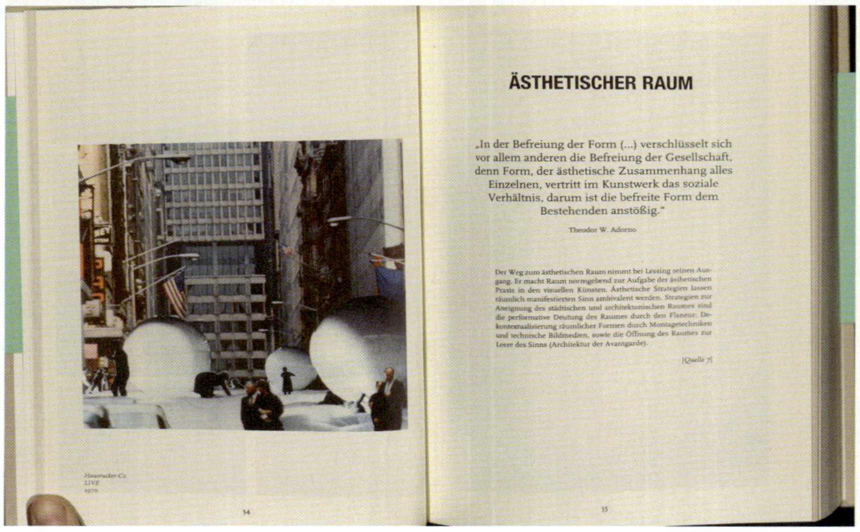

ÄSTHETISCHER RAUM

„In der Befreiung der Form (...) verschlüsselt sich vor allem anderen die Befreiung der Gesellschaft, denn Form, der ästhetische Zusammenhang alles Einzelnen, vertritt im Kunstwerk das soziale Verhältnis, darum ist die befreite Form dem Bestehenden anstößig."

Theodor W. Adorno

ATMOSPHÄREN

„Zur Ethik der Raumerzeugung gehört die Verantwortung für die Atmosphäre."

Peter Sloterdijk

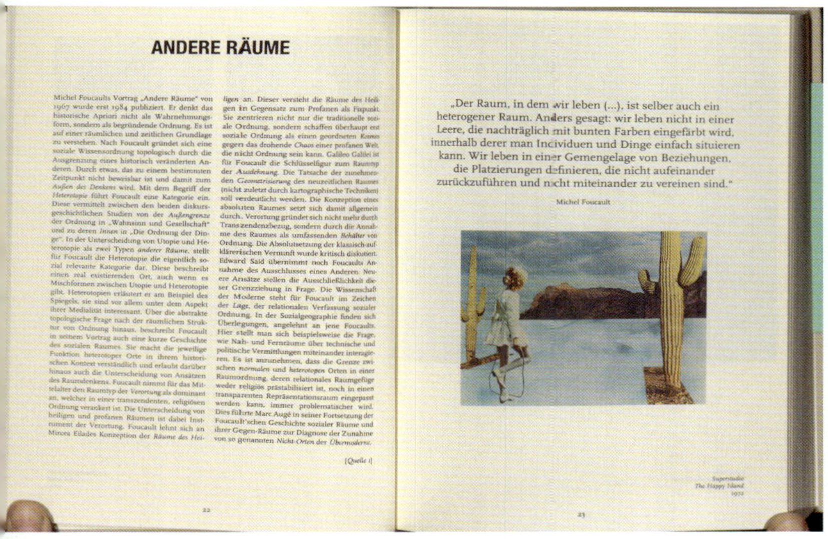

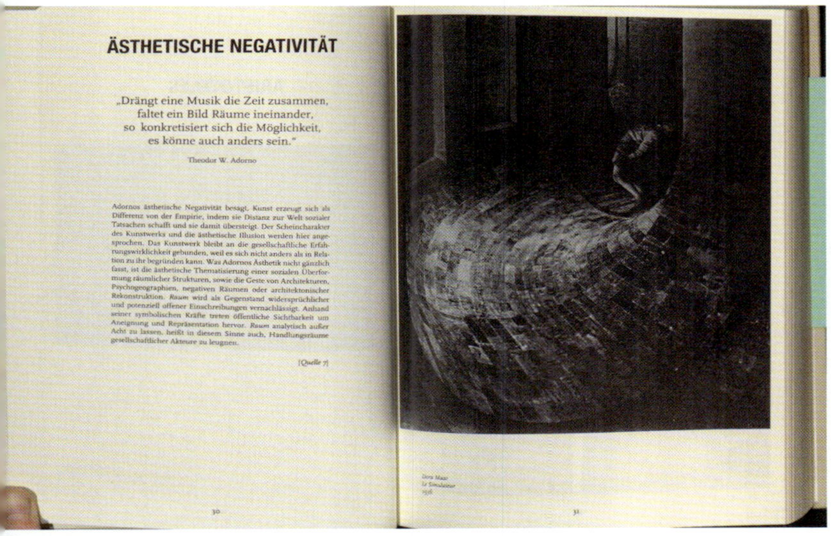

191

Abschlussarbeit: *Andere Räume – über die Konstruktion räumlicher Wirklichkeiten*, Anna Wolf, 2011, Btr.: Roland Gnaiger

192

JKU Campus, Science Park, Caramel architektInnen, 2007–2012

ANN-KATHRIN FREUDE 63%

193

Entwurf Sintstraße, Ann-Kathrin Freude, 2012

Im Wintersemester 2011/12 erstellten Studierende im Studio Gnaiger Nutzungskonzepte, städtebauliche Überlegungen, Nachverdichtungs- und Umstrukturierungskonzepte sowie Entwürfe zu Curt Kühnes Arbeiterhäuserkolonie, welche damals schon von Leerstand bedroht war.

194

Roland Gnaiger und Studierende bei den Schlusspräsentationen des Entwurfs „PHOOLNA teachers' flats", 2012

195

Chicks on Speed zu Gast beim „SUPERSTADT! UTOPIA, UTOPIA!"-Symposium, 2012

2009 ruft Sabine Pollak in Linz das Symposium „SUPERSTADT!" ins Leben. Bis 2019 fand es jährlich an der Kunstuniversität statt. Gäste aus Architektur, Wissenschaft, Kunst und Musik waren zu Themen wie Utopien, Katastrophen und Revolten eingeladen. Die Veranstaltungsreihe umfasste unter anderem Diskussionen, Vorträge, Performances und Partys.

196

Aktion „Fr.Eiland" der Kuntuniversität unter Leitung von Sabine Pollak, 2012

Um darauf aufmerksam zu machen, dass das zentral gelegene Gelände des Urfahraner Marktes, bei dem es sich eigentlich um einen Potenzialraum handelt, den größten Teil des Jahres nur als Parkplatz genutzt wird, organisierten Studierende des Architekturinstituts 2012 unter der Leitung von Sabine Pollak die dreitägige Performance „Fr.Eiland". Im Sommer 2021 kehrte man erneut auf das Gelände zurück und bespielte es mit dem Projekt FLUT ein Semester lang als Außenstelle der Kunstuniversität.

197

Abschlussarbeit: *Mentale Operation Stadt – urbane Psychotherapie anhand postindustrieller Leerräume*, Stefanie Villgratter, 2012, Btr.: Sabine Pollak

STORIES OF REAL LIFE

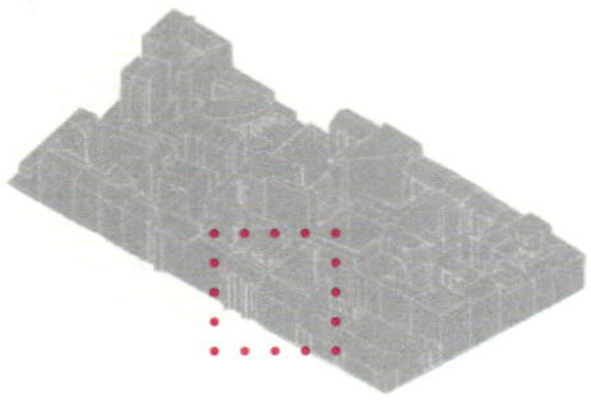

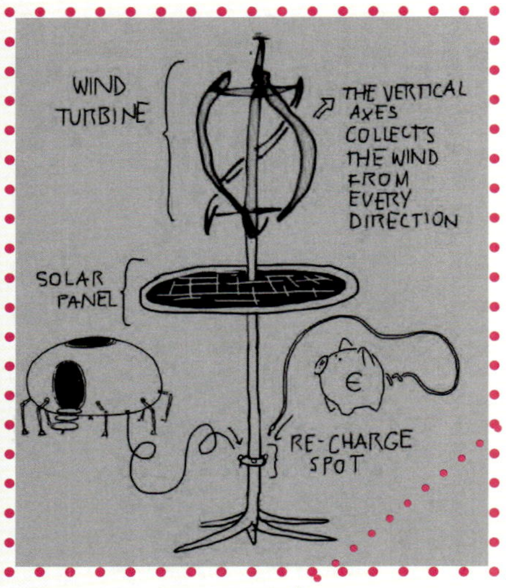

ENERGY ACCUMULATOR

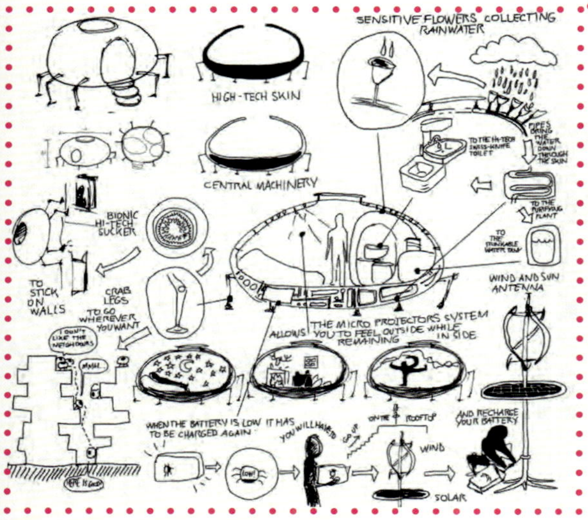

ENERGY ACCUMULATOR

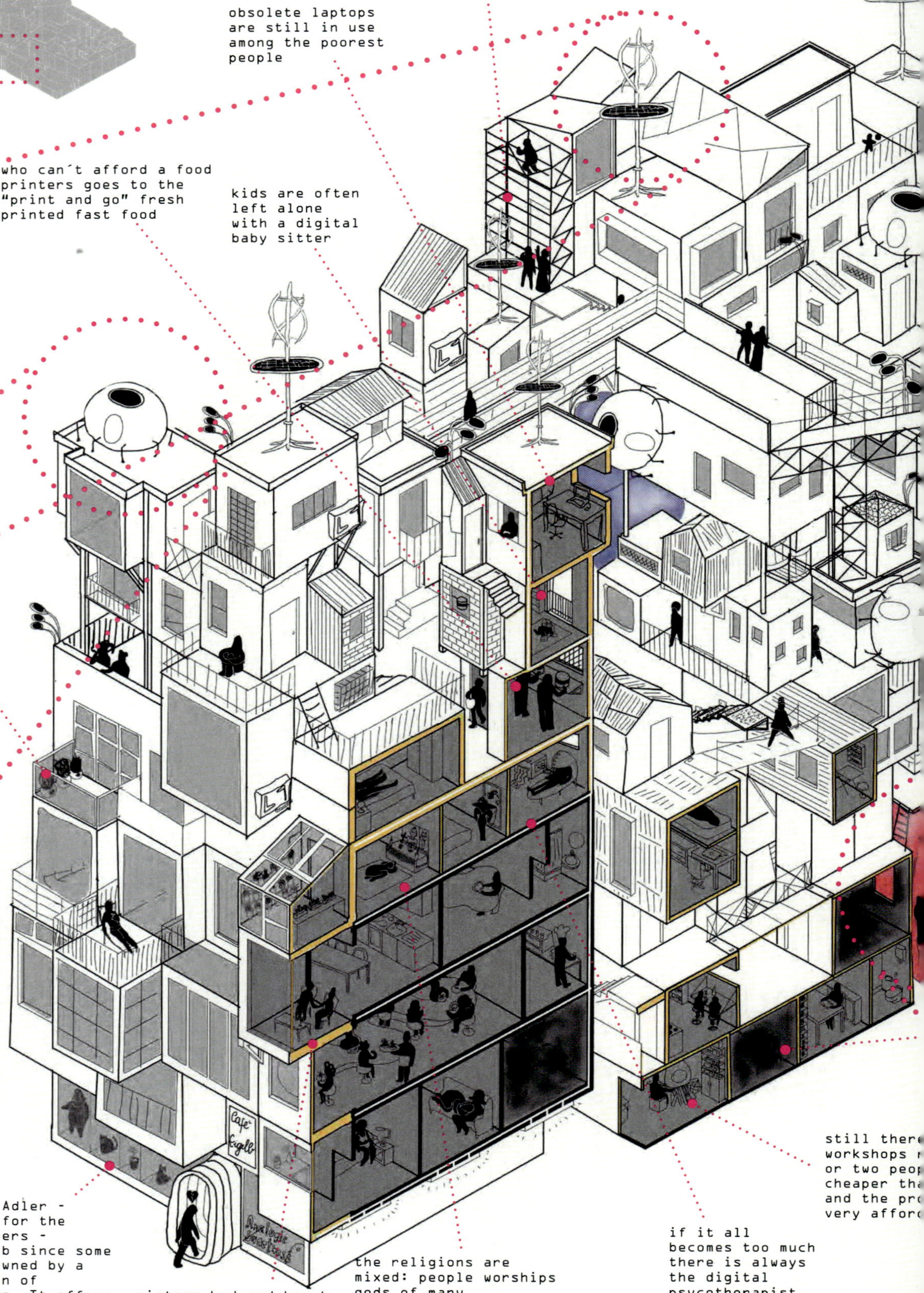

there is always someone at work: shapes, materials and styles change constantly

obsolete laptops are still in use among the poorest people

who can´t afford a food printers goes to the "print and go" fresh printed fast food

kids are often left alone with a digital baby sitter

digital pots: the plants can communicate their needs

once Cafe Adler - a hotspot for the local pimpers - Cafe Eigelb since some years is owned by a corporation of prostitutes. It offers relieve for every body and heart necessity

vintage bed and break-fast: here the time stopped to 2020

the religions are mixed: people worships gods of many different traditions without prejudices

if it all becomes too much there is always the digital psycotherapist

still ther
workshops
or two peo
cheaper th
and the pr
very affor

198

Space Invaders – axonometrischer Schnitt, Costanza Coletti, 2013

Entwurf im Sommersemester im Rahmen des Entwurfsstudios „Perfect City Block – Archipel Berlin 2050“, betreut im Studio SAFT von Matthias Böttger

2013

199

Musiktheater, Terry Pawson Architects/Architektur Consult/Archinauten, 2009–2013

Die Entstehung des Musiktheaters war ein langwieriger und stadtpolitisch komplexer Prozess. Schlussendlich konnte auf dem Bauplatz in Bahnhofsnähe und nach einem internationalen Architekturwettbewerb – gewonnen von Terry Pawson Architects – 2009 mit dem Bau begonnen werden. Die Umsetzung vor Ort wurde über eine öffentliche Ausschreibung an die Arbeitsgemeinschaft Architektur Consult und Archinauten vergeben. Die große Transport-Drehbühne mit einem Durchmesser von 32 Metern und der als Rangtheater konzipierte Zuschauerraum mit 1180 Plätzen bilden den Kern des Gebäudes. Das Musiktheater öffnet sich zum Volksgarten hin, während es den Linzer Süden durch seine Positionierung und mit einer undurchdringlichen Fassade abschottet.

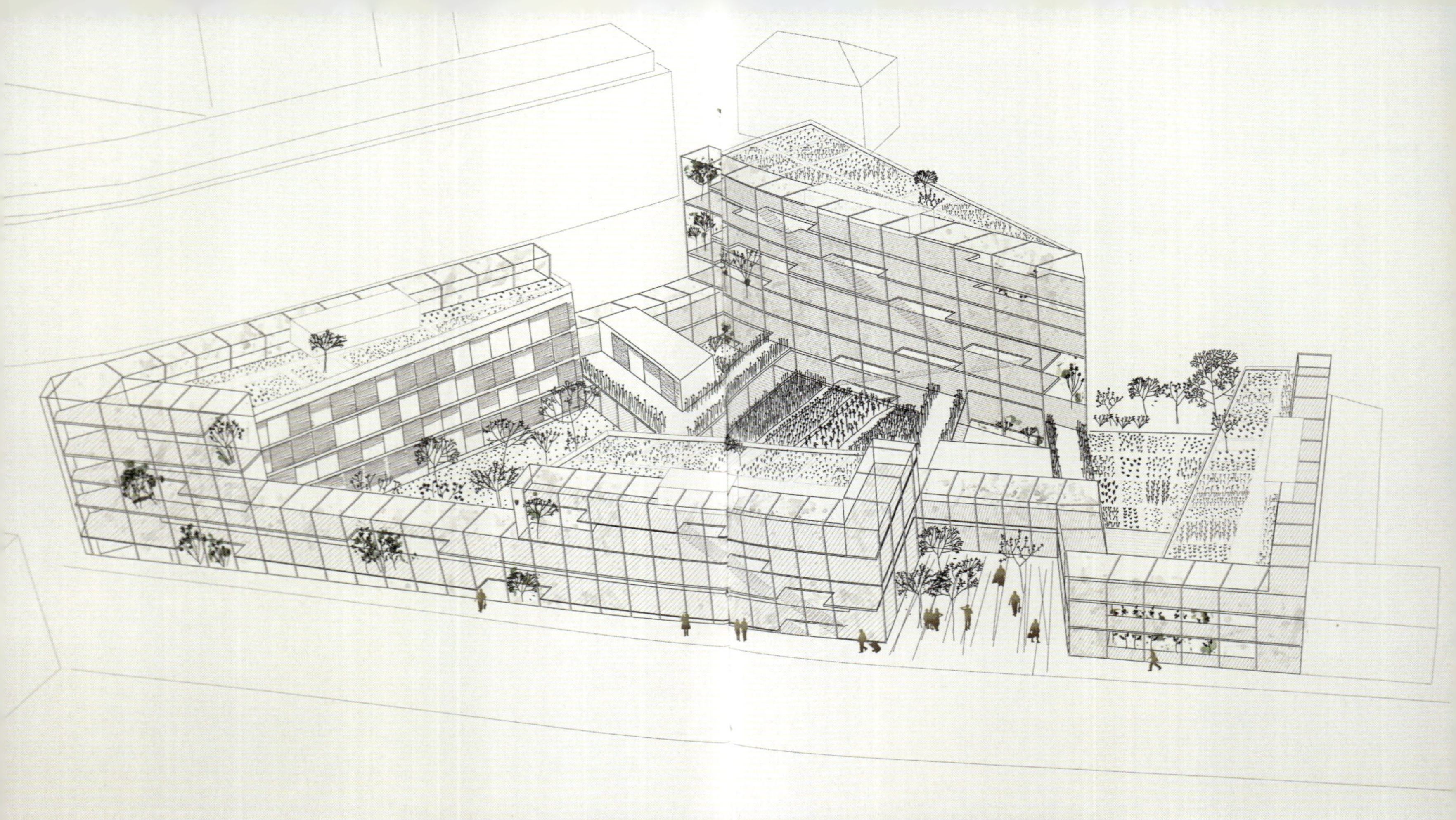

200

Abschlussarbeit: *GartenArbeit – eine räumliche Symbiose aus Arbeitsplatz und Garten in der Stadt*, Katja Seifert, 2013, Btr.: Roland Gnaiger

201

Daniel Aschwanden performt beim „SUPERSTADT! WHAT IF?"-Symposium, 2013

202

Collage WERK.BERG, Anna Firak, 2013

Entwurf im Sommersemester im Rahmen des Entwurfsstudios „Perfect City Block – Archipel Berlin 2050", betreut im Studio SAFT von Matthias Böttger

203

Ehemalige Lehrlings- und Arbeiterwohnungen an der Lunzerstraße, 1972/73 (genaues Fertigstellungsdatum unklar)

205

Studiobesprechung in den leerstehenden Gebäuden in der Lunzerstraße mit Muck Petzet, 2014

Muck Petzet besucht das Entwurfsstudio SAFT, das sich in den zum Abriss freigegeben Gebäuden in der Lunzerstraße einquartiert hat.

2014

204

Ehemalige Lehrlings- und Arbeiterwohnungen an der Lunzerstraße, Maria Dau, 2014

Nach dem Abriss eines Außenlagers des KZ Mauthausens im Jahr 1972 wurden auf dem Gelände der VÖEST Lehrlings- und Arbeiterwohnungen errichtet. Ab 1980 waren hier zehn Jahre lang Asylbewerber*innen untergebracht, danach standen die Gebäude bis zu ihrem Abriss 2014 weitestgehend leer. Das Studio SAFT arbeitete dort im Wintersemester 2013/14 an alternativen Szenarien für die Gebäude und das Areal.

206

Abschlussarbeit: *AzW. Add-on – ein Pavillon und räumliche Interventionen für das Architekturzentrum Wien*, Clemens Bauder, 2014, Btr.: Sabine Pollak

207

Teil einer Performance von Otmar Wagner im Rahmen des „SUPERSTADT! DIE KATASTROPHE!"-Symposiums, 2014

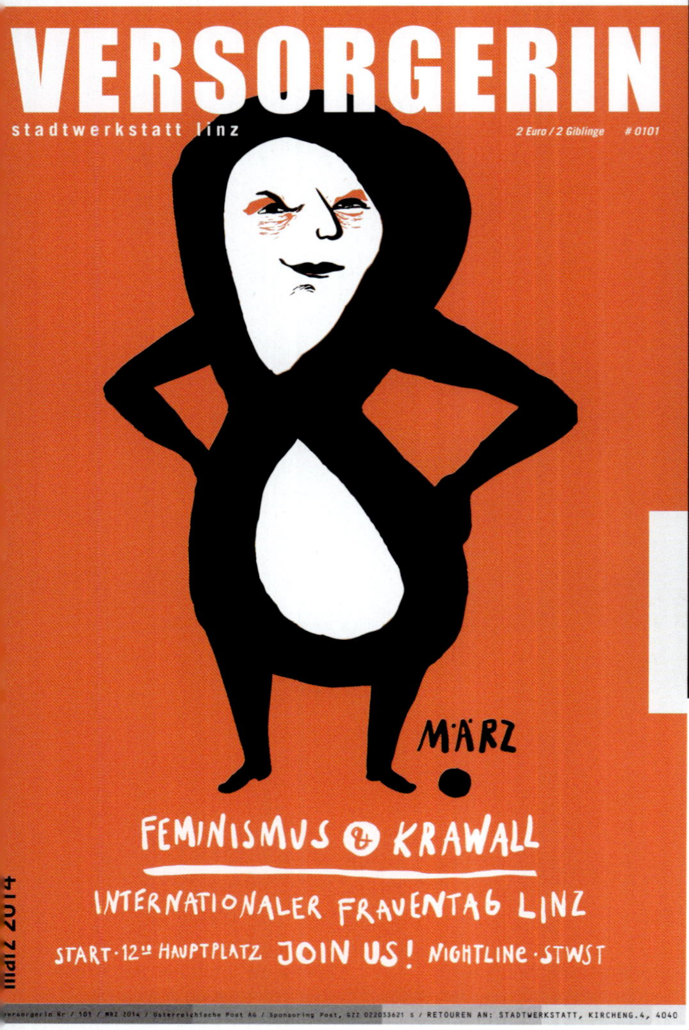

208

Titelblatt *Versorgerin*, 2014

Auf Initiative der Künstlerin Oona Valarie Serbest schlossen sich im Jahr 2003 um die 70 Frauen transkulturell und -politisch zusammen, um den internationalen feministischen Kampftag, den 8. März, in Linz zu organisieren. Seitdem blieb dieser Zusammenschluss unter dem Namen „Feminismus und Krawall" für den gemeinsamen Aktionstag weiterhin bestehen.

Architekturzeitschrift 1, 2023.
Überschrift: „Die nächste Generation. Wohin die Reise gehen könnte“[1]

Aus dem Text:
„Eine deutliche Vorstellung von der Aufgabe ihrer Generation und den Hindernissen, die sie noch wird überwinden müssen […]: ‚Junge Architektinnen und Architekten wollen während und nach zahlreichen Krisen und Zeitenwenden die Kulturtechnik Bauen in eine Überlebenstechnologie transformieren – und das alles vor dem Hintergrund von ökologischen, ökonomischen, technischen, legislativen, kulturellen und politischen Vorstellungen, die immer noch davon ausgehen, dass das Glück der Erde unendlich und jeder seines eigenen Glückes Schmied ist.‘“[2]

Gerade ist der Präsentationsrundgang der Vienna Architecture Summer School 2023 zu Ende gegangen. Aus Leuchtstoffröhren, die eben noch in der Ausstellung ihren Dienst taten, hat jemand im Außenbereich der Mensa des ehemaligen Universitätszentrums Althanstraße eine Art elektrisches Lagerfeuer arrangiert. Wir sind an diesem Septemberabend eingeladen, um zum Abschluss der Summer School mit Lara Lesmes und Frederik Hellberg von Space Popular ein Podiumsgespräch mit dem Titel „On Architectural Education“ zu führen. Mit ihnen sitzen wir dort am Feuer, auf der Abdeckhaube eines stillgelegten Brunnens, die heute Abend ein Podium ist. Gegenüber, auf den Treppenstufen, die die unterschiedlichen Höhenniveaus der Freiraumplateaus des Großkomplexes überwinden, nimmt, wie in einer Art Amphitheater, langsam „unser Publikum“ Platz, das überwiegend aus Teilnehmenden der Summer School besteht, darunter auch (ehemalige) Studierende aus Linz. Unter uns Gäst*innen macht sich eine merkwürdige Nervosität breit. Die massive Überbauung der Franz-Josefs-Bahn, die seit den späten 1970er Jahren Räume der Universität Wien und der Wirtschaftsuniversität aufnahm und die vorübergehend auch die Abteilung Architektur der Akademie der bildenden Künste beherbergte, stellt ein imponierendes Setting dar. Auch die Organisation von Zwischennutzungen in diesem vom Abbruch bedrohten Raumschiff macht Eindruck. Das gilt insbesondere für die Bespielung des frei stehenden Mensagebäudes, hinter dem das Kulturzentrum „4lthangrund für Alle! Raum & Initiative für Kunst, Kultur, Sozial- und Wohnraum“ dem Ganzen eine unabhängigere, basisdemokratische und auf Verstetigung ausgerichtete Alternative entgegenstellt. Genau hier war die Summer School neun Tage lang zuhause. Und die Ausstellung, der Präsentationsrundgang wie die intensive Stimmung unter den Teilnehmenden machen unmissverständlich klar, dass das Projekt im besonderen Maße seiner Selbstbeschreibung gerecht geworden sein muss:

„Vienna Architecture Summer School is an independent learning space for students, graduates and drop-outs in architecture or any other related discipline. Away from established hierarchies of university structures, we aim for exchange and negotiation of knowledges beyond dominating institutions and mainstream discourses.“[3] (-> S. 161, Abb. 287)

Boom! Und jetzt sitzen wir hier und warten darauf, Doña-und-Don-Quijote-Geschichten aus eben jenen „etablierten Hierarchien und universitären Strukturen“ und „dominierenden Institutionen“ zu erzählen, die mit ihren „Mainstream-Diskursen“ der Grund dafür sind, dass sich „Studierende, Alumni und Aussteiger*innen der Architektur oder einer verwandten Disziplin“ überhaupt nach ‚unabhängigen Lernräumen‘ wie diesem sehnen. Eilig organisieren wir noch ein paar Stühle und Sperrmüllsofas, um zumindest die Frontalsituation etwas zu entschärfen, und hoffen als Vertreter*innen einer institutionellen Aristokratie auf Gnade. Räumlich trennen uns an diesem Abend vom Publikum 1,5 Meter und das flackernde Leuchtstoffröhrenlagerfeuer. Was Vorstellungen und Denken betrifft, liegen zwischen uns Welten. Doch mit jedem Wort unseres Gesprächs, mit jeder Beschreibung einer bereits angesetzten oder angedachten Transformations- oder Reformationsstrategie zerren wir die Zuhörenden ein Stück weiter heraus aus der neuntägigen Heterotopie ihrer Summer School. Sorry dafür! Und ja, das könnte alles auch ganz anders sein.

Architekturzeitschrift 2, 2023.
Überschrift: „Was bewegt die jungen Lehrenden?“[4]

Das Vokabular der Soziologie, die Altersgruppen aufgrund ähnlicher historischer und kultureller Prägungen zu Generationen zusammenfasst, ist mit Blick auf Generalisierungen durchaus mit Vorsicht zu genießen. Denn selbstverständlich bleibt die soziale Herkunft ein entscheidender Faktor, der eine durch den Begriff Generation suggerierte Homogenität konterkariert. Die Erste von uns, die durch die gläserne Decke zur Professur bricht und, wie es im Beamtendeutsch so schön heißt, die Statusgruppe wechselt, ist das Kind einer Gastarbeiterfamilie. Das sollte kein Thema sein. Ist es aber. Dazu kommen andere Unschärfen wie die Tatsache, dass die namensgebenden geburtenstarken Jahrgänge der Babyboomer in unterschiedlichen Staaten auch zu verschiedenen Zeiten eingesetzt haben. Und im Feld der Architektur kommt es sowieso zu Asynchronitäten mit Gleichaltrigen, die in anderen Professionen arbeiten, addiert sich doch auf das ohnehin oft längere Studium noch die Zeit, die anschließend in Büros verbracht wird, um die Qualifikationen für eine Aufnahme auf die Architekt*innen-Listen der Kammern zu erwerben. Der Begriff *jung* wird daher in der Architektur durchaus großzügig verwendet.

Während im Lockdown bei den einen die Erkenntnis, auch zu Hause arbeiten zu können, als revolutionärer Wissenssprung identifiziert wurde, wussten die anderen längst, dass überall und vor allem immer gearbeitet werden kann – vielmehr sogar muss. Die einen beklagen, die Pandemie hätte den Innenstädten den endgültigen Todesstoß verpasst, die Campi unserer Universitäten dauerhaft geleert, zu einer nicht mehr umkehrbaren Verschiebung des Sozialen in digitale Sphären geführt, und betrauern „das Ende der Welt, wie wir sie kennen“, die anderen haben den Eindruck, verhältnismäßig gut durch die Krise gekommen zu sein, weil sie es schon gewohnt waren, im Schatten existenzieller Fragen in einem permanenten Troubleshooting-Modus an vermeintlich kleinen Aufgaben herumzubasteln, und machen einfach weiter.

Frage aus der Architekturzeitschrift 2:
„Die Arbeitslage für junge Architektinnen und Architekten ist so gut wie lange nicht. Habt ihr den Eindruck, dass dies Auswirkungen auf die Studienplanung und den Studienverlauf des Architekturnachwuchses hat?“[5]

Antwort:
„Wir haben nicht den Eindruck, dass Studierende die Arbeitslage als so gut bewerten. Dafür gibt es allerlei Gründe. Eher technisch orientierte Studierende glauben zunehmend zu erkennen, dass ihnen andere Berufsbilder innerhalb der Bauwirtschaft mehr zu versprechen haben. Eine der Motivationen, Architektur zu studieren, ist andererseits zweifelsohne ihre Zugehörigkeit zur Gruppe der – Achtung, ohnehin schwierige Vokabel – ‚kreativen Berufe‘. Auch aus dieser Perspektive betrachtet machen die Studierenden einen dramatischen Rückgang gestalterischen Potenzials aus, der sich aus der Sicht vieler nicht in Einklang mit der Tatsache bringen lässt, dass angestellte Architekt*innen am Ende langer Tage auf Baustellen und im Büro Verantwortungen noch bis mit unter die Bettdecke nehmen. Was den Wunsch nach der Gründung eines eigenen Büros betrifft – der immer seltener von Studierenden geäußert wird – müsste man an dieser Stelle eigentlich ausführlich über Ausschreibungs- und Wettbewerbswesen sprechen. Verkürzt ausgedrückt ist […] das ehemals dominante Narrativ des auf das Studium folgenden Wettbewerbserfolgs als Startpunkt einer erfolgreichen Bürogründung Teil der […] Architekturgeschichte geworden. Und dann darf man nicht übersehen, dass es gerade zu einer Entkoppelung der Diskurse jüngerer, angehender Architekt*innen und der – auch das eine schwierige Vokabel – ‚Generation‘ derer gekommen ist, bei denen beispielsweise wir studiert und in deren Büros wir unsere ersten Schritte gemacht haben. Wenn man sich Phänomene wie den hoch antizipierten Instagram-Account *Dank Lloyd Wright* anschaut, dann geht es dort sehr viel um die Arbeitsbedingungen in der Architektur und die Produktionsbedingungen der Architektur überhaupt. Die ältere Generation steht dabei oft heftigst unter Beschuss und es ist zu befürchten, dass sie das noch nicht einmal mitbekommen. Wenn wir dabei schon von Generationen sprechen, dann stehen wir da vermutlich so ein bisschen dazwischen. Es fühlt sich ein wenig nach einer Bruchkante an.“[6]

Auch im Umgang mit den vielen anderen Krisen wird klar, wie unterschiedlich die einen und die anderen mit Sachverhalten umgehen. Dabei ist bereits der Begriff ein Indikator, impliziert er, von den einen gesetzt und auch so verstanden, doch einen vorübergehenden Zustand, und haben die anderen dagegen bereits seine Bedeutungsverschiebung akzeptiert und rechnen gar nicht mit einem Ende. Denn während die einen plötzlich in Schwingung zu geraten scheinen, bestrebt, die jahrzehntelang leere Worthülse Nachhaltigkeit mit möglichst viel Bedeutung zu füllen, und sich dabei ein aktivistisch aufgeladenes Sprachgut aneignen, das radikale Wenden einfordert, an die sie angesichts der von Wettbewerb und Wachstum beschriebenen Denkräume selbst nicht glauben, üben sich die anderen längst darin, solidarische Praxen zumindest im Kleinen zu erproben und zu etablieren, statt weiter auf eine Nische zu hoffen, in der es als Künstlerpersönlichkeit – letztlich als Drop-out – vielleicht doch ganz gemütlich sein könnte. Während Soziolog*innen nun den Jüngeren attestieren, dabei eine Arbeitswelt anzuvisieren, die von kollektiven, fluiden Konstellationen geprägt ist und nicht an Prestige und Anerkennung orientiert, sondern an der Idee, Freude an Aufgaben und deren gemeinsamer Bewältigung zu haben, stellt sich ein Stück weit die Frage, was die Zwischengeneration antreibt. Blickt sie den Sachverhalten mutig ins Auge oder kann sie einfach nicht aufhören zu arbeiten, weil sie sich keine Wände zu eigen machen kann, um sich dahinter auszuruhen? (-> S. 158–159, Abb. 285)

Architekturzeitschrift 3, 2021.
Überschrift: „Nischen in der Peripherie“[7]

Aus einem Gespräch mit Kolleg*innen:
„Wir dürfen hier jetzt eigentlich nicht sitzen und uns über unsere prekären Arbeits- und Lebensverhältnisse unterhalten. Man muss möglichen Auftraggebern gefallen, und das tut man nicht, wenn man von Problemen erzählt. Erstaunlich ist, dass relativ wenig über unsere Arbeits- und Produktionsbedingungen gesprochen wird, obwohl es eigentlich allen gleich geht.“[8]

Das Gatekeeping im Namen eines vermeintlichen Verbraucherschutzes – „Das bekommen die nicht hin, sie haben ja keine Erfahrung und verbrennen nur das Geld der Auftraggebenden“ –, die sich dadurch zuspitzenden Hürden im Wettbewerbs- und Vergaberecht, Plattform-Kapitalismus in Form von Software-Lizenzen, der Mietmarkt und sich rapide erhöhende Kosten für Kranken- und Rentensysteme versperren den Jüngeren den Weg, während der Markt der Älteren ihnen zunehmend verschlossen bleibt und Zugangsbedingungen künftig wohl vererbt werden. Es wird interessant sein zu sehen, was das für Lehre und Forschung bedeutet. Die Formel „Ende 30/Anfang 40 + 15 ausgeführte Projekte (davon mindestens 3 mittlerer Größenordnung und preisgekrönt) + abgeschlossene Dissertation + […] + […] = Professur“ wird sich so nicht aufrechterhalten lassen. Nach der Pandemie sind dennoch die ersten Masterabsolvent*innen Professor*innen geworden. Dass ihre Basteleien nicht als „Werk“ anerkannt werden, birgt eher kurz- als mittelfristig Konfliktpotenzial. Dass sich lieber mit Basteleien als Werkkatalogen beschäftigt wird, hat dabei nicht selten auch etwas mit Neinsagen zu tun.

Weitere Frage aus der Architekturzeitschrift 2:
„Gleichzeitig steht das Berufsbild ‚Architektin/Architekt‘ vor einem tiefgreifenden Wandel. […] Was macht diese Unsicherheit mit den Studierenden?“[9]

Antwort:
„Der sich bereits abzeichnende Wandel des Berufsbilds wird von vielen Studierenden gar nicht unbedingt als Unsicherheit wahrgenommen, sondern ganz im Gegenteil als Chance verstanden. Bereits vor einigen Jahren konnte man von gar nicht so wenigen Studierenden zu hören bekommen, sie hätten sich für das Studium der Architektur entschieden, weil sich in der Architektur viele der Felder überlagern, in denen mit Blick auf die von uns als diesen Planeten Bewohnenden zu bewältigenden Großherausforderungen die größten Verschiebungen stattfinden müssen. Diese Studierenden gehen von einem viel weiter gefassten und

damit wahrscheinlich auch progressiveren Architekturbegriff aus als jenem, der überwiegend die Grundlage der Konzeption unserer Architekturstudiengänge darstellt. Die Studierenden wollen verstehen, wie über technisch-konstruktive und klassische Entwurfsthemen hinaus Ökonomien, Ökologien, Politiken und Ideologien Rollen im Konzipieren, Umsetzen und Fortschreiben unserer gebauten Umwelten spielen. Was wir ihnen bieten, sind Studiengänge, die sie dazu befähigen sollen, am Ende ihres Studiums selbstständig drei DIN-A1-Pläne mit Projekten auf dem Niveau eines mittelschweren Wettbewerbsbeitrags und einem halbwegs brauchbaren Fassadenschnitt im Maßstab 1 zu 50 zu füllen. Das reicht so nicht mehr aus! Wenn wir auch noch nicht wissen, wie kommende Berufsbilder – ganz klar im Plural – im Feld der Architektur genau aussehen werden, müssen wir weg von der Mentalität, die Hochschulen zu den Kindergärten unserer Büros zu machen, in denen nahezu ausschließlich das Orientierungsbild der mitarbeitenden Architekt*in dominiert."

Mehr aus dem Gespräch mit Kolleg*innen in Architekturzeitschrift 3:
„Im Vergleich zu dem, was Architekturstudierenden an den Universitäten als Berufsbild verkauft wird, arbeiten wir hier alle in einer Nischenpraxis. [...] Man muss die derzeitigen ökonomischen Verhältnisse skandalisieren, um die Diskussion voranzutreiben. Denn wir tun immer noch so, als würde es schon passen und alles bestens laufen."[10]

Einflussgrößen auf Konzeptionen/Ausführungen/Fortschreibungen von Architekturen/Gebäuden/Räumen: [...], Aesthetics, [...], Bureaucracy, [...], Climates, [...], Constructions, [...], Crises, [...], Cultures, [...], Discourses, [...], Ecologies, [...], Economies, [...], Emancipations, [...], Functions, [...], Gender, [...], Genesis, [...], Ideologies, [...],Intersectionalism, [...],Legislation, [...], Liberté, Égalité, Fraternité, [...], Materials, [...], Migrations, [...], Morphologies, [...], Politics, [...], Power, [...], Professions, [...], Race, [...] (R)urbanities, [...], Socialities, [...], Symbolisms, [...], Technologies, [...] and so on and so forth.

Noch eine Frage aus dem Architekturmagazin 2:
„Ist der Architekt als Generalist noch zeitgemäß oder braucht es ein stärkeres Spezialistentum?"[11]

Antwort:
„Offengestanden muss man sich fragen, ob Architekt*innen jemals die Generalist*innen waren, als die sie sich selbst gerne gesehen haben. Im vergangenen Sommersemester stand im Vorwort der fast 300 Seiten starken Sozialraumanalyse einer Studierendengruppe bei uns sinngemäß zu lesen, die Architektur müsse nun endlich damit beginnen, nicht nur Tragwerksplaner*innen als selbstverständlich am Jour-Fixe-Tisch eines Projektes sitzend zu akzeptieren, sondern dort auch endlich die Soziologie und Pädagogik willkommen heißen. Die Studierenden sind dabei keineswegs so naiv, nicht zu erkennen, wie die Welt, in der sie operieren sollen, funktioniert und zustande gekommen ist. Sie sehen aber auch, dass die den Architekt*innen zugewiesene Rolle eigentlich vor allem vorsieht, zu wissen, wann man ein ‚Lack of Expertise' hat und wie [diese Expertise] in einen Prozess einzubinden ist. ‚Der Generalist', das ist schon ein wenig das Bild des über allem stehenden, so einsamen wie genialen Entwerfer-Genies. In Österreich sorgt dazu gerade die Ausstellung ‚Wir Günther Domenig. Eine Korrektur' für viel Aufsehen und Diskussionen. Sie de-konstruiert offenbar genau dieses Bild im Allgemeinen und für die Figur Günther Domenig im Spezifischen. [...] Damit werden wir uns in den kommenden Jahren viel und ausgiebig auseinanderzusetzen haben und das wird manchmal schmerzhaft werden, wenngleich wir glauben, das dieses ‚Berufsbild' im Kern reformiert überleben wird. Weil es auch weiterhin gebraucht wird, um unsere gebaute Umwelt ‚sinnvoll' zu gestalten. Darüber hinaus gibt es aber auch die angesprochenen Studierenden, die im Architekturstudium Wissen zu erkennen glauben, das für unsere Zukunft eingesetzt werden kann, ohne dass wir bauen. Zusammen mit den Studierenden aus Linz haben wir dafür den Begriff ‚Urban Agency' eingesetzt."[12]

Am Tag nach der Schlussrunde der Vienna Architecture Summer School müssen wir alle in andere Richtungen. Wir entscheiden uns trotzdem dafür, gemeinsam noch nach Linz zu fahren. Dort geht heute auch die Ars Electronica zu Ende und Lisa Ackerl, Daniel Schöngruber und Marco Thaller stellen im ehemaligen Postverteilerzentrum, das in diesem Jahr ein letztes Mal durch das bekannte Festival für elektronische Kunst bespielt werden darf, ihren Entwurf aus dem Sommersemester aus, der anhand von Plänen und Modellen die Möglichkeit erkundet oder vielmehr den Vorschlag macht, den Bau zu adaptieren und hier die sogenannte Digital-Uni anzusiedeln. Denn, so die drei in ihren eigenen Worten:

„Die PostCity war nur vierundzwanzig Jahre lang als Postverteilzentrum in Betrieb und soll 2024 abgerissen werden. In der Zwischenzeit sollen 5,45 Hektar peripheres Grünland für den Bau des Institute of Digital Sciences Austria (IDSA) verwendet werden. Beide Projekte widersprechen den Zielen des Landes Oberösterreich und der Stadt Linz in Bezug auf den Klima- und Umweltschutz sowie den Flächenverbrauch."[13]

Die Presse hat ihren Hinweis wahrgenommen. Einflussgrößen auf Konzeptionen/Ausführungen/Fortschreibungen von Architekturen/Gebäuden/Räumen: [...], [...] and so on and so forth. (-> S. 154/155)

Letzte Frage aus dem Architekturmagazin 2:
„Reagiert ihr in eurer Lehre auf die Zweifel an der Sinnhaftigkeit des Bauens und/oder auf die Erfordernisse des Arbeitsmarktes?"[14]

Antwort:
„Wir haben bisher noch keinen Kontakt mit Studierenden gehabt, die ein striktes Ende des Bauens gefordert hätten. Verkürzt dargestellt würden wir eher sagen, dass mit steigendem Nachdruck die Formel ‚Wer baut für wen, warum, wie, wo und was eigentlich genau?' nach vorne gestellt wird. Versucht man diese Frage ernsthaft zu beantworten, hat man genug Theater. Was wir den Studierenden anzubieten versuchen, ist die Freiheit, sich Themen aus ihren ganz eigenen Perspektiven und Interessen heraus anzunähern. Und am Ende dieser Prozesse steht nicht selten zwar etwas ‚Entworfenes', das aber nicht unbedingt ein Objekt oder eine Architektur im klassischen Sinn ist. An der Kunstuniversität Linz entstanden dabei Projekte wie beispielsweise die ‚Raumvertretung' von Anne Rotter, Julien Reinhart und Maximilian Meindl. (-> S. 140–141, Abb. 254) Sie haben sich unter anderem mit der Geschichte der Planung, ob nun auf administrativer Seite oder im Rahmen von partizipativ orientierten Initiativen, beschäftigt, und einen Prozess für eine offenere, integrative und gleichzeitig effektivere Stadtplanung entworfen, der am Ende in Form eines Films, einer Broschüre und eines Magazin-Beitrages (LAMA) vorlag. [...] Andere Studierende entschieden sich dafür, ganz bewusst klassisch zu entwerfen, dabei aber das Augenmerk auf sehr spezifische Einflussgrößen zu richten. So entstand beispielsweise der Vorschlag einer städtebaulichen Neuordnung der äußerst heterogenen Linzer Nachbarstadt Leonding von Aylin Gürel, Lea Pammer und Nadia Raza, der den inhaltserhellenden Untertitel ‚Cross Scaling Intersectional Urban Issues' trägt und den dreien eine feste und vergütete Rolle als Beraterinnen der dortigen Stadtentwicklungsstrategie eingebracht hat."[15] (-> S. 147, Abb. 262)

Anmerkungen

1 c/o now/Bauwelt: *Die nächste Generation. Wohin die Reise gehen könnte.* Nr. 6/2023, S. 26–29

2 Ebd.

3 Vienna Architecture Summer School (2024): https://viennaarchitecturesummerschool.com/ (letzter Zugriff: 06.05.2024)

4 c/o now: „Was bewegt die jungen Lehrenden?". In: *Baumeister*. Nr. 3/2023, S. 20–25

5 Ebd.

6 Ebd.

7 c/o now/Ngo, Anh-Linh: „Nischen in der Peripherie. Ein Gespräch über das Bauen auf dem Land heute". In: *ARCH+*. Nr. 242. 2021, S. 12–17

8 Ebd.

9 c/o now: „Was bewegt die jungen Lehrenden?". In: *Baumeister*. Nr. 3/2023, S. 20–25

10 c/o now/Ngo, Anh-Linh: „Nischen in der Peripherie. Ein Gespräch über das Bauen auf dem Land heute". In: *ARCH+*. Nr. 242. 2021, S. 12–17

11 c/o now: „Was bewegt die jungen Lehrenden?". In: *Baumeister*. Nr. 3/2023, S. 20–25

12 Ebd.

13 Ackerl, Lisa/Schöngruber, Daniel/Thaller, Marco (2023): „postUNI". https://postuni.at/ (letzter Zugriff: 06.05.2024)

14 c/o now: „Was bewegt die jungen Lehrenden?". In: *Baumeister*. Nr. 3/2023, S. 20–25

15 Ebd.

Interview

Gabu Heindl
im Gespräch mit
c/o now

Offenlegen, Dekonstruieren, (Um-)Bauen

*Der Name Gabu Heindl fällt in Deutschland regelmäßig, wenn von österreichischer Architektur gesprochen wird. Ihre dezidiert politischen Perspektiven auf Planen und Bauen werden von vielen als Fortschreibung einer in Deutschland oft romantisierten Vorstellung des Roten Wiens gelesen. Ihr Blick reicht freilich weiter, was allein ihre Stationen in der Lehre verdeutlichen, die sie von der TU Delft über die TU Graz, die Akademie der Bildenden Künste in Wien, die Sheffield University, die AA in London und die TH in Nürnberg an die Universität in Kassel führten, wo ihre Interpretation der Bauökonomielehre gerade für Aufsehen sorgt. Auch auf den Gängen der Kunstuniversität in Linz ist ihr Name in aller Munde, was neben ihren klaren Positionierungen als praktizierende Architektin wie in Lehre und Forschung auch mit ihren biografischen Berührungspunkten mit der oberösterreichischen Landeshauptstadt zu tun haben dürfte. c/o now treffen sie im September 2023, auf dem Nachhauseweg von einer ihrer Baustellen in einem mit Tourist*innen vollgepackten Café am Stephansdom und später noch einmal zu einem ergänzenden Online-Termin.*

c/o now (CN): Gabu, den Linzer*innen bist du auch außerhalb der Architektur-Bubble ein Begriff. Das dürfte an deiner Kooperation mit Hito Steyerl liegen, die dich 2009 dorthin führte, als Linz Europäische Kulturhauptstadt war.

Gabu Heindl (GH): Einerseits hat sich Linz damals sehr auf das Jahr 2009 gefreut, andererseits tat die kritische Stadtgesellschaft sich schwer mit der historischen Tatsache, schon einmal zur Kulturhauptstadt – nämlich der des „Dritten Reichs“ – auserkoren gewesen zu sein. Die Auseinandersetzung damit drohte an den Rand gedrängt zu werden. Ich denke, deshalb sind viele Linzer*innen froh, dass wir das mit „Der Bau. Unter uns“ ins Zentrum der Stadt und damit des Kulturhauptstadtjahres gerückt haben. Wir haben uns mit dem Ensemble aus der bis heute Nibelungenbrücke genannten Donauquerung und den beiden dazugehörigen Brückenkopfgebäuden beschäftigt, die, zwischen Donau und Hauptplatz oder vielmehr genau an diesem gelegen, nicht zentraler hätten stehen können. Hier waren Stararchitekten des „Dritten Reichs“ wie Tamms, Fick oder Giesler am Werk. Ein Jahr zuvor wurden die Brückenkopfgebäude nach einigen Streitereien unter Denkmalschutz gestellt. Doch außer einer nichtssagenden Plakette, die gerade einmal die Bauzeit und Neobarock als Baustil auswies, blieb die Geschichte dieser Bauten, die als einzige Repräsentationsbauten aus der „Führerstadtplanung“ umgesetzt wurden, gänzlich verborgen.

CN: Wie kam es zu dem Projekt? (-> S. 97, Abb. 184)

GH: Martin Heller als Intendant des Kulturhauptstadtjahres war sich dieser Problematik bewusst und fragte Hito für das Projekt an. Es war klar, dass bei ihr nach der Recherche und Ausstellung der Ergebnisse in den Arkaden der Brückenkopfgebäude nicht Schluss sein würde, und da kam ich ins Spiel. Hito wollte dem Gebäude wortwörtlich unter die Haut. Und es galt auch, sich mit der Bundesimmobiliengesellschaft als Eigentümerin und dem Bundesdenkmalschutz auseinanderzusetzen. Mein Büro hatte zuvor in Wien bei unserem Projekt für das Österreichische Filmmuseum bewiesen, dass wir dazu in der Lage sind, selbst in die 2,5 Meter dicken, altehrwürdigen Mauern der Albertina Öffnungen hineinzubrechen, aber noch vielmehr in sie hineinzuargumentieren.

CN: Wie seid ihr an die Recherche herangegangen?

GH: Wir waren uns einig, dass wir uns dem Gebäudekomplex nicht mit klassischen kunst- oder baugeschichtlichen Methoden annähern wollten. Es besteht dann die Gefahr, sich entscheidende Fragen erst gar nicht zu stellen. Baugeschichte ist immer eine politische Geschichte, deren ästhetische und stilistische Einordnungen erst auf kritisches Hinterfragen folgen sollten. Wer überhaupt hat wozu den Auftrag zu einem Bau erteilt? Wir haben uns im Fall der Brückenkopfgebäude angeschaut, was da eigentlich vorher war. Und da ging es nicht um objektbezogene Bewertungen von Architekturen, sondern darum, festzustellen, dass die Vorgängerbauten überwiegend von jüdischen Menschen bewohnt waren, die entweder flüchten mussten oder in Vernichtungslagern der Nationalsozialist*innen ums Leben kamen. Und dann gräbst du weiter. Wir haben uns angeschaut, welche Materialien verbaut wurden und woher sie kamen, um festzustellen, dass der hier verwendete Naturstein wenige Kilometer die Donau abwärts in den Brüchen des Konzentrationslagers Mauthausen abgebaut wurde. Und plötzlich steckst du mittendrin in der Gewaltgeschichte des „Dritten Reichs“ und in den individuellen Lebensgeschichten von mehr als 13 Millionen Zwangsarbeiter*innen, die aus ganz Europa nach Deutschland und Österreich verschleppt wurden.

CN: Ihr konntet schließlich sogar nachweisen, dass das Ensemble selbst zum Teil von Zwangsarbeiter*innen errichtet wurde?

GH: Konnten wir. Wobei „wir“ hier ein Team meint, zu dem unter anderem der Historiker Sebastian Markt gehörte. Durch seine Arbeit entstand ein Mapping, dass die Lebenswege all dieser Menschen für uns buchstäblich nachzeichenbar machte und in dessen Zentrum die Brückenkopfgebäude standen. Ein Gewaltdiagramm. Und wir waren fest entschlossen, diese Kartierung in die Fassade des Bauteils Ost einzuschlagen, um die Baugeschichte dieses Komplexes im Kontext nationalsozialistischer Zwangsarbeit, Vertreibung und Auslöschung freizulegen.

CN: Auftritt Denkmalschutz?

GH: Ich muss sagen, dass ich in dem konkreten Fall leidenschaftlich leidenschaftslos gegenüber dem denkmalschützerischen Begriff des Originals bin. Ich meine, was bitte ist das, was wir da schützen? Aber ja, wir sind brav mit einer Scherenarbeitsbühne an der Fassade hochgefahren, haben Proben genommen und nachgewiesen: Ja, das ist Original-Nazi-Putz! Und dann sind wir noch einmal hochgefahren und haben nachgewiesen: Ja, das bekommen wir später wieder so verputzt, dass keine Spuren unseres Projekts sichtbar bleiben. Wenn man ehrlich ist, kann man es aber noch heute erkennen.

CN: Die Behandlung der Fassade muss selbst schon wie ein performativer Teil der Gesamtarbeit gewirkt haben.

GH: In der Tat! Ich habe während der anderthalb Wochen selbst die Bauaufsicht geführt und konnte das unmittelbar miterleben. Die Baufirma hatte von uns den Auftrag, die Vertreibungs- und Vernichtungswege und die Biografien der Zwangsarbeiter*innen Weg für Weg chronologisch in die Fassade einzuschneiden, einzuschlagen und einzustemmen. Mit einem Riesenkran auf dem hochfrequentierten Hauptplatz bist du ohnehin schon ein Hingucker. Dann kamen die Linzer*innen zu den Bauleuten und wunderten sich: „Seid's ihr angrennt? So schlagt man doch Putz nicht ab! Ihr müsst's des von oben nach unten machen, mit a bisserl System!“ Wir hatten das kommen sehen und nicht nur deshalb – denn so sollte das eigentlich immer gehandhabt werden – bei der Baufirma darauf geachtet, eine zu bekommen, die keine Nazis sind, nie welche waren oder das zumindest kritisch aufgearbeitet haben. Das war immens wichtig, denn in diesem Moment wurden die Bauarbeiter*innen nicht nur zu Vermittelnden der sich hier abspielenden seltsamen Choreografie, sondern der Arbeit an sich, die sich so von ihren Autor*innen emanzipierte, um einen öffentlichen Raum der Verhandlung dieses geschichtspolitischen Elefanten im Raum aufzuspannen.

CN: Wir würden sagen, dass „Der Bau. Unter uns“ zu einer der Schlüsselarbeiten des Kulturhauptstadtjahres gehört. Vermutlich wurdest du auch deshalb zwei Jahre später in den Linzer Gestaltungsbeirat berufen. Wenngleich zur Wahrheit auch gehört, dass Hinweise auf die Geschichte der Brückenkopfgebäude heute erst einmal gesucht und gefunden werden wollen.

GH: Das ärgert mich maßlos! Und auf die zwei Jahre im Gestaltungsbeirat blicke ich heute auch eher mit gemischten Gefühlen zurück. Zwei Jahre, das ist die reguläre Amtszeit. Es wechselt zwar nie das ganze Gremium gleichzeitig, sondern immer nur eine Person. Dennoch ist das einfach zu wenig Zeit, um sich mit der nötigen Intensität strukturell in eine Stadt einzuarbeiten. Du verhandelst Projekte, die seit Jahren laufen, deren Genese du schwer nachvollziehen kannst und deren entscheidenden Weichenstellungen ohnehin in den Stadtplanungsbehörden vorgenommen werden.

CN: Was wurde während deiner Zeit im Gestaltungsbeirat dort verhandelt?

GH: Ich erinnere mich, wie wir mit 1:1-Materialmustern auf der Baustelle des neuen Musiktheaters standen. Und ich erinnere mich, wie unglücklich ich über die Dynamiken bei diversen Ortsterminen war, bei denen sich Vorbedingungen als bereits gesetzt herausgestellt haben. Damals ging es viel um Hochhausbauten, denn in diesen Jahren begann dieser für Linz sehr spezifische Boom. (-> S. 127, Abb. 234, 235; S. 128–129, Abb. 236)

CN: Was würdest du entgegnen, wenn wir sagen, dass Linz den Anschein einer sehr investorenfreundlichen Stadt macht?

GH: Ich kann nur entgegnen, dass meine vermeintliche Investoren*feindlichkeit* in Linz durchaus ein Thema war – es ging mir aber immer um die Rolle der Stadt, des Landes. Mal ganz ehrlich, bei den grauenhaften Förderbedingungen des Landes Oberösterreich ist da nichts schönzureden: Die Architekt*innen sind durch die dazugehörigen Bauteilkataloge dermaßen eingeschränkt, dass nicht im Ansatz die Gefahr besteht, sozialer Wohnbau könnte auf dem Markt eine qualitative Konkurrenz für freifinanzierte Projekte darstellen. Das kann nur staatlich verordnete Qualitätsminderung genannt werden! Und was willst du als Gestaltungsbeirat da schon machen? Du kannst sagen, dass das so nicht geht. Aber dadurch änderst du gar nichts und verzögerst nur die Projekte. Ohnehin kamen weder in Linz noch während meiner zwei Jahre im Gestaltungsbeirat des benachbarten Wels wirklich nennenswert soziale Wohnbauten oder Genossenschaftsprojekte auf unseren Tisch. Um da Wirkmacht zu entwickeln, bräuchte es nicht nur Zeit, sondern die Gestaltungsbeiräte müssten über das Verhandeln einzelner Stadtbausteine hinaus an den Entwicklungsvisionen der Städte an sich beteiligt werden. Sie müssen dazu in die Lage versetzt werden, nicht nur auf Vorschläge zu reagieren, sondern proaktiv deren Rahmenbedingungen mitzugestalten. Sonst scheitert Stadtentwicklung immer an Eigentumsfragen und Finanzierungsinteressen. Aber welche Stadt bekommt das heutzutage schon auf die Reihe? (-> S. 137, Abb. 248)

CN: Nun, Linz hat ja jetzt die Stadtstrategien. Ein Lieblingsthema der Linzer Studierenden. Die fragen sich beispielsweise, warum darin nicht klarer auf Transformationsprozesse und die Fortschreibung von Bestandsressourcen gepocht wird. Es steht die Vermutung im Raum, dass es sich hierbei weniger um ein proaktives Manifest denn um ein Framing für Einzelprojekte handelt.

GH: Was die Nutzung von Bestandsressourcen betrifft, fällt mir spontan die Tabakfabrik in Linz mit den tollen Peter-Behrens-Bauten ein, die wir im Gestaltungsbeirat mitbearbeitet haben. Hier kommt die große, zeitgenössische Zauberformel PPP, Private Public Partnership, ins Spiel. Wir haben damals Druck ausgeübt, dass die Stadt Linz ihre Rolle, also ihre „anderthalb Ps“, mit höchstmöglicher Aktivität ausfüllt.

CN: Ein weiteres Lieblingsthema der Linzer Studierenden. Auf dem Gelände der Tabakfabrik gibt es ganz wundervolle Orte wie die ROSE, das Gymnasium für digitalen Humanismus, das allen bei uns durch Michael Zinner sehr präsent ist. Die Kunstuni ist im Hauptgebäude von Behrens mit dem Studiengang Fashion & Technology präsent. Es gibt dort aber auch eine „Strada del Startup“ – und bei weitem nicht das öffentliche Leben, für das der Ort eigentlich überbordendes Potenzial hat. Und dann entsteht auf dem Gelände gerade noch – Zitat Studierende – „grauslicher Wohnbau und ein noch schiacherer Hotelturm“.

GH: Der Beweis für meine These, dass die Stadt Linz an ihre Verantwortung erinnert werden müsste. Zudem: Die geplanten Neubauten entstammen nicht einmal einem qualitätssichernden Wettbewerb, sondern einem Bieterverfahren. Wie soll ein Gestaltungsbeirat, dessen Mitglieder jeweils nur zwei Jahre im Amt sind, die Genese eines solchen Großprojekts mitgestalten können? Bevor dort aber irgendein Schmarrn entsteht, wäre es besser, nichts zu bauen! Und es stellt sich die Frage, warum und für wen da der Verwertungsdruck so hoch formuliert wird.

CN: Eigentumsfragen, Finanzierungsinteressen, Förderrichtlinien, bepreiste Bauteilkataloge – ist das der Treibstoff hinter deiner Arbeit an der Universität Kassel, wo du für die Bauökonomie verantwortlich bist und mittlerweile nur noch von Um-Bauökonomie sprichst?

GH: Die Nomination hieß offiziell „Bauwirtschaft | Projektentwicklung", aber natürlich muss es um Umbauwirtschaft gehen. Ich habe zudem „Architektur Stadt Ökonomie" ergänzend vorgestellt, und im Englischen nennen wir das Fachgebiet nur „Architecture Cities Economies". Am deutschen Wort Ökonomie gefällt mir, dass es per se die politische Ökonomie immer gleich impliziert. Du bist umgehend zum kritischen Denken aufgerufen. Der Plural im Englischen suggeriert, dass es nicht nur die eine, hegemoniale Ökonomie gibt, sondern da auch andere Formen des Wirtschaftens sind: das Bauen als Umbauen; solidarisches, feministisches und ökologisches Wirtschaften; die Dekonstruktion des modernistischen Projektbegriffes durch die einfache Frage „Wessen Projekt?"; und schließlich das Denken von Entwicklung ohne Zwangsbindung an den Begriff Wachstum oder die Formel „Schneller, höher, weiter, mehr!". Vor allem interessiert uns, wie die Bauwirtschaft und die Projektentwicklung im Sinne des Gemeinwohls radikal demokratisiert werden können.

CN: Was bedeutet das für die Lehre?

GH: Rechnen und Gegenrechnen. Konzipieren und Gegenkonzipieren. Beweisen und Gegenbeweisen. Wie berechnet sich graue Energie, von der nun endlich alle sprechen, wie viel Wert hat die sogenannte goldene Energie? Was bedeutet die von der Bundesregierung propagierte Zahl von 400.000 neuen Wohneinheiten jährlich? Wie viele Wohneinheiten sind das auf den Maßstab von beispielsweise Kassel heruntergebrochen? Vor allem wollen wir mit den Studierenden Modelle für gemeinwohlorientierte, leistbare und demokratischere Architekturen und Städte entwickeln, die den üblichen Totschlagargumentationen standhalten. Wir spüren die Verpflichtung, rechnerisch nachvollziehbar zu machen, was uns Leerstand und der Umgang mit Grund und Boden als Spekulationsgut als Gesellschaft eigentlich kosten. Das Ergebnis zeichnet sich klar ab: Wir können uns die Bauwirtschaft, wie wir sie kennen, nicht mehr leisten. Das ist natürlich in den tradierten Strukturen unserer Hochschulen, im Rahmen der jahrzehntelang fortgeschriebenen Curricula und Fächerbeschreibungen und nicht zuletzt vor dem Hintergrund der Veränderung des Architekturstudiums durch den Bologna-Prozess eine herausfordernde Aufgabe. Wir versuchen erstmal durch Seminare und Wahlmodule rund um unsere Studios eine Art Denkraum zu konstituieren.

CN: Und es gibt wahrscheinlich auch diesen Konflikt zwischen klassischem, zu vermittelndem Handwerkszeug unserer Disziplin und den durch die bereits laufenden Transformationsprozesse eingeforderten, kritischen Positionierungen, oder?

GH: Klar musst du als angehende*r Architekt*in lernen, kreativ zu entwerfen und zugleich mit Baukosten umzugehen, und natürlich gehört beides in den Aufgabenbereich unseres Fachgebiets. Ich kann das den Studierenden näherbringen, indem ich wie seit eh und je davon ausgehe, dass Baukosten eine unverrückbare Konstante unserer Disziplin sind, oder ich kann der Tatsache ins Auge blicken, dass Kostentabellen heutzutage im Moment, in dem sie abgedruckt werden, bereits veraltet sind und sowieso nie umfassend waren. Dann ergibt es wahrscheinlich mehr Sinn, Um-Bauwirtschaft als Themenkomplex an sich kritisch zu diskutieren. Sich beispielsweise die Frage zu stellen: Was ist denn eigentlich alles nicht in diesen Baukosten enthalten? Wie sind da – aus post-kolonialer Perspektive – Ressourcen, die eigentlich anderen Gemeinwesen gehören, eingerechnet, oder auch ausgebeutete Wanderarbeiter*innen? Da spannen sich herausfordernde Horizonte auf und diese Themen setzen sich so hoffentlich im Denken und Handeln der Studierenden fest.

CN: Was hältst du von künstlerischen und aktivistischen Formaten?

GH: Am Kassler Staatstheater gab es jetzt ein Stück, das „Leere Stadt" hieß. Ich wurde während der Vorstellung jeden Abend angerufen, um die jeweils aktuellen Leerstandszahlen durchzugeben. Im Rahmen von aktivistisch motivierter Kunst bin ich da quasi als wissenschaftliche Autorität aufgetreten. Jedoch: Ich bin nicht so naiv zu denken, dass ein paar witzige, aktivistische Aktionen in der Fußgängerzone das Gemeinwesen unserer Städte retten. Präzise erdacht und durchgeführt, kann das aber unseren Werkzeugkasten erweitern, und wir machen das gerne, denn diese Formate sind durchaus hilfreich, um sich selbst und anderen Sachverhalte verständlich zu machen.

CN: Gabu, wir müssen langsam zum Ende kommen. Du hast angedeutet, dass der sich vollziehende Umbruch unserer Disziplinen, Praxen, Politiken, Wirtschaften und Sozialitäten natürlich auch die Hochschulen in Anspruch nimmt. Stimmst du zu, dass ihnen, mehr als jemals zuvor, neben Lehre und Forschung die Rolle zukommt, zum Verhandlungsfeld progressiver Zukunftsmodelle zu werden und auch zivilgesellschaftliche Bemühungen hörbar zu machen?

GH: In jedem Fall! Ich war gerade zu Gast beim Deutschen Kongress der Humangeografie, wo sich viele Akteur*innen aus unterschiedlichen Disziplinen und auch der Zivilgesellschaft Raumthemen gewidmet haben – aber fast ohne Architekt*innen. Kurz gesagt: Es braucht dringend das Engagement unserer Disziplin, also von Architektur, Stadtplanung, Landschaftsplanung und generell auch den Hochschulen als Orte der Debatte und Verhandlung. Wobei ich mit Blick auf die Forschung das Experiment empfehlen kann, in den Titel eines Projektantrages mal den Begriff „Common Ownership" zu schreiben.

CN: Haha, schöne Pointe zum Schluss! Gabu, vielen Dank für dieses Gespräch!

209

Zimmer einer Lehrerin in Sunderpur, Indien, 2015

Im indischen Lepradorf Sunderpur begann BASEhabitat (in Zusammenarbeit mit dem Verein Little Flower Austria) mit dem Bau der „PHOOLNA teachers' flats". In mehreren Etappen errichteten 30 Studierende der Kunstuniversität Linz mit 15 ungelernten Arbeitern aus dem Dorf Wohnungen für die Lehrkräfte und eine Community Hall im Zentrum des Dorfes.

2015

210

Baustelle von BASEhabitat in Sunderpur, Indien, 2015

211

Zelte für Flüchtende vor der Polizeidirektion in der Derfflingerstraße, 2015

Durch verschiedene politische Ausgangslagen wie etwa den Bürgerkrieg in Syrien, vermehrte Anschläge der Taliban in Afghanistan und des Islamischen Staats im Irak und in Syrien sowie bewaffnete Konflikte und humanitäre Krisen in Somalia, Sudan, Südsudan, Eritrea und Nigeria wurde 2015 eine stark vermehrte Migrationsbewegung nach Europa ausgelöst. Darauf reagierte eine Vielzahl europäischer Staaten mit einer Verschärfung ihres jeweiligen Asylrechts. Die fehlende Kooperation zwischen den verschiedenen Staaten bei der Aufnahme der Flüchtenden führte zu innereuropäischen Konflikten und in vielen Ankunftsländern zum Erstarken rechter und nationalkonservativer Kräfte. Die Aufnahmekrise in Linz wurde mit der Errichtung von Zeltlagern auch im Stadtraum sichtbar. In den Wintermonaten erfolgte die Unterbringung der Geflüchteten u. a. im Postverteilerzentrum und in der Tabakfabrik.

212

Anton Bruckner Privatuniversität, Architekturbuero 1, 2011–2015

Inmitten einer Parklandschaft am Fuße des Pöstlingbergs befindet sich seit nunmehr knapp zehn Jahren der Universitätscampus der Privatuniversität für Musik und darstellende Kunst. Den Ausbildungsschwerpunkten entsprechend soll das skulpturale Gebäude mit seiner seriellen Fassade und den sichtbaren Strukturelementen visuelle Assoziationen zu Instrumenten und Musik hervorrufen.

213

Modell des Hausprojekts Willy*Fred, 2015

Nach dem Vorbild des deutschen Mietshäuser Syndikats wurde in Österreich 2014 habiTAT als Zusammenschluss von selbstorganisierten Haus- und Baugruppen-Projekten gegründet. Ziel dabei ist die Schaffung von ökologisch, sozial und ökonomisch nachhaltigen Wohn- und Arbeitsräumen, die aus dem Immobilienmarkt herausgelöst werden. Im Jahr 2015 gelang es, das Willy*Fred, ein zentral in Linz gelegenes Haus, aufzukaufen, um dort ein gemeinschaftliches Wohnprojekt zu gründen. Dass die Immobilie sowohl dem Hausverein Willy*Fred (zu 51 Prozent) und dem Dachverband habiTAT (zu 49 Prozent) gehört, soll dazu führen, dass sich die beiden Gesellschafter im Falle eines Verkaufswunsches gegenseitig blockieren und das Haus somit langfristig vom Markt genommen wird.

214

Installation in den ehemaligen Paketrutschen während des Ars Electronica Festivals, 2015

Das leerstehende Postverteilerzentrum am Hauptbahnhof war seit 2015 mehrfach Schauplatz des Ars Electronica Festivals. Während der Flüchtlingskrise 2015 fanden in dem Gebäude Geflüchtete ihr Notquartier. 2022 wurde das Gebäude erneut als Registrierungs- und Aufnahmezentrum für Geflüchtete aus der Ukraine genutzt.

Bekommt Linz doch eine Donau-Insel?

Experten der „Zukunftswerkstatt“ sollen Projekt für Jahrmarktgelände in Urfahr prüfen

LINZ. Es war der größte Pendlerparkplatz von Linz: Das Jahrmarktgelände in Urfahr. Doch im Herbst des Vorjahres wurde das Parken dort verboten.

Seitdem ist unklar, wie es mit dem Areal weitergehen soll. Das soll sich nun ändern: Heute werde man die Zielsetzung für die Zukunft der Fläche und das Prozedere bekannt geben, kündigten Bürgermeister Klaus Luger (SP) und Infrastruktur-Stadtrat Markus Hein (FP) gestern bei einer Pressekonferenz zur Stadtentwicklung in Urfahr an.

Wie die OÖN erfahren haben, soll nun doch die „Donau-Insel“ weiter verfolgt werden. Das Projekt des Architektenkollektivs Gut ging, wie berichtet, als Sieger aus einem Ideenwettbewerb der Linzer Neos hervor. Dabei würde ein Nebenarm der Donau das Gelände umspülen und bis an die Häuser heranfließen. Stadtrat Hein hatte diese Idee bereits im Sommer als „vielversprechend“ bezeichnet.

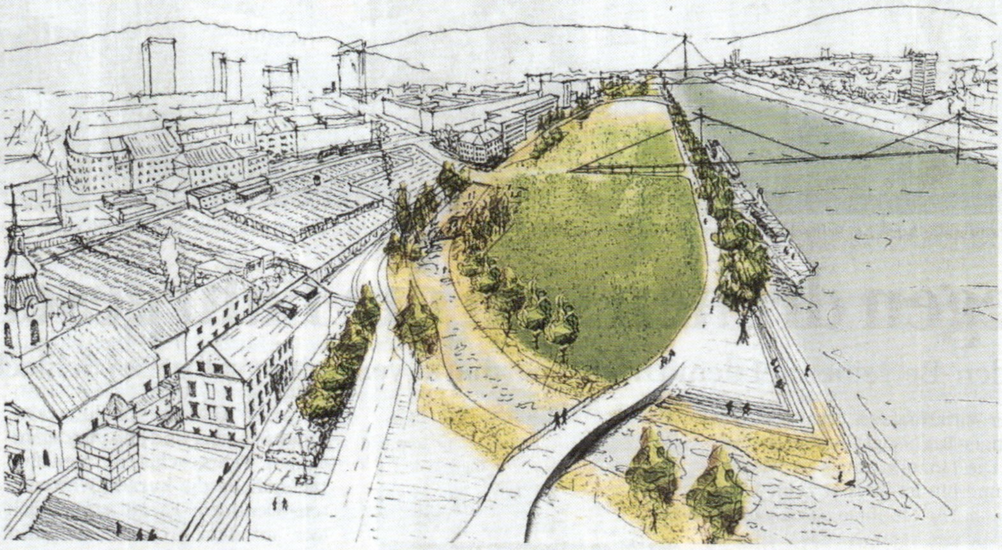

Der Entwurf des Architektenkollektivs Gut für die Neugestaltung des Jahrmarktgeländes. Foto: Gut

Denkfabrik konstituiert

Nun soll sich die neu gegründete „Zukunftswerkstatt“, wie vom Gemeinderat beschlossen, mit dem Projekt befassen. Das Experten-Gremium unter Vorsitz von Sabine Pollack, Vizerektorin der Linzer Kunst-Uni und Architektin, hatte vor zehn Tagen seine konstituierende Sitzung. Die Denkfabrik soll nun beispielsweise klären, wie es gelingen könnte, die nötige Strömgeschwindigkeit zu erreichen, um einen Arm der Donau umzuleiten.

Das Jahrmarktgelände ist aber längst nicht das einzige große Projekt in Urfahr, wie Luger und Hein gestern sagten. Unweit von dem Areal befindet sich eine der aufwendigsten Baustellen von Linz: Der „Bruckner Tower“, der bis Anfang 2021 in der Wildbergstraße errichtet wird. In dem 31-stöckigen Gebäude sollen mehr als 350 Wohnungen entstehen. „Das Zentrum von Urfahr wird urbaner, was die Dichte und Höhe betrifft“, sagte Hein.

Das bedeute aber nicht, dass demnächst weitere Hochhäuser in dem Stadtteil entstehen sollen. „Abgesehen vom Weinturm sind derzeit keine Hochhäuser in Urfahr geplant“, sagte Hein. Das Projekt in der Kaarstraße durchlaufe zur Zeit das Zehn-Punkte-Programm der Stadt. Wann dieser Prozess genau abgeschlossen sein wird, stehe jedoch nicht fest, sagte Luger auf OÖN-Anfrage. Und weiter: „Es ist nicht einmal sicher, ob der Weinturm überhaupt gebaut wird oder nicht.“

Pendlerparkplatz: So sah das Areal bis Herbst 2017 aus. Foto: Weihbold

Etwas konkreter sieht es in Sachen Verkehrsentlastung für die Hauptstraße in Urfahr aus: Im Frühjahr 2019 sollen die Bauarbeiten für die Durchbindung der Reindlstraße zur Wildbergstraße beginnen. „Derzeit befinden wir uns im straßenrechtlichen Verfahren“, sagt Hein.

Das angekündigte Fahrverbot für Lkw ab der Kreuzung Leonfeldner Straße / Freistädter Straße Richtung Süden soll ab Weihnachten gelten, Linienbusse sind ausgenommen. *(rgr/ wal)*

Kommentar

Von Reinhold Gruber

Insel-Lösung

In diesen Tagen wird das Jahrmarktgelände in Urfahr seinem Namen gerecht. Es herrscht Leben am Ufer der Donau, wozu die Anrainer nicht uneingeschränkt applaudieren werden. Aber der Urfahranermarkt ist eine Institution und schon „seit ewig“ zwei Mal im Jahr hier zu Hause. Das hat Tradition.

Linz täte eine Insel an der Donau durchaus gut

Tradition hatte es auch, dass das Areal in der jahrmarktlosen Phase – und das ist die meiste Zeit des Jahres – als Parkplatz gedient hat. Als im vergangenen Jahr mit bekannter Vorgeschichte der Parkplatz gesperrt wurde, bekamen all jene Kräfte Aufwind, die sich schon immer dafür eingesetzt haben, dieses Gelände an die Linzer Bevölkerung zurückzugeben oder zumindest für Einheimische wie Gäste interessanter zu machen.

Doch was tun? Diese Frage kreist nicht erst seit einem Jahr durch Köpfe von städtischen Entscheidungsträgern und Kreativen. Bislang war immer zu hören, was hier alles nicht geht. Auch der Vorschlag der „Donau-Insel“ reihte sich da nahtlos in die Projekte ein, die zwar grundsätzlich interessant, aber aus diesem oder jenem Grund als nicht machbar erklärt wurden. Dass nun dieses Projekt ernsthaft geprüft werden soll, ist eine Freude. Denn eine „Donau-Insel“ würde Linz gut stehen – und guttun.

r.gruber@nachrichten.at

216

Sunderpur Housing, 2016

Kurz nach der Fertigstellung des Projekts „PHOOLNA teachers' flats“ wurde in Sunderpur mit dem Bau eines Wohngebäudes aus Adobe-Steinen für die Dorfbewohner*innen begonnen. Adobe ist nicht nur günstig in der Herstellung, sondern auch gut geeignet, um unter den extremen Witterungsbedingungen vor Ort, etwa Luftfeuchtigkeit, Kälte und Hitze, zu bestehen. Gemeinsam mit den Bewohner*innen des Dorfs wurde eine modellhafte Lösung zur Schaffung neuen Wohnraums erarbeitet, die unterschiedliche Wohnungstypen zur Unterbringung von drei- bis zehnköpfigen Familien vorsieht. Die Häuser ermöglichen flexible Raumaufteilungen, sodass sich die Gebäude den wandelnden Bedürfnissen einer Familie anpassen können. Private und überdachte Bereiche im Außenraum gliedern sich um einen gemeinsamen Hof.

2016

215

Artikel „Bekommt Linz doch eine Donau-Insel?“, 2017

2017 rief die Stadt Linz einen Innovationspreis aus, der sich mit der Neugestaltung des Urfahraner Jahrmarktgeländes beschäftigte. Den ersten Preis bei diesem Wettbewerb gewann das Architekturkollektiv G.U.T. mit seinem Vorschlag einer Donauinsel für Linz. Die Idee stieß auf Begeisterung in der Bevölkerung. In Folge des Wettbewerbs schien es, als würde das Projekt tatsächlich realisiert, bis der Plan 2022 von jenem für eine neue Schiffsanlegestelle durchkreuzt wurde.

2017

217

Eröffnung des „SUPERSTADT! REVOLTE!"-Symposiums, 2017

218

Abschlussarbeit: *Mehr … Raum_wagen! – mobile Analyse und Aktivierung ungenutzter, räumlicher Ressourcen*, Hannah Kordes, 2016, Btr.: Sabine Pollak

219
(S. 116–117)

kulturtankstelle Linz, 2017–2022

Die kulturtankstelle, das URBAN LABORATORY des OÖ. Kulturquartiers und der Kunstuniversität Linz unter der kuratorischen Leitung von Sigi Atteneder und Katharina Weinberger-Lootsma, war von 2017–2022 eine Plattform für transformative Prozesse zu gesellschaftlichen und räumlichen Fragen von Städten im Klimawandel. Der Fokus lag darauf, ein Spektrum von Annäherungen an die Stadt zu erarbeiten, die Stadt als Testgelände zu verstehen und einen Bogen zu spannen der von künstlerisch-wissenschaftlichen Projekten über Kunstproduktion und Design bis hin zu stadtplanerischen Visionen reichte. Dies erfolgte stets in Kooperationen auf regionaler, nationaler und internationaler Ebene mit Universitäten sowie Kulturinstitutionen. Die kulturtankstelle wurde im Österreichischen Staatenbericht 2020 zur UNESCO-Konvention zur Vielfalt kultureller Ausdrucksformen als Good-Practice-Maßnahme hervorgehoben.

kulturtankstel
stories of critical cha
KÖNNEN
PFLANZEN
UNSERE VER-
SIEGELTEN
STADTBÖDEN
ZURÜCK
EROBERN?
01.08.2020–
11.10.2020
WIE VIELE
ÖKOSYSTEM
WERDEN
BENÖTIGT
UM DAS
NETZWERK
BETREIBEN?
01.08.2020–
11.10.2020

WIE VIEL ENERGIE BRAUCHEN WIR UM UNSERE STÄDTE ZU KÜHLEN?
01.08.2020–11.10.2020

220

Titelblatt Broschüre *die Plus-Schulen Steyr*, Entwerfen Sommer 2018, Studio RAUMkultur #1

2018

221

Abschlussarbeit: *Flussraum Salzach – Transformation zur Lebensader*, Horst Lechner jun./Lukas Ployer, 2017, Btr.: Roland Gnaiger

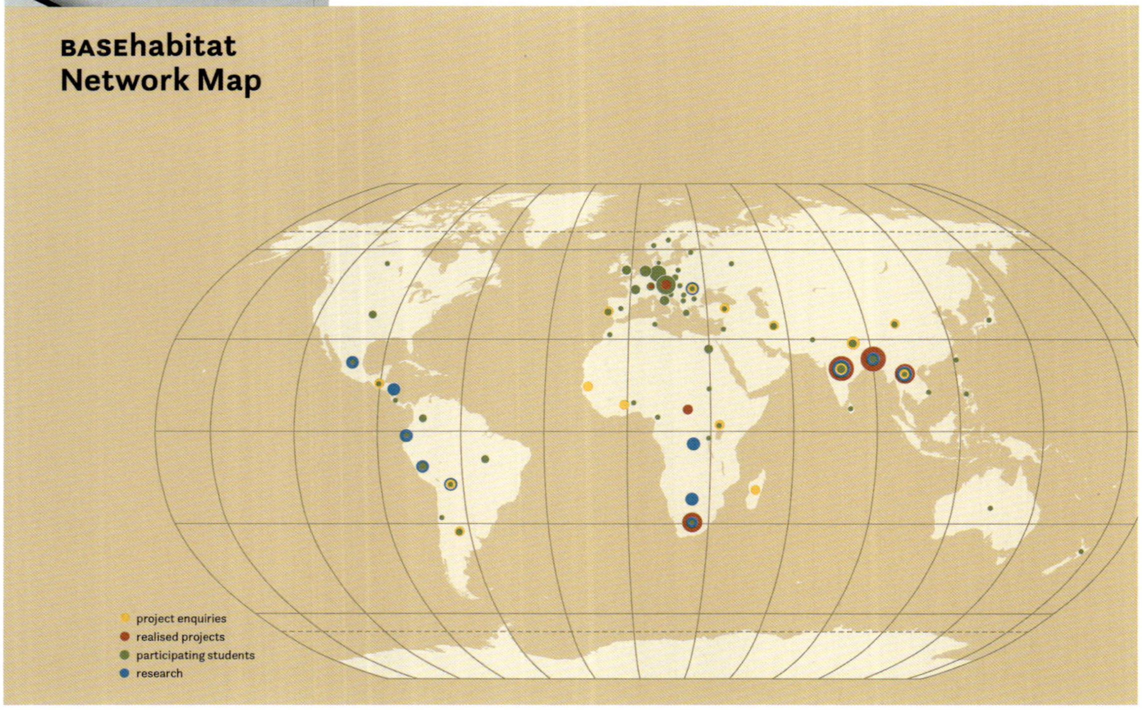

222

BASEhabitat – Network Map, 2018

Die Karte zeigt symbolisch die Kooperationen von BASEhabitat. Sie ist unterteilt in vier Kategorien: Projektanfragen, realisierte Projekte, teilnehmende Studierende sowie Forschung und Entwurf. Seit 2018 wird die Karte nicht mehr aktualisiert, da die Komplexität der Projekte zugenommen hat und diese sich nicht mehr in dieser Form abbilden lassen.

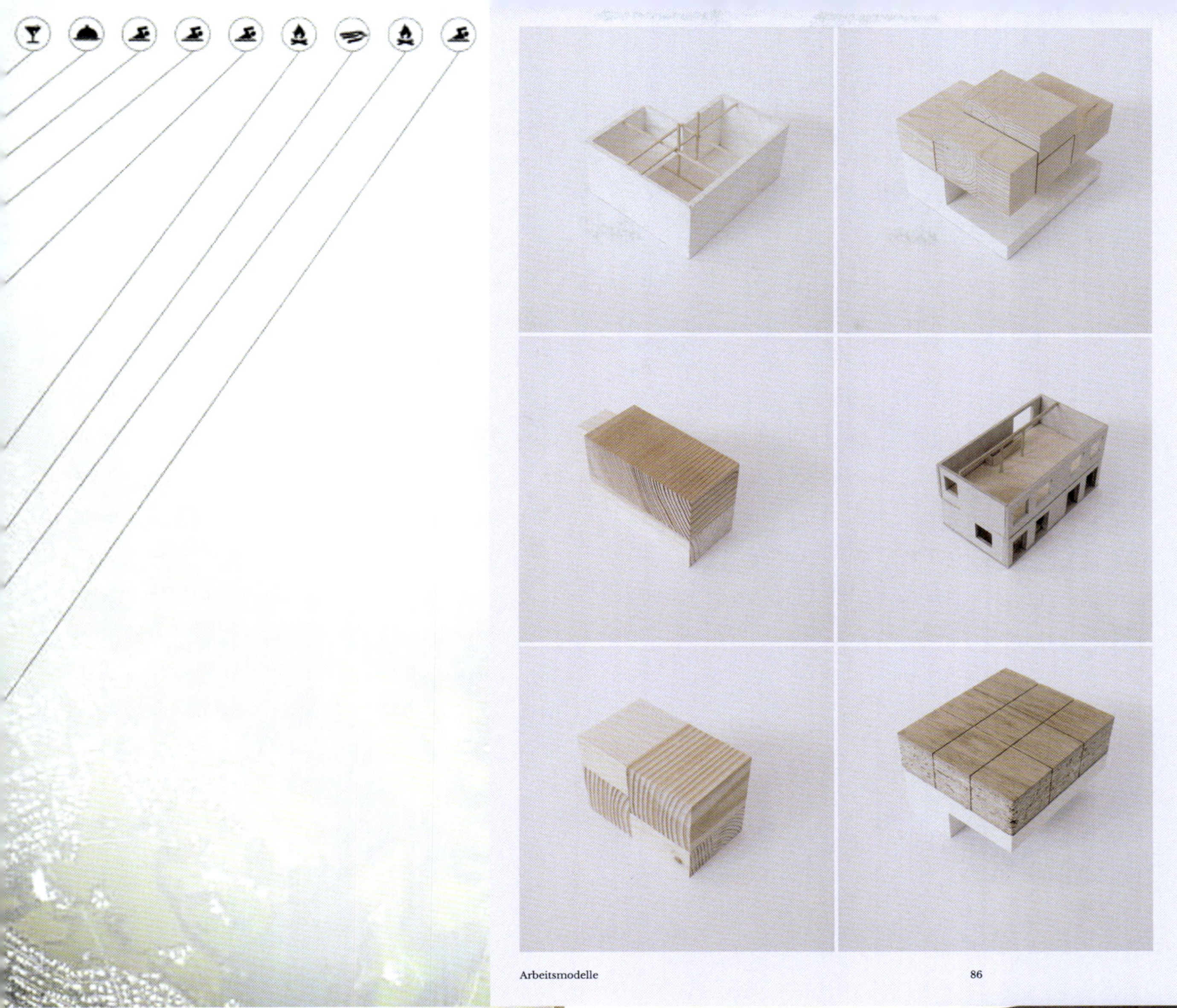

223

Abschlussarbeit: *Findling – souverän (um)bauen am Land*, Michael Brunmayr, 2018, Btr.: Roland Gnaiger

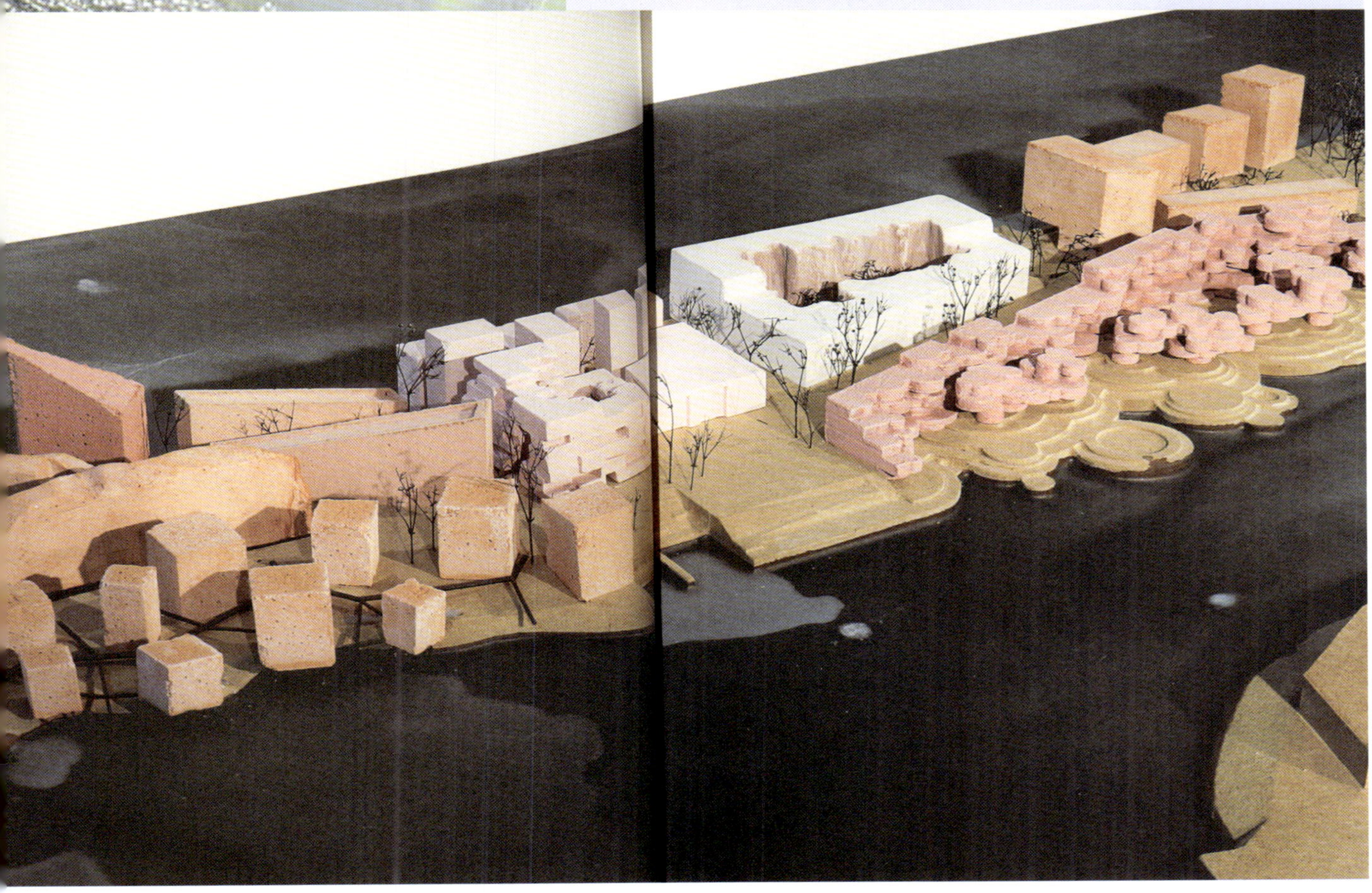

224

Modell vom Stadtspeicher, 2018

2018 wurde in der Kulturtankstelle das von Architekturstudierenden und Sabine Pollak kollektiv entwickelte städtebauliche Forschungsprojekt „Stadtspeicher" ausgestellt. Das Projekt schlug ein neues Linzer Quartier auf einer Halbinsel am Donauhafen vor.

225

Kunstuniversität, Umbau und Erweiterung: Adolf Krischanitz, 2009–2019

Die zwei von 1940 bis 1945 von den Nationalsozialist*innen als Teil der „Führerstadt“ an der Donauseite errichteten Brückenkopfgebäude waren sowohl aufgrund des historischen Kontexts als auch in Hinblick auf die baulichen Voraussetzungen nicht für die Nutzung als Kunstuniversität prädestiniert. Um ihrer Adaptierung und Sanierung nach den Plänen Adolf Krischanitz' von 2009 bis 2019 nicht im Weg zu stehen, wurde der seit 2008 gültige Denkmalschutz teilweise aufgehoben. Seit 2019 fungieren nun beide Brückenköpfe als Standort der Kunstuniversität.[1] Hinzu kommen zwei weitere Standorte in der Domgasse und der Tabakfabrik sowie das IFK (Internationales Forschungszentrum Kulturwissenschaften), das sich in Wien befindet.

2019

1 Weitere Informationen zur Geschichte der Brückenkopfgebäude siehe https://stadtgeschichte.linz.at/denkmal/default.asp?action=denkmaldetail&id=496 sowie https://www.baunetzwissen.de/elektro/objekte/kultur-bildung/umbau-und-erweiterung-der-kunstuniversitaet-linz-7533945 (letzter Zugriff: 01.07.2024)

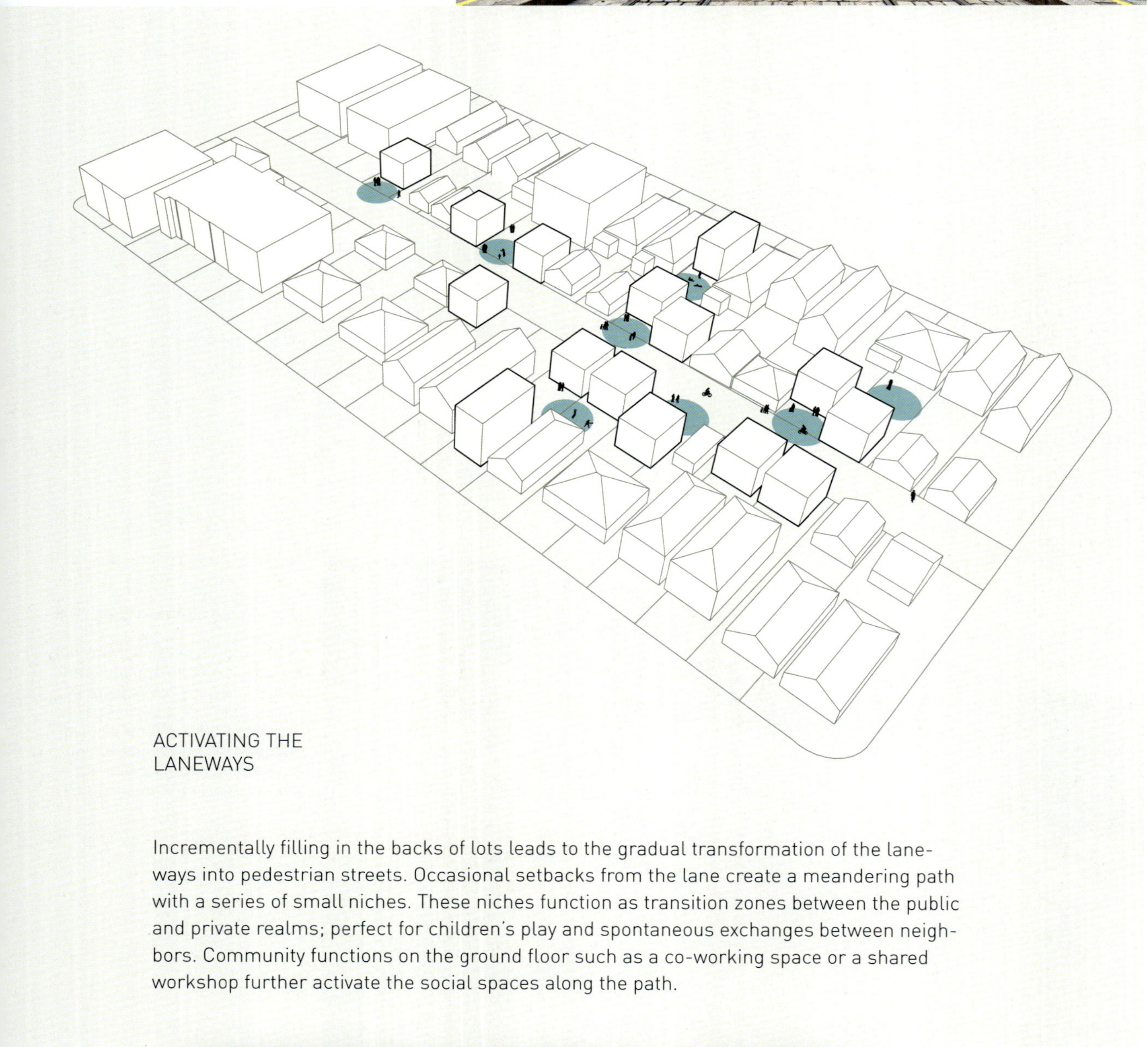

ACTIVATING THE LANEWAYS

Incrementally filling in the backs of lots leads to the gradual transformation of the laneways into pedestrian streets. Occasional setbacks from the lane create a meandering path with a series of small niches. These niches function as transition zones between the public and private realms; perfect for children's play and spontaneous exchanges between neighbors. Community functions on the ground floor such as a co-working space or a shared workshop further activate the social spaces along the path.

226

Abschlussarbeit: *Filling the void – new forms of living in Calgary's inner city*, Natalie Joy Thompson, 2019, Btr.: Roland Gnaiger

227

Titelblatt Broschüre *Raum für Kunst*, Entwerfen Sommer 2019, Studio RAUMkultur #2

228

Studierendenaktion „L_NZ grün wie Stahl“, 2019

Die VÖEST, die ehemals für Luftverschmutzung und Umweltschädigungen in Linz hauptverantwortlich war, schreibt sich mittlerweile auf die Fahnen, ihre Produktion bis 2050 CO_2-neutral zu machen. Mit *greentec steel* wird angekündigt, in Zukunft die traditionelle Stahlerzeugung abzubauen und komplett auf eine grüne Stahlerzeugung zu setzen. Während des Rundgangs 2019 hissten Studierende der Kunstuniversität ein Banner mit der Aufschrift „L_NZ grün wie Stahl“ an der Fassade der Universität.

229

Demonstration am Linzer Hauptplatz, 2019

Nachdem die 15-jährige Greta Thunberg begonnen hatte, sich im August 2018 für das Klima vor das schwedische Parlament zu setzen, anstatt in die Schule zu gehen, begann die internationale Bewegung „Fridays for Future“. Angefangen mit Streiks und Protesten von Schüler*innen, zog die Bewegung bald Leute aus verschiedenen Alters- und Bevölkerungsgruppen auf die Straße. „Fridays for Future Linz“ gründete sich im Jahr 2019 und organisiert seitdem Klimaschutzdemonstrationen und Streiks.

230

JKU Campus, Übersicht, Stand 2024

Obwohl die Johannes Kepler Universität (JKU) vergleichsweise zu den jüngeren Universitäten Österreichs zählt, ist sie mit mehr als 21.000 Studierenden schnell zu einer beachtlichen Bildungs- und Forschungseinrichtung herangewachsen. Der Hauptcampus liegt im nordöstlichen Linzer Stadtteil Dornach-Auhof und beherbergte dort ab dem 8. Oktober 1966 die sogenannte Hochschule für Sozial- und Wirtschaftswissenschaften, später JKU, deren architektonische Campusplanung auf Konzepten der Planungsgruppe Hochschule aufbaut. Ständig um neue Studiengänge erweitert, besteht sie heute aus den vier Fakultäten Technik und Naturwissenschaften, Wirtschaft und Gesellschaft, Recht sowie Medizin. Dieses kontinuierliche Wachstum bildet sich auch in der rasanten baulichen Erweiterung des Hauptstandorts sowie der Schaffung neuer Standorte (Softwarepark Hagenberg, Life Science Park und Center, Campus medizinische Fakultät) ab. Der Campus in Dornach-Auhof ist rund um einen Teich in einer großzügigen Parkanlage angelegt und mit einer Gesamtfläche von über 365.000 Quadratmetern und einer Nutzfläche von 160.000 Quadratmetern heute der größte Österreichs.[1] Seit 2009 wird er außerdem um den JKU Science Park erweitert und soll zukünftig auch Platz für die Ansiedlung der neuen Technischen Universität für Digitalisierung und digitale Transformation bieten. Neben erheblichen Schwierigkeiten bei der inhaltlichen und organisatorischen Gründung steht die neue Bildungseinrichtung auch wegen des geplanten Neubaus auf einer unversiegelten Fläche in der Kritik. Statt sieben Hektar Wiese neben der JKU zu verbauen, fordern viele, dass die neue Universität in eine bereits bestehende Struktur in zentraler Lage einzieht.[2]

1 Austria-Forum (20.06.2020): „Universität Linz". https://austria-forum.org/af/Austria-Wiki/Universit%C3%A4t_Linz (letzter Zugriff: 03.03.2024)

2 Der Kurier/Retzer, David (23.11.2023): „Sieben Hektar Bodenverbrauch. Kritik an Linzer Digital-Uni". https://kurier.at/chronik/oberoesterreich/digital-universitaet-linz-boden-verbrauch/402681124 (letzter Zugriff: 03.03.2024)

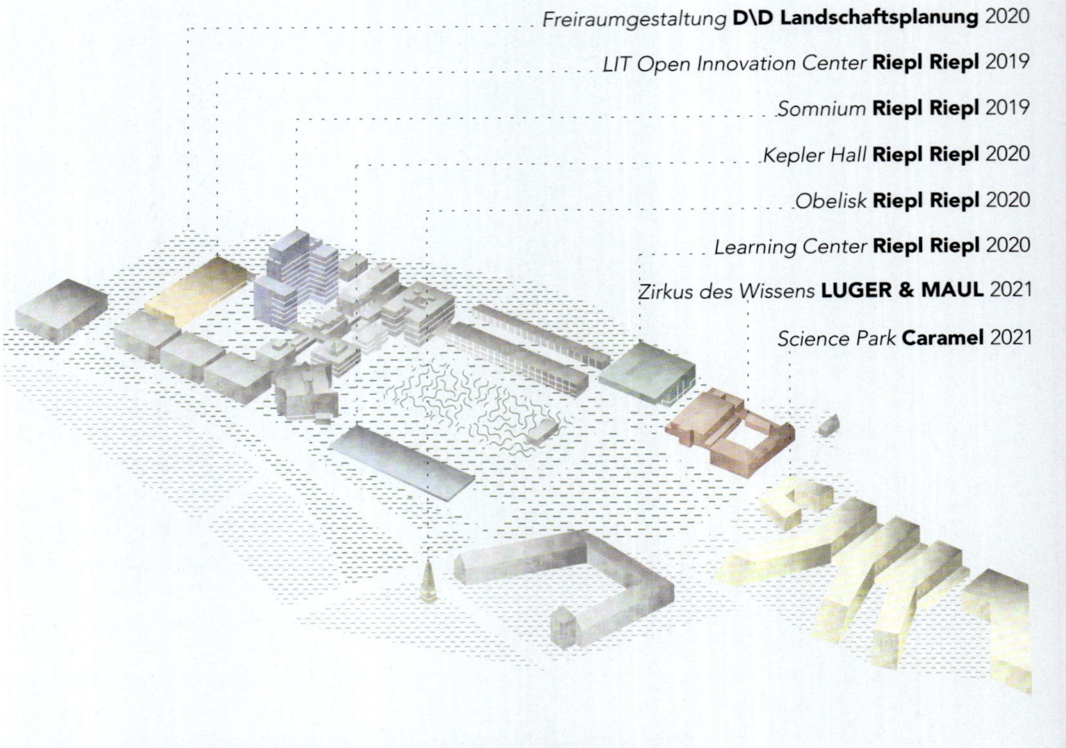

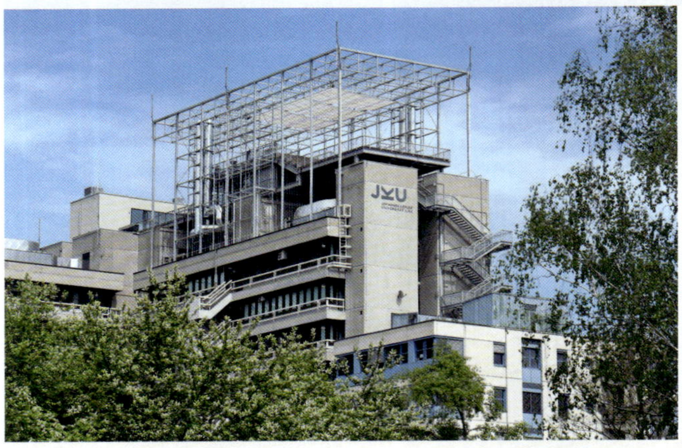

231

JKU Campus, Renovierung TNF Tower + Somnium, Riepl Riepl Architekten, 2018/19

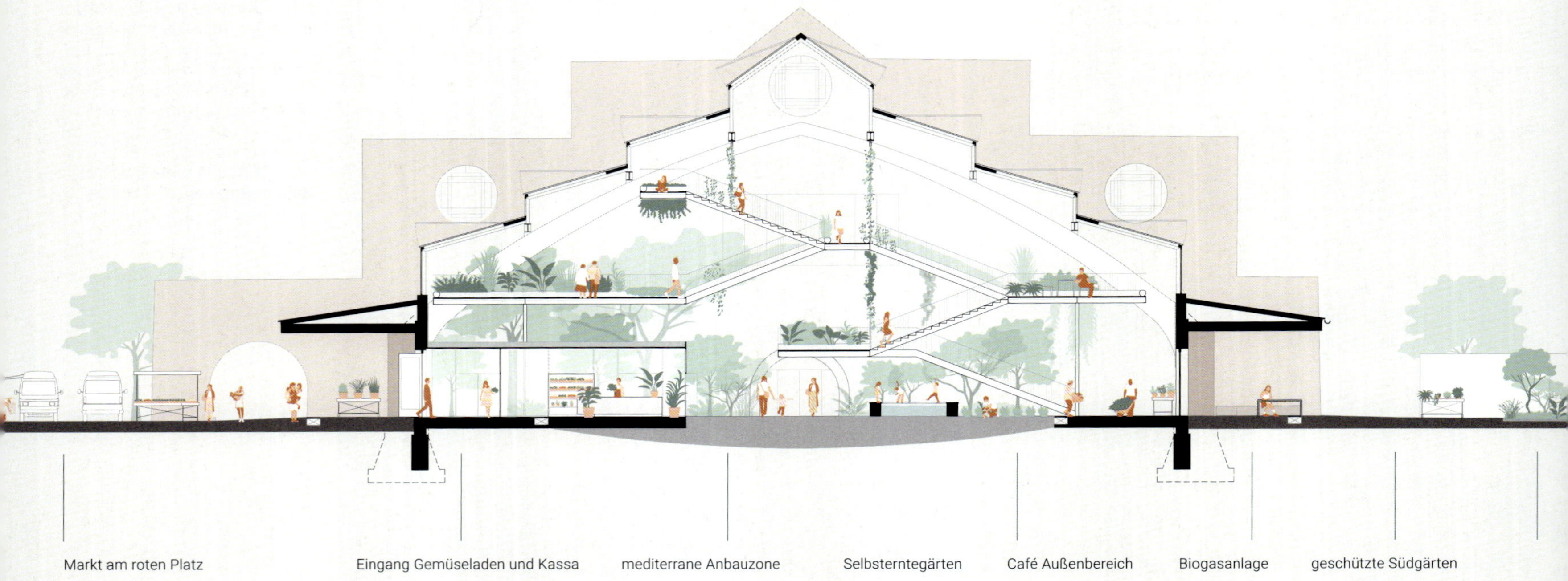

232

Abschlussarbeit: *Urban Greenhouse – Revitalisierung der ehemaligen Fleischmarkthalle Linz*, Corinna Hiemer, 2019, Btr.: Roland Gnaiger

Heidi Pretterhofer und
Michael Rieper

Oberösterreich aufgemalt – Oberösterreich ausgemalt

Baukultur als angewandte Forschung

Baukultur[1] ist eine Res publica, eine für die gesamte Öffentlichkeit bedeutsame Aufgabe. Es geht darum, zwischen mehreren gesellschaftlichen Funktionssystemen, die nicht direkt miteinander kommunizieren, zu vermitteln. Denn es gibt keine unmittelbaren Brücken zwischen Raum, Ökologie, Politik, Ästhetik, Recht, Wirtschaft, Wissenschaft und Glaubensbekenntnis. Green Deal, Schönheit, Wahrheit, Gerechtigkeit und Profit sind keine Aufgaben, die ohne weiteres miteinander kompatibel wären. Dafür braucht es strukturelle Koppelungen, die adäquat oder inadäquat angelegt sein können.

Baukultur ist nicht harmlos. Meistens sind die Interessensgegensätze größer als die Gemeinsamkeiten, denn baukulturelle Phänomene haben eine sichtbare Außenseite, umgeben von unsichtbaren Netzwerken an Infrastrukturen, Daten, Geldflüssen, Entscheidungsstrukturen und Begehrlichkeiten. „Oberösterreich aufgemalt" beginnt bei der offenen Landschaft, umfasst das Gebaute, aber auch das Ungebaute, das Dazwischen. „Oberösterreich ausgemalt" betrifft die Planungs- und Produktionsprozesse, wirkt bis in das Zusammenleben hinein und verhandelt die Gestaltung von Zukunft. Doch zunächst eine kurze Beschreibung der globalen Umstände, die diese Bilder rahmen. (-> S. 150, Abb. 269)

Status quo. Wie viele Erden verspielen wir?

Der Höhepunkt der Globalisierung scheint überschritten zu sein. Politische Beziehungen, Märkte und globale Kulturen beginnen den Grad ihrer Verbundenheit neu zu konfigurieren. Zu schmerzhaft offenbart sich die allgemeine Zerbrechlichkeit vorhandener Systeme infolge der menschenverachtenden Kriege in der Ukraine, im Gazastreifen, in Syrien, des Klimawandels und des Biodiversitätsverlusts, des demografischen Wandels, der globalisierten Viren und vieler sonstiger widriger Umstände.

Der weltweite jährliche Energieverbrauch pro Person[2] ist sehr ungleich verteilt; die USA sind „great again", der Globale Norden verschwenderisch, der Globale Süden sparsamer. Die USA liegen bei rund 80.000 kWh pro Person und Jahr, im Vergleich dazu Indien bei 7.000 kWh und die Demokratische Republik Kongo bei 400 kWh – also bei einem Zweihundertstel des Verbrauchs der USA.

Wir in EU-Europa würden etwa drei Erden benötigen, um unsere Standards halten zu können, der Weltdurchschnitt immerhin noch 1,7 Erden.[3] Es stellt sich nicht die Frage, ob dieser Überverbrauch irgendwann endet. Er *wird* enden. Es stellt sich die Frage, ob per Desaster oder per Design.

In der Europäischen Union ist der Bausektor für 40 Prozent des Energieverbrauchs, 36 Prozent der CO_2-Emissionen, 50 Prozent des Rohmaterialverbrauches, 33 Prozent des Abfalls und 33 Prozent des Wasserverbrauchs verantwortlich.[4]

Bis 2050 werden in Europa zwei Milliarden Quadratmeter bestehende Fläche abgerissen. Von Amsterdam bis Athen, von Riga bis Rom werden mehr als der gesamte Gebäudebestand von Paris oder Berlin abgebrochen. Stattdessen werden Milliarden von Quadratmetern neuer Fläche als Ersatz für das Bestehende gebaut.

HouseEurope![5]

Wir, die sich mit dem Bauen beschäftigen, bewegen tatsächlich Berge. Und die sollten in die richtige Richtung geschoben werden. Das wird kontrolliert nur dann gelingen, wenn wir die Notwendigkeit verstehen, Gebäude oder deren Teile und Umgebungen weiter- und wiederzuverwenden, und dies auch umzusetzen lernen. Unser baulicher Bestand ist zu einer großen Lagerstätte herangewachsen, die riesige Mengen an Rohstoffen, aber auch Erinnerungen und Geschichten bindet. Diese Ressourcen gilt es, wirtschaftlich und baukulturell intelligent in Wert zu setzen. Dafür müssen wir die derzeitigen Vergabe-, Planungs- und Ausführungsmethoden radikal verändern. Widmungen, Planungen und Bauaufgaben sollten mit Rücksicht auf vorhandene Ressourcen – inklusive eines Konzepts, was nach dem Erreichen der Lebenszeit mit den Bauten geschehen soll – angegangen werden.

Gleichberechtigt zu den technischen Anforderungen sind auch ästhetische und soziale Notwendigkeiten zu berücksichtigen, die die Dinge der Welt ordnen. Es ist nicht egal, wie etwas aussieht und wie es gemacht ist. Es ist wichtig, dass sich die Lösung gut anfühlt, dass sie elegant ist. Solche Gebäude werden gepflegt und auf sie wird auch aufgepasst. Die Aufforderung „Handle with Care", die viele Verpackungen weltweit schmückt, sollte auch für Gebäude, Stadträume, Landschaftsräume und Infrastrukturen gelten.

It's already there!

Eine Analyse – vor allem eine ästhetische Analyse – des Bestehenden bezüglich seiner Geschichte und seiner Organisation bietet die Möglichkeit, seine Differenzierung zu entdecken. Das heißt, dass die Bestandsanalyse sehr wichtig ist und sogar mit einer Wunsch- oder Traumplanung identisch sein kann. Aber kann ein Bestand an sich immer schon als Wunschbild betrachtet werden? Lieben wir die Landschaft? Dann wäre eine Planungs- und Entwurfsmethode, welche das Neue nicht gegenüber, neben oder nach dem Alten, sondern als innere Differenzierung des Alten, als dessen Möglichkeit, darstellt, in dem Sinne zeitgemäß, weil das Alte durch solche Planung aufgewertet wird, statt ‚schlimmer' Gegenstand zur Verbesserung zu sein. Zwischen Bestand und Entwicklung würde eine viel engere Beziehung aufgebaut als in der üblichen Verbesserungsplanung, welche im Bestand lediglich zu lösende Probleme, zu heilende Krankheiten und zu beseitigende Defizite sieht und den Bestand somit diffamiert. Der Vorteil ist, dass auch die restriktiven oder sogar negativen Bestandteile einer Region ohne jegliche Voreingenommenheit zuerst aufgewertet werden und sozusagen neutral in die Planung aufgenommen werden können, als nun einmal anwesende Merkmale, welche sich entwickeln können.

Joost Meuwissen, 2008[6]

Oberösterreich aufgemalt – eine Analyse

Oberösterreich gliedert sich in vier Viertel mit insgesamt 438 selbständigen Gemeinden: das Hausruckviertel, das Innviertel, das Mühlviertel und das Traunviertel, inklusive des Salzkammerguts als Spezialfall. In Oberösterreich leben rund 1,5 Millionen Menschen, die in mehr als 420.000 Gebäuden wohnen, arbeiten und ihren Interessen nachgehen.[7]

Das Amt der oberösterreichischen Landesregierung weist 41 divergierende und eigenständige Landschaftsteilräume[8] aus. Ein Großteil davon ist durch Gewässerstrukturen geprägt: einerseits zentral die Donaulandschaft, aber auch die Innlandschaft, die mächtigen Vorlandflüsse Traun und Enns und die Seen des Salzkammerguts. Oberösterreich erstreckt sich vom privaten Eigenheim bis in die globalen Netzwerke der Finanz-, Kommunikations- und Transporttechnologie und befindet sich in einem Zustand des beständigen Austauschs von Gütern, Daten und Informationen. Im oberösterreichischen Zentralraum[9] prägen Nutzungsgegensätze den Charakter der Landschaft und lassen ein heterogenes ästhetisches Vakuum entstehen.

Der Siedlungsraum in Oberösterreich zeichnet sich in erster Linie dadurch aus, dass er uncharmant ist, es ist dieses typische Muster des Ineinanderfließens von Stadt und Land, des Verwischens der inneren Raumgrenzen. Ein Siedlungsmuster, das sich entlang der Donau, entlang der Traun, teilweise auch an der unteren Enns, findet. Mit allen Vor- und Nachteilen. Mit dem Vorteil, dass in Siedlungsbereiche unmittelbar großartige Erholungsräume hineinreichen und dem Nachteil der Nichtorientierbarkeit, dem Fehlen von Lesbarkeit. Oberösterreich ist dafür bekannt, dass es ständig für Überraschungen gut ist.

Thomas Proksch, 2023[10]

Wie erschließt sich diese Transformationslandschaft ästhetisch? Nehmen wir als Beispiel eine alltägliche Fahrt in Oberösterreich, entlang an Grünzonen, Eigenheimen, Einkaufszentren, Ackerflächen, Lagerhallen, Daten-Centern, Gewerbegebieten, Konzernzentralen, Parkplätzen und Restwäldern durch eine rurbane[11] Region, in der die Durchmischung ländlicher und städtischer Strukturen einen neuen Raum geschaffen hat, der aber zu gleichförmig und zu artifiziell ist, um als naturgleich betrachtet zu werden. Hier sind Natur und Kultur auf vielfältige Weise miteinander verwoben. (-> S. 138, Abb. 251)

Die begehrte Dreieinigkeit „Haus – Garten – Auto" ist allgegenwärtig. Das Paradoxon ist, dass gerade der gebaute Traum vom Eigenheim in vermeintlich ländlicher Idylle als unverrückbares Objekt zur fortschreitenden Zersiedlung beiträgt. Selbst die Wohnbauförderung des Landes unterstützt nach wie vor den „heimischen Häuslbauer",[12] trotz des Wissens über fragmentierte Siedlungsstrukturen mit hohen Infrastrukturkosten und Verkehrswegen. Hier gilt es dringend, alternative Szenarien zu entwickeln, die den Wunsch nach einem Eigenheim ernst nehmen, aber in adäquater Weise umsetzen. Auf der anderen Seite steht die Infrastruktur der Energieversorgung. Sie ist das unverzichtbare Fundament des Alltags, sie erhält uns. Aus diesem Grund sind wir gut beraten, uns um deren umsichtige Errichtung zu bemühen: Windräder sind mitunter auch ein Gestaltungselement, teilweise weithin sichtbar, wie der Bürgerwindpark Munderfing.[13] Er ist einer der wenigen Windparks in Oberösterreich, die es in die Wirklichkeit geschafft haben, und wird von der dort lebenden Bevölkerung positiv aufgenommen. Niederösterreich verfügt über circa 800 Anlagen, Oberösterreich lediglich über 31.[14] (-> S. 143, Abb. 257)

Es brennt! Die Architektur des Ausnahmezustands

Die Feuerwehren, berufen oder freiwillig, und deren Baukultur, interessieren uns – weil sie zum einen öffentlich, gemeinschaftlich funktionieren und zum anderen besonders kleinteilig und individuell sind – landauf, landab. Mehr als 900 Feuerwehren mit über 95.000 Feuerwehrleuten sind bei über 52.000 Einsätzen pro Jahr tätig; das sind 143 Einsätze am Tag.[15] Die Aufgabenvielfalt, die technische Ausstattung von Gebäuden und Fahrzeugen und das Image der Feuerwehr bilden eine soziale Konstante, deren gemeinsamer Nenner die Katastrophe, das Feuer, das Unwetter, der Unfall ist. Zu den Aufgaben der Feuerwehr kommen aber wesentlich mehr Einsatzgebiete hinzu. Die legendären Feuerwehrfeste haben schon so manche Feuerwehrgarage zum Gemeindezentrum werden lassen, zum sozialen Brennpunkt. Ikonografisch ist das Feuerwehrhaus mit seiner Halle/Garage und seinem Schlauchturm Kirchen, Kapellen oder Moscheen sehr ähnlich und kann in der Siedlungsstruktur gut wiedererkannt werden. Die Feuerwehren stehen hier stellvertretend für allgemeine baukulturelle Phänomene. Ähnliche Beschreibungen ließen sich für Schulen, Kindergärten, Gemeindeämter, Altstoffsammelzentren und natürlichen auch für Einfamilien- und Mehrparteienhäuser erstellen. (-> S. 150, Abb. 268)

Nichts wird uns retten, und ganz bestimmt nicht die Gefahr. Der Erfolg wird einzig von unseren Fähigkeiten abhängen, die zufällig sich einstellenden Gelegenheiten beim Schopf zu packen.

Bruno Latour,
Nikolaj Schultz, 2022[16]

Wenn die Prognosen stimmen, dann wird Oberösterreich bis 2100 um circa 9 Prozent wachsen, nicht nur aufgrund der Kriege und der daraus resultierenden Migrationsbewegungen, sondern auch aufgrund der hohen Gesamtlebensqualität. Im Gegensatz dazu wird Europa im Gesamten bis 2100 um etwa 7 Prozent schrumpfen.[17] Der viel zitierte Innovationsraum Oberösterreich ist noch nicht sichtbar, er könnte aber als Versprechen und gute Gelegenheit dienen, um in heiklen Fragen der räumlichen Zusammenhänge weiterzukommen. Welche Szenarien können imaginiert werden?

Oberösterreich ausgemalt – eine Spekulation (-> S. 163, Abb. 293)

„Oberösterreich ausgemalt" ist kein Abbild, kein Werbesujet und kein Landschaftsgemälde von Ludwig Halauska aus dem Jahr 1875 mit der Traun und dem Traunstein in der Österreichischen Galerie Belvedere. „Oberösterreich ausgemalt" ist auch keine Fahrt auf der Autobahn im Winter 2024. „Oberösterreich ausgemalt" ist eine Vorstellung, eine Fiktion, vielleicht eine Spekulation, die erst hergestellt werden will. Bereits Vorhandenes wird interpretiert, uminterpretiert und kuratiert. Der Ausmalbogen liegt vor und will befüllt werden.

Offene Zukünfte für konkrete *Orte*

Anstatt der weit verbreiteten Anlassplanungen und Widmungen gilt es, Szenarien für Regionen und Teilgebiete zu schaffen, die in Folge verfeinert und weiterentwickelt werden. Szenarien stellen Entwicklungsoptionen zur Diskussion und ermöglichen damit das gesellschaftliche Aushandeln des Gewünschten zwischen vielen Akteur*innen, wobei eine Vielzahl von Faktoren berücksichtigt werden sollte.

Szenarien beschreiben mögliche Zukunftsbilder anhand plausibler Entwicklungspfade, um die zukünftigen Folgen heutigen Handelns zu reflektieren und frühzeitig auf mögliche Veränderungen vorzubereiten. Im Gegensatz zur Prognose wird in Szenarien die Unsicherheit über die Zukunft mitgedacht.
Philipp Oswalt, 2016[18]

Mut zur polyzentrischen, produktiven Landschaft!

Es gibt viel Stadt und es gibt viel Land, es gibt viel Agglomeration mit unterschiedlichen Qualitäten und vor allem Potenzialen: Diese gilt es zu finden, zu benennen und mit ihnen zu spielen. Gute Baukultur ist gleichzeitig Gesims, Haus und sozialer Raum und nicht ein hierarchisches Konzept, das sich vom Abstrakten ins Detail verfeinert. Gute Baukultur verfolgt eine Strategie der Inwertsetzung. Manchmal muss man die Dinge der Welt verkehrt betrachten, um sie richtig zu sehen. Wenn wir den Bestand ernst nehmen, entscheidet sich die Zukunft der Region an den Rändern. Gelingt es uns, aus den unwirtlichen Gewerbegebieten, den monofunktionalen Wohnsiedlungen und den Einfamilienhausteppichen funktionierende Nachbarschaften mit lokalen Ökonomien für eine postfossile Gesellschaft zu schaffen?

„Oberösterreich ausgemalt" braucht Mut zu polyzentrischen, produktiven Landschaften, leeren Alpen und vielleicht halbleeren Seen. Teile Oberösterreichs könnten in 25 bis 50 Jahren langsam eine *umgekehrte Stadt* werden. In diesen Gegenden sind Natur und Kultur auf vielfältige Weise miteinander verwoben. Das wird zu einer gestalterischen Herausforderung und der Landschaft kommt dabei eine besondere Bedeutung zu; Pflanzenwuchs und Infrastruktur, Straßen und Wälder sind kontextbildend. Diese Landschaft ist künstlich und will es bleiben, sie ist die Antwort auf die erhabene, die „sprechende" Natur. Sie hält zusammen, was auseinandergefallen ist. Hier spielt das Prinzip der „Inversion"[19] in der Beziehung von Stadt und Naturlandschaft, Bauwerk und Grünfläche die zentrale Rolle. Das traditionelle Muster der vom Land umschlossenen Stadt kehrt sich im Zuge der fortschreitenden Urbanisierung um: Jetzt umschließen großräumlich die zusammenfließenden Siedlungsstrukturen das Land, jenseits von Natur und Kultur.

Die baukulturelle Brille an der Kunstuniversität Linz

Der Begriff *Baukultur* reiht sich zunächst in traditionelle Doppelbegriffe ein: Esskultur, Alltagskultur, Gartenkultur, Körperkultur, Wohnkultur und so weiter.

Das Wort „Bau" signalisiert eine scheinbare Konkretheit und betrifft alle Arten des Bauens wie Eisenbahnbau, Anlagenbau, Straßenbau, Kraftwerksbau, Wohnbau. Die „Kultur" wiederum gehört zu den wesentlichen gesellschaftlichen Entitäten. In einer ersten Annäherung signalisiert „Baukultur" eine Verbesserung des Bauens und ist mit der Gestaltung von Zukunft befasst.

Baukultur ist eine Frage der Betrachtungsart. Wenn der Blickwinkel verschoben wird, werden überraschende Optionen sichtbar. Wir werden uns auf das Zusammenspiel aller Akteur*innen fokussieren. Kontinuitäten, Brüche, Übergänge in den verschiedenen Phasen der Planungsprozesse – von den ersten Wünschen über die Ideenfindung bis zum kontinuierlichen Instandhalten – werden analysiert und reflektiert. Wie viele Rollen hat jede*r Protagonist*in? Welche Instrumente und Prozesse stehen den Spieler*innen zur Verfügung? Wie sind deren Beziehungen zueinander? Wir setzen uns die baukulturelle Brille auf, um kritisch und vorausschauend ins Handeln zu kommen. Wir initiieren, suchen und finden. Wir interpretieren und nehmen die Skurrilitäten, Besonderheiten und Eventualitäten an der Hand und zeigen sie her. Wir fahren durch das Land, entdecken Verschlafenes oder fast Unglaubliches.

Wir werden die Lehre eng mit der Arbeit und Kooperation in den Regionen und der Stadt verknüpfen, ergänzt durch angewandte Forschung. Ziel ist es, nicht nur Studierende, also angehende Pädagog*innen, Architekt*innen und Designer*innen, sondern auch viele gewählte Entscheidungsträger*innen, Planer*innen und die Zivilgesellschaft mit den Qualitäten, Anforderungen und Hindernissen der Baukultur vertraut zu machen. Wir wollen mit Partner*innen und Studierenden ein modellhaftes „Next Practise"-Beispiel[20] umsetzen, einen „Baukulturatlas"[21] initiieren und 2027 ein internationales „Forum Baukultur"[22] veranstalten. Auch wenn wir wissen: die Baukultur ist kein Wunschkonzert. (-> S. 6, Abb. 7)

Anmerkungen

1 Seit Beginn des Studienjahres 2023/24 lehren, forschen und vermitteln Heidi Pretterhofer und Michael Rieper Baukultur an der Kunstuniversität Linz – eine Versuchsanordnung mit Fokus auf Oberösterreich. Das Land Oberösterreich hat eine Stiftungsprofessur für Baukultur initiiert: „Die Förderung des Bewusstseins für räumliche Zusammenhänge ist zu unterstützen, vor allem auch im Hinblick auf Fragen der Baukultur." Presseaussendung im September 2022. http://www.land-oberoesterreich.gv.at/Mediendateien/LK/PKLHMagStelzer_LRAchleitner_20220912_Internet.pdf (letzter Zugriff: 25.01.2024)

2 U.S. Energy Information Administration (2023): „Energy use per person, 2022". ourworldindata.org/energy (letzter Zugriff: 25.01.2024)

3 Footprintnetwork (2023): overshoot.footprintnetwork.org/ (letzter Zugriff: 25.01.2024)

4 EU-Kommission (17.02.2020): commission.europa.eu/news/focus-energy-efficiency-buildings-2020-02-17_de (letzter Zugriff: 25.01.2024)

5 HouseEurope! ist eine Bürgerinitiative für eine EU-Gesetzgebung, die die Renovierung bestehender Gebäude fördert und deren Abriss aus Spekulationsgründen verhindert. Motto: „Renovate don't Speculate!". www.houseeurope.eu/ (letzter Zugriff: 25.01.2024)

6 Meuwissen, Joost (2008): „Alpensymphonie. Nachhaltige Entwicklungsstrategien des ländlichen Raums im interkulturellen Fokus". Vortrag anlässlich des 3. Transalpinen Architekturlabors in Radstad

7 Statistik Austria (2021): „Gebäudebestand in Österreich". www.statistik.at/statistiken/bevoelkerung-und-soziales/wohnen/gebaeudebestand (letzter Zugriff: 25.01.2024)

8 Direktion für Landesplanung, wirtschaftliche und ländliche Entwicklung, Abteilung Naturschutz (2023): „Natur und Landschaft". www.land-oberoesterreich.gv.at/44368.htm (letzter Zugriff: 12.01.2024)

9 Als oberösterreichischer Zentralraum bezeichnet man das Gebiet um die Städte Linz, Wels und Steyr. Es bildet das wirtschaftliche Zentrum des Bundeslandes. Man nennt es auch „Fünftes Viertel". Siehe de.wikipedia.org/wiki/Ober%C3%B6sterreichischer_Zentralraum (letzter Zugriff: 25.01.2024)

10 Thomas Proksch im Interview „Landschaftsmalerei ohne Filter", geführt von Heidi Pretterhofer und Michael Rieper im November 2023. https://www.kunstuni-linz.at/universitaet/organisation/institute/raum-und-design/die-architektur/architekturraumkultur/aktuelles-rueckblicke/news detail-1/landschaftsmalerei-ohne-filter (letzter Zugriff: 25.01.2024)

11 *rurban*: Zusammensetzung von urban und rural. Verweist auf die weitgehende Urbanisierung des ländlichen Raums in Kerneuropa, die eine neue Raumform hervorgebracht hat, die weder städtisch noch ländlich ist. Siehe Pretterhofer, Heidi/Spath, Dieter/Vöckler, Kai: *Land. Rurbanismus oder Leben im postruralen Raum*. Graz 2010

12 Land Oberösterreich (2024): „Neue Fördervariante unterstützt die heimischen Häuslbauer". www.wohnfuehlland.at/neue-foerdervariante-unterstuetzt-die-heimischen-haeuslbauer/ (letzter Zugriff: 25.01.2024)

13 Sechs Windräder erzeugen Strom für circa 13.000 Haushalte oder circa 13.000 Elektroautos. Siehe Gemeinde Munderfing (2024): „Windpark Munderfing". https://www.munderfing.at/kundenservice/wirtschaft/windpark-munderfing/ (letzter Zugriff: 24.01.2024)

14 IG Windkraft Österreich (2023): „Windenergie in Österreich". https://www.igwindkraft.at/fakten/?xmlval_ID_KEY%5B0%5D=1234 (letzter Zugriff: 24.01.2024)

15 Oö. Landes-Feuerwehrverband: https://www.ooelfv.at/downloadcenter/07_Marketing/7.2_Druckwerke/Jahresberichte_OOE_LFV/7.02.005_BRO_OOELFV_Jahresbilanz_2023.pdf / (letzter Zugriff: 14.12.2023)

16 Latour, Bruno/Schultz, Nikolaj: *Zur Entstehung einer ökologischen Klasse. Ein Memorandum*. Berlin 2022

17 Statista (2024): „Europäische Union: Einwohnerzahl in den EU-Mitgliedstaaten im Jahr 2023 und Prognosen bis zum Jahr 2100". de.statista.com/statistik/daten/studie/164004/umfrage/prognostizierte-bevoelkerungsentwicklung-in-den-laendern-der-eu/#:~:text=Ohne%20Migration%20sinkt%20die die%20Einwohnerzahl,5%20Millionen%20Einwohner%3Ainnen%20verringern (letzter Zugriff: 25.01.2024)

18 Oswalt, Philipp: „Kann Gestaltung Gesellschaft verändern?". In: *ARCH+*. Nr. 222, 03/2016. 2016

19 Fiedler, Johannes (2003): „Low-Density-City". Vortrag an der Akademie der bildenden Künste in Wien

20 Mit einem Demonstrativbauvorhaben sollen angewandte Forschung, Dialog und experimentelle Umsetzung zukunftsweisend verbunden werden.

21 Eine Sammlung vorbildlicher baukultureller Beispiele mit Fokus auf Oberösterreich – eine Datenbank für Wissen und Inspiration

22 In Anlehnung an das Forum Metall 1977 und das Forum Design 1980, beide in Linz

Interview

Martin Fritz
im Gespräch mit
Heidi Pretterhofer und
Michael Rieper

Die kuratierte Landschaft

Was zeichnet den Raum Oberösterreich aus? Heidi Pretterhofer und Michael Rieper führten im November 2023 in Wien ein Gespräch zur kuratierten Landschaft mit Martin Fritz, Kurator und Spezialist für ortsspezifische Kunst und Stadtentwicklung und von 2004 bis 2009 Leiter des Festivals der Regionen in Oberösterreich. Kunst provoziert, Kunst ist Störfaktor. Was passiert, wenn Kunst aufs Land geht? Normalzustand und Ausnahmezustand im Test.

Heidi Pretterhofer (HP): Der Strukturplan zeigt ganz Oberösterreich in Gebäuden aufgelöst, zusammengehalten von Wasserwegen und Seen. Das ist der ganze Siedlungsraum Oberösterreich. Wodurch zeichnet er sich dieser Raum aus? (-> S. 162, Abb. 291)

Martin Fritz (MF): Die offizielle Raumplanung oder zumindest die politische Vorstellung war, dass man nahezu jeden Ort in maximal einer Stunde von Linz aus erreichen kann. Es gibt den Begriff des Zentralraums. Das Steyr-Linz-Wels-Konglomerat. Die Lebensstile sind im Hinterkopf ländlich geprägt. Jeder und jede hat ständig die Möglichkeit, in ebendieser berühmten Stunde in einen ländlichen Lebensraum zurückzukehren – als Zweitwohnsitz, Herkunftsgemeinde oder Elternwohnsitz. Diese dialektische Beziehung zwischen Zentralraum und Landleben ist mir in Erinnerung.

HP: Wie siehst du in Oberösterreich die Beziehung zum Zentralraum?

MF: Es gibt Symbole dafür, zum Beispiel die Drive-in-Möglichkeit bei jenen Stellen der Landesregierung, die direkt am Hauptbahnhof in Linz angesiedelt sind. Das spiegelt wider, dass man sich bewusst ist, wie viel man mit dem Pendeln, dem Mobilsein und dem zeitgenössischen, dezentralen Landleben zu tun hat. Da ist ein bisschen Propaganda im Spiel.

HP: Du hast dreimal das Festival der Regionen geleitet. Kannst du bitte die drei Regionen nennen und jeweils ein kurzes Charakteristikum zu ihnen geben? Die Titel waren markant: „Geordnete Verhältnisse",[1] „Fluchtwege und Sackgassen"[2] und „Normalzustand".[3]

MF: Es ist ein Spiel mit dem Regionsbegriff, denn der muss jeweils erst konstruiert werden. Die rein geografischen Viertel sind zwar auch Regionsbezeichnungen, doch man muss eine Logik finden zwischen Topografie, Geschichte und dem, was es aktuell an interessanten Themenlagen gibt. Im Oberen Mühlviertel mit seinem stereotypisch ordentlichen Schlägl, wo das Festival 2005 stattfand, war die Idee, das typische Provozieren – die Kunst geht aufs Land, wird zum Störfaktor und bringt alles in Aufruhr – schon im Titel zu konterkarieren. Es gibt das Stift, es gibt die alten Ortskerne und man könnte sagen, da ist vieles in Ordnung, darum haben wir diese Destination, dieses äußerste Ende von Schlägl bis Schwarzenberg mit dem Titel „Geordnete Verhältnisse" bespielt, wobei damit auch eine Anspielung auf das Stifterjahr verbunden war. Beim zweiten Festival haben wir noch viel stärker konstruiert. Wir haben die Pyhrn Autobahn von Windischgarsten bis Kirchdorf als Region unter Anführungszeichen definiert. Die offiziellen Bezeichnungen waren Bezirk Kirchdorf, Priel-Region oder Einzelnamen wie Hinterstoder. Uns hat interessiert, was diese historische und gegenwärtige Realität als Durchzugsgebiet ausmacht. Interessant war, dass wir auf eine Kulturinitiative gestoßen sind, die genau diese Geschichte gehabt hat, nämlich aus dem Autobahn-Widerstand heraus. Als die Autobahn fertig war, trotz Widerstand, sind sie zur Kulturinitiative geworden. Damit hatten wir einen Beweis dafür, dass das Thema, das Setting und die Akteur*innen vor Ort gestimmt haben. „Fluchtwege und Sackgassen" thematisierte die Autobahn, natürlich auch Fragen wie Migration, Einwanderungsgesellschaft, Mobilität, Pendeln – das ganze Paket.

HP: Hast du zu dem Zeitpunkt schon von dieser Kulturinitiative gewusst, die die gleiche Region konstruiert hat wie ihr mit dem Festival?

MF: Ich habe mich in der Recherche immer erst dann für eine Region entschieden oder sie dem Vorstand vorgeschlagen, wenn mir die Akteur*innen-Struktur klar war. Den Verein kennenzulernen war da die letzte Sicherheit.

Michael Rieper (MR): Du hast gewusst, das ist die richtige Entscheidung?

MF: Ich bin zum Schotter-Badesee gekommen, im Kassenhäuschen saß jemand der sagte, den See hat gerade diese Kulturinitiative gepachtet. Sie wollten ihren Tätigkeitsbereich ausweiten und dachten, einen Badesee zu pachten wäre gut. Das war ein schöner Moment, zu sehen: Wofür sind Kulturinitiativen da, was können sie beleben. In dem Fall haben sie einen Badesee-Betrieb sichergestellt, für den es keinen Betreiber gegeben hat. Beim Festival der Regionen war für uns eine zentrale Frage: Wer agiert dort schon? Und wer agiert so, dass es für uns eine Kooperation werden kann? Das dritte Festival war dann 2009, als Linz Kulturhauptstadt Europas war. Bei öffentlichen Präsentationen wurde von der Kulturhauptstadt als Ausnahmezustand gesprochen. Diesen Ball haben wir mit „Normalzustand" gekontert. Diese städtischen Randlagen, zwei Wohnanlagen und die Solar-City, waren wie eine zeitgenössische Kleinstadt. Eine Dorf-Struktur, mit der das Festival der Regionen Erfahrungen hatte. Wie agiert man in solchen Strukturen? Und so haben die drei Festivals die Bewegung nachvollzogen, die für mich immer ganz wichtig war – dass man zeitgemäßes Leben im dezentralen Raum ohne Mobilität nicht beschreiben kann. Es ist ein Paradox: Die großstädtischen Lebensstile können es sich leisten weniger mobil zu sein. Es sind die ländlichen Lebensformen, die im Los-Angeles-Gefühl leben. (-> S. 87, Abb. 164; S. 88, Abb. 166; S. 97, Abb. 186)

HP: Absolut, das Los-Angeles-Gefühl ist in Oberösterreich weit verbreitet, wenn man sich die diversen Einfamilienhausgebiete anschaut. Was kann man als Zukunftsbild für diese regionalen Entwicklungen wünschen?

MF: Ich glaube die größte Veränderung ist, dass man jetzt hoffen könnte, auch mit anderen technologischen Entwicklungen etwas nachhaltiger zu leben als dieses wahnwitzige Pendeln, mit dem die Auto-Kultur verbunden ist. Zum Beispiel das Argument mit der Stunde. Wenn jemand in Linz einen Job hat, wie kann er eine Fußball-Knabenmannschaft in seinem Heimatort trainieren, mit allem, was dazugehört – dass es die Fußballmannschaft gibt, dass die Kinder was zu tun haben, dass es noch ein Dorfleben gibt? Er hört um halb fünf in Linz auf und fährt dann gehetzt eine Stunde, um gegen halb sechs das Training zu beginnen. Reizvoller wäre es wohl, in fünf Minuten vom Arbeitsplatz zum Fußballplatz zu kommen oder vor der Arbeit durch schöne Wälder und die Natur zu joggen und eine Viertelstunde später sich in einer anderen Situation wiederzufinden. Mit dem Ausbau öffentlicher Verkehrsmittel, Klimabewusstsein, Homeoffice, mit diesem Mix kann man von den Lebensformen wegkommen, die das Auto so zentral voraussetzen.

HP: Du hast schon mehrmals die Mobilität als wesentliches Thema erwähnt. In Linz gibt es 211.000 Einwohner*innen und circa 109.000 Einpendler*innen. Wie interpretierst du dieses Verhältnis?

MF: Ich hatte ein paar Klassiker, mit denen ich manchmal provoziert habe. Ich habe behauptet, dass die Leute Pendeln mögen. Dass man gerne pendelt, weil man gerne dieses Leben und die Zeit dazwischen hat, und diesen Gestaltungsspielraum, dass man ein Leben in der Arbeit hat und ein Leben zuhause und eines dazwischen. Beim Pendeln kommt dazu, dass das deine eigene Zeit ist. Das ist fürchterlich aus einer ökologischen Perspektive. Gerade mit der ganzen SUV-Kultur. Ein Stau ist nicht mehr unbequem: Top Board-Entertainment, gute qualitätvolle Umgebung, die Kommunikationsmöglichkeiten sind gegeben, die Leute führen ihre Telefonate. Das Pendeln ist eine Lebensform, die man vielleicht doch nicht loswird. Es sind viele Jobs nicht ersetzbar. Es braucht insgesamt eine radikal andere Infrastruktur, um mehr Jobs mobil zu machen oder zu verlagern. Es sollten auch Jobs in die regionalen Zentren zurückgeholt werden. Hier wird man investieren müssen. Es reicht nicht, nur Glasfaserkabel zu verlegen, man wird Produktionsmöglichkeiten vorsehen müssen.

HP: Welche Chancen bieten künstlerische, kulturelle Bespielungen, wie das Festival der Regionen, für längerfristige Auswirkungen auf die Entwicklung dieser Gebiete? Glaubst du, dass jetzt, zehn Jahre danach, irgendetwas aufgrund dessen anders geworden ist?

MF: Kirchdorf war ein stolzer Moment, da wurde ich zum 10-jährigen Jubiläum des Freien Radios von jenen eingeladen, die an seiner Gründung während des Festivals beteiligt waren. Dazu kam noch eine Art Integrations-Haus und ein freies Seminar-Zentrum. Lustig war, dass ich ohne Voranmeldung an dem Tag in ein Gasthaus gegangen bin und die zentralen Exponent*innen sind genau an demselben Tisch gesessen. Im Grunde habe ich ohne Vereinbarung alle getroffen. Überall, wo das Festival in der Vergangenheit war, dahin kommt man öfter wieder zurück. Es geht nicht darum, ob das Festival dort was macht, sondern darum, dass es überall in Oberösterreich diese Konstellation mit alternativen Kulturvereinen gibt. Deswegen gibt es das Festival der Regionen, weil es schon seit den 1970er Jahren eine alternative Kulturszene und Kulturinitiativen im ländlichen Raum gibt, die sich frühzeitig über die KUPF, die Interessenvertretung, organisiert haben. Lebenswert bleiben diese Orte, weil es das schon seit 40 Jahren gibt. Weil es diese Netze gibt – inklusive dem, was in Linz an Kulturentwicklung stattgefunden hat –, haben viele oberösterreichischen Kulturakteur*innen gute Gründe, immer wieder zurückzukommen oder vielleicht dort zu bleiben. Sie denken nicht ganz so traumatisiert an ihre Heimatorte zurück, weil sie sich an das Rockfestival erinnern, sie erinnern sich ans Heimatfilmfestival, an das Jazzatelier in Ulrichsberg und Abende im Filmclub oder in der KAPU. Das ist die größte Auswirkung: dass es ganz andere Erinnerungen und dadurch Rückkehrmöglichkeiten gibt.

MR: Welche Potenziale haben diese künstlerischen Interventionen an ihren jeweiligen Austragungsorten?

MF: Sie verstärken die Kooperation mit Leuten, die vor und nach dem Festival in solchen Orten agieren und damit dafür sorgen, dass sie lebenswert bleiben. Wichtig ist aber: Das machen nicht nur die Kulturveranstaltungen, sondern das machen andere auch. Zum Beispiel im Mühlviertel, Frauentreffpunkte, Agenda-21-Gruppen, lokale Kabarettveranstalter*innen. Man muss schauen, wer sonst noch was macht. Welche anderen Akteur*innen sind am Werk? Ich halte nichts davon, dass man der Kunst eine Sonderrolle zuschreibt. Meistens sind die Leute an drei, vier Dingen parallel dran. Dieses Multitasking sieht man oft, und isoliert bringt das nichts. Wenn es einen Frauentreffpunkt gibt, wenn es eine Kulturinitiative gibt, wo sich jemand in der kommunalen politischen Struktur engagiert, dann wird durch alle diese Beiträge der Ort lebendiger.

MR: Eine damit noch verbundene persönliche Frage: Stand es damals im Raum, dass du noch ein viertes Festival der Regionen machst?

MF: Nein. Das war, sowohl von mir aus nicht angestrebt und vom Vorstand nicht angedeutet, wir waren uns sehr einig, dass drei eine gute Zahl ist. Mein Vorgänger hat drei gemacht, der Gottfried Hattinger vier. Es kann keine Lebensaufgabe von einer Person sein. Könnte schon, aber das war beim Festival der Regionen nicht der Stil und ich finde das richtig. In meinem Fall hat es mir auch gefallen, dass ich mit der dritten Ausgabe mit dem Festival nach Linz zurückgekehrt bin. Also, zuerst raus ins Obere Mühlviertel, dann die Phyrn Autobahn und über Kirchdorf wieder nach Linz. So war es gut abgeschlossen.

MR: Welche Präsenz hatte damals die Kunstuni Linz? In welchem Verhältnis stand sie zum Festival der Regionen und somit zu den Regionen draußen?

MF: Beim ersten Festival der Regionen gab es ganz intensive personelle Verflechtungen, weil das Gründungsmitglied und der langjährige Obmann Rainer Zendron damals Vizerektor war. Es gab Langzeitbeziehungen, auch über die Stadt an die Kunstuni und über Radio FRO, deren Exponent*innen jetzt dorftv machen. Bei meinen Festivals waren mehrere Projekte von Studierenden dabei; es ist immer beliebt, dass sich Studierende an Ausschreibungen beteiligen.

Zur Realität des oberösterreichischen Kulturlebens gehört, dass es beim Festival der Regionen ohne die Linzer Partien nicht gegangen wäre, so gern alle immer die örtliche Bevölkerung, die Kooperationen vor Ort und die lokalen Akteur*innen betont haben. Ohne die Belebung durch die Linz-Beteiligten, ohne das freie

Radio, ohne die „Stadtwerkstatt“-Umgebung, ohne die Kunstuni, ohne das ganze Umfeld geht es doch nicht. Man hat bei den Eröffnungen schon immer auch auf den Bus oder den Zug aus Linz gewartet.

MR: Wer beurteilt Konzepte, seien es wirtschaftliche, kulturelle oder raumplanerische Fragestellungen? Welche Ideen aus der Zivilbevölkerung werden umgesetzt?

MF: Ich bin für fachkundige Expert*innen, ein klassisches Beiratssystem, wobei wir klargestellt haben, dass der Beirat nur ein Beirat ist und dass letztendlich die Projektarbeit mit den Leuten durch die Festival-Leitung und den Vorstand beweglicher sein muss. Ein Projekt ist ein aktiver Entwicklungsprozess, den kann man nicht mit einer Jury führen. Wenn im Kern Expert*innen des jeweiligen Feldes eine starke Gruppe bilden, dann kann man vieles an partizipativen Umgebungen dazu bauen. Dann dockt erst die Politik an, die sich nicht im Kern befindet. Es ist manchmal gut, manchmal schlecht, wenn sie dabei sind.

HP: Das Festival der Regionen ist ein Verein.

MF: Ja, 75 Prozent Landesfinanzierung. Eine Bundesfinanzierung ist dabei, die hilft sehr. Und wichtig: keine Pflicht- oder notwendige Finanzierung von den jeweiligen Regionen und Gemeinden.

HP: Man kann sich nicht für das Festival der Regionen bewerben, sondern jemand sucht die Region aus?

MF: Genau. Das Festival taucht aus heiterem Himmel bei den Regionen und Gemeinden auf. Aber mit eigenem Budget. Das war sehr hilfreich. Lokalpolitisch ist es wichtig, dass man nicht das Geld wegnimmt, das dann eventuell für etwas anderes fehlt, damit man nicht in einen Konflikt gerät.

MR: Eine Frage zur Boden- und Klimawandelthematik. Würdest du persönlich die Klima-Rahmenkonditionen der Vereinten Nationen von 1994 unterschreiben, und die daraus resultierenden Notwendigkeiten?

MF: Da kann ich zu meiner aktuellen Position umschwenken: Auf UNESCO-Ebene ist es ein ganz zentrales Thema: Nachhaltigkeits- und Klimaanpassung. Die Entwicklungsziele sind das Dokument, auf das sich alle anderen beziehen. Alle gesellschaftlichen Bereiche haben eine gemeinsame Agenda. Ich bewege mich im Wissenschaftsbereich, im Bildungsbereich, im Kulturbereich und im Medien- und Kommunikationsbereich. Die verantwortlichen Leute reden alle dasselbe.

HP: Bei der Frage nach dem Bodenschutz-Gesetz gibt es aktuell aus Oberösterreich ein klares Nein, sich diesem Gesetz anzuschließen.

MF: Die bisherige Modernisierungsvorstellung machte sich oft an Neubauten fest: Es wurde oft gleich gefragt: Was muss man bauen? Jetzt sitzen das Abwanderungsthema und der Leerstand in den Knochen und man fragt grundsätzlicher: Wie macht man Orte lebenswert? Mit Bestandsaktivierung kann man viel machen. Bei der Kulturhauptstadt Bad Ischl haben sie unter anderem deswegen jetzt auf Neubauten verzichtet, um das zu unterstreichen. In der UNESCO-Kommission verfolgen wir die Bestandsdebatte, Themen wie Denkmalschutz, Kulturerhaltung und so weiter sehr aufmerksam. Das Nicht-Bauen, das Nicht-Abreißen. Es braucht überzeugende Best-Practice-Beispiele.

MR: Im Rahmen der UNESCO: Was könnt ihr aus eurer Perspektive zum Thema Klimaschutz beitragen?

MF: In allen UNESCO-Arbeitsbereichen ist „Vielfalt“ der zentrale Wert. Kulturelle Vielfalt, künstlerische Vielfalt, Vielfalt und Respekt der Herkünfte und Hintergründe. Zugleich braucht es die notwendige Neuverhandlung der globalen Beziehungen. Wir sind eine globale Organisation und das ist ein globales Thema.

MR: In deinem Arbeitsumfeld ist es so, dass du die euro-zentristische und sogar heimat-zentristische Betrachtung aufbrichst und immer wieder zeigen musst, dass es eigentlich ganz viel anderes gibt, diese Pluralität, von der du gesprochen hast.

MF: Oder die Gemeinsamkeiten. Beim Festival der Regionen habe ich einmal in einem Interview gesagt: „Also irgendeine Form gefüllter Teigtaschen gibt es überall.“

MR: Martin, zurück zur persönlichen Ebene. Wie viele Quadratmeter hast du in deinem Leben schon versiegelt oder daran mitgewirkt?

MF: Ich habe eine 40-Quadratmeter-Wohnung in meinem Elternhaus und das Haus wurde seit 1971 um keinen einzigen Quadratmeter verändert. Ich lebe in einer Mietwohnung, die schon seit mehr als 100 Jahren herumsteht. Fast alle Kunstinterventionen, an denen ich teilgenommen habe, hat man danach abbauen und zurückgeben müssen. Einmal haben wir ein Fundament nicht ausgegraben und prompt habe ich drei Monate später einen Auftrag bekommen, auch das noch zu entfernen. Da ich mich im Kunstbetrieb auf temporäre Interventionen spezialisiert habe, bin ich versiegelungstechnisch recht unbelastet.

HP: Eine Zukunftsfrage: Wie würden Historiker*innen deine Arbeit in 50 Jahren beschreiben?

MF: Ich habe keine Illusionen über die Position, die man in 50 Jahren in der Kulturgeschichte haben wird. Man wird als einer von Hunderten nicht auftauchen. Oder zufällig mal als Fußnote.

MR: Vielen Dank für das Interview!

Anmerkungen

1 Festival der Regionen 2005, „Geordnete Verhältnisse“. Mehr unter fdr.at/festival/geordnete-verhaeltnisse/ (letzter Zugriff: 17.11.2023)

2 Festival der Regionen 2007, „Fluchtwege und Sackgassen“. Mehr unter fdr.at/festival/fluchtwege-und-sackgassen/ (letzter Zugriff: 17.11.2023)

3 Festival der Regionen 2009, „Normalzustand“. Mehr unter fdr.at/festival/normalzustand/ (letzter Zugriff: 17.11.2023)

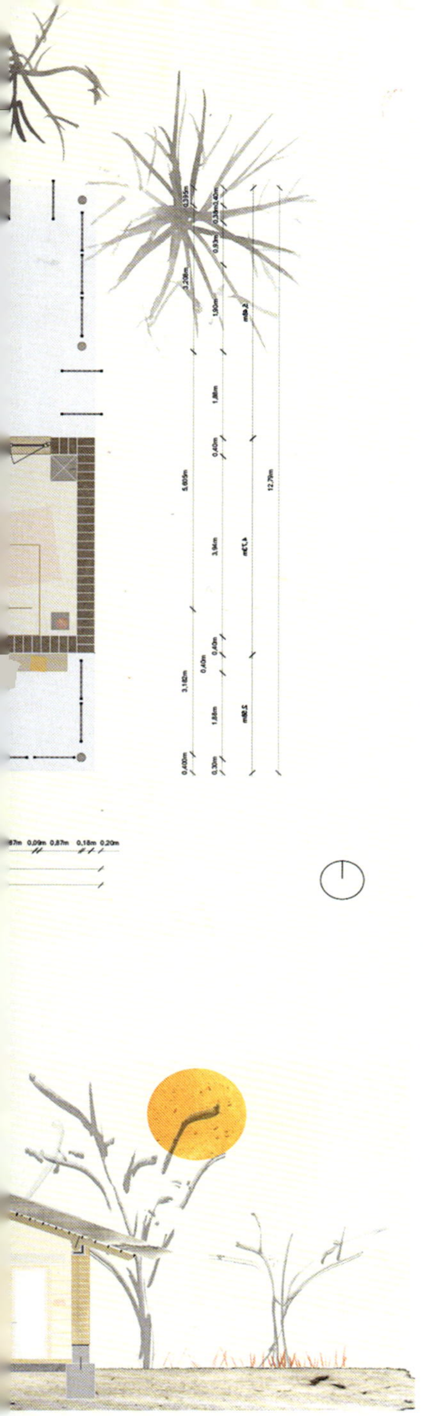

233

„With the sun“, Entwurf nach traditionellen Entwurfsprinzipien, Daniela Lockowandt, 2020

2019 unternahmen Studierende von BASEhabitat eine Forschungsreise nach Botswana, um dort Kontakte zu Projektpartner*innen, Architekt*innen, diversen Organisationen, der University of Botswana und der Botswana Housing Corporation aufzubauen. Das Land erlebte zu diesem Zeitpunkt einen rasanten Kulturwandel im Zuge einer Verstädterungsbewegung, was zu einer wachsenden Nachfrage nach Wohnraum und Gemeinschaftsräumen führte, die nur schwer qualitativ wie quantitativ zu bewältigen war. Die im Zuge dessen hauptsächlich aus Asien nach Botswana importierten Baustoffe hinterlassen einen unproportional großen, ökologischen Fußabdruck. Studierende von BASEhabitat erarbeiteten im Anschluss an die Reise Entwürfe zum Thema ökologisches und sozialverträgliches Wohnen in Botswana für Landflüchtige.

2020

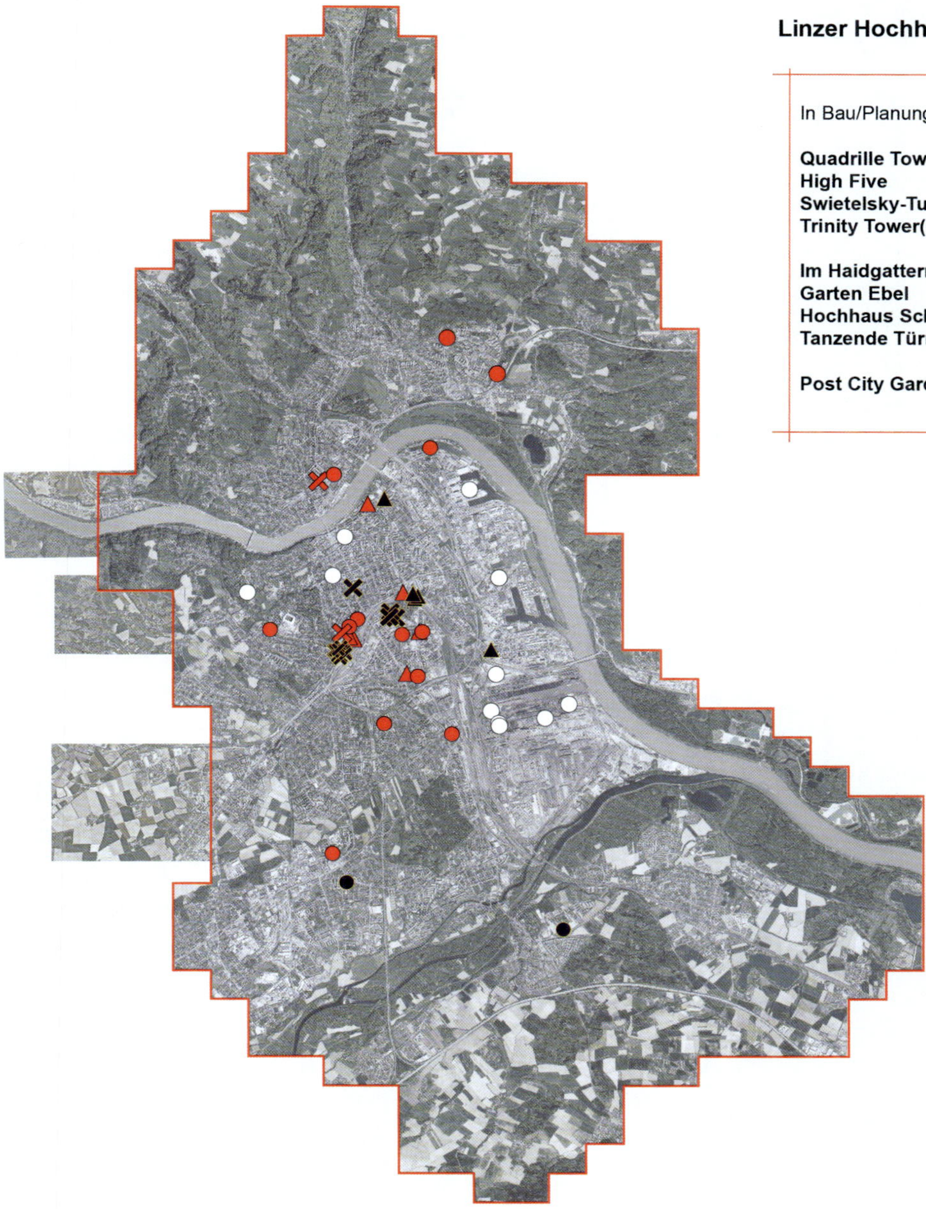

Linzer Hochhäuser +40 Meter Bauhöhe

In Bau/Planung befindliche Hochhäuser

Quadrille Tower	**109 m**	**2025**
High Five	**67 m**	**2025**
Swietelsky-Turm	**75 m**	**2027**
Trinity Tower(s)	**80/90/100 m 3 Türme**	**in Planung**
Im Haidgattern	**32 m**	**in Planung**
Garten Ebel	**80 m**	**in Planung**
Hochhaus Schillerpark	**40 m**	**in Planung**
Tanzende Türme	**60/80/100 m 3 Türme**	**in Planung**
Post City Gardens	**max. 65 m 11 Türme**	**in Planung**

● Wohtürme

▲ Bürotürme und geschäftliche Nutzungen

✖ Mischformen

○ Sonstige Bauwerke + 40 Meter

▲✖● In Bau/Planung

0 2,5

Kilometer

235

Collage zu den Stadtentwicklungsstrategien Linz: *Was passiert, wenn nichts passiert*, 2020

Daniela Herold und Rolf Touzimsky von ThuM Ateliers erarbeiteten zusammen mit Bart Lootsma für die 2022 veröffentlichte Linzer Stadtstrategie Maßnahmen zur Verbesserung des Stadtlebens in Linz. Laut ihrem Vorausbildung von dritten Orten sowie durch mehr Transparenz in Stadtplanungsprozessen und durch genauere Koordination von Verwaltung und Planung erreicht werden.

234

Hochhäuser, Übersichtsmap: Bauwerke mit über 40 Metern, Stand 2024

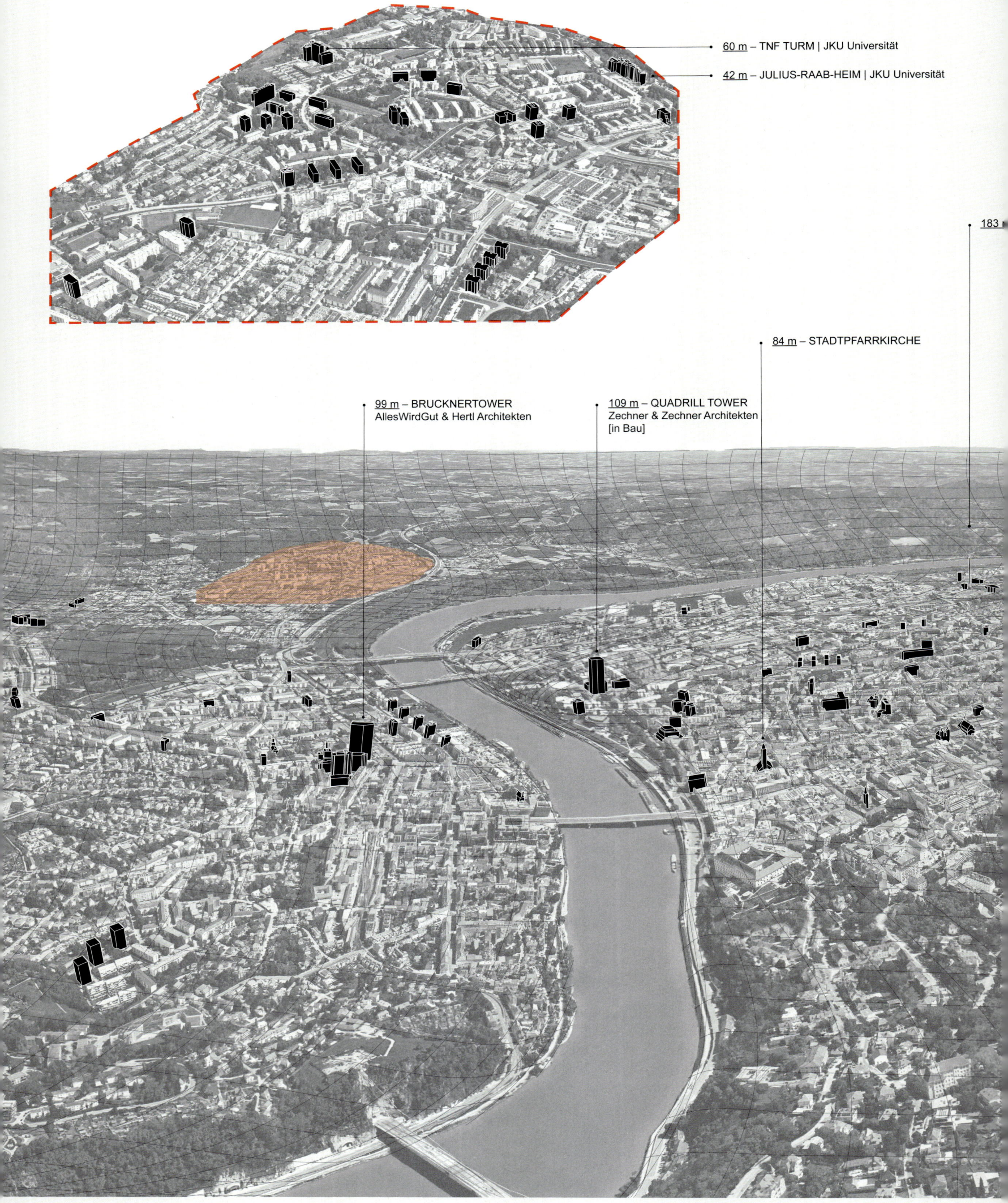

60 m – TNF TURM | JKU Universität
42 m – JULIUS-RAAB-HEIM | JKU Universität
183
84 m – STADTPFARRKIRCHE
99 m – BRUCKNERTOWER
AllesWirdGut & Hertl Architekten
109 m – QUADRILL TOWER
Zechner & Zechner Architekten
[in Bau]

Gebaute Hochpunkte in Linz

Blickpunkt: 48.29°, 14.26° | circa 1000 Meter über dem Meeresspiegel

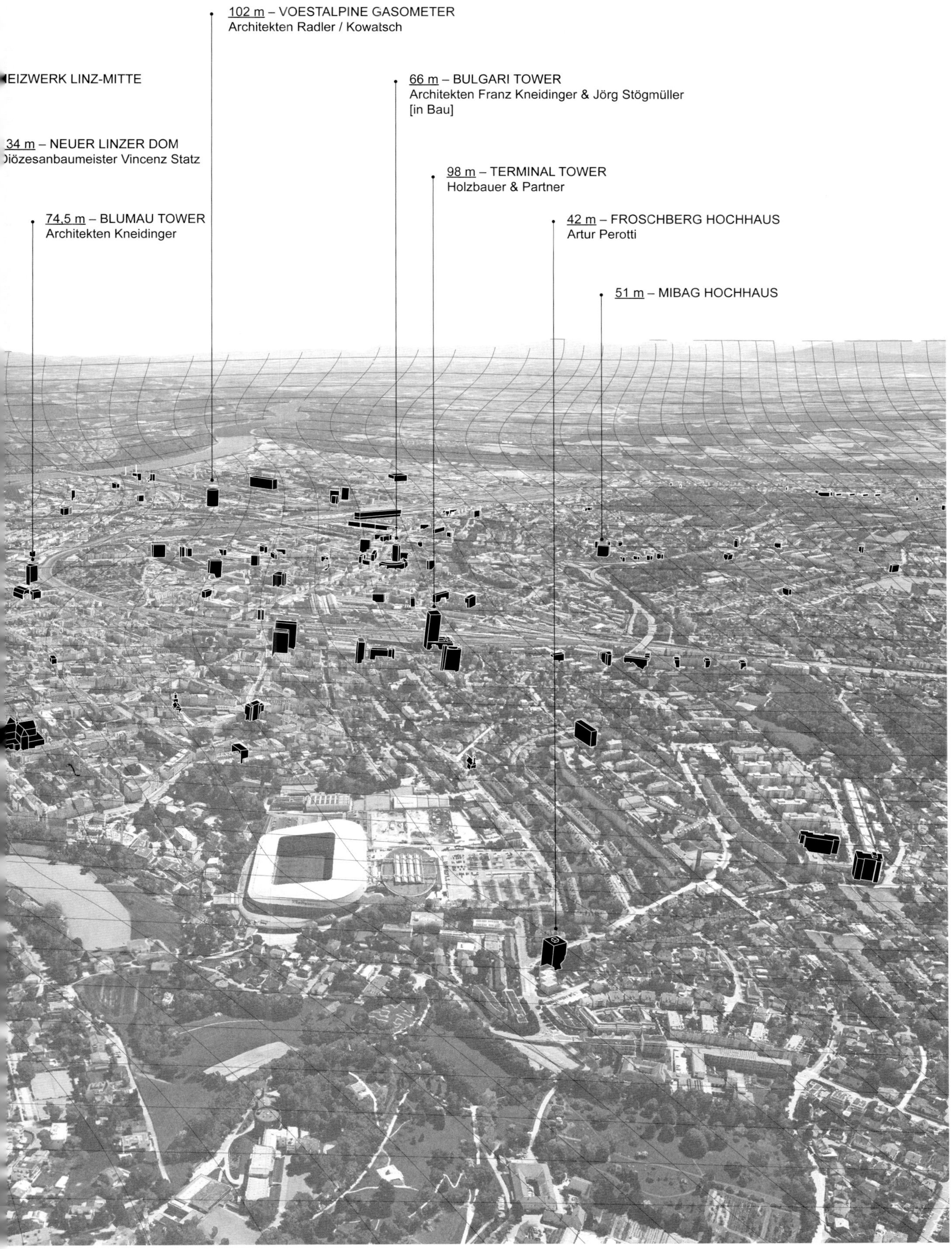

236

Hochhäuser, Übersichtspanorama, Stand 2024

Laut oberösterreichischem Bautechnikgesetz ist, vereinfacht gesagt, ein Gebäude über 25 Metern als Hochhaus anzusehen.[1] Nach dieser Definition gibt es in Linz derzeit 246 Hochhäuser, von denen etwa fünfundzwanzig eine Höhe von 40 Metern übertreffen.[2] Der erste innerstädtische Wolkenkratzer wurde 1955 in Linz errichtet, bis zum Ende des Jahrzehnts kamen weitere hinzu. Mit Ausnahme einiger Bauten in den 70er Jahren, wie der mittlerweile abgerissenen Wohntürme am Harter Plateau (fertiggestellt 1975) oder des Lentia in Urfahr (eröffnet 1977), folgte nach den Hochhäusern der Nachkriegszeit eine Pause. Seit 2007 erlebt Linz allerdings einen regelrechten Hochhaus-Boom,[3] der mit einem ersten Cluster rund um den Hauptbahnhof anfing und sich mittlerweile auf die ganze Stadt ausdehnt; viele weitere Projekte sind in Planung. Eine konsequente Hochhausstrategie im Stadtentwicklungsplan oder definierte Schutzzonen gibt es in Linz nicht. Die hochhausfreundliche Stadtregierung[4] setzt stattdessen auf einen Gestaltungsbeirat sowie eine Zehn-Punkte-Checkliste.[5] Beides soll dafür sorgen, dass neue Hochhausprojekte die Umgebung mit einbeziehen und einen Mehrwert für die Stadt schaffen.

1 Land Oberösterreich (o. D.): „OÖ. Bautechnikgesetz“.

2 LinzWiki (o. D.): „Liste der Hochhäuser“. https://www.linzwiki.at/wiki/Liste_der_Hochh%C3%A4user/ (letzter Zugriff: 05.02.2024)

3 Der Standard/Novotny, Maik (11.02.2018): „Hochhäuser: Darf Linz Frankfurt werden?“. https://www.derstandard.at/story/2000073936861/hochhaeuser-darf-linz-frankfurt-werden (letzter Zugriff: 05.02.2024)

4 Seiß, Reinhard: „Wer baut Linz? Und warum genau so?“. In: *Presse-Spectrum*. Ausgabe vom 02.06.2018, S. 1–2

5 Magistrat der Landeshauptstadt Linz – Planung, Technik und Umwelt Linz (Version Juni 2022): „Leitfaden Hochhäuser. Checklisten zur Planung von Hochhäusern“. https://www.linz.at/images/files/Leitfaden_fuer_Hochhaeuser_Linz.pdf (letzter Zugriff: 05.02.2024)

237

(S. 130–132)

Abschlussarbeit: *Stadt, Haus, Leben – ein Katalog der Möglichkeiten*, Sarah Hopfner-Heindl, 2020, Btr.: Michael Zinner

temporär wohnen

Wohnen im Boarding House

Längsschnitt
M 1:200

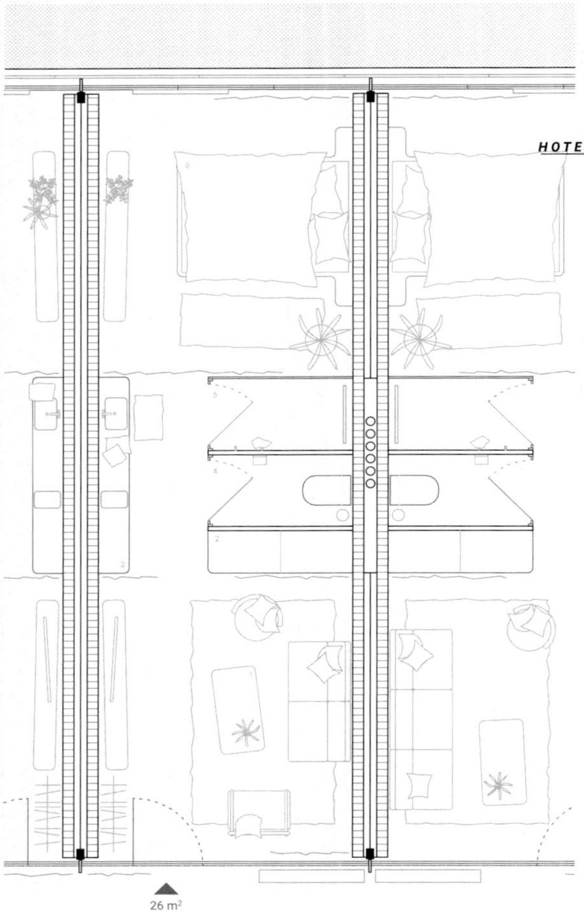

HOTELZIMMER PLUS
26 M²

1 Wohnen *10m²*
2 Stauraum
3 Teeküche
4 WC
5 Dusche
6 Schlafen *10m²*

Längsschnitt
M 1:200

FLEXIBLE STUDIOS & BÜROS
58 M²

1 Arbeiten
2 Teeküche
3 Co-Working
4 Besprechen

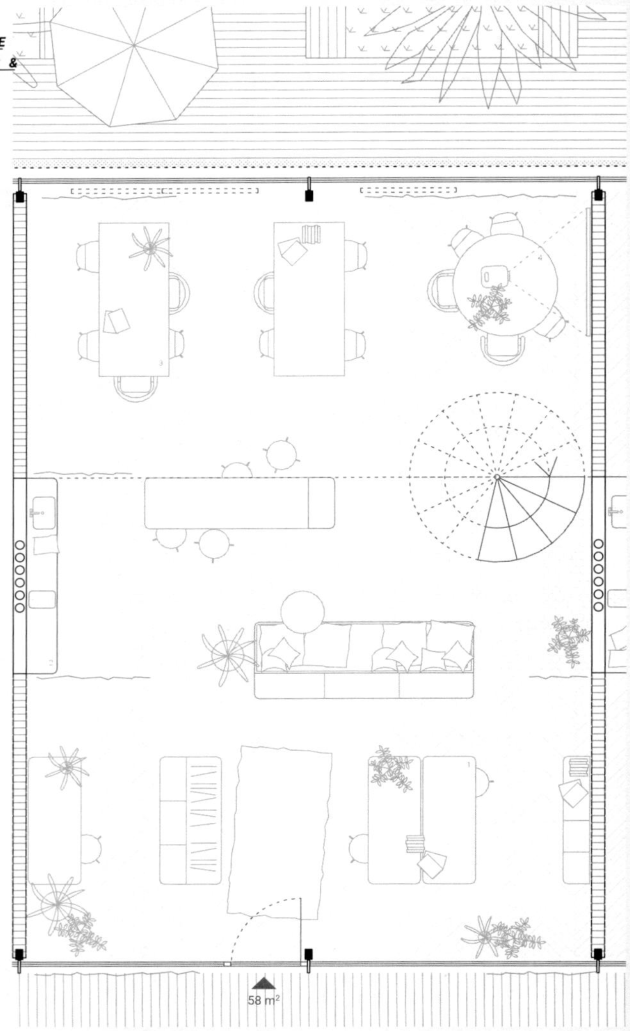

sich niederlassen

urbanes Eigenheim

Längsschnitt
M 1:200

ARCHITEKTUR: KONZEPT
GELENK UND HÜLLE

Das Einlegen der Haupterschließung im Mittelstück der Bebauung lässt eine zweiseitige Belichtung aller Wohnungen zu. Der gebaute Winkel erfährt durch dieses Gelenk eine Aufteilung in zwei Gebäudebereiche mit unterschiedlicher Geschoßanzahl und Wohnungstypologie.

Eine nicht klimatisierte Hülle von Außenräumen, Laubengängen und Wintergärten umgibt die Baukörper. Erschließungsbereiche werden um halböffentliche Schwellenzonen mit Lufträumen, kleinen Stauräumen und Vorbereichen erweitert. Das Leben in den kompakten Einheiten tritt in die Hülle ein.

ARCHITEKTUR: ÖFFENTLICHER RAUM
WEGENETZ UND IDENTIFIKATION

Neben dem Erhalt der östlichen Gasse wird auch das Stadthaus selbst durchwegt. Kalte Hüllen werden betret- und durchwanderbar und münden im erdgeschoßigen Hofraum. Ein Ort der Kommunikation, ein Treffpunkt für Hausgemeinschaft und Nachbarschaft. Er lädt ein zu Festen, Veranstaltungen, gemeinschaftlichen Aktivitäten und Zusammenkünften.

Simultan dazu rückt ein Stück Privatheit der Bewohner*innen in die Hülle des Stadthauses. Sie wird, individuell und informell gestaltet, zum Identifikationspunkt im Stadtraum.

5-ZIMMER
75 - 90 M²

1 Vorzone *16m²*
2 Schwelle Zugang
3 Lichtfuge
4 Stauraum

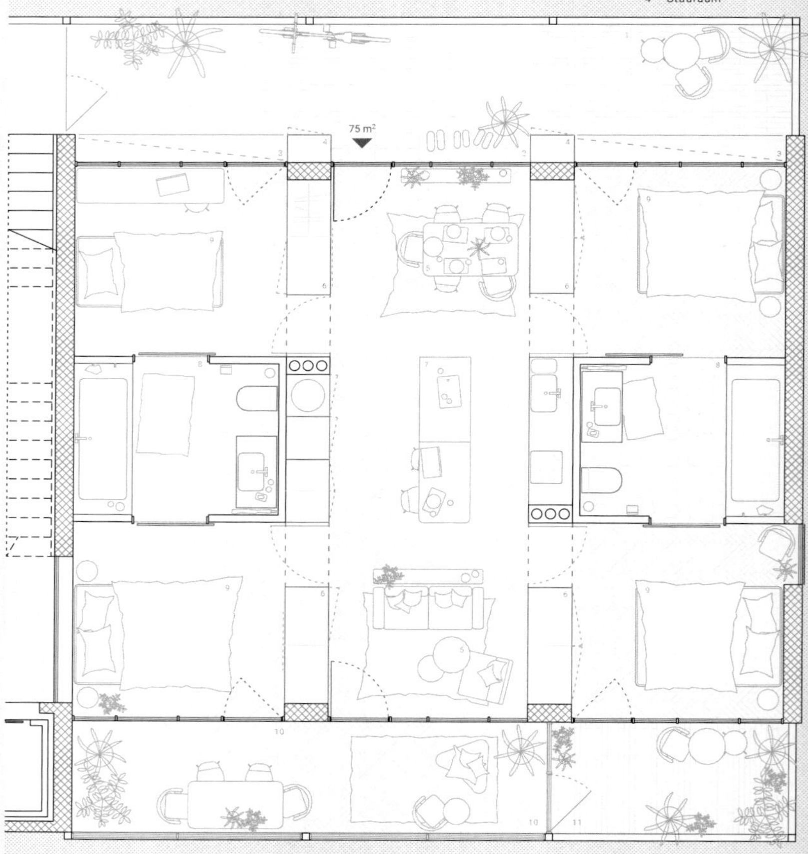

5 Wohnen *9m²*
6 Schrankwand
7 Kochen *9m²*
8 Bad *6m²*
9 Schlafen *9m²*
10 Wintergarten *5m²*
11 Balkon *5m²*

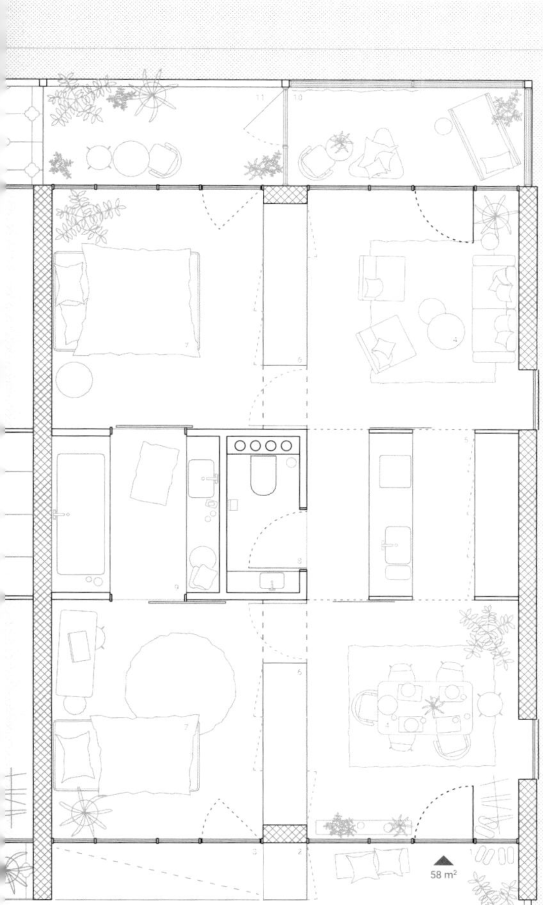

3-ZIMMER
58 - 68 M²

1 Schwelle Zugang
2 Stauraum
3 Lichtfuge

4 Wohnen *11m²*
5 Kochen *7m²*
6 Schrankwand
7 Schlafen *11m²*
8 WC *2m²*
9 Bad *5m²*
10 Wintergarten *5m²*
11 Balkon *5m²*

2-ZIMMER
35 - 45 M²

1 Vorzone *16m²*
2 Schwelle Zugang
3 Lichtfuge
4 Stauraum

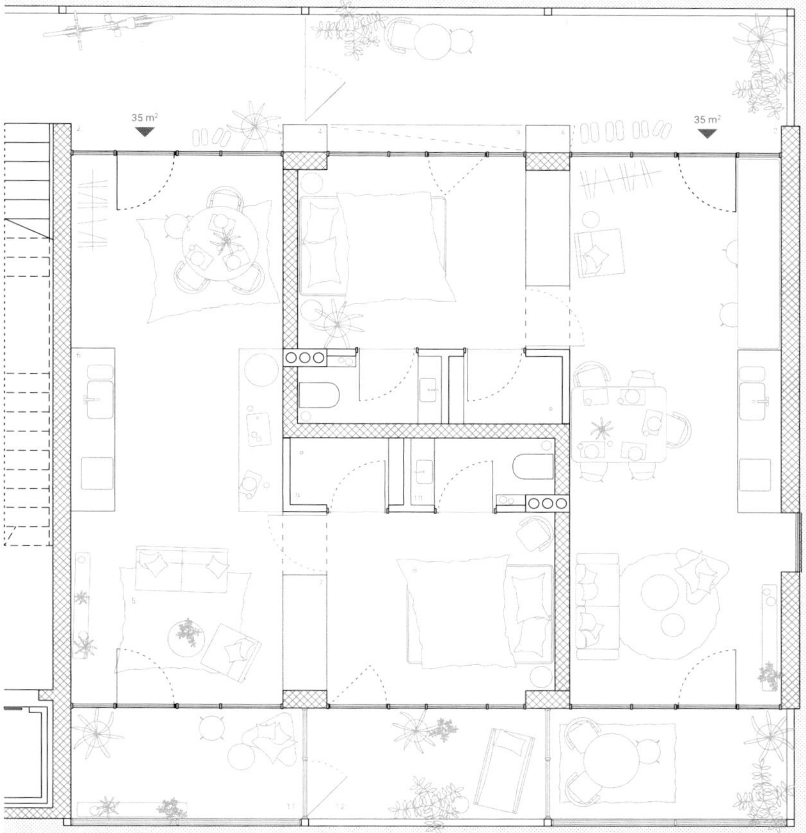

5 Wohnen *8m²*
6 Kochen *7m²*
7 Schrankwand
8 Schlafen *9m²*
9 Dusche *1m²*
10 WC *2m²*
11 Wintergarten *5m²*
12 Balkon *5m²*

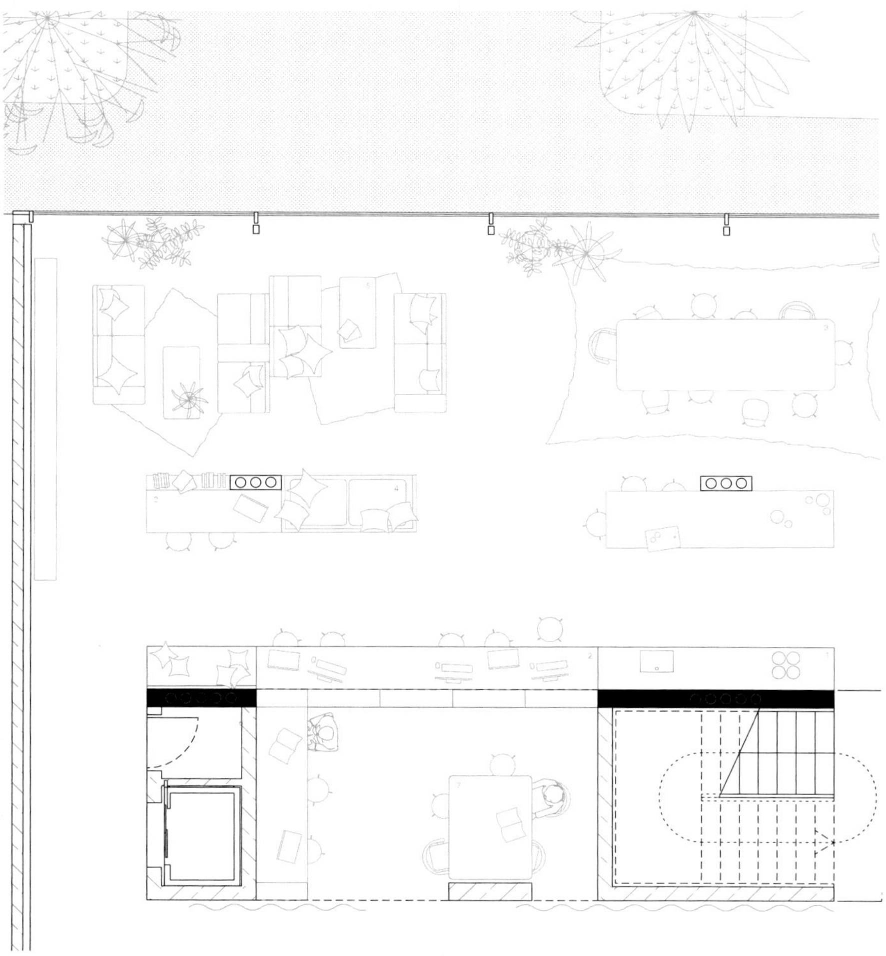

beispielhafte Gemeinschaftszone für je zwölf Einheiten des Wohnens für Studierende

1 zusammen kochen
2 arbeiten
3 gemeinsam essen
4 Kaffee trinken
5 entspannen
6 abstellen
7 konzentrieren

ARCHITEKTUR: WOHNEN
KOMPAKT MEHR

Das Studierendenwohnen bietet zwei Zimmertypen. Die im Süden gelegenen Einheiten kombinieren Garderobe, Nasszone und anschließend Arbeits- und Schlafbereich. Sie orientieren sich zum ruhigen Innenhof. Im Norden erweitern sich die Zimmer um einen Wohnraum, orientiert zur städtischen Rudolfstraße. Mit den verschiedenen Größen der Wohneinheiten reagiert der Entwurf auf die unterschiedliche Orientierung.

ARCHITEKTUR: FASSADE
LESBARE BÄNDER

Horizontale Bänder werden zum Refrain der Fassade. Durch sie zeichnen sich die Funktionen dahinter ab: Hinter tischhohen Brüstungsbändern werden die Wohneinheiten sichtbar. Die Höhe des Brüstungsbandes minimiert sich auf die Deckenstärke in den vollverglasten Gemeinschaftsbereichen. Es entsteht ein Rhythmus aus Parapethöhen, Deckenplatten und Glasteilungen. Dadurch zeichnen sich zudem die Unterschiede in Nord- und Südfassade ab. Im Süden werden gleichförmig die Brüstungsbänder der dahinterliegenden Zimmer sichtbar, während sich im Norden geschoßweise ein Wechsel zwischen Gemeinschaftsbereich und Zimmer ablesbar vollzieht.

Für den Sonnenschutz werden Markisen vorgehängt. Sie bereichern die Fassade mit zusätzlichem Spiel, Bewegung und Textur.

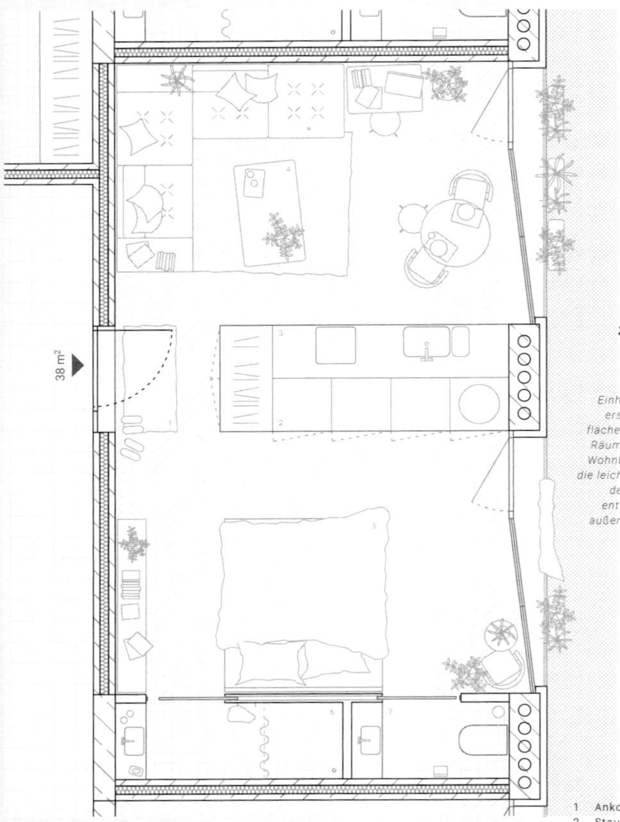

2-ZIMMER
38 M²

Die kompakte Einheit wird zentral erschlossen. Zwei flächenmäßig gleiche Räume fungieren als Wohnbereiche. Durch die leichte Diagonalität der Glasscheiben entsteht eine nach außen hin betretbare Laibung.

1 Ankommen *2,5m²*
2 Stauraum
3 Kochen
4 Wohnen *15,5m²*
5 Schlafen *15,5m²*
6 Dusche *2,5m²*
7 WC *2m²*

ARCHITEKTUR: WOHNEN
GLIEDERN DURCH ZEILEN

Die Gliederung der Grundrisse erfolgt durch Nischen und Zeilen, gefügt an die Schächte in den Außenwänden. Sie fassen alle nötigen Infrastrukturen, wie Küche, Stauräume und Nassbereiche. Zwischen den Zeilen spannen sich gleichförmige Wohn-, Schlaf- oder Arbeitsräume. Erschlossen wird die Wohnung im Gelenk der beiden Wohnbereiche; ein neutraler Eintrittspunkt zu den beiden getrennt bespielbaren Räumen.

Die Neutralität der Räume, in Flächen und Raumhöhen, ermöglicht eine einfache funktionale Umnutzung. Büros, Ateliers, Praxisräume oder Ähnliches können jederzeit Wohnungen ersetzen und ergänzen. Alle Einheiten können über die Infrastrukturzeilen erweitert und vergrößert werden.

ARCHITEKTUR: FASSADE
SPIEL UND BEWEGUNG

Die Fassade des Duos wiederspiegelt ihre bauliche Struktur. Der Rhythmus von Scheibe (Schacht) und Glas markiert das Grundelement des Nord-Hauses; horizontal gegliedert durch die Kanten der Decken. Im Kopfbau wird die Scheibe als Stütze aufgelöst; die opake Struktur wird zarter, die Durchlässigkeit und Spiegelung der Glasflächen zum Fokus.

Die Glasscheiben sitzen leicht diagonal in ihren Laibungen. Neben Schutz vor direkter Einsicht und starker Sonneneinstrahlung, öffnet sich dadurch die Möglichkeit, die Fassade im Freien zu betreten.
Die Fenster beider Gebäude werden um Metallelemente erweitert; einerseits sitzen in diesen öffenbare Elemente, wie Türen und Lüftungsschlitze; andererseits geben sie der Fassaden ein Element der Gliederung und führen eine weitere Materialität ein. Es entfaltet sich ein Spiel in der Fassade.

2-ZIMMER
42 M²

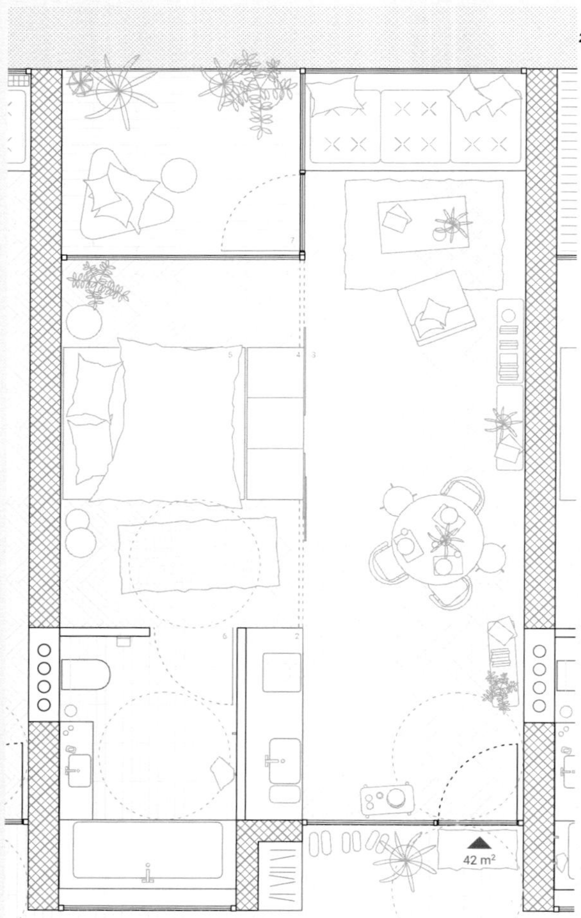

1 Ankommen
2 Kochen
3 Wohnen *24m²*
4 Stauraum
5 Schlafen *12m²*
6 Bad *6m²*
7 Loggia *6m²*

ARCHITEKTUR: ÖFFENTLICHER RAUM
BUCHT, TERRASSE, KÜCHE

Eine Bucht, ein Vorplatz zum Stadthaus, wird Gelenk zur südlichen Nachbarbebauung. Ein Terrassenregal mit kollektiv genutzten Freibereichen in jedem Geschoß erweitert sie. Dieses deckt den Eingangsbereich zum Gebäude. Im Erdgeschoß schließen eine Küche, Personalräume und Infrastrukturbereiche an die Erschließungszone an. Die Kantine kann öffentlich genutzt werden und somit wieder ein Stück Stadt in das Haus aufnehmen.

ARCHITEKTUR: WOHNEN
NISCHEN, BEZIEHUNGEN, FREIRAUM

Die Wohnungen werden über einen Schwellenbereich, einer Nische mit Garderoben betreten. Diese werten den Erschließungsbereich zu einem belebten Begegnungsort auf und gewähren einen subtilen Einblick in das Private.

Die Einheiten gliedern sich längs durch ein Band aus Küche und Stauraum. Der Wohnbereich integriert eine Sitznische mit Ausblick. Die ostgerichtete Loggia und das barrierefreie Bad spannen zwischen einander den Schlafbereich.

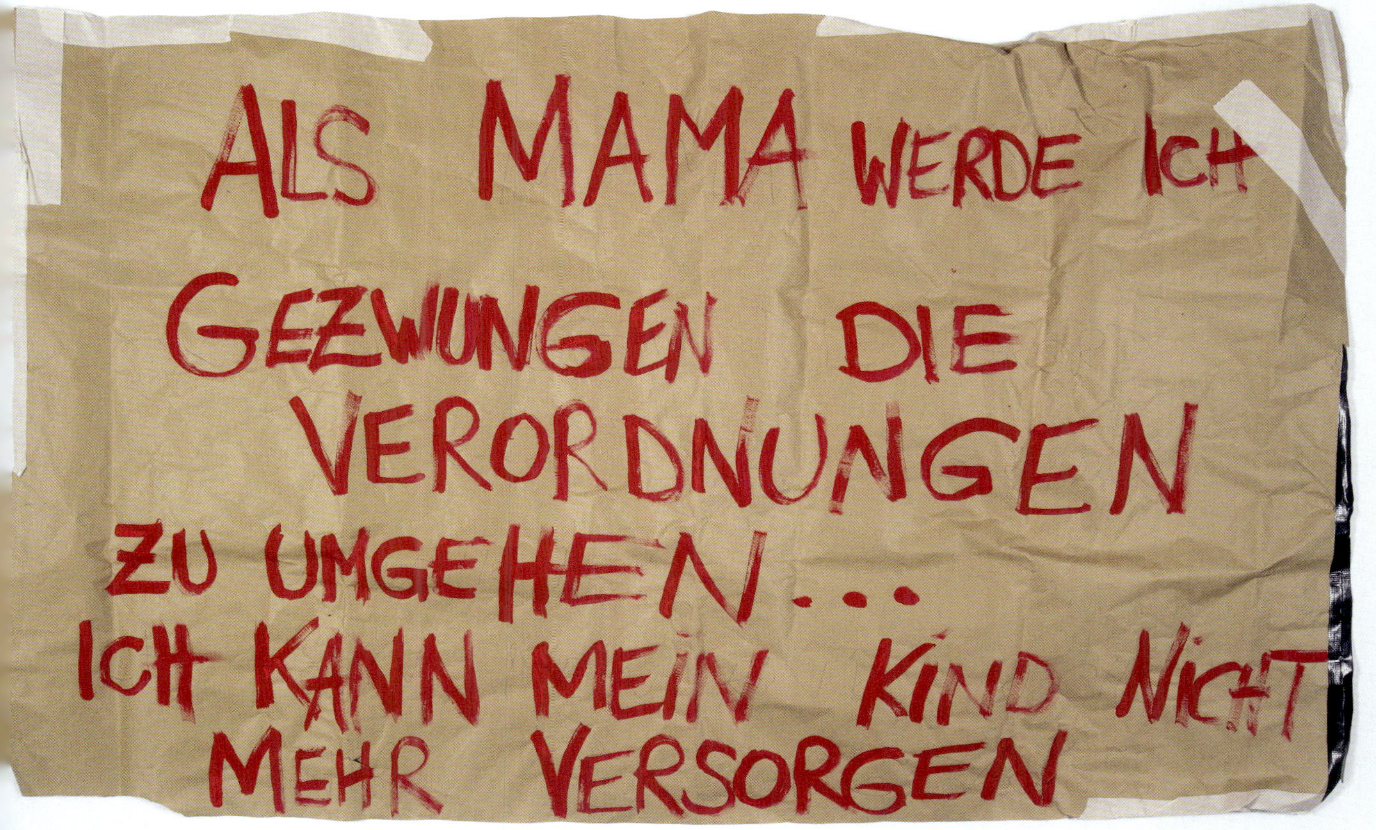

238

Plakat zur gesetzeswidrigen Öffnung eines Lokals in Linz, 2021

Als im November 2020 in Österreich aufgrund der Covid-Pandemie der zweite Lockdown ausgerufen wurde, umfasste dieser auch eine erneute Schließung der Gastronomie und des Handels. Dass das Ende des Lockdowns mehrmals nach hinten verschoben wurde, bedeutete für viele Menschen eine sehr unsichere finanzielle Situation. Als eine Linzer Wirtin sich im Januar 2021 entschied, ihre Bar trotz der Corona-Maßnahmen illegal zu öffnen, brachte sie dieses Plakat neben der Eingangstür an.

2021

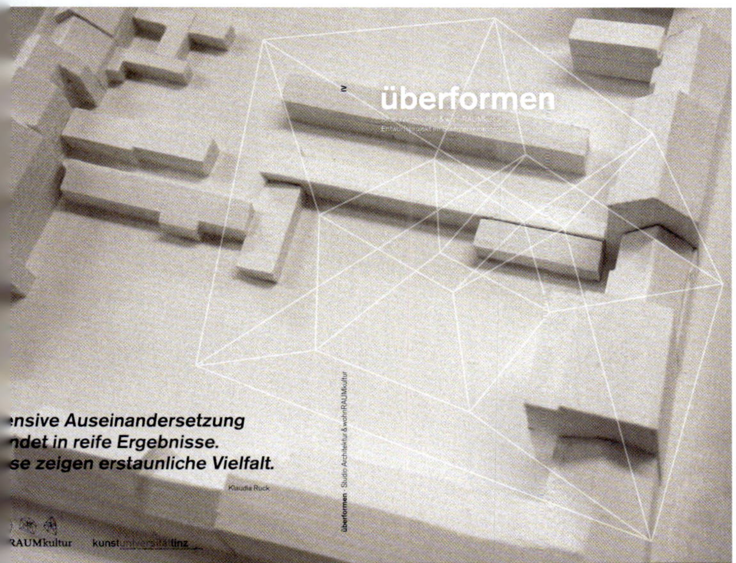

239

Titelblatt Broschüre *überformen*, Entwerfen Sommer 2020, Studio RAUMkultur #4

240

Titelblatt Broschüre *der Bienenhof*, Entwerfen Winter 2019/20, Studio RAUMkultur #3

241

Abschlussarbeit: *MusterWerk – ReGenerationenwohnen*, Ines Riess, 2021, Btr.: Michael Zinner

242

JKU Campus, Außenraumgestaltung: DnD Landschaftsplanung (2017–2020)/Gebäude Vordergrund: Riepl Riepl Architekten (2018/19)/Gebäude Bildmitte und Hintergrund: Planungsgruppe Hochschule (1964–1979)

Sektorales Bettelverbot

Im Linzer Zentrum wurden in den vergangenen Jahren Maßnahmen eingeführt, welche explizit Personen betreffen, die stark auf den öffentlichen Raum angewiesen sind. Eine dieser Regelungen ist das sektorale Bettelverbot. Dieses gilt zu gewissen Zeiten an verschiedenen Plätzen und Straßen, hauptsächlich entlang der Landstraße. Die Verordnung trat im Mai 2016 in Kraft (Stadt Linz, 2016). Welchen Einfluss das Bettelverbot für Obdachlose wirklich hat, wäre zu hinterfragen. Jedenfalls stellt es eine Intervention zur Vermeidung unerwünschten Verhaltens in der Stadt dar.

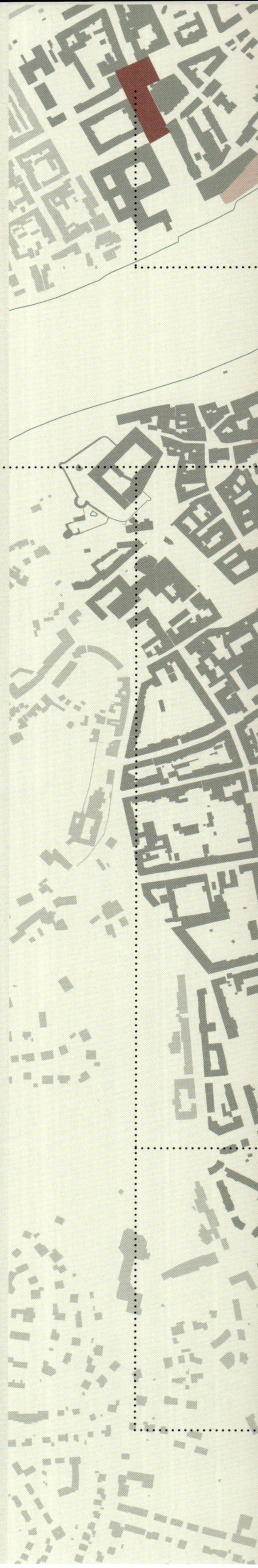

Zonierungen

Schutzzone

Am 05. November 2018 traten in Linz drei Schutzzonenverordnungen in Kraft, welche von der Landespolizeidirektion eingerichtet wurden. Dies betrifft drei Orte im Zentrum, nämlich die Straßenbahnhaltestelle Turmstraße, den Hinsenkampplatz sowie den Hessenplatz. Die Einrichtung der Zonen erleichtert die Strafverfolgung insbesondere nach dem Suchtmittelgesetz.

Alkoholverbot

Am Hessenplatz wurde mit 25. Mai 2018 ein Alkoholverbot verhängt (Amesberger, 2018, S. 325f). Diese Maßnahme ist umstritten, da durch die Vielzahl an Restriktionen eine bestimmte Nutzer*innengruppe von den Plätzen vertrieben wird und sich in Folge andere Orte zum Aufenthalt in der Stadt sucht.

Bettelverbot

Schutzzone

Alkoholverbot

M 1:10.000

243

Abschlussarbeit: *ACHTUNG, FERTIG, WOHNUNGSLOS! – Ein architektonischer Impuls zu den sozialen Fragen der Wohnungslosigkeit*, Eva Schmollmüller, 2020, Btr.: Sigi Atteneder

244

OK und OK-Platz, Riepl Riepl Architekten, 1994–1998, Erweiterung: 2007

Als Linz 2009 Kulturhauptstadt war, konnten das OK-Dach und Teile der benachbarten Parkgarage als zusätzliche Flächen für Kunst erschlossen werden. Diese waren für viele Jahre Realisierungsort der sich jährlich wandelnden Installation Höhenrausch, für welche Atelier Bow-Wow einen Holzturm als Erschließung bauten. Seit 2014 gibt es eine weitere Bespielung auf dem Dach, den voestalpine AG open space.

245

OK, *Höhenrausch*, Installation, 2009–2021 (mit Unterbrechungen)

MÖGLICHES AGROFORSTSYSTEM IN MARANHÃO

246

Abschlussarbeit: *Ka'akyr Gemeinschaftszentrum – ein regenerativer Entwurf für die ländliche Amazonasregion in Brasilien*, Patricia Jeglitsch, 2021, Btr.: Sigi Atteneder

247

Die Flut (Freiluftuniversität) am Gelände des Urfahraner Jahrmarkts, 2021

248

Arbeit von Gabu Heindl aus ihrer Solo-Ausstellung „Urban Conflicts – A Housing Manifesto", Brno Gallery of Architecture, Tschechien, 2021/22

2022

249

Titelblatt Broschüre *wohnend arbeiten arbeitend wohnen*, Entwerfen Sommer 2021, Studio RAUMkultur #6

250

Titelblatt Broschüre *Gevierte verweben*, Entwerfen Winter 2020/21, Studio RAUMkultur #5

251

„Der Kuhandel mit der Zersiedelung“, Kühe vor Bauten der Gemeinde Eidenberg, 2021

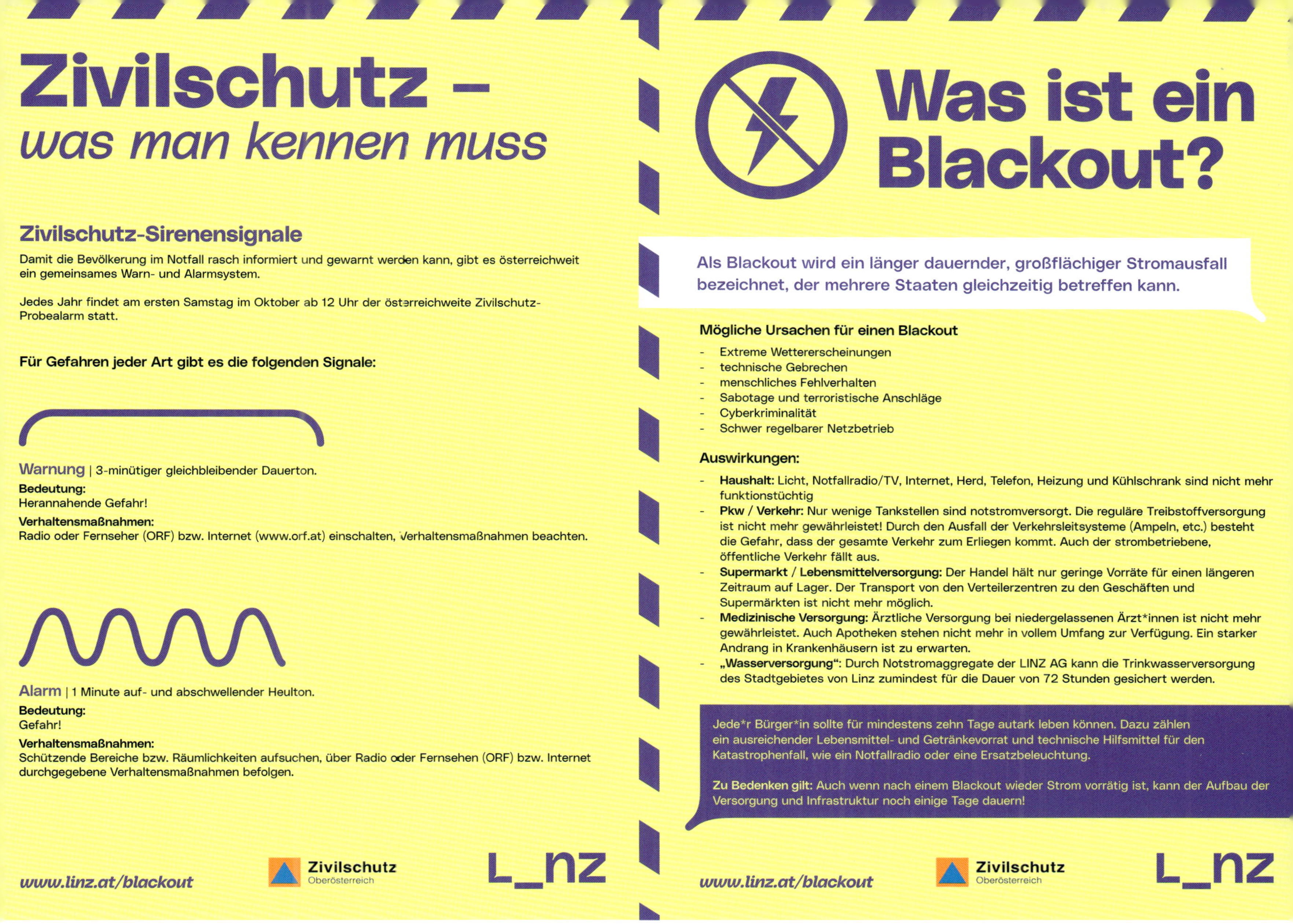

Zivilschutz – *was man kennen muss*

Zivilschutz-Sirenensignale

Damit die Bevölkerung im Notfall rasch informiert und gewarnt werden kann, gibt es österreichweit ein gemeinsames Warn- und Alarmsystem.

Jedes Jahr findet am ersten Samstag im Oktober ab 12 Uhr der österreichweite Zivilschutz-Probealarm statt.

Für Gefahren jeder Art gibt es die folgenden Signale:

Warnung | 3-minütiger gleichbleibender Dauerton.
Bedeutung:
Herannahende Gefahr!
Verhaltensmaßnahmen:
Radio oder Fernseher (ORF) bzw. Internet (www.orf.at) einschalten, Verhaltensmaßnahmen beachten.

Alarm | 1 Minute auf- und abschwellender Heulton.
Bedeutung:
Gefahr!
Verhaltensmaßnahmen:
Schützende Bereiche bzw. Räumlichkeiten aufsuchen, über Radio oder Fernsehen (ORF) bzw. Internet durchgegebene Verhaltensmaßnahmen befolgen.

www.linz.at/blackout Zivilschutz Oberösterreich L_nz

Was ist ein Blackout?

Als Blackout wird ein länger dauernder, großflächiger Stromausfall bezeichnet, der mehrere Staaten gleichzeitig betreffen kann.

Mögliche Ursachen für einen Blackout

- Extreme Wettererscheinungen
- technische Gebrechen
- menschliches Fehlverhalten
- Sabotage und terroristische Anschläge
- Cyberkriminalität
- Schwer regelbarer Netzbetrieb

Auswirkungen:

- **Haushalt:** Licht, Notfallradio/TV, Internet, Herd, Telefon, Heizung und Kühlschrank sind nicht mehr funktionstüchtig
- **Pkw / Verkehr:** Nur wenige Tankstellen sind notstromversorgt. Die reguläre Treibstoffversorgung ist nicht mehr gewährleistet! Durch den Ausfall der Verkehrsleitsysteme (Ampeln, etc.) besteht die Gefahr, dass der gesamte Verkehr zum Erliegen kommt. Auch der strombetriebene, öffentliche Verkehr fällt aus.
- **Supermarkt / Lebensmittelversorgung:** Der Handel hält nur geringe Vorräte für einen längeren Zeitraum auf Lager. Der Transport von den Verteilerzentren zu den Geschäften und Supermärkten ist nicht mehr möglich.
- **Medizinische Versorgung:** Ärztliche Versorgung bei niedergelassenen Ärzt*innen ist nicht mehr gewährleistet. Auch Apotheken stehen nicht mehr in vollem Umfang zur Verfügung. Ein starker Andrang in Krankenhäusern ist zu erwarten.
- **„Wasserversorgung“:** Durch Notstromaggregate der LINZ AG kann die Trinkwasserversorgung des Stadtgebietes von Linz zumindest für die Dauer von 72 Stunden gesichert werden.

Jede*r Bürger*in sollte für mindestens zehn Tage autark leben können. Dazu zählen ein ausreichender Lebensmittel- und Getränkevorrat und technische Hilfsmittel für den Katastrophenfall, wie ein Notfallradio oder eine Ersatzbeleuchtung.

Zu Bedenken gilt: Auch wenn nach einem Blackout wieder Strom vorrätig ist, kann der Aufbau der Versorgung und Infrastruktur noch einige Tage dauern!

www.linz.at/blackout Zivilschutz Oberösterreich L_nz

253

Infoblatt Blackout, 2022

Der Krieg Russlands gegen die Ukraine führte zu einer tiefgreifenden Energiekrise und starken Inflation in Österreich. Die Stadt Linz veranstaltete 2022 einige Informationsevents dazu, wie man sich bei einem Blackout zu verhalten habe, und sendete per Post Blackout-Warnungen an die Bewohner*innen der Stadt.

252

Postkarten der Kampagne „Linz ist Linz“, 2021

2021 veröffentlichte die Tourismusabteilung der Stadt Linz ein Werbevideo unter dem Titel „Linz ist Linz“, in dem die Stadt selbstironisch als der auf dem Boden gebliebene, sympathische Underdog der österreichischen Städte präsentiert wird.

254
(S. 140–141)

„(Un)mögliche Räume – Raumvertretung als Modell heterarchischer Planung“, ein Entwurf aus dem studio urban, Anne Rotter, Julien Reinhard und Maximilian Meindl, 2022

Die Studierenden in ihren eigenen Worten: „Aktuelle Planungsprozesse sind keine zeitgemäße Antwort auf unsere Krisen. Viel mehr braucht es neue Modelle für eine zeitgenössische Stadt- und Raumplanung. Unsere Arbeit thematisiert ein evolutionäres, selbstorganisiertes Modell heterarchischer Planung. Die Raumvertretung ist das Fundament unseres neuen Modells für Stadt- und Raumplanung und somit verwebende und handelnde Grundstruktur. Sie ist in allen Prozessen vertreten, die die Bearbeitung und Entwicklung von Räumen prägen. Die Zusammensetzung der Raumvertretung ist interdisziplinär und integrativ und vertritt Bedürfnisse von Bürger*innen gleichermaßen wie die von Expert*innen. Sie ist flexibel und selbstorganisiert und lässt sich auf unterschiedlichste Situationen im städtischen wie auch im ländlichen Gefüge skalieren.“

DAS MODELL DER RAUMVERTRETUNG

Das Modell der Raumvertretung

1 ist ein neues integratives, handlungsfähiges und *evolutionäres Modell* der Raumentwicklung.

2 löst die aktuelle Stadt- und Raumplanung ab.

3 *entwickelt Leitbilder* für neue Stadträume, gemeinsam mit den Menschen vor Ort.

RAUMVERTRETUNG

In Stadtteilen agiert die Raumvertretung als Stadtraumvertretung, in ländlichen Gebieten als Landraumvertretung. Ziel ist die Verbesserung der räumlichen, architektonischen und sozialen Gegebenheiten von Stadtteilen, Orten und Lebensräumen.

Zusammensetzung
Zusammengesetzt ist die Raumvertretung aus 4 bis maximal 12 Personen. Mindestens 2 Personen zur Raumanalyse, Planer*innen oder Architekt*innen, und mindestens eine Person zur Sozialraumanalyse, zum Beispiel ein*e Sozialarbeiter*in, Soziolog*in oder Umweltpsycholog*in müssen vertreten sein. Weiters benötigt es im Team der Raumvertretung mindestens eine Bürger*innenvertretung, sowie eine Person, die administrative Aufgaben übernimmt - diese können aber auch von einer der im Vorherigen genannten Personen erledigt werden. Je nach Bedarf kann die Raumvertretung, durch Expert*innen aus verschiedensten Fachgebieten erweitert werden. Zum Beispiel ein*e Landschaftsplaner*in, Zukunftsforscher*in, Verkehrsplaner*in oder Ökologe*in.

Personen, die politisch aktiv sind, zum Beispiel im Gemeinderat, können nicht vertreten sein. Planer*innen, die Teil der Raumvertretung sind, können nicht an Projekten oder Wettbewerben im jeweiligen Vertretungsraum teilnehmen.

Die Stellen sind im Ausmaß von 60% angedacht, wobei die andern 40% bevorzugt in der jeweiligen Expertise verankert bleiben sollen. Damit soll ein attraktives Umfeld geschaffen und für Expert*innen ein praxisnahes Arbeiten ermöglicht werden.

Berufung
Berufen wird die Raumvertretung alle 5 Jahre von einer Kommission aus Vertreter*innen anderer Raumvertretungen. In der Kommission sind mindestens 2 Expert*innen und 2 Bürger*innen vertreten. Diese Kommission zusammenzustellen ist Teil des Aufgabengebiets der netzwerkverwaltenden Zentrale.

Vertreter*innen können maximal 2 Perioden in der Raumvertretung sein. Nach den ersten 5 Jahren ist eine erneute Bestätigung durch die Kommission notwendig. Eine Übergangszeit von einem Monat wird vorgesehen, um die Rolle zu übergeben. Der Wechsel einer gesamten Raumvertretung soll vermieden werden.

Aufgaben
Die Aufgaben der Raumvertretung spannen sich von verwaltenden und organisierenden Aufgaben, wie Veranstaltungen und Vermittlungsarbeit, über das Erforschen, Erheben, Untersuchen, Sammeln und Aufnehmen von Fragestellungen und Potentialen der Umgebung, sowie deren Verarbeitung zu konkreten Fällen und das Teilen und Visualisieren ihrer Arbeit im Raumvertretungs-Netzwerk. Darunter ist die Raumvertretung Ansprechstelle für Anwohner*innen und Initiator*innen.

Bei konkreten Fällen bildet sie sogenannte Projektlabore und vertritt ihren Stadtteil im Netzwerk.

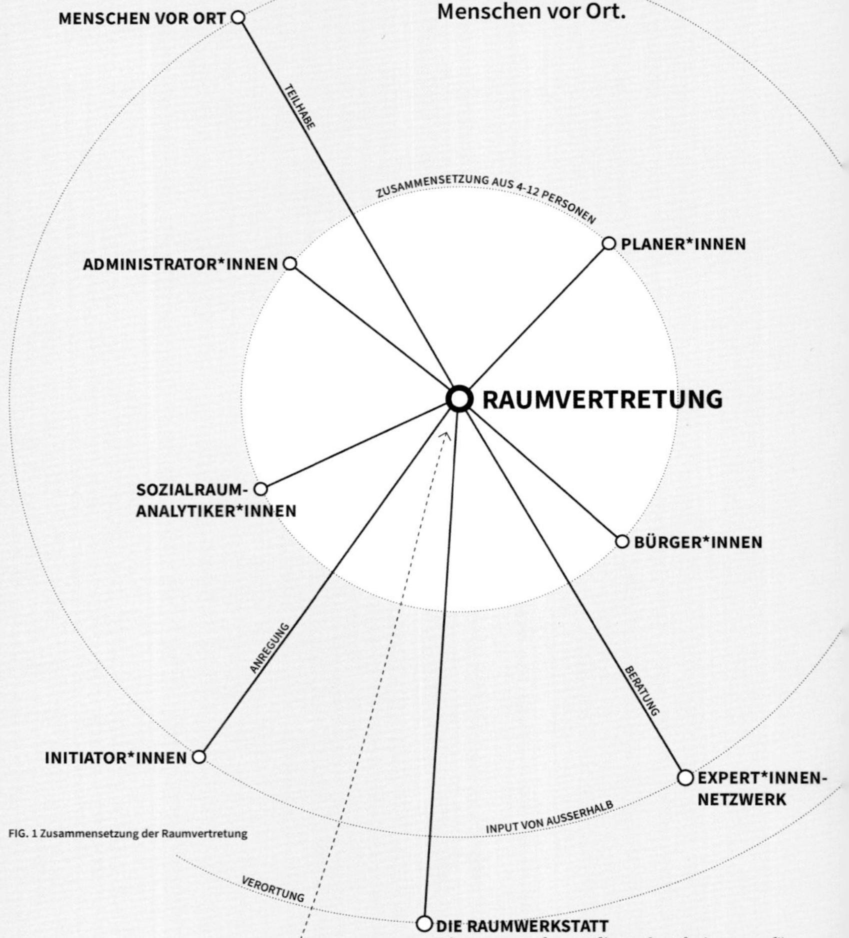

FIG. 1 Zusammensetzung der Raumvertretung

DIE RAUMWERKSTATT
Die Raumwerkstatt dient als Arbeitsraum für die Raumvertretung, als Vernetzungsort für Anwohner*innen und als Ort für Veranstaltungen.

Die Räumlichkeiten sollten möglichst öffentlich sein, um eine niederschwellige Ebene der Vermittlung und des Austauschs zu ermöglichen sowie Platz für Veranstaltungen, Ausstellungen, Workshops und das Arbeiten in Arbeitsgruppen (zum Beispiel für Projektlabore) bieten.

Die Auswahl dieser Orte folgt den Grundprinzipien der Raumvertretung. Zum Beispiel sollen potentieller Leerstand und bereits existierende Strukturen genutzt werden (in Linz bieten sich zum Beispiel die Volkshäuser an). Die Raumwerkstatt soll möglichst zentral, im jeweiligen Gefüge von Stadt und Land situiert sein.

Die Raumvertretung ist das Fundament unseres neuen Modells für Stadt- und Raumplanung und somit *verwebende und handelnde Grundstruktur.* Sie ist in allen Prozessen vertreten, die die Bearbeitung und Entwicklung von Räumen prägt. Methodisch funktioniert die Gestaltung in einer Kette von Laboren. Die Zusammensetzung der Raumvertretung ist *interdisziplinär und integrativ* und vertritt Bedürfnisse von Bürger*innen gleichermaßen wie die von Expert*innen. Sie ist *flexibel und selbstorganisiert* und lässt sich auf unterschiedlichste Situationen im städtischen wie auch im ländlichen Gefüge skalieren.

FIG. 2 Netzwerk der Raumvertretungen

Arbeitsweise
Der Alltag der Raumvertretung dreht sich um das Wahrnehmen von Potentialen im Kontext ihres Handlungsortes. Sie sind Anlaufstelle für Bürger*innen und Initiator*innen, erarbeiten Visionen in den Zukunftslaboren und berufen Projektlabore zu konkreten Fällen. Sie evaluieren die Ergebnisse des Projektprozesses und der Labore.

Am Ende des Tages entscheidet also die Raumvertretung durch die Prozesse des Modells über städtebauliche Strukturen und gestalterische Rahmenbedingungen.
Arbeitsgrundlage der Raumvertretung bilden unter anderem Strategien und Ziele aus aktuellen Prozessen der Zukunfts- und Handlungslabore, in denen sie mitwirken, sowie dem Diskurs innerhalb der Raumvertretung und mit Bürger*innen vor Ort. Zusätzlich dazu werden Faktorenkarten (Klima, Demografie, Graue Energie, Emissionen,...) sowie Entwicklungskarten (diese werden von Zukunfts- und Handlungslaboren erstellt) von der Raumvertretung für ihre Arbeit herangezogen.

Entscheidungsprozesse
Wie werden in einem selbstverwalteten System mit vielen Beteiligten Entscheidungen getroffen? Ist Konsens überhaupt möglich oder anzustreben?

Wir stellen uns vor, dass Entscheidungen, wie in vielen evolutionären Organisationssystemen, durch Einzelpersonen getroffen werden können. Jede Person kann, für ihren zuständigen Aufgabenbereich, Entscheidungen treffen solange sie Expert*innen und Betroffene zu Rate zieht. Die Entscheidenden wählen nach sorgfältiger Überlegung die eigene Handlung, die sie für richtig halten, auch wenn der Rat nicht befolgt wird. Da alle in diesem komplexen System der gegenseitigen Beratung verbunden sind, ist es jedem*jeder bewusst, dass unüberlegte Entscheidungen und Entscheidungen zum persönlichen Vorteil oder Entscheidungen wider das aus verschiedensten Diskursen eruierte Gesamtbild nicht in Ordnung sind. Große Entscheidungen, die alle in der Organisation betreffen, wie zum Beispiel die neue Aufteilung der Arbeitszeit oder Urlaubstage, können nicht mehr durch einen Beratungsprozess getroffen werden. Der Vorschlag wird im sozialen Netzwerk der Raumvertretungen gepostet, die Beteiligten werden gebeten innerhalb 24 Stunden den Beitrag zu kommentieren. Je nach Rückmeldung gibt es einen weiteren Beitrag, der den Entschluss bestätigt oder eine Überarbeitung fordert, die den erhaltenen Rat mit einbezieht. Bei komplexeren Entscheidungen wird über das Netzwerk aufgerufen, Arbeitsgruppen zu bilden, die sich mit der Bearbeitung beschäftigen.[0]

Daten - Kollektives Wissen
Dieser Grundsatzzyklus schafft durch das Ansammeln von Daten aus den jeweiligen Raumvertretungen und der andauernden Evaluierung des Handelns ein kollektives Wissen. Diese Daten bestehen sowohl klassisch aus numerischen, quantitativen Daten wie z.B. der Demografie, als auch qualitativen Daten der Erfahrung und Empfindung des Alltäglichen.

Aus diesem Pool kann das Zukunftslabor schöpfen, um gepaart mit allgegenwertigen Faktoren in Form eines Zukunftsforschungsprozesses neue Visionen zu generieren.

Vernetzung
Grundvoraussetzung für das Funktionieren des Modells der Raumvertretung ist die Vernetzung der einzelnen Beteiligten sowie die Sammlung von Daten im Netzwerk.[0] Dieses kollektive Wissen wird in einem digitalen Netzwerk gespeichert und generiert einen Datenpool für Austausch, Inspiration und Transparenz zwischen den unterschiedlichen Laboren und Raumvertretungen. Eine Zentrale übernimmt die Pflege des Netzwerkes, sie organisiert die Daten und Beiträge, verwaltet Personal, koordiniert Termine sowie Labore und kümmert sich um Fragen von Raumvertretungen.

Darüber hinaus müssen Veranstaltungen stattfinden, bei denen Informationen ausgetauscht werden und über Aktuelles informiert wird. Das Zukunftslabor stellt bei einem jährlichen Kongress, zu dem alle Raumvertretungen zusammenkommen, ihre erarbeiteten Visionen vor. Im kleineren Rahmen präsentiert die Raumvertretung in ihrer Raumwerkstatt, der Verankerung im Stadtteil, aktuelle Planungsprozesse und veranstaltet (architektonische, gestalterische) Workshops.

4 ***sammelt und vermittelt transparent Wissen*** **zwischen den einzelnen Beteiligten, Organisationen und Bürger*innen.**

PROJEKTPROZESS

Der Projektprozess hat seinen Ursprung in der Wahrnehmung eines sogenannten Falls. Ein Fall kann eine Idee, eine Möglichkeit, ein Problem oder ein Missstand sein. Es handelt sich dabei um eine konkrete Situation in der Umwelt einer Raumvertretung. Aus der eigenen forschenden Arbeit vor Ort und durch den Austausch mit Bürger*innen, Initiator*innen und anderen wird sie auf Fälle aufmerksam. Mit der Entscheidung ein Projektlabor zu gründen, wird ein Fall zum Potential.

Das Projektlabor bearbeitet ein Potential und untersucht die Möglichkeiten mit Blick auf die Visionen der Zukunfts- und Handlungslabore sowie der Einschätzung der Raumvertretung. Zu Beginn jedes Projektlabors übersetzen sie die Ziele auf die jeweilige Situation. Aus dieser Arbeit entstehen Grundlagen für die Umsetzung, die Verräumlichung oder Umgestaltung. Die Ergebnisse der Projektlaborarbeit können auch Studien sein, die das kollektive Wissen des Netzwerkes erweitern.

Abhängig von der Dimension wird ein Vorhaben vergeben oder eine Ausschreibung verfasst. Grundsätzlich befürworten wir die Methode des Architekturwettbewerbs, sehen aber viel Bedarf zur Verbesserung. Es soll mehr offene Wettbewerbe geben, um allen eine Teilnahme zu ermöglichen. Wir sehen größere Projekte als zweistufig: offene Wettbewerbe, bei denen die erste Stufe kürzer und konzeptionell-städtebaulich gedacht ist und es somit ermöglicht in der zweiten Stufe alle Teilnehmenden zu entlohnen. Bei kleineren Projekten kann durch eine bedingungslose Portfoliobewerbung eine Vorauswahl der Teilnehmer*innen getroffen und der Wettbewerb aufgenommen werden.

Das Ergebnis, sei es Projekt, Studie oder Daten wird von der Raumvertretung evaluiert und kann somit auch wieder zu einem Fall werden. Der Prozess wird zum Kreislauf, erweitert und ergänzt so das Modell und dessen Wissen.

Wir sehen das Modell aus Raumvertretungen und Laboren spezifisch ***anpassungsfähig und prozesshaft dynamisch.*** **Es wird sich evolutionär in seiner Arbeit stärken, basierend auf der Selbstorganisation und Autonomie der Beteiligten.**

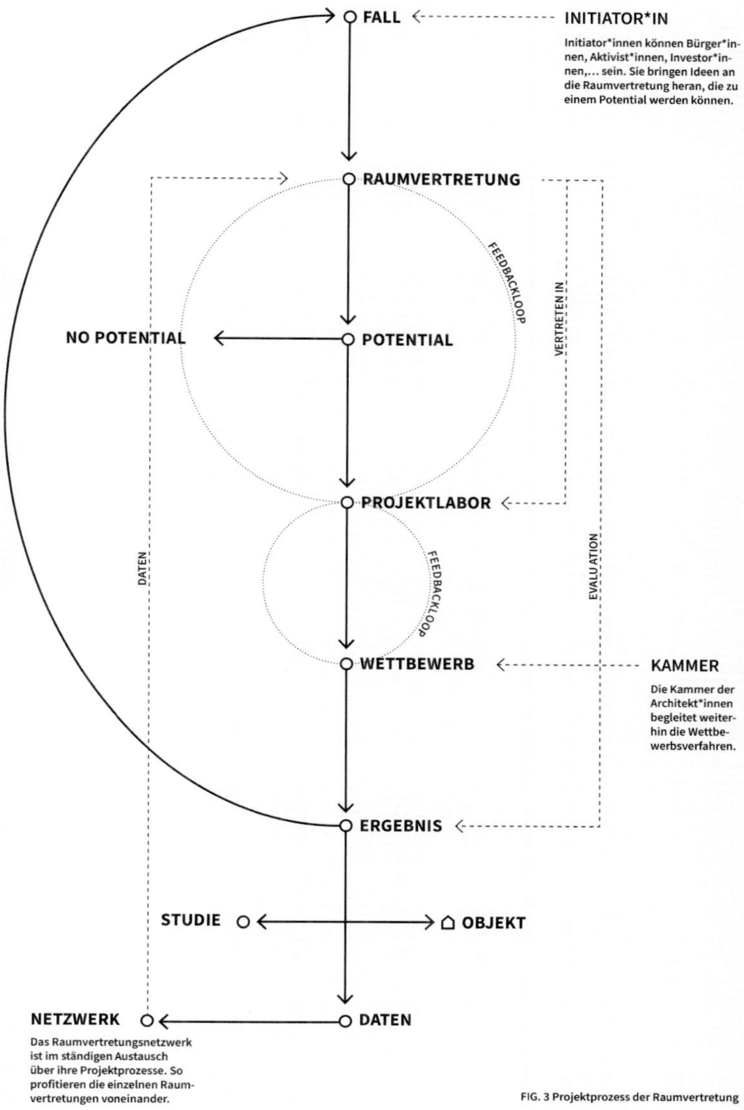

FIG. 3 Projektprozess der Raumvertretung

SYSTEMPROZESS

Arbeitsgruppen werden zu einem Thema oder Potential gebildet. Eine oder mehrere Raumvertretungen stellen Projektlabore (heute Quartiersplanung) und Handlungslabore (heute Stadtplanung) zusammen oder werden zu einem Zukunftslabor (heute Raumplanung) berufen. Die Labore entwickeln sich absteigend im Ausmaß ihres Handlungsraums und werden so immer spezifischer. Ab dem Zeitpunkt der Gruppenbildung sind sie selbstorganisiert.

Als immer wieder zu evaluierende Grundlage entwickelt ein Zukunftslabor Haltungen und Visionen für die Stadt, die übergeordnete Region oder das Land. Diese definieren Entscheidungen und Veränderungen und werden in Karten und Strategien festgehalten. Die Gruppe begutachtet die nahe und ferne Zukunft und prüft die andauernden Entwicklungen. Im regionalen Kontext nutzten Handlungslabore die Visionen des Zukunftslabors und erarbeiten Ziele für das jeweilige Gebiet. Das Handlungslabor setzt sich aus mehreren Raumvertretungen zusammen. Es verfeinert kontextuell die Karten und erarbeitet großräumliche Konzepte. Darauffolgend können die erarbeiteten Visionen in den Handlungsraum integriert und präzise in der Umsetzung eingearbeitet werden. Dazu beruft die Raumvertretung Projektlabore, die den gestalterischen Prozess der Umgebung begleiten. Stufenweise werden die Visionen im Entscheidungsprozess verankert, die Konzepte bis hin zu ihrer Verwirklichung eingebunden und von den Laboren kontinuierlich auf ihre Machbarkeit geprüft.

Zukunftslabor
Zukunftslabore können auf Landes-, Bezirks- und Stadtebene zum Einsatz kommen. Sie legen die Kriterien für Entscheidungen fest. Sie erarbeiten Visionen, Motive und Zukunftsträume und stellen die Frage: „Wo stehen wir und wo wollen wir hin und was wollen wir erreichen?“.

Das Zukunftslabor besteht aus einem oder mehreren interdisziplinäreren Teams aus jeweils bis zu 12 Personen, darunter Raumvertreter*innen, (internationale) extern geladene Expert*innen, Politiker*innen und Zukunftsforscher*innen. Zusammengesetzt wird das Zukunftslabor alle 3 Jahre. Vertreter*innen aus den (jeweiligen) Raumvertretungen werden ausgewogen und zufällig rotierend dafür entsendet. Externe werden daraufhin von den Raumvertreter*innen vorgeschlagen und eingeladen. Politiker*innen aus dem Planungsausschuss und zuständigen Referaten werden ebenfalls herangezogen. Das Zukunftslabor erarbeitet und definiert in einem Workshop Ziele und Haltungen aus den gesammelten Daten des Netzwerkes. Diese werden in übergeordneten Karten, Strategien und Visionen definiert und im Netzwerk veröffentlicht.

Das Zukunftslabor arbeitet zum Beispiel unter folgenden Aspekten Szenarien aus: Lebenswerte Stadträume, klimagerechte Entwicklung, nachhaltige Bodenpolitik, zukunftsfähige Mobilitätskonzepte und Wohnformen, ...

Handlungslabor
Das Handlungslabor erarbeitet Themen, die einen größeren Maßstab umfassen und Projekte, die mehrere Raumvertretungen betreffen. Außerdem übersetzt und prüft dieses Labor die Visionen des Zukunftslabors für das jeweilige Gebiet. Das Team des Handlungslabors bearbeitet keinen konkreten Fall.
Handlungslabore werden durch die jeweilige Raumvertretung berufen, in dessen Gebiet der Fall bearbeitet wird. Die Raumvertretungen schreiben die Beteiligung im Netzwerk aus, treffen eine Auswahl anhand eines Bewerbungsverfahrens und ziehen beratend Expert*innen hinzu.

Projektlabor
Das Projektlabor betrachtet seine Ziele mit Hilfe der durch das Zukunftslabor definierten Visionen und der Ergebnisse von Handlungslaboren. Sie arbeitet an einem konkreten Potential. Projektlabore werden durch die jeweilige Raumvertretung berufen, in dessen Gebiet gearbeitet wird. Die Raumvertretung schreibt die Beteiligung aus und trifft eine Auswahl anhand eines Bewerbungsverfahrens.
Das Projektlabor besteht aus maximal 12 Personen, darunter: ein*e Raumvertreter*in, Bürger*innen-/Betroffenenvertreter*innen, Expert*innen (Planer*in, Sozialraumanalytiker*in, Umweltpsycholog*in, Sozialarbeiter*in) und Initiator*innen.

Ziel eines Projektlabors ist es die räumlich-soziale Situation mit Projekten, Ausschreibungen (und daraus resultierenden Projekten), Studien, Publikationen, Ausstellungen und Workshops zu verbessern.

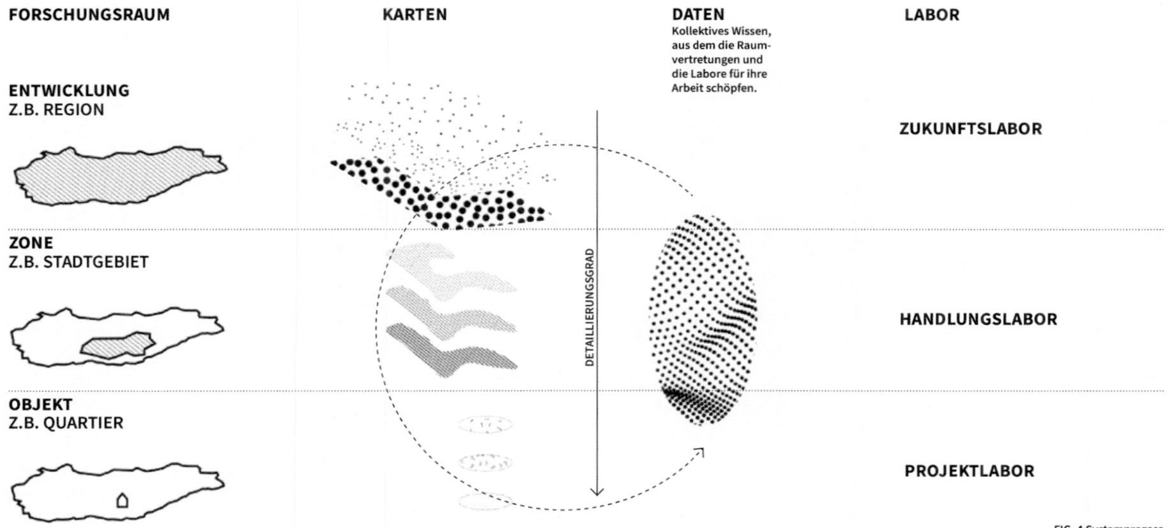

FIG. 4 Systemprozess

Straßenschlacht nach Film-Vorbild im Linzer Zentrum

Zu 80 Prozent keine Österreicher – Großteil der Randalierer aus Syrien und Afghanistan

LINZ. Detonierende Böller und Steiner und Flaschen, die in Richtung Passanten und Polizisten geschleudert wurden: In der Linzer Innenstadt haben in der Halloween-Nacht auf Dienstag rund 200 überwiegend Jugendliche massiv randaliert.

*Neun Personen wurden festge*nommen, zwei Polizisten verletzt, so die Bilanz der Ausschreitung. Nur etwa 20 Prozent der Randalierer hatten einen österreichischen Pass. Mehr als die Hälfte der Gruppe machten Syrer und Afghanen aus, gefolgt von Irakern, Iranern, Tschetschenen und Türken.

Die Ausschreitungen dürften geplant gewesen sein. Zumindest gibt es Videos von der Internet-Plattform TikTok, die zu genau diesen Gewaltexzessen aufrufen. So riefen Nutzer auf, aus Linz ein „Athena 2.0“ zu machen. Dies sei ein Verweis auf einen Netflix-Film, in dem es um Straßenschlachten zwischen Jugendlichen und der Polizei ging.

> „Rund 200 Personen zündeten teilweise rücksichtslos Böller und warfen diese auch unkontrolliert in die Menschenmengen.“
>
> **Michael Hubmann,** Einsatzleiter der Polizei

Eskalation zu Halloween

Die ersten Notrufe gingen am Halloween-Abend **gegen 21 Uhr** bei der Polizei ein: Eine große Personengruppe, die sich am Taubenmarkt in der Fußgängerzone getroffen habe, werfe Böller auf Passanten. Daraufhin rückte ein Großaufgebot von rund 170 Polizisten aus, darunter auch Spezialisten der Cobra. „Rund 200 Personen zündeten teilweise rücksichtslos Böller und warfen diese auch unkontrolliert in die Menschenmengen. Die Situation vor Ort war angespannt und aggressiv gegenüber den Polizeikräften“, bestätigt Einsatzleiter Michael Hubmann. Allerdings waren zu Beginn nur Polizisten aus Linz im Einsatz. „Aufgrund einer Überzahl der Personengruppe haben wir Kollegen der Bereitschaftseinheit, der Einsatzeinheit, des SRK und der umliegenden Streifen angefordert“, sagt Hubmann. Kurzfristig beruhigte sich die Situation.

Aber um **etwa 21.30 Uhr** begann die Stimmung zu kippen, die Polizeikräfte wurden bedrängt und mit

Gegen 21.45 Uhr, nach dem Eintreffen weiterer Kräfte, wurde mit der Räumung des Taubenmarktes begonnen. Die Randalierer zeigten keine Einsicht, die Polizei musste offensivere Einsatztaktiken anwenden, um der Situation Herr zu werden. Nach der Räumung formierten sich die Gewalttäter vor den Polizeikräften neu und bewarfen diese massiv mit Böllern, Steinen und Glasflaschen. Kurz nach 23 Uhr wurden die Oberleitungen der Straßenbahn von den Linz Linien abgeschaltet. Diese waren durch Böller derart beschädigt, dass sie drohten zu Boden zu fallen. Das hätte unmittelbare Lebensgefahr bedeuten können.

Um 23.10 Uhr erfolgte über Lautsprecher die Durchsage, dass alle Personen unverzüglich den Bereich bis zur Landstraße zu verlassen hätten. Um die Lage unter Kontrolle zu bringen, wurden die rund 200 Randalierer **gegen 0.30 Uhr** eingekesselt.

Insgesamt wurden 130 Identitätsfeststellungen durchgeführt, neun Personen wegen aggressiven Verhaltens und Ordnungsstörungen festgenommen. Zwei Polizisten wurden leicht verletzt. Alle 130 Personen – darunter neun Festgenommene – werden wegen des Verdachts der schweren gemeinschaftlichen Gewalt und wegen Ordnungsstörung angezeigt.

Erst ab **2 Uhr** wurde der Betrieb

Die Polizisten kesselten gegen 0.30 Uhr etwa 200 Randalierer ein, um der Situation Herr zu werden. Fotos: kerschi.at

nommen. **Um 3 Uhr** war der Großeinsatz der Polizei beendet.

„Ich selbst war in der Halloween-Nacht nicht dabei – zum Glück, muss ich sagen. Aber es muss wirklich schlimm gewesen sein, mein Chef hat es mir erzählt. Links und rechts sind Schüsse gefallen. Unser Stand wurde dann sehr schnell von der Polizei abgeschirmt und bald geschlossen, auch aus Sicherheitsgründen“, sagt eine Mitarbeiterin vom Würstelstand Auinger direkt am Linzer Taubenmarkt.

Erneuter Polizeieinsatz

Auch **gestern, Dienstag**, versammelten sich erneut bis zu 30 Personen am frühen Abend in der Linzer Landstraße. Laut Informationen der Landespolizeidirektion (LPD) dürften die unbekannten Täter wie bereits am Vortag mit Böllern auf Leute gezielt und diese attackiert haben.

Als ein Großaufgebot der Polizei mit mehr als zwölf Streifenwagen in die Linzer Landstraße einfuhr, flüchteten die Unbekannten. Nach den Tätern werde derzeit intensiv gefahndet, sagte gestern ein Polizeisprecher.

In Linz kommt es immer wieder zu Problemen mit Jugendbanden, vor allem im Süden des Stadtgebiets. Im November 2021 etwa wurden Silvesterraketen auf Polizeibeamte geschossen, am Ende brannte ein Streifenwagen. Ob die Vorfälle des Vorjahres mit denen vom Montagabend zusammenhängen, steht nicht fest. *(mkp, fell, staro, kap)*

EIN VIDEO UND NOCH MEHR FOTOS VON DEN RANDALEN GIBT ES AUF

Auch gestern Nachmittag waren die Beamten in Linz im Einsatz. Foto: Weihbold

Null Toleranz für Gewalt

Innenminister fordert Sicherheitsgipfel

LINZ. „Die Straftaten der vergangenen Nacht sind Ausdruck einer zutiefst antidemokratischen Einstellung zu unseren rechtsstaatlichen Werten und Haltungen“, verurteilte **Innenminister Gerhard Karner** die Ausschreitung. Asylaberkennungsverfahren müssten „umgehend eingeleitet“ werden.

Landespolizeidirektor Andreas Pilsl und Stadtpolizeikommandant Karl Pogutter sind beauftragt, einen Sicherheitsgipfel mit dem Linzer Bürgermeister einzuberufen, um „die Situation zu analysieren und die notwendigen Ableitungen zu treffen“. **Landeshauptmann Thomas Stelzer** würdigte „den beherzten Einsatz“ der die Randalierer in die Schranken gewiesen und der Bevölkerung Schutz gegeben werden“, sagte der Landeshauptmann, der eine Verschärfung der Strafen bei Übergriffen auf Polizisten als notwendig bezeichnete.

Foto: Michael Indra

„Linz ist eine sichere Stadt, in der Gewaltbereitschaft und Ausschreitungen keinen Platz haben. Die Polizei wird ihr Bestes geben, um die Täter ausfindig zu machen. In Linz gibt es null Toleranz gegenüber Gewalttätigen, egal welche Motive diese haben“, sagte

255

Artikel „Straßenschlacht nach Film-Vorbild im Linzer Zentrum“, 2022

Im Netflix-Film *Athena* wird der Straßenkampf von Jugendlichen aus der Banlieue gegen die Polizei thematisiert. Bevor es in der Halloweennacht 2022 zu Ausschreitungen im Linzer Stadtzentrum kam, wurden diese unter Hashtags wie „Linz wird zu Athena“ auf TikTok angekündigt.

256

Family House Baan Doi in Mae Sae, Thailand, 2022

Die NGO Baan Doi plant in Mae Sae die Errichtung eines Landwirtschaftszentrums für Permakulturen sowie ein Gemeinschaftszentrum, Verwaltungsgebäude und Gästehäuser. Studierende von BASEhabitat entwarfen nach einer Recherchereise 2018 einen Masterplan sowie Pläne für drei Gebäudekomplexe auf dem Areal. Das „Family House“ wurde zwischen 2019 und 2022 – aufgrund von Unterbrechungen der Arbeiten während der Covid-19-Pandemie in zwei Etappen – als erstes Gebäude realisiert.

257

Luftaufnahme, Schwertransport eines Rotorblatts in Friedburg/ Lengau vom 6. September 2022

258

Fertiggestelltes Wohnhaus mit Kulturraum, Hägi Wendls in Muntlix, Österreich, 2022

259

Einfügen neuer Elemente in den Bestand, Hägi Wendls in Muntlix, Österreich, 2022

2020 begann BASEhabitat mit den Umbauarbeiten des 1820 mit Lehm, Holz und Stroh errichteten Gebäudes. Ein Jahr später fand vor Ort die BASEhabitat „Hybrid Summer School" auf der Baustelle statt, bei der die Detailarbeiten im Innenausbau mit Lehm, Holz und Kalk im Fokus standen. 2022 wurde das Wohnhaus mit Kulturraum schließlich fertiggestellt und im Folgejahr mit dem Vorarlberger Holzbaupreis in der Sonderkategorie „Gesellschaftliche Relevanz" ausgezeichnet.

0 1 5

STEPHANSPLATZ 10, 1010

1 ■121 ■12,60

0 1 5

ROTENTURMSTRASSE 1-3, 1010

2A ■131 ■12

0 1 5

KÄRTNER STRASSE 45, 1010

5 ■86 ■21 ■16-22 ■35,60

0 1 5

SECHSSCHIMMELGASSE 12, 1090

6 ■12 ■50,60

260

(S. 144–147)

Abschlussarbeit: *Aktenblume*, Siegfried Kraus, 2022, Btr.: Michael Zinner

261

Siedlung Wimhölzel Hinterland, Curt Kühne/Hans Arndt/Paul Theer/Armin Sturmberger/Matthäus Schlager/Fritz Steinfelser, 1921–1957, Umbau und Erweiterung: transparadiso ZT KG/Frötscher Lichtenwagner/Werner Neuwirth, 2020–2029

Das Franckviertel, wie auch andere historisch von Arbeiterzuzug geprägte Gebiete im Osten der Stadt, befindet sich inmitten einer Phase intensiver Veränderung. Insbesondere die Bestände der Siedlungen stehen im Fokus der städtischen Erneuerung. Großprojekte wie die Trinity Towers sowie die neuen Zentralen von Swietelsky und der Raiffaisenlandesbank sind in Planung oder Umsetzung. Einen weiteren Schub erhielt die Entwicklung im Franckviertel, als dieses 2023 unter dem Titel „Linz mit Ambitio3xn" als Modellquartier für die vom Bundesministerium für Klimaschutz ausgeschriebene „Öffentlich-Öffentliche Kooperation klimaneutrale Stadt" ausgewählt wurde.[1] Neben der Strabag ist besonders die GWG (Gemeinnützige Wohnungsgesellschaft der Stadt Linz GmbH) in viele der Vorhaben involviert. Nicht ohne Kritik versuchen diese beiden beispielsweise derzeit die ehemalige ÖBB-Arbeitersiedlung an der Gölsdorfstraße[2] zu entmieten, um sie für ein neues Wohnbauprojekt abzureißen. Ähnliche Entwicklungen finden auch im Wimhölzel-Hinterland[3] statt, wo die GWG im Rahmen eines großangelegten Reconstructing-Projekts mehr als 400 Wohneinheiten saniert und erneuert. Die nicht mehr zeitgemäße Bausubstanz wird dort durch moderne, höhere und punktuell gesetzte Wohnobjekte ersetzt. In der Sintstraße wiederum wurden in Abstimmung mit dem Denkmalamt sieben der 18 von Architekt Curt Kühne entworfenen Wohngebäude Anfang des Jahres abgerissen und durch drei neue ersetzt.[4] Die restlichen Bauten werden von der Eigentümerin, der Strabag Real Estate, saniert. Im Rahmen von Nachbarschaftsprotesten wird immer wieder gefordert, die Bewohner*innen in die Planungsprozesse mit einzubeziehen, welche die Weiternutzung des Bestands durchaus in Erwägung ziehen und gegen Top-down-Beschlüsse für Abbruch und Neubau sind. Auch deshalb hat sich die lebendige Gemeinschaft im Franckviertel weiter vernetzt und eine Vielzahl von Initiativen und Vereinen geformt.

1 Kurier/Kleinrath, Josef (05.12.2023): „Testlauf im Linzer Franckviertel für eine klimaneutrale Stadt". https://kurier.at/chronik/oberoesterreich/linz/testlauf-im-linzer-franckviertel-fuer-eine-klimaneutrale-stadt/402697336 (letzter Zugriff: 24.03.2024)

2 LOK Report (07.05.2023): „Österreich: Stadt Linz möchte ÖBB-Häuser vor Immobilieninvestoren retten". https://www.lok-report.de/news/europa/item/24999-oesterreich-stadt-linz-moechte-oebb-haeuser-vor-immobilien-investoren-retten.html (letzter Zugriff: 24.03.2024)

3 Linz.at/Medienservice (28.07.2023): „GWG-Reconstructing Wimhölzel – Hinterland. Umbau der Stieglbauern- und Helletzgruberstraße". https://www.linz.at/medienservice/2023/202307_121375.php (letzter Zugriff: 24.03.2024)

4 MeinBezirk.at/Gschwandtner, Silvia (18.01.2024): „Teilabriss in der Sintstraße startet am Montag". https://www.meinbezirk.at/linz/c-lokales/teilabriss-in-der-sintstrasse-startet-am-montag_a6481762 (letzter Zugriff: 24.03.2024)

262

Cross Scaling Intersectional Urban Issues, ein Projekt von Aylin Gürel, Lea Pammer, Nadia Raza, Studierende der Abteilung *die architektur* im Studio Urban, 2022

Die drei Studierenden setzten sich in ihrem Entwurf mit intersektionalen Erfahrungswerten in Städten auseinander. In unterschiedlichen Maßstabsebenen entwickelten sie Entwürfe für die Stadt Leonding, um diskriminierungsfreie und gendergerechte Stadträume zu potenzieren.

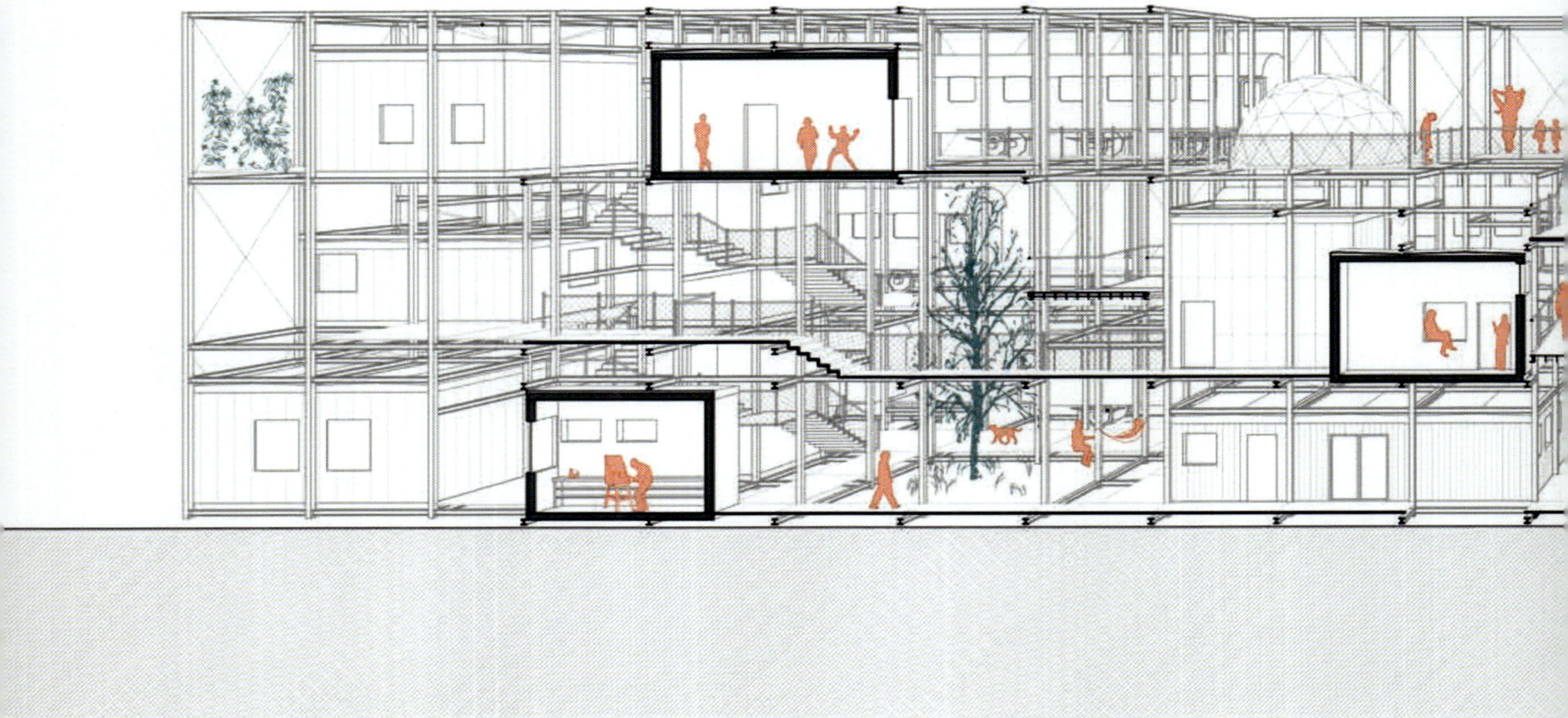

263

ROSE – Schule in der Tabakfabrik, Innenraum, Michael Zinner (schulRAUMkultur) und Ulrike Schmidt-Zachl (Schulleitung), 2021/22

Seit kurzem in der Tabakfabrik untergebracht, soll das Gymnasium für Digitalen Humanismus an diesem Standort neue Lernerfahrungen ermöglichen. Dabei wurde ein räumliches Konzept verfolgt, bei dem die vorhandenen Flächen als mehrfach funktionelle Zonen konzipiert sind. Alle „Sonderunterrichtsräume“ der Schule sind im Stadtteil verteilt, sie nutzen vorhandene Infrastrukturen.

264

ROSE – Schule in der Tabakfabrik, Vorplatz, Michael Zinner (schulRAUMkultur) und Ulrike Schmidt-Zachl (Schulleitung), 2021/22

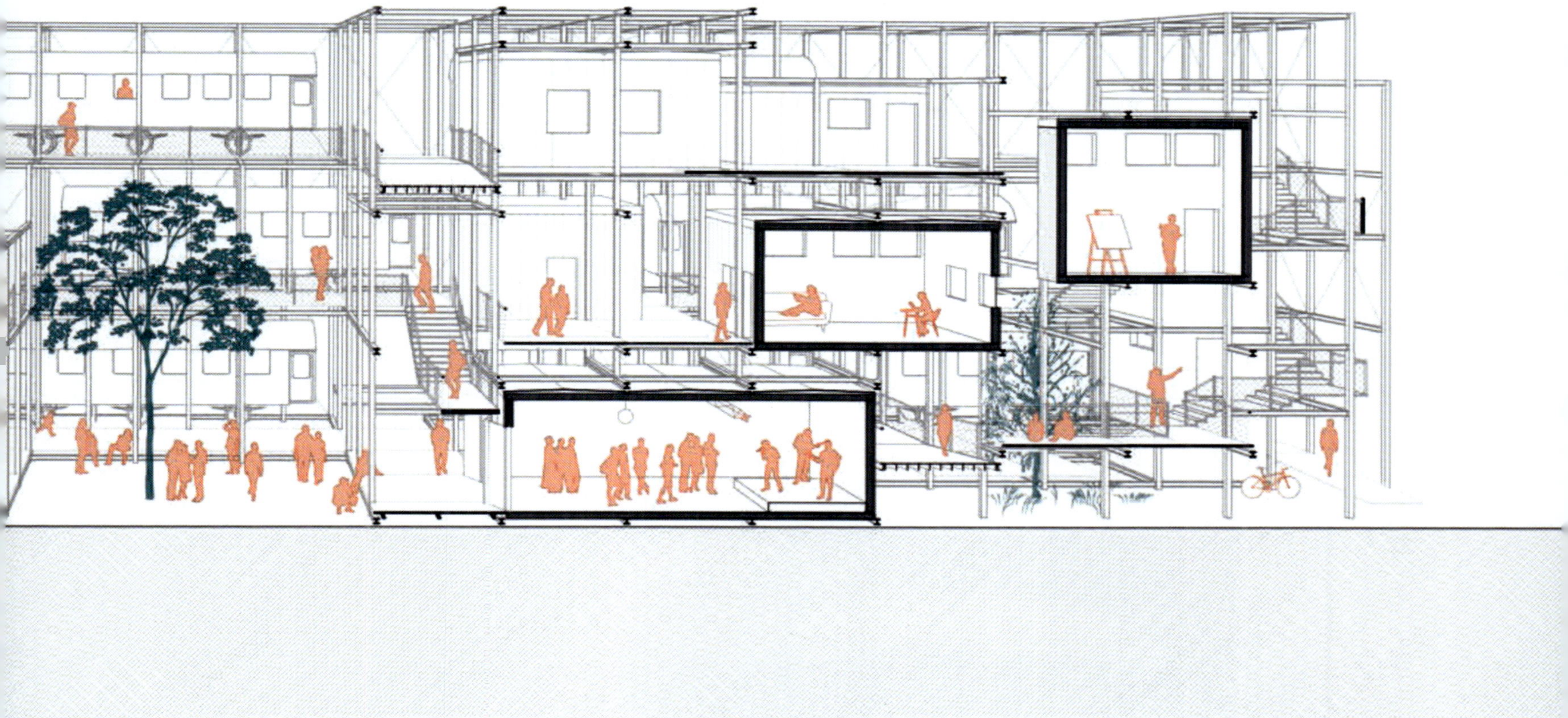

265

Abschlussarbeit: *Zug UmZug – räumliche Transformation der Ateliergemeinschaft Bauzug 3YG am Stuttgarter Nordbahnhof*, Marion Kohler, 2022, Btr.: Sigi Atteneder

266

Titelblatt Broschüre *Vierseitzentrum*, Entwerfen Winter 2021/22, Studio RAUMkultur #7

267

Titelblatt Broschüre *ungewohnt wohnen*, Entwerfen Sommer 2022, Studio RAUMkultur #8

268

Feuerwehrhäuser im Bezirk Gmunden, Collage der Professur Baukultur, 2023

2023

269

Zielwolke für die Themen der Professur Baukultur, 2023

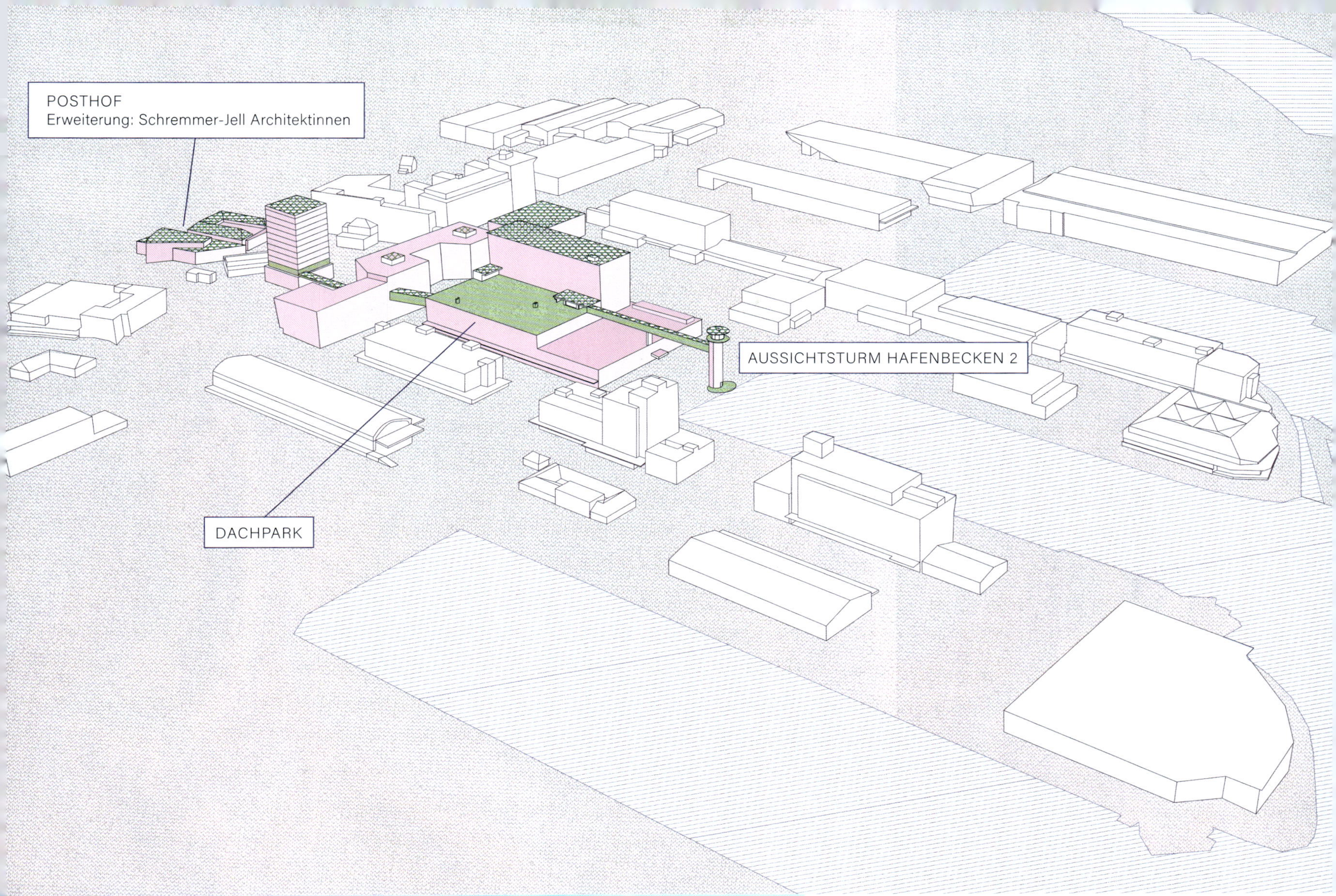

270

Hafencity, Übersicht-Masterplan, Stand 2024

271

Hafencity, Hafen(dach)park, LINZ AG, 2020–2023

272

Hafencity, Aussichtsturm, LINZ AG, 2020–2023

Auf Initiative des NS-Regimes zwischen 1939 und 1950 entstanden, wurde die Hafenanlage ursprünglich als Umschlagplatz von Mineralölprodukten und für die Versorgung der ansässigen Stahlindustrie genutzt. Nachdem die VÖEST 1966 ihren eigenen Werkshafen in Betrieb genommen hatte, entwickelte sich der städtische Hafen in den folgenden Jahren zu einem Verkehrs- und Dienstleistungszentrum. Seit 2014 wird das Areal als Projekt Neuland[1] zu einem nachverdichteten Mix aus Hafenanlagen, Gewerbe-, Büro- und Kulturflächen entwickelt. Eine Freizeitachse, die großteils als Park auf dem Dach einer Kühlhalle in 18 Metern Höhe verläuft, wurde vor kurzem als neues, öffentliches Naherholungsgebiet eröffnet. In ihrer finalen Ausbaustufe soll die Achse, auch als „Kulturmeile" bezeichnet, vom Posthof Linz durch zwei Gebäude über den bereits fertiggestellten Dachpark bis an die Wasserfläche des Hafenbeckens 2 und den dort errichteten Aussichtsturm (28 Meter) reichen. Von den 2014 im Masterplan ursprünglich präsentierten 10.000 Quadratmetern Freizeitfläche ist nicht allzu viel übriggeblieben – nur 3600 Quadratmeter sind schlussendlich für die Öffentlichkeit nutzbar und das auch nur zu den Öffnungszeiten.[2] Das Projekt Neuland soll in ferner Zukunft außerdem das Bindeglied zu einem neu gestalteten Stadtteil[3] zwischen Tabakfabrik und Hafen bilden.

1 LinzAG (o. D.): „Masterplan Hafen Linz". https://www.linzag.at/portal/de/ueber_die_linzag/projekte/projekt_neuland/master plan_hafen_linz (letzter Zugriff: 05.02.2024)

2 Linza.at (15.09.2021): „Statt 10.000 nur 3.600 m2. Begehbares Hallendach beim Projekt Neuland auf ein Drittel geschrumpft". https://linza.at/hafen-neuland/ (letzter Zugriff: 05.02.2024)

3 Alles Linz (16.09.2020): „Zukunftsvisionen. Was könnte aus dem Schlachthof werden?". https://alleslinz.at/zukunftsvisionen-was-koennte-aus-dem-schlacht hof-werden/ (letzter Zugriff: 05.02.2024)

273

Abschlussarbeit: *267 Meter Stadt Gemeinschaft – ein großer Tisch für Traunstein*, Daniela Lockowandt, 2023, Btr.: Peter Haimerl

275

Protestaktion gegen den Bau der Westumfahrung am Linzer Hauptplatz, 2023

274

Tabakfabrik, Baustelle Quadrill Tower, Zechner & Zechner Architekten, 2021–2025

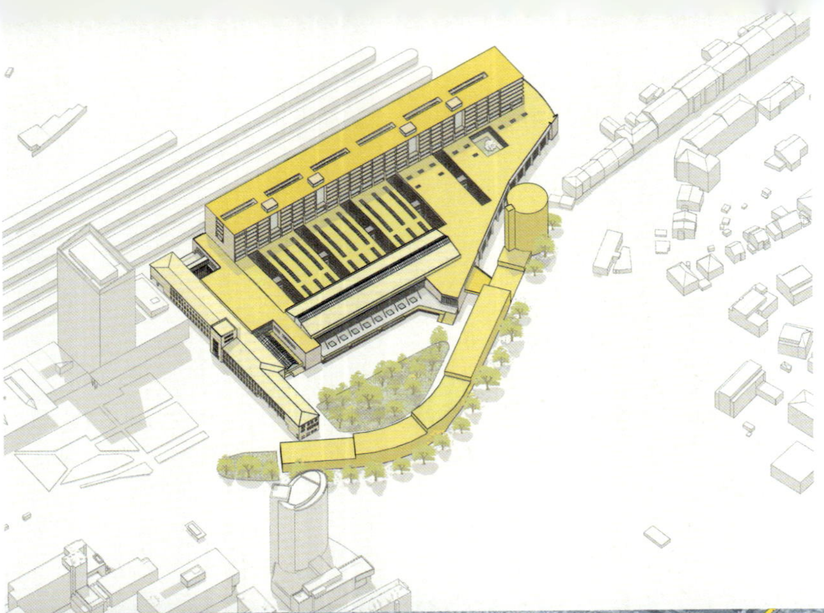

276

Axonometrie postUNI, Lisa Ackerl, Daniel Schoengruber, Marco Thaller, 2023

Lisa Ackerl, Daniel Schoengruber und Marco Thaller entwickelten im Sommersemester 2023 im studio typology zum Thema „In Transformation" unter der Begleitung von c/o now einen Gegenvorschlag zum geplanten Neubau der Digital-Uni. In ihrem Entwurf zeigen sie, wie es gelingen könnte, diese in den Post-Gebäuden am Hauptbahnhof unterzubringen, und wie sich somit ein Neubau samt massivem Ausbau der Verkehrsinfrastruktur für die neue Digital-Uni am Rande des JKU Campus' sowie ein Abbruch der Post-Gebäude vermeiden lassen. Die Digital-Uni und die Post-Gebäude entwickelten die drei dabei auch programmatisch und inhaltlich weiter zu einer offenen Bildungsstätte, der sogenannten postUNI.

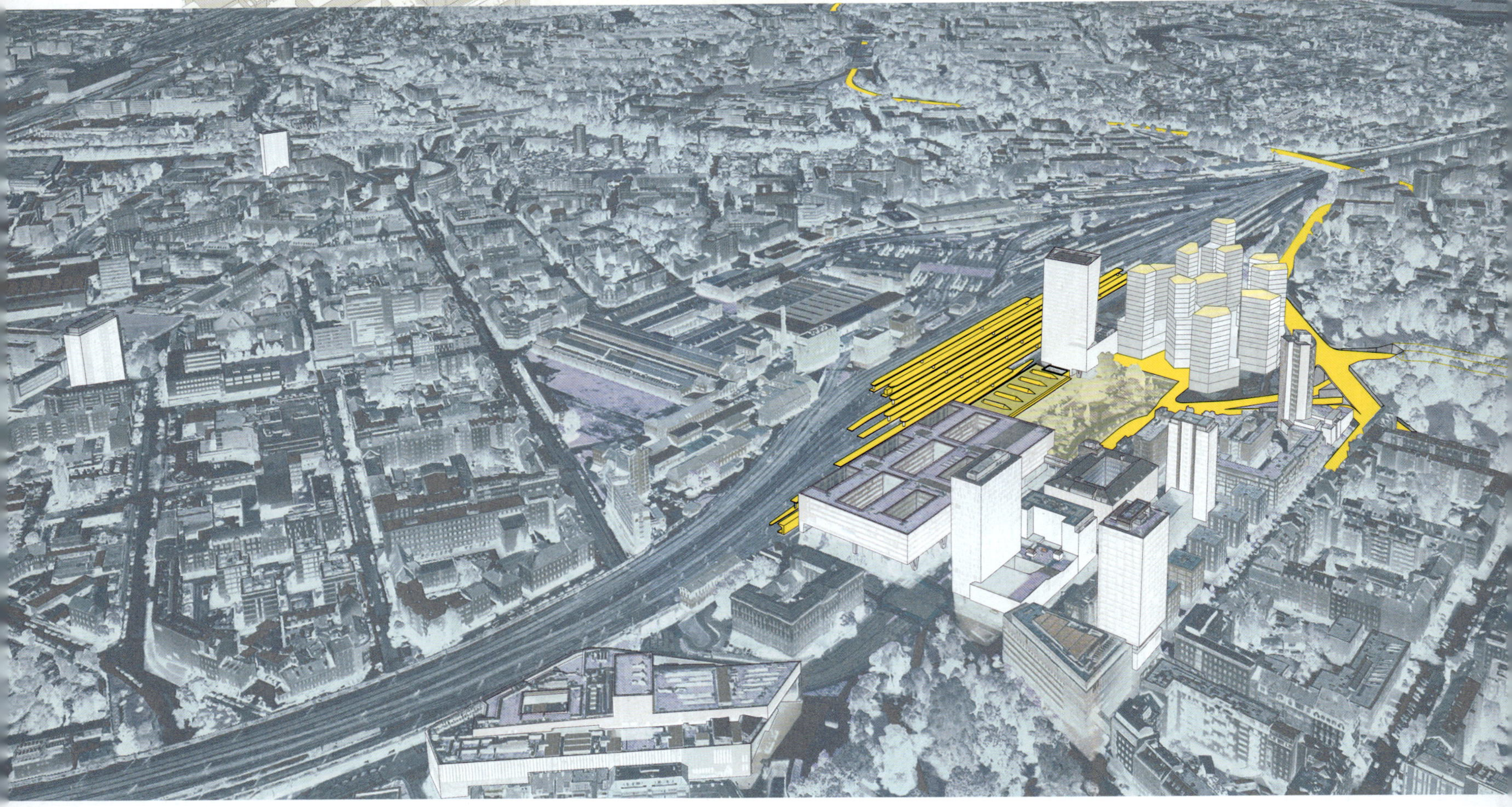

277

Hauptbahnhof, Übersicht, Stand 2024

Der Linzer Hauptbahnhof ist seit jeher ein wichtiger Verkehrsknotenpunkt für den Fern- und Nahverkehr und zählt zu den am stärksten frequentierten Durchgangsbahnhöfen Österreichs. Im Zweiten Weltkrieg schwer beschädigt, wurde das ursprüngliche Bauwerk zwischen 1949 und 1955 rekonstruiert und im Rahmen der ÖBB-Bahnhofsoffensive knapp 50 Jahre später wieder abgerissen. Nach zweijähriger Bauzeit konnte das neue Gebäude samt Vorplatz, verantwortet von Wilhelm Holzbauer und Partner, 2004 eröffnet werden.[1] Einhergehend mit der Fertigstellung des Hauptbahnhofs begann sich auch das umliegende Viertel zu wandeln. Es setzte ein Neubauboom ein, der viele Bürogebäude und insbesondere Hochhäuser hervorbrachte. Dieser Hochhauscluster zählt sieben Gebäude und wächst weiter.[2] Zwei Areale, die zukünftig Veränderungen mit sich bringen werden, sind das ehemalige Bahnhofspostamt und ein neuer Straßenknoten für die gerade in Bau befindliche Westumfahrung.[3] Ausgehend von der Westbrücke wird die neue Stadtautobahn über den Bahnhof und einen Tunnel bis zur Donau und weiter über den Fluss nach Norden führen. Das in den 1960er Jahren konzipierte Straßenbauprojekt soll bis 2035 finalisiert und die Ein- und Ausfahrten des Tunnels in den Bahnhofsknoten integriert werden. Direkt nebenan wird das Areal des ehemaligen und von 1947 bis 1948 errichteten Postamts samt Postverteilerzentrum umgenutzt. Auf diesem 40.000 Quadratmeter großen und seit 2014 nur durch Zwischennutzungen bespielten Gelände soll künftig ein neues Stadtquartier mit Büros, Geschäften, Grünflächen, aber auch Wohnungen entstehen.[4] Das Gewinnerkonzept von Nussmüller Architekten sieht eine dichte Bebauung mit elf solitär stehenden, 60 bis 70 Meter hohen Türmen vor; trotz Verzögerung ist die Fertigstellung für 2033 anvisiert. Als Alternative dazu wurde das Areal auch als Standort für die gerade im Entstehen befindliche Technische Universität für Digitalisierung und digitale Transformation ins Spiel gebracht. Architekturstudent*innen der Kunstuniversität Linz haben die Potenziale eines Uni-Einzugs in die ehemaligen Postgebäude beispielsweise in einem Entwurfssemester analysiert.[5]

1 OTS (03.12.2004): „ÖBB. Eröffnung Neubau Linz Hauptbahnhof". https://www.ots.at/presseaussendung/OTS_20041203_OTS0178/oebb-eroeffnung-neubau-linz-hauptbahnhof-bild (letzter Zugriff: 20.03.2024)

2 Linza.at (30.09.2015): „Fünftes Hochhaus im Bahnhofsviertel. Bau startet Anfang 2016". https://www.linza.at/linz-ist-die-zweithoechste-stadt-oesterreichs/ (letzter Zugriff: 20.03.2024)

3 Westring.at: „Projektbeschreibung". https://www.westring.at/projektbeschreibung/ (letzter Zugriff: 19.03.2024)

4 Der Standard/Pollerhof, Thorben (05.12.2021): „Post City Linz kommt – ab 2022 und ohne geförderten Wohnbau". https://www.derstandard.at/story/2000131634457/post-city-linz-kommt-ab-2022-und-ohne-gefoerderten-wohnbau (letzter Zugriff: 19.03.2024)

5 Ackerl, Lisa/Schöngruber, Daniel/Thaller, Marco (o. D.): „postuni". https://postuni.at/about/(letzter Zugriff: 19.03.2024)

28 | Linzer Nachrichten BERICHTE AUS DEM ZENTRALRAUM

DONNERSTAG, 6. JULI 2023 | WWW.NACHRICHTEN.AT/LINZ | OÖNachrichten

ÜBERBLICK

Weiter Tauschgrundstück für Spielplatz gesucht

TRAUN. Die Stadtpolitik ist sich prinzipiell einig, dass zum Erhalt des Spielplatzes in der Bonyhady-Straße jener Genossenschaft, die dort bauen will, ein Tauschgrundstück angeboten werden soll. Einen Kandidaten gibt es mit einer als Bauland gewidmeten Grünfläche im Bereich Prandtauerweg/Traunfeldstraße bereits. Ganz zufrieden ist Stadtchef Karl-Heinz Koll (VP) damit nicht, weil dort bereits eine eher dichte Verbauung besteht. Glücklicherweise gebe es andere Alternativen, diese würden gerade geprüft. Bei aller Emotionalität des Themas bedürfe es konstruktiver Verhandlungen und einer guten Zusammenarbeit, betont Koll.

Klangfestival 2023 war ein großer Erfolg

GALLNEUKIRCHEN. Über 50 Künstler aus zehn Nationen begeisterten die 2000 Besucher des Klangfestivals in Gallneukirchen, das heuer erstmals in Kooperation mit dem Festival der Regionen ausgetragen wurde. Das Alte Hallenbad überzeugte als Location für Performances, Lesungen, Konzerte, Ausstellungen und Soundinstallationen. „Hier entsteht ein neuer Hotspot für das Kulturland OÖ", freuen sich die Veranstalter. Nächster Termin: 5. bis 6. Juli 2024.

Post City: Was auch hätte sein können

Studierende entwickeln Plan für neue Digital-Uni in adaptiertem Postverteilerzentrum

VON CHRISTIAN DIABL

LINZ. Was wäre, wenn man das ehemalige Postverteilerzentrum beim Hauptbahnhof, in dem heuer zum letzten Mal die Ars Electronica gastiert, nicht abreißt, sondern revitalisiert und für die neue Digital-Universität adaptiert? Diese Frage haben sich Architektur-Studierende der Kunstuniversität Linz unter der Leitung von Gastprofessor Paul Reinhardt gestellt.

Bekanntlich soll auf dem Areal die Post City entstehen, der Entwurf für den Neubau von elf Hochhäusern liegt seit 2019 auf dem Tisch. Aktuell sucht die Post AG einen Investor für vier der Türme.

Widerspruch zu Klimazielen

Gleichzeitig sollen fünfeinhalb Hektar Grünland an der Linzer Peripherie für den Bau der Digital-Uni genutzt werden. „Beide Projekte stehen unserer Meinung nach im Widerspruch zu den Zielen des Landes und der Stadt Linz in Bezug auf Klima- und Umweltschutz sowie Bodenverbrauch", sagt Lisa Ackerl.

Gemeinsam mit ihren Studienkollegen Daniel Schöngruber und Marco Thaller hat sie das ehemalige Postverteilerzentrum ein Semester lang analysiert und Lösungen für dessen Umnutzung erarbeitet. Alle drei interessieren sich für ressourcenschonende Stadtplanung und einen nachhaltigen Umgang mit Bestandsgebäuden.

Für die Idee spricht aus ihrer Sicht aber nicht nur die Nachhaltigkeit. Beim Hauptbahnhof würden sich auch die von der Digital-Uni selbst formulierten Ansprüche besser umsetzen lassen als auf einem abgelegenen Stück Grünland. Dazu gehören Wiedererkennungswert sowie beste Verkehrsanbindung und kulturelle und technologische Vernetzung. Durch gezielte Nachverdichtung in Form einer Aufstockung des Bestandsgebäudes und einer Randbebauung in Richtung Waldeggstraße könnten mindestens 115.000 Quadratmeter Bruttogeschoßfläche generiert werden, die bis auf rund 150.000 Quadratmeter erweitert werden könnten. „Unser Ziel war es, durch minimale Eingriffe in die Bausubstanz neue Raumqualitäten zu schaffen", sagt Ackerl.

60.000 Quadratmeter würden an die Universität als Hauptnutzerin gehen, weitere 30.000 Uni-Angehörigen als Wohnraum zur Verfügung stehen. Der Rest könnte von Gewerbe, Co-Working-Spaces oder anderen Bildungseinrichtungen genutzt werden. „Auf diese Weise entsteht an einem strategisch wichtigen Ort mit optimaler Verkehrsanbindung Raum für eine Nutzung mit gesellschaftlichem Mehrwert", sagen die drei Studierenden.

So könnte ein für die neue Digital-Uni adaptiertes ehemaliges Postverteilerzentrum aussehen. Foto: Kunstuni Linz

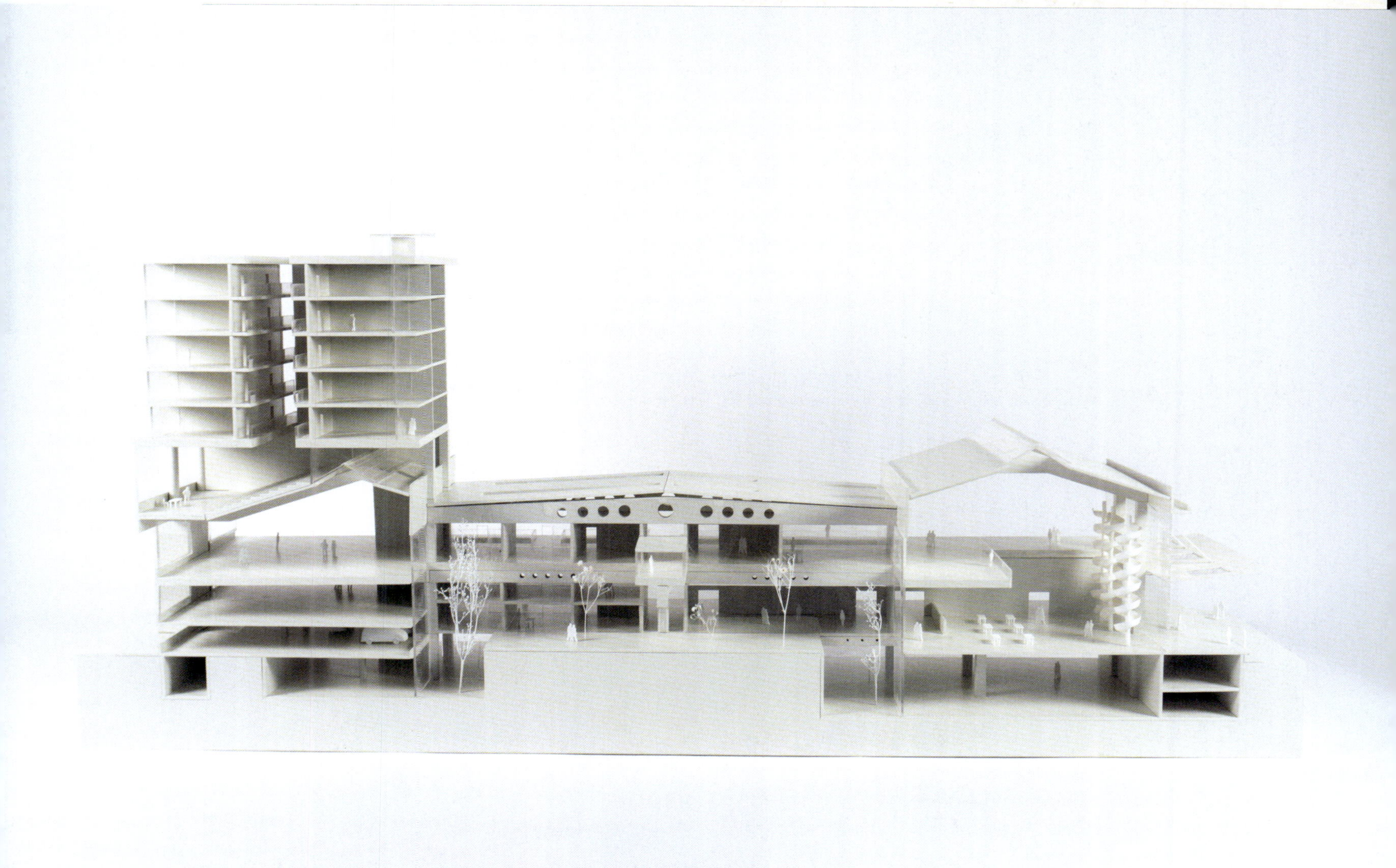

278

Hauptbahnhof, Zeitungsartikel zur Neugestaltung der Post City, 2023

279

Modell postUNI, Lisa Ackerl, Daniel Schoengruber, Marco Thaller, 2023

280

Pflanzen auf der Klimaachse, 2023

Bürgermeister Klaus Lugner, Klima-Stadträtin Eva Schobesberger, Projektkoordinatorin Hannah Kordes und Mobilitätsreferent und Vize-Bürgermeister Martin Hajert beim Pflanzen auf der „Klimaachse“.

281

Fahrradtour beim Klimafest, 2023

Die „Klimaachse Linz“ ist ein vom Studio Kordial initiiertes und vom Klimafonds der Stadt Linz gefördertes partizipatives Projekt zur Umgestaltung der Achse vom Linzer Hauptplatz über die Lederergasse bis zum Handelshafen. Zwischen 2022 und 2023 wurde in unterschiedlichen Aktionen gemeinsam mit den Bewohner*innen eine Umgestaltungsagenda erarbeitet, die bis 2025 umgesetzt werden soll.

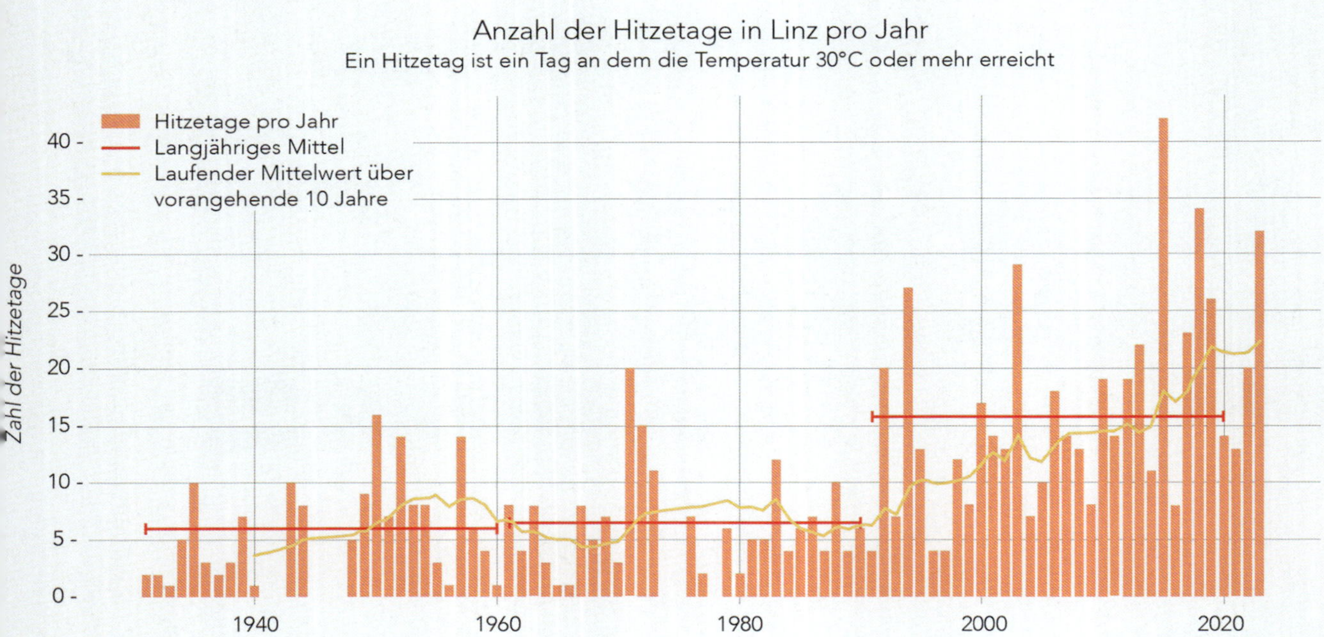

282

Graph: Anzahl der Hitzetage in Linz pro Jahr, 2023

Das Jahr 2023 war in Linz das zweitheißeste Jahr seit Beginn der Messungen, übertroffen wurde es nur vom Hitze-Extremjahr 2018.

1) Terrasse Obergeschoß

Holzbelag und Unterkonstruktion gelagert auf Gummistreifen
Dachabdichtungsbahn
Trennvlies
Trittschalldämmung
Wärmedämmung EPS 120- 200 mm
Wärmedämmung PU 50 mm
Abdichtungsbahn Bitumen
BSP-Decke,5 lagig, 200 mm
Holz Fichte Querlattung 40 cmm
Sichtschalung Weißtanne Nut-Feder 20 mm

2) Laubengang / Terrasse

Schalung Lärche sägerauh 30 mm
Unterkonstruktion Stahl
Wasserführende Schicht
STB-Fertigteil mit integriertem Gefälle
Stahlträger, dazwischen Zellulose-dämmung
Metallinjektion als Ausgleichsschicht
Bestandsrohdecke STB

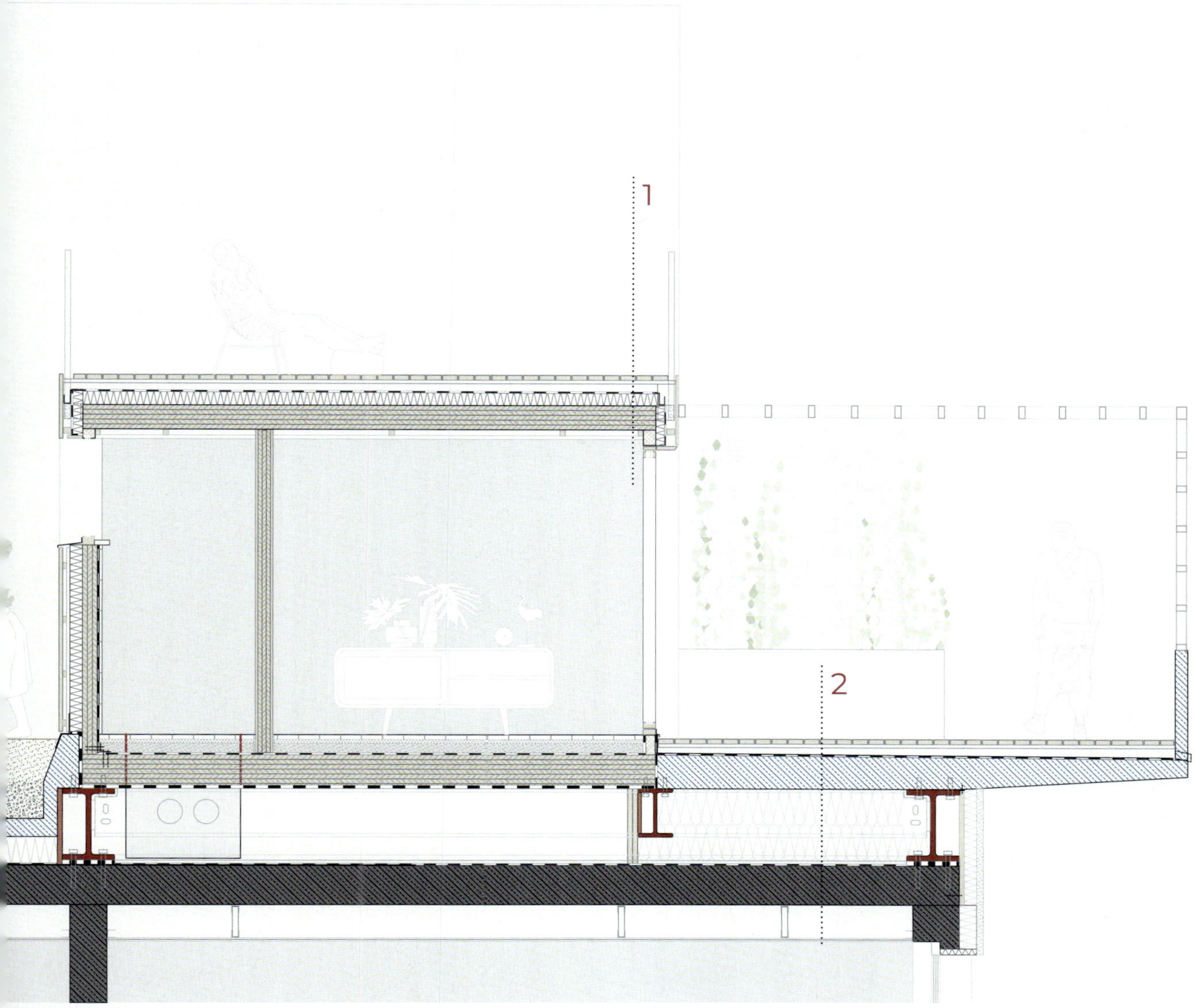

Detailschnitt 1:50

- Stahl
- Stahlbeton
- Holz

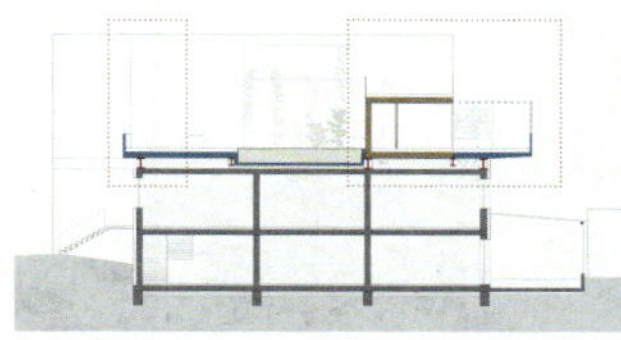

284

Abschlussarbeit: *Mayrwies – eine Entwicklung*, Vinzent Wallner, 2023, Btr.: Michael Zinner

283

Abschlussarbeit: *Zukunftswerkstatt Heimatmuseum – ein Reallabor als Entwicklungsstrategie für ländliche Räume*, Benjamin Altrichter, 2023, Btr.: Peter Haimerl

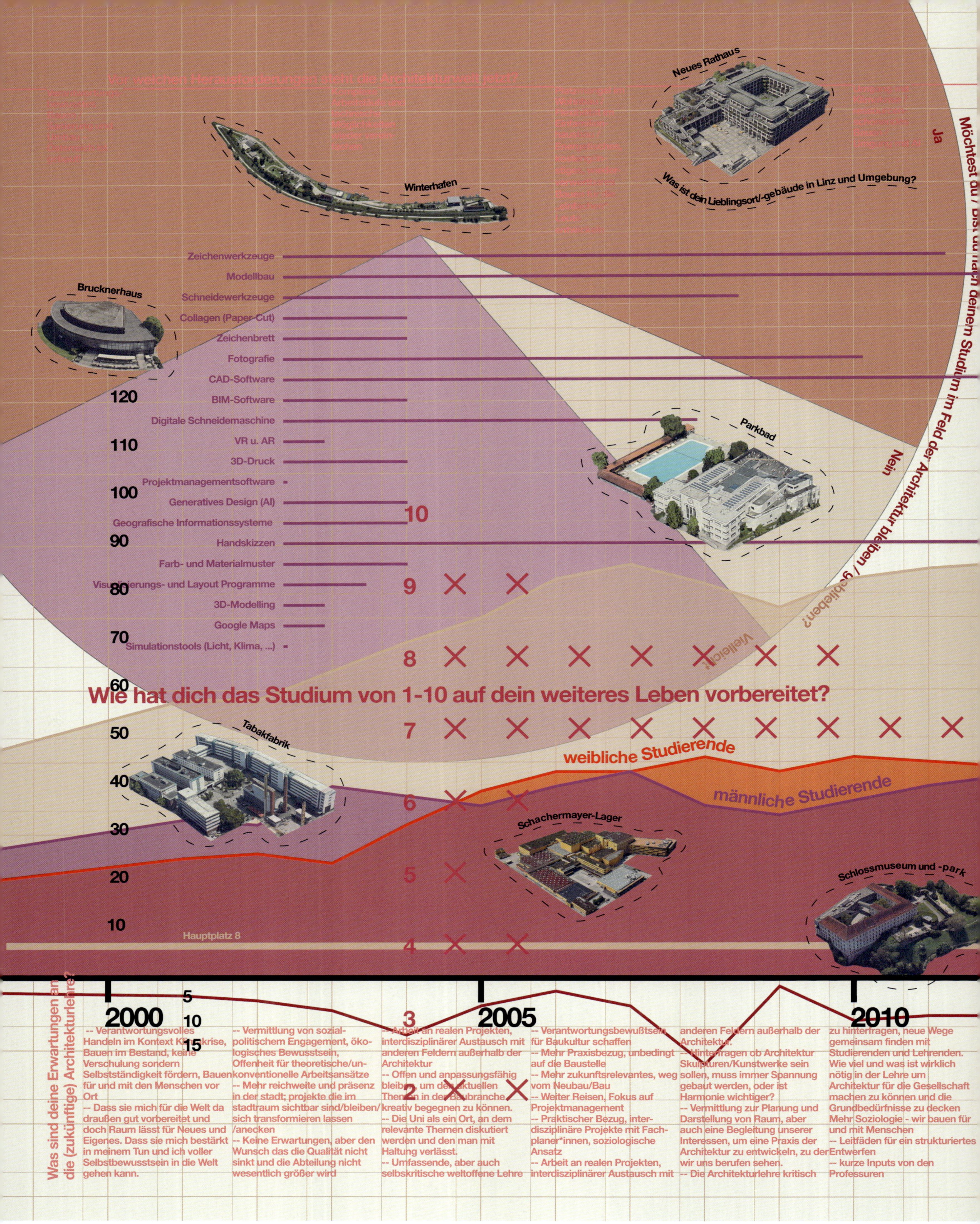

285

Grafik einer Befragung von Studierenden und Alumni von *die architektur*, 2023

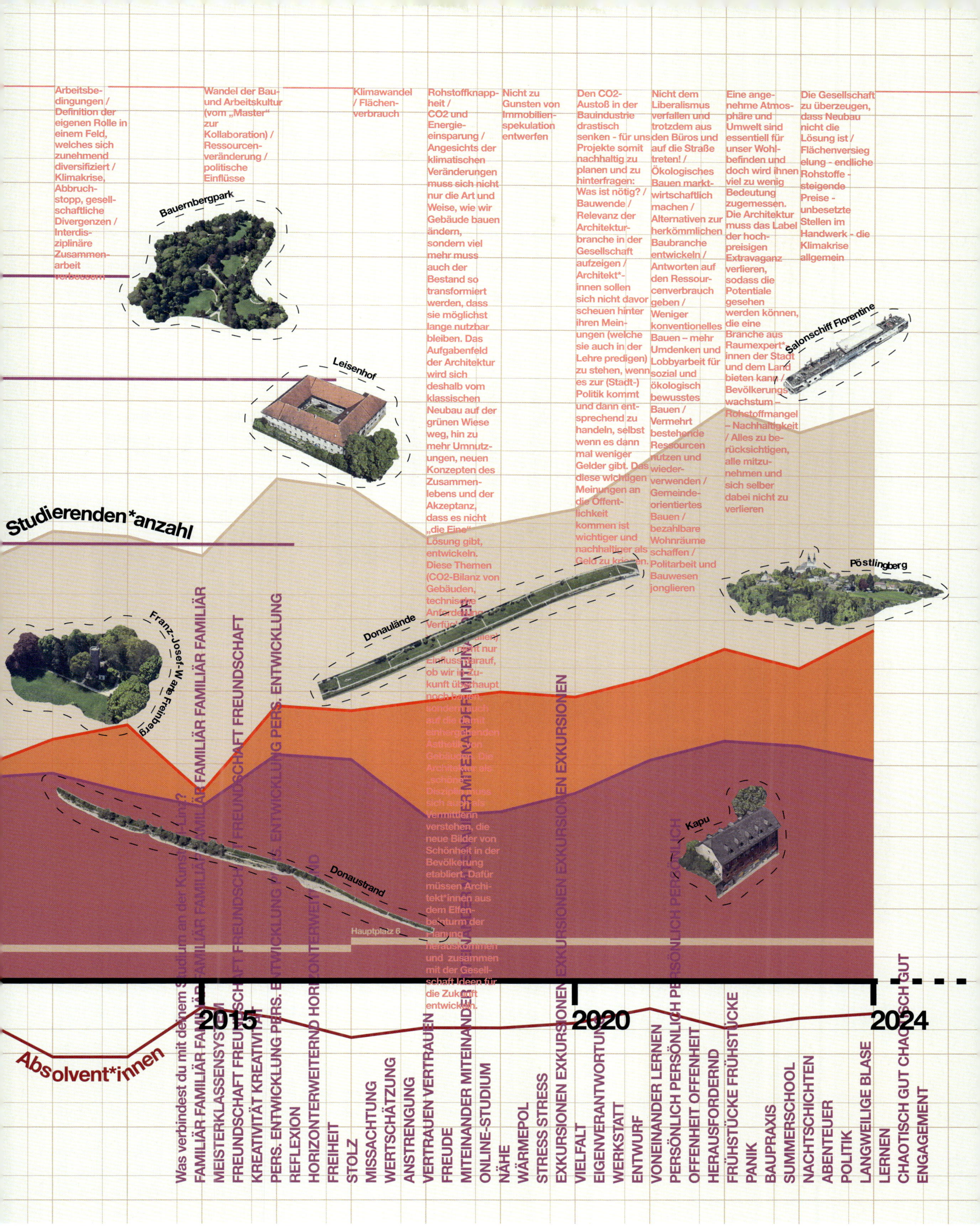

Arbeitsbedingungen / Definition der eigenen Rolle in einem Feld, welches sich zunehmend diversifiziert / Klimakrise, Abbruchstopp, gesellschaftliche Divergenzen / Interdisziplinäre Zusammenarbeit verbessern
Wandel der Bau- und Arbeitskultur (vom „Master“ zur Kollaboration) / Ressourcenveränderung / politische Einflüsse
Klimawandel / Flächenverbrauch
Rohstoffknappheit / CO2 und Energieeinsparung / Angesichts der klimatischen Veränderungen muss sich nicht nur die Art und Weise, wie wir Gebäude bauen ändern, sondern viel mehr muss auch der Bestand so transformiert werden, dass sie möglichst lange nutzbar bleiben. Das Aufgabenfeld der Architektur wird sich deshalb vom klassischen Neubau auf der grünen Wiese weg, hin zu mehr Umnutzungen, neuen Konzepten des Zusammenlebens und der Akzeptanz, dass es nicht „die Eine“ Lösung gibt, entwickeln. Diese Themen (CO2-Bilanz von Gebäuden, technische Anforderungen …) … nicht nur Einfluss darauf, ob wir in Zukunft überhaupt noch bauen, sondern auch auf die damit einhergehenden Ästhetik von Gebäuden. Die Architektur als „schöne“ Disziplin muss sich auch als Vermittlerin verstehen, die neue Bilder von Schönheit in der Bevölkerung etabliert. Dafür müssen Architekt*innen aus dem Elfenbeinturm der Planung herauskommen und zusammen mit der Gesellschaft Ideen für die Zukunft entwickeln.
Nicht zu Gunsten von Immobilienspekulation entwerfen
Den CO2-Austoß in der Bauindustrie drastisch senken - für uns Projekte somit nachhaltig zu planen und zu hinterfragen: Was ist nötig? / Bauwende / Relevanz der Architekturbranche in der Gesellschaft aufzeigen / Architekt*innen sollen sich nicht davor scheuen hinter ihren Meinungen (welche sie auch in der Lehre predigen) zu stehen, wenn es zur (Stadt-) Politik kommt und dann entsprechend zu handeln, selbst wenn es dann mal weniger Gelder gibt. Das diese wichtigen Meinungen an die Öffentlichkeit kommen ist wichtiger und nachhaltiger als Geld zu kriegen.
Nicht dem Liberalismus verfallen und trotzdem aus den Büros und auf die Straße treten! / Ökologisches Bauen marktwirtschaftlich machen / Alternativen zur herkömmlichen Baubranche entwickeln / Antworten auf den Ressourcenverbrauch geben / Weniger konventionelles Bauen – mehr Umdenken und Lobbyarbeit für sozial und ökologisch bewusstes Bauen / Vermehrt bestehende Ressourcen nutzen und wiederverwenden / Gemeindeorientiertes Bauen / bezahlbare Wohnräume schaffen / Politarbeit und Bauwesen jonglieren
Eine angenehme Atmosphäre und Umwelt sind essentiell für unser Wohlbefinden und doch wird ihnen viel zu wenig Bedeutung zugemessen. Die Architektur muss das Label der hochpreisigen Extravaganz verlieren, sodass die Potentiale gesehen werden können, die eine Branche aus Raumexpert*innen der Stadt und dem Land bieten kann / Bevölkerungswachstum – Rohstoffmangel – Nachhaltigkeit / Alles zu berücksichtigen, alle mitzunehmen und sich selber dabei nicht zu verlieren
Die Gesellschaft zu überzeugen, dass Neubau nicht die Lösung ist / Flächenversiegelung - endliche Rohstoffe - steigende Preise - unbesetzte Stellen im Handwerk - die Klimakrise allgemein
Bauernbergpark
Leisenhof
Salonschiff Florentine
Studierenden*anzahl
Franz-Josef-Warte Freinberg
Donaulände
Pöstlingberg
Kapu
Donaustrand
Hauptplatz 6
2015
2020
2024
Absolvent*innen
Was verbindest du mit deinem Studium an der Kunstuni Linz?
FAMILIÄR FAMILIÄR FAMILIÄR FAMILIÄR FAMILIÄR FAMILIÄR
MEISTERKLASSENSYSTEM
FREUNDSCHAFT FREUNDSCHAFT FREUNDSCHAFT FREUNDSCHAFT
KREATIVITÄT KREATIVITÄT
PERS. ENTWICKLUNG PERS. ENTWICKLUNG PERS. ENTWICKLUNG PERS. ENTWICKLUNG
REFLEXION
HORIZONTERWEITERND HORIZONTERWEITERND
FREIHEIT
STOLZ
MISSACHTUNG
WERTSCHÄTZUNG
ANSTRENGUNG
VERTRAUEN VERTRAUEN
FREUDE
MITEINANDER MITEINANDER MITEINANDER
ONLINE-STUDIUM
NÄHE
WÄRMEPOL
STRESS STRESS
EXKURSIONEN EXKURSIONEN EXKURSIONEN EXKURSIONEN
VIELFALT
EIGENVERANTWORTUNG
WERKSTATT
ENTWURF
VONEINANDER LERNEN
PERSÖNLICH PERSÖNLICH PERSÖNLICH
OFFENHEIT OFFENHEIT
HERAUSFORDERND
FRÜHSTÜCKE FRÜHSTÜCKE
PANIK
BAUPRAXIS
SUMMERSCHOOL
NACHTSCHICHTEN
ABENTEUER
POLITIK
LANGWEILIGE BLASE
LERNEN
CHAOTISCH GUT CHAOTISCH GUT
ENGAGEMENT

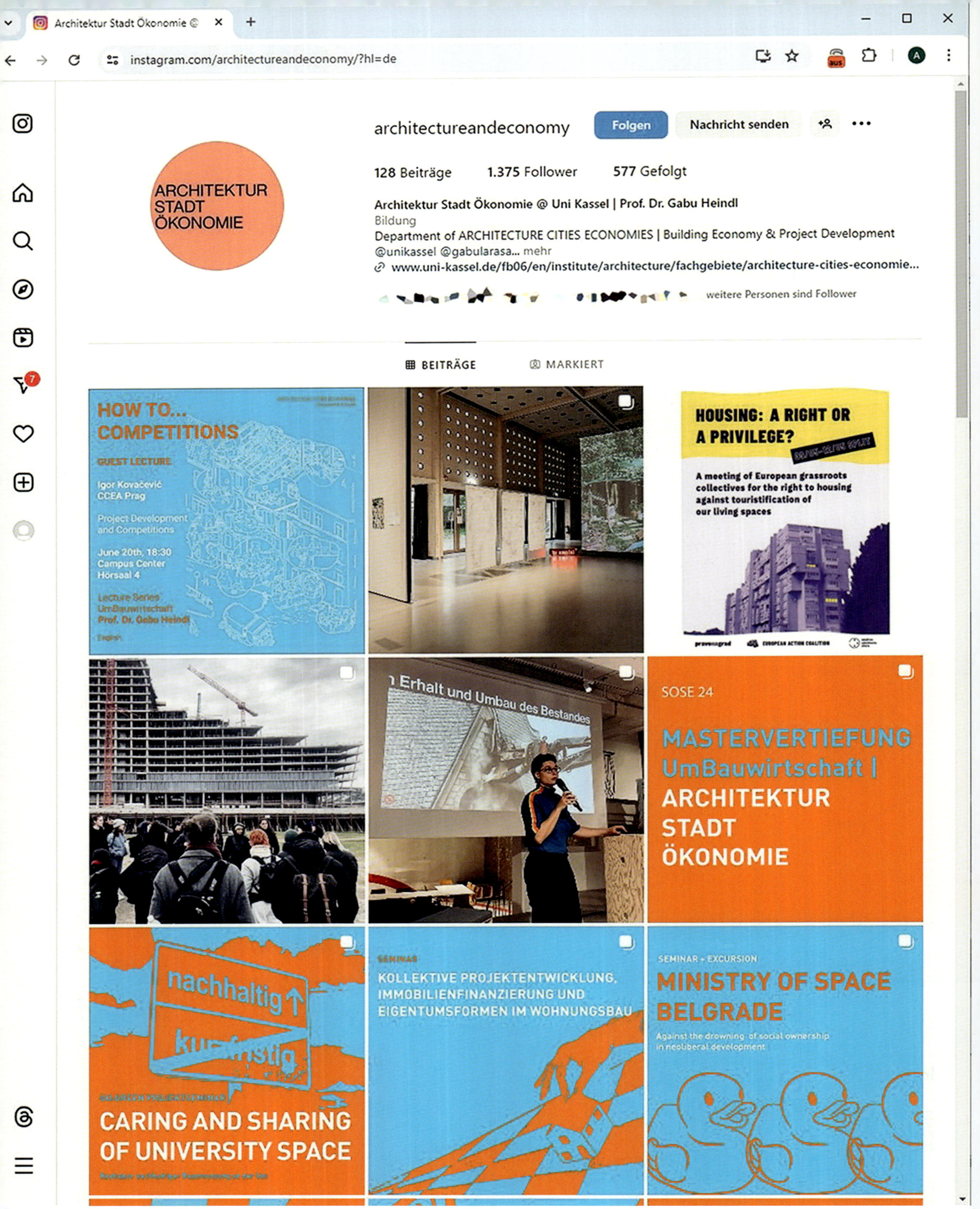

286

Screenshot des Instagram-Accounts des Fachgebiets Architektur, Stadt, Ökonomie an der Universität Kassel, 2024

Seit Herbst 2022 ist Gabu Heindl Professorin und Leiterin von Architektur, Stadt, Ökonomie am Fachgebiet Bauwirtschaft und Projektentwicklung an der Universität in Kassel. Ihr Interesse gilt den sozio-ökonomischen, politischen und ökosozialen Aspekten und Auswirkungen von Bauwirtschaft und Projektentwicklung auf Architektur, Stadt und deren Bewohner*innen.

287

Vienna Architecture Summer School, 9. September 2023

Podiumsdiskussion „On Architectural Education“ im Außenbereich des ehemaligen Universitätszentrums Althanstraße. c/o now zeigen während ihres Inputs Bilder der Arbeit mit den Studierenden an der Abteilung *die architektur*. Auf der Fotografie ist eine Präsentationsfolie mit den Studierenden Cecilia Trotz und Paul Papistella zu sehen.

Blick in den Innenhof.
Die außenliegende Erschließungsstruktur verbindet Ebenen, Häuser und Funktionen miteinander und schafft gleichzeitig Raum für Begegnung und Aktivität.

288

Abschlussarbeit: *Zwischen Tür und Angel – nachbarschaftliches Wohnen im Wandel der Generationen*, Valentina Hölzl, 2023, Btr.: Michael Zinner

289

Titelblatt Broschüre *Bildung weiterbauen*, Entwerfen Winter 2022/23, Studio RAUMkultur #9

290

Titelblatt Broschüre *in Transformation*, Entwerfen Sommer 2023, Studio RAUMkultur #10

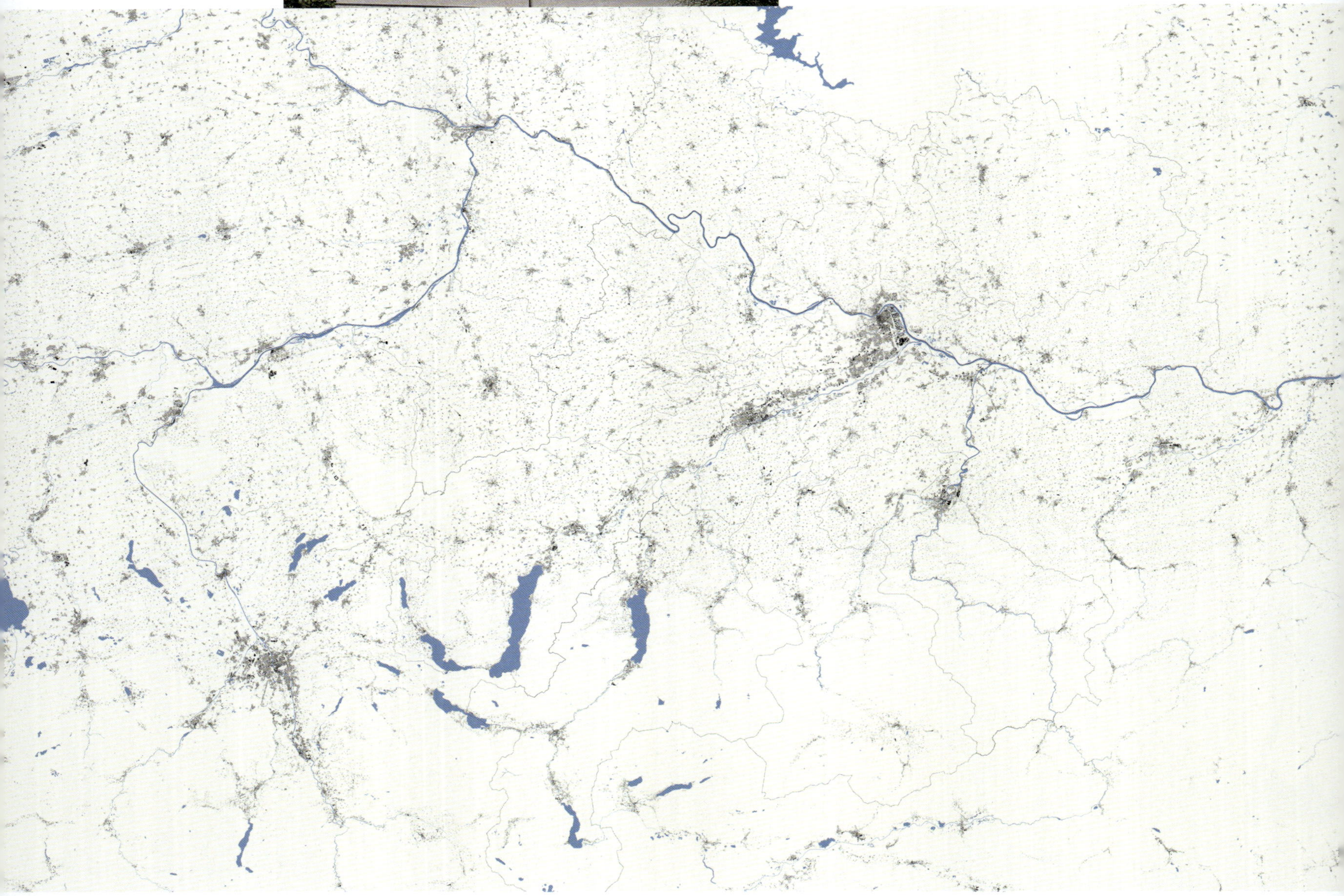

291

Strukturplan Oberösterreich, Baukultur, 2023

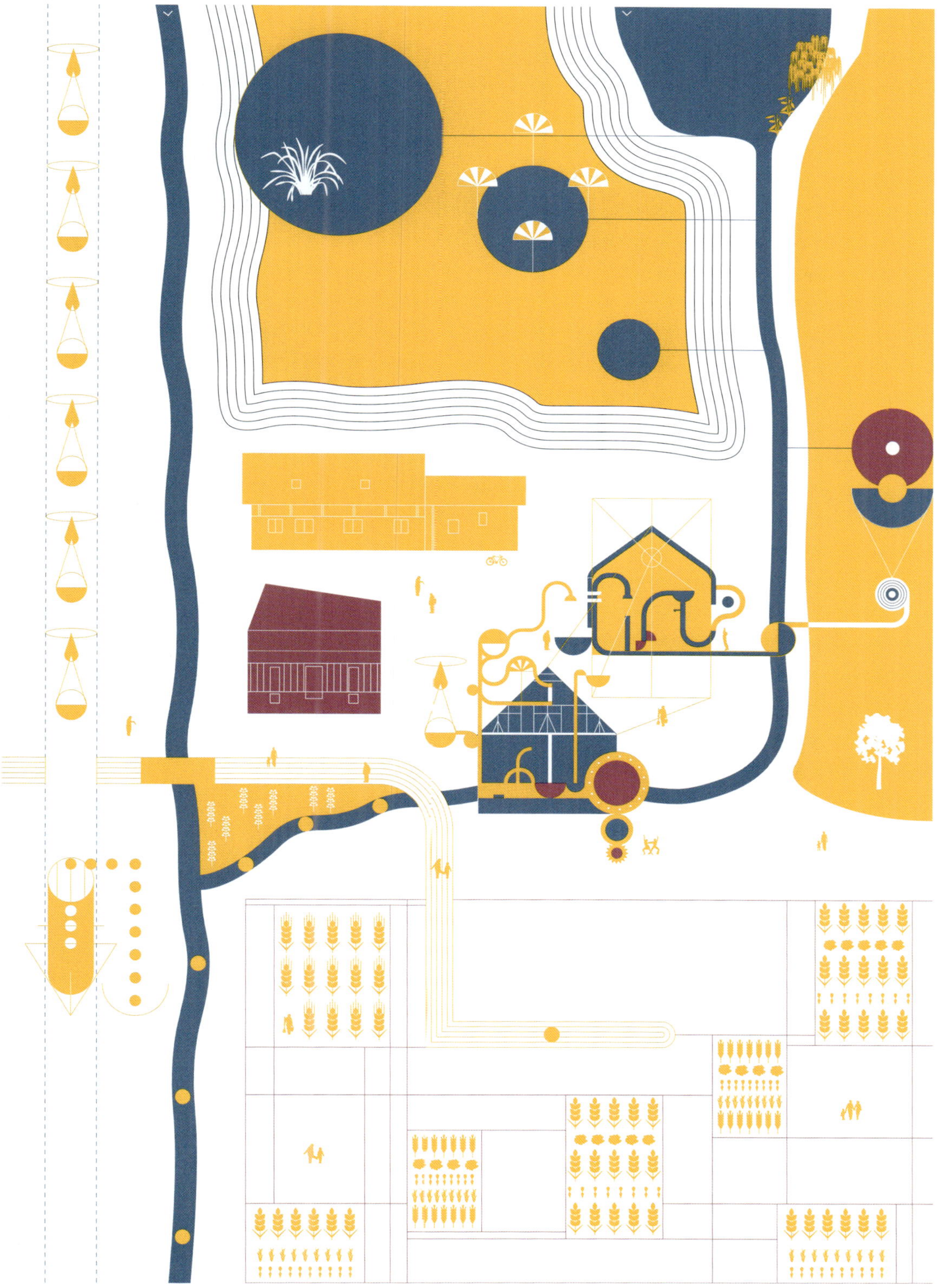

292

Abschlussarbeit: *Kunstmühle – zirkuläre Räume, subrurale Räume*, Moritz Berger/Flora Kirnbauer, 2023, Btr.: Sigi Atteneder

293

Die Traun und der Traunstein von Ludwig Halauska, 1869, kombiniert mit einer Fahrt auf der Autobahn, Baukultur, 2023

1 SEELSORGEZENTRUM VOESTALPINE
x architekten

2 STAHLWELT BESUCHER*INNENZENTRUM
Schremmer-Jell Architektinnen

3 VERKAUFS- UND FINANZZENTRALE
Dietmar Feichtinger Architects

4 „BLAUER TURM“
KONZERNZENTRALE + ZEITGESCHICHTE MUSEUM
Werkgruppe Linz

5 GÄSTEHAUS
Perotti, Greifeneder & Partner
Sanierung: Schremmer-Jell Architektinnen

6 STAHL SERVICE CENTER
x architekten

7 PARKGARAGE
x architekten

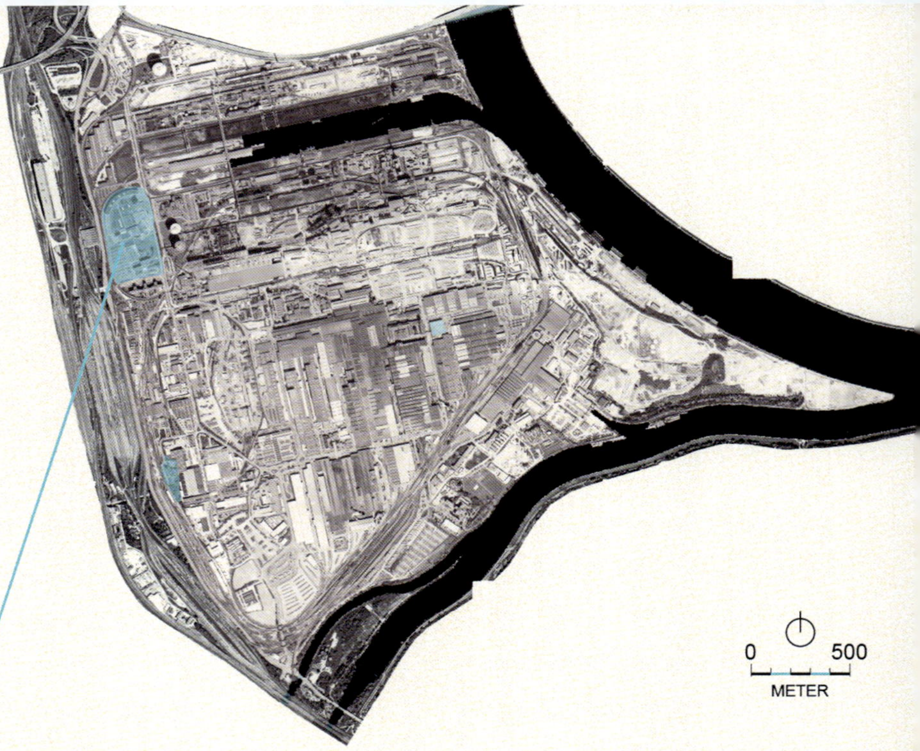

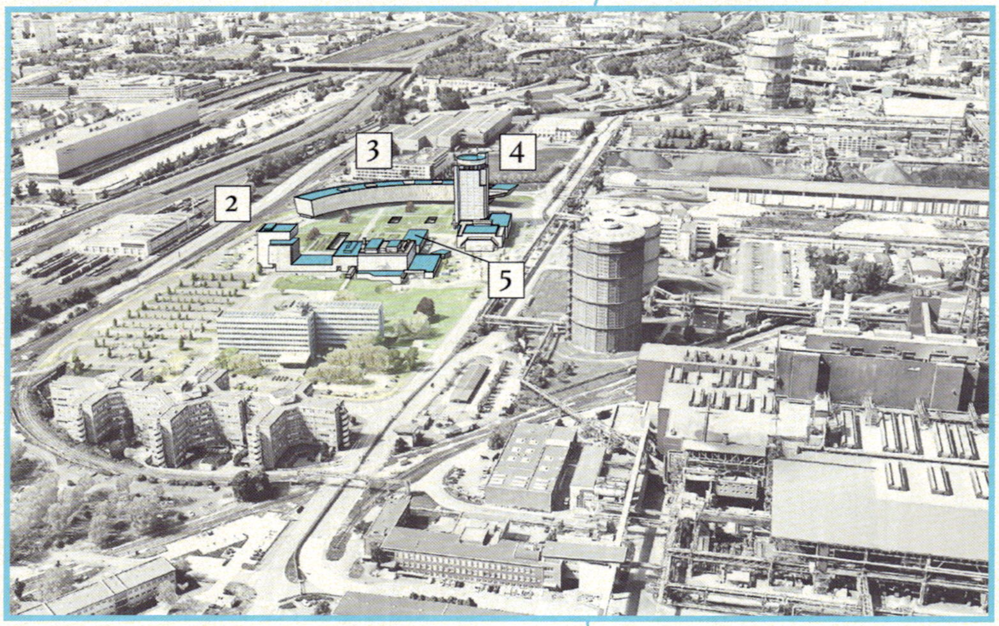

294

VÖEST-Werke, Übersicht, Stand 2024

Seit seinem Bestehen ist das Werk der voestalpine AG identitätsstiftend für Linz als Arbeiter- und Stahlstadt. Das Werk ist gleichermaßen für den Aufstieg als Vorzeige-Industriestandort wie auch für das Image als graue, luftverschmutzte Stadt verantwortlich. Dass Linz von den Nationalsozialist*innen als Standort für eine große Stahl- und Rüstungsproduktion auserkoren wurde, hatte vor allem mit der strategischen Lage zu tun: Einerseits ist da die Anbindung an die Verkehrswege Donau und Westbahn, andererseits waren alle für die Produktion notwendigen Rohstoffe in der weiteren Umgebung verfügbar: Eisenerz, Kohle und Kalk.[1] Auf einem breiten, unbebauten, an der Donau liegenden Landstreifen im Südosten der Stadt wurden ab Mai 1938 und unter dem systematischen Einsatz von Zwangsarbeit – ab 1940/41 Kriegsgefangene, ab Ende 1942 KZ-Häftlinge – die „Hermann-Göring-Werke" errichtet.[2] Das ursprüngliche Werksareal erreichte ein Ausmaß von 4×1,5 Kilometern und die von den Nationalsozialist*innen zusätzlich errichteten, großmaßstäblichen Werkswohnungsbausiedlungen, wie am Bindermichl, Spallerhof, Keferfeld, am Froschberg sowie im Makartviertel und in Kleinmünchen, wandelten Linz „von der Provinz zur Stahlstadt".[3] Während des Zweiten Weltkriegs erfuhr das Werksgelände große Zerstörungen. Nach der Übergabe durch die Alliierten wurden die Werke als Vereinigte Österreichische Eisen- und Stahlwerke (VÖEST) weitergeführt und als voestalpine AG ausgebaut. Stets war der Konzern im großen Maße an der Entwicklung von Linz beteiligt und unterhielt Abteilungen für Mobilität und Stadtentwicklung, die eigene Wohnbaugenossenschaft GIWOG ist nach wie vor aktiv. Die Krise der Stahlindustrie in den 1970er und 1980er Jahren und ein Rekordverlust im Jahr 1985 gingen nicht spurlos vorüber. War das Unternehmen bis 1995 im Staatseigentum, wurde es danach aufgeteilt und bis 2005 die Privatisierung vollendet.[4] Mit den etwa 12.000 Personen, die heute in dem rund 5 Quadratkilometer großen Industriegebiet mit voll integriertem Hüttenwerk arbeiten, ist das Linzer Werk nach wie vor der größte arbeitgebende Betrieb der Stadt. In dem Areal, das von Schienen, Straßen, Park- und Freiflächen durchzogen ist, werden jährlich fünf Millionen Tonnen Roheisen erzeugt. In den letzten Jahren gab es einen baulichen Fokus auf semiöffentliche Repräsentationsgebäude, die den eigenen Stolz auf den Standort zeigen, und Produktionsanlagen für „grünen Stahl".[5] Neben der Stahlwelt, einem Besucherzentrum und Museum (Architektur von Schremmer-Jell ArchitektInnen), gibt es beispielsweise die aufwendig errichtete Verkaufs- und Finanzzentrale von Dietmar Feichtinger Architects[6] und das neue Gotteshaus im Seelsorgezentrum von x architekten.

1 Austria-Forum: „Voestalpine". https://austria-forum.org/af/AustriaWiki/Voestalpine (letzter Zugriff: 25.02.2024)

2 Rumplmayr, Julia: „Gegen den Willen und fern der Heimat. Zwangsarbeit: Die Voestalpine arbeitet in einer Dauerausstellung ihre Vergangenheit auf". In: *Wiener Zeitung*, Ausgabe vom 05.11.2014

3 Kaar, Günter/Carrington, Manfred/Reiter, Andreas: *Von der Provinz zur Stahlstadt. Wohnen und Alltag*. Linz 2012

4 Profil/Palme, Lieselotte (27.08.2005): „Vollprivatisierung: Die Voest-Saga". https://www.profil.at/home/vollprivatisierung-die-voest-saga-120145 (letzter Zugriff: 25.02.2024)

5 Der Standard (23.03.2023): „Grüner Stahl von Voestalpine ist auf Schiene". https://www.derstandard.de/story/2000144770697/gruener-stahl-von-voestalpine-ist-auf-schiene (letzter Zugriff: 27.02.2024)

6 Marboe, Isabella: „Ein Portal für den Stahl Voest Zentrale, Linz/A". In: *DBZ (Deutsche Bauzeitung)*, Nr. 01/2010. https://www.dbz.de/artikel/dbz_Ein_Portal_fuer_den_Stahl_Voest_Zentrale_Linz_A-803267.html (letzter Zugriff: 27.02.2024)

295

Titelblatt Broschüre *Frauen bauen*, Entwerfen Winter 2023/24, Studio RAUMkultur #11

296

Titelblatt Broschüre *stadtplatzhaus*, Entwerfen Sommer 2024, Studio RAUMkultur #12

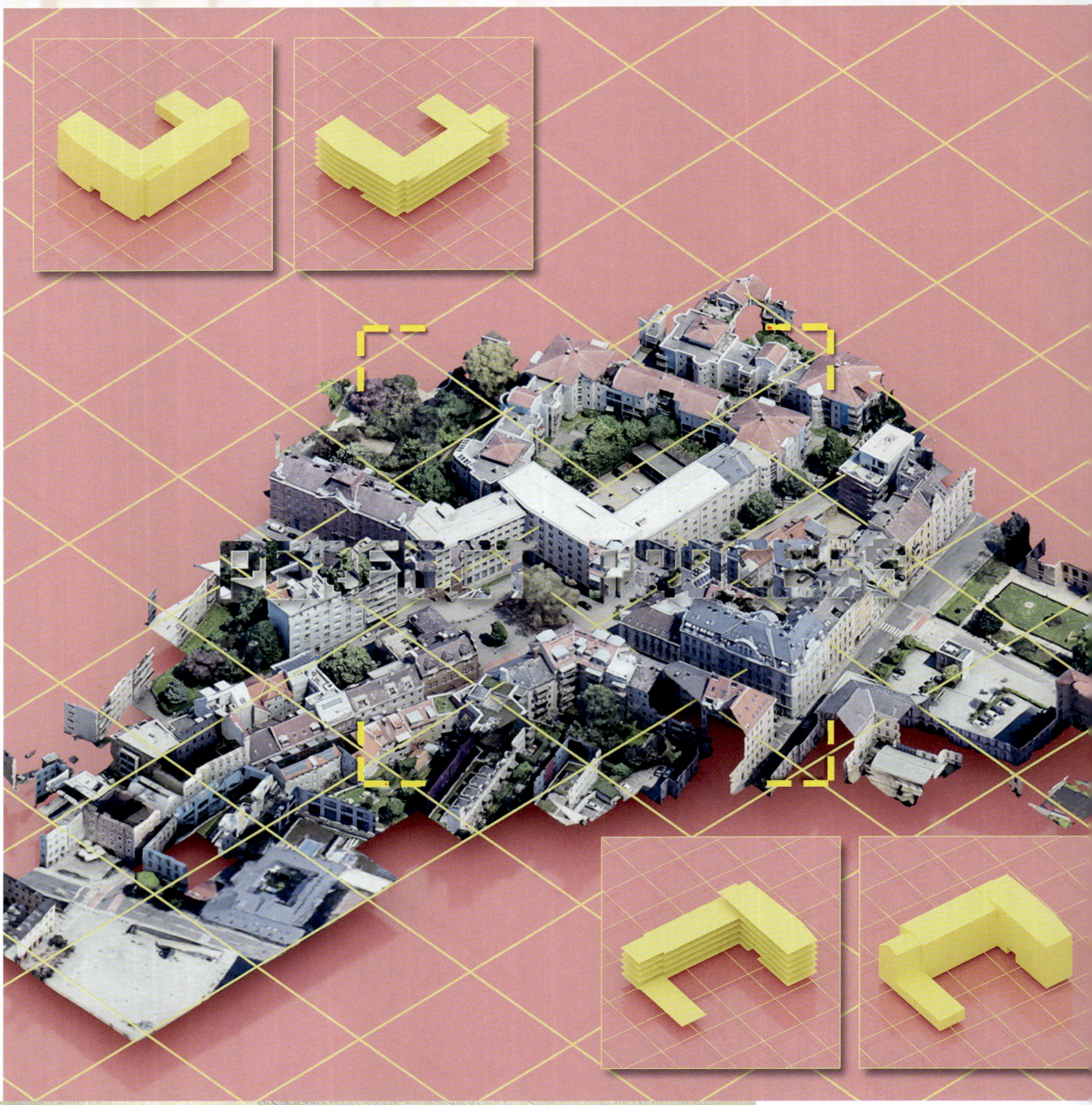

297

Entwurfsthema „Perfect Process: VEB -Vermessungsamt“, 2024

Im Sommersemester 2024 erarbeiten Studierende der *die architektur* im Studio Typologies für das abrissbedrohte Bürogebäude aus den 1960er Jahren am Herbert-Bayer-Platz alternative Nutzungskonzepte. Die Baukultur und das Studio Urban planen eine weiterführende Studie, welche untersuchen soll, ob der pragmatisch-nüchterne Nachkiegsbau auch den bestehenden komplexen Raumbedaf der Kunstuni aufnehmen kann. Die Studie will zeigen, wie ideale Planungsprozesse und progressive Raumnutzungskonzepte mit öffentlichen Akteuer*innen auch ohne Abriss und Neubau gelingen können und wie Architekturschulen direkten Einfluss auf die Raumproduktion in ihren Städten nehmen können.

298
299
300

Performative Baukultur, 2024

Die Baukultur enwickelt gemeinsam mit Studierenden der *die architektur* und lokalen Akteur*-innen ein baukulturelles Rollenspiel, das 2024 in Kirchham und am VEB-Vermessungsamt am Herbert-Bayer-Platz aufgeführt wird. Bei dem Rollenspiel soll ein analytisches und vertieftes Verständnis für diverse Planungsprozesse und unterschiedliche Protagonist*innen entwickelt werden.

Essay

Saskia Hebert

Von der Kunst des Anfangens

(und des Lebens auf einem beschädigten Planeten)

Vorbemerkung

Diese Rede wird am 11. Dezember 2090 von der heute 19-jährigen Magda „Maggo" Halla gehalten werden, die derzeit die Abschlussklasse der HBLA für künstlerische Gestaltung in Linz besucht. Zum Zeitpunkt ihrer Ansprache wird sie sich einem Kollektiv angeschlossen, eine Genossenschaft mitgegründet, sich für die Vernetzung zivilgesellschaftlicher Akteur*innen engagiert, im Ausland gelebt sowie Architektur und Organisationswissenschaften studiert haben. Sie spricht als Mitglied des Gestaltungsbeirates ein Grußwort zur Eröffnung der 100-Jahr-Feierlichkeiten von *die architektur* an der Post-Uni Linz.

Liebe Menschen!

Es ist mir eine Ehre, heute hier zu euch zu sprechen – zum 100. Geburtstag des Departements Architektur in Linz. Eine stolze Zahl, 100 Jahre – mehr als ein Menschenleben, länger jedenfalls als meines bisher, auch wenn ich im Vergleich zu den meisten von euch natürlich steinalt bin. Bei 100 Jahren darf man schon von einer Tradition sprechen, zumal die Architektur selbst natürlich noch viel älter ist: Sie gehörte zu den ersten Kulturformen, die die Menschen praktizierten, und wir praktizieren sie immer noch, weil wir Schutz brauchen vor Wetter und Witterung, Klima und Krisen. Die Architektur, so darf ich es vielleicht formulieren, stand ganz am Anfang der menschlichen Entwicklung.

Und das bedeutet ja auch die Bezeichnung sowohl der Profession als auch der Institution: Das Wort „Architektur" kommt bekanntlich aus dem Griechischen, von *archi* – der Anfang – und *techne* – das Handwerk oder die Kunst. Das hat mir immer gut gefallen: die Kunst des Anfangens. Und wir haben ja nicht bloß vor 10.000 Jahren angefangen, Häuser zu bauen, sondern wir fangen seither immer wieder neu an, nur bauen wir inzwischen auf das auf, was schon da ist. Wie hat es die Philosophin Hannah Arendt formuliert? „Wir fangen etwas an; wir schlagen unseren Faden in ein Netz der Beziehungen. Was daraus wird, wissen wir nie. Das ist ein Wagnis." Handeln ohne Gewissheit über den Ausgang, das erfordert Mut und Risikobereitschaft, aber auch Verantwortung und Augenmaß. Ihr wisst das natürlich, und ihr wisst auch, dass auch das Nichthandeln die Zukunft ebenso beeinflusst: Die Welt war und ist voll von nichtintendierten Nichthandlungsfolgen, verpassten Gelegenheiten und fehlendem Entscheidungsmut.

Ich wurde vermutlich eingeladen, um genau davon, von einem solchen Arendt'schen Wagnis der Öffentlichkeit, eine wahre Geschichte zu erzählen, als Zeit- und Raumzeugin. Denn ich war dabei, als sich vor 67 Jahren, im Jahr 2023, eine Ortsverschiebung ereignete, als ein kleiner Riss im universitären Raum-Zeit-Kontinuum entstand und ein wenig Licht hindurchfiel: Anlässlich der 50-Jahr-Feier der Kunstuni hatte sich das radical collective gebildet, das während des Ars Electronica Festivals in der Post City eine große Werkschau organisierte. Parallel dazu entstand ein kritischer Denkraum, der sich, und das war vielleicht das Besondere oder auch die Gunst der Stunde, zu einem experimentellen Handlungsraum entwickelte. (-> S.176, Abb. 302)

Ich absolvierte dort im Sommer 2023 mein Ferialpraktikum. Ich war damals gerade volljährig und hatte noch die unbedingte Radikalität derjenigen, die nicht von der sogenannten Realität abgestumpft waren. Ich studierte damals auch noch nicht Architektur und war daher völlig unbelastet und unbeeindruckt von der damals noch vermittelten „Planbarkeits- oder Kontroll-Illusion". Es hat sich viel geändert seitdem. Ich will euch an dieser Stelle nicht mit Anekdoten langweilen, muss aber doch ein wenig genauer auf den damaligen Kontext eingehen.

Die „bleiernen Zwanziger" waren eine schwierige Zeit. Die Menschheit musste lernen, mit den Folgen ihres eigenen Handelns – oder Nichthandelns – zu leben und daraus die Konsequenzen zu ziehen. Man sprach damals von der „Großen Transformation" – und meinte damit, dass eigentlich nichts so bleiben konnte, wie es war. Das wurde aber nicht offen gesagt, weil alle Angst hatten: vor Deprivilegierung, Benachteiligung, Ausschluss, Überforderung. Wir hatten zwar gerade die erste Phase des gesellschaftlichen Wandels – die Negation des menschengemachten Klimawandels – einigermaßen erfolgreich hinter uns gebracht, befanden uns aber in ganz unterschiedlichen Stadien der zweiten, dritten und vierten Phase – also der Anerkennung des Problems ohne beziehungsweise mit persönlicher Betroffenheit und ersten Versuchen, tatsächlich etwas zu verändern – über die Gesetzgebung, neue Alltagspraktiken und eine allmähliche Verschiebung des Wertekanons. Heute sind wir in Phase fünf: Wir schauen zurück und schütteln den Kopf über uns selbst, fragen uns, warum das so lange gedauert hat. Ganz ähnlich wie bei der Abschaffung der Sklaverei. Aber das ist eine andere Geschichte.

Bei aller Uneinigkeit über Stadium und Notwendigkeit der Veränderung war fast allen klar, dass der Status quo nicht zu halten war: Eine Vielzahl von Krisen hatte damals in Europa eine relativ lange und stabile Periode des Friedens und der Völkerverständigung beendet. Die Erderwärmung war spürbar, es gab neue Kriegsschauplätze und eine erste globale Pandemie. Die politische Tektonik der Welt verschob sich, Macht verlagerte sich, Geld wurde knapp. Das alles erfuhren die Menschen überwiegend aus proprietär kontrollierten sogenannten sozialen Medien, deren Algorithmen damals noch völlig undifferenziert und unkontrolliert agierten. Nationalstaaten machten nationale Politik, die Weltgemeinschaft konnte sich auf rein gar nichts verständigen. Selbst unsere schöne globale Jugend-Klimabewegung war 2023 zerbrochen – und damit auch meine Hoffnung auf Veränderung. Wir jungen Menschen, so schien es, waren die einzigen, die sich Veränderung wünschten, ja die sogar nichts mehr fürchteten, als dass sie nicht schnell genug eintreten würde. (-> S.156, Abb. 282; S.113, Abb. 211; S.133, Abb. 238)

Die Mitarbeit bei radical collective erschien mir damals eine gute Gelegenheit, um der allgemeinen Untergangsstimmung etwas entgegenzusetzen. Ich war sicherlich auch beeinflusst von einem Buch, das ich damals las: Anna Tsings *Arts of Living on a Damaged Planet*, das gegen das übliche Silodenken argumentierte. „Coalescences", „unlikely allies", „response-ability" und das Sprechen mit- und nicht übereinander schienen mir damals sinnvoll, um weder in die „Change-by-design"-Falle zu tappen – also zu denken, jemand werde schon alles (technologisch) richten für uns –, noch der „Change-by-disaster"-Depression anheimzufallen, die zwar eine gegenteilige Prognose zur Grundlage hatte, letztlich aber genauso dazu führte, dass nichts passierte außer gegenseitigen Schuldzuweisungen und einer groß angelegten Verantwortungsdiffusion.

Hier in Linz hatte sich damals schon ein recht ambitionierter kultureller Cluster gebildet. Auch unsere Schule war Teil davon und die Kunstuni sowieso, aber auch die Ars Electronica mischte mit und das afo architekturforum oberösterreich, um nur die Wichtigsten zu nennen. Vor diesem Hintergrund begannen wir damals unsere Arbeit im Kollektiv, in dem eigentlich jede machen konnte, was sie wollte. Und so luden wir zunächst einmal, wie Anna Tsing in ihrem Buch, verschiedene Menschen ein, mit uns oder zu uns zu sprechen.

Thematisch grenzten wir das Ganze zunächst ein auf das, was die meisten von uns am besten kannten: das Nachdenken über die Universität als einen Lernort, der, so empfanden wir das damals, weit hinter seinen Möglichkeiten und seiner Verantwortung zurückblieb. Zu der Orga-Gruppe gehörten auch einige Studierende der Architektur, die in einem anderen Seminar einmal eine ziemlich gute Idee gehabt hatten: Damals gab es noch den Plan, auf diesem Areal hier, der Post City, eine Gruppe von Büro-Hochhaustürmen zu bauen, obwohl eigentlich niemand mehr in Büros arbeiten wollte und die deswegen überall leer standen. Zugleich dachte man darüber nach, eine neue Digital-Uni zu bauen – obwohl man natürlich gerade für eine digitale Uni gar kein Haus benötigt – und das auch noch relativ weit außerhalb, auf einem wunderschönen Grundstück.

Den Studierenden erschien beides ziemlich unverständlich, zumal man ja dieses Gebäude, das ehemalige Postverteilzentrum, dafür hätte abreißen müssen. Ihre Idee war ganz einfach: Sie schlugen vor, eine „Post-Uni" genau hier, an diesem Ort zu gründen. Während der Vorschlag in der Stadt nicht gerade auf offene Ohren stieß, dachten wir beim radical collective uns: Wir machen das einfach. Wir gründen sie jetzt, die Post-Uni.

Im So-tun-als-ob steckt eben auch ein „Tun", und uns gefiel es, dass die Menschen, die wir einladen und die zum Festival kommen würden, direkt mit-tun konnten. Und sie kamen: Leute von der Floating University und vom Haus der Statistik in Berlin, Organisator*innen von der Open University und jemand vom Studiengang Strategisches Nachhaltigkeitsmanagement an der HNE Eberswalde. Wir hatten Lehrende und Studierende aus Siegen da, die in dem Jahr eine Summer School für die „Neue Architekturschule Siegen" veranstaltet hatten, an der auch einige von uns teilgenommen hatten. Aus Hamburg kamen Personen von der öffentlichen Gestaltungsberatung St. Pauli, aus Bozen welche vom Ecosocial Design, und von der Angewandten aus Wien kam eine Gruppe von Aktivist*innen, die ihre Schule in „die Unbedingte" umbenennen und radikal reformieren wollten, angelehnt an Jaques Derridas Appell, die Freiheit der Forschung zu stärken und sie zu befreien von Zugangsvoraussetzungen, Altersgrenzen und institutioneller Trägheit.

Es war toll, was da zusammenkam an Tipps und Tricks zu Organisationsformen, Fördermöglichkeiten und Kooperationsangeboten. Wir erprobten gleich vor Ort auch neue Formate des Unterrichts: Die „Each One Teach One"-Sessions, in denen Menschen randomly einander etwas beibringen, die Teachathons, die ähnlich funktionieren, aber mit ganz vielen Menschen (und inzwischen mit Unterstützung eines Algorithmus), die Übesituationen in den Werkstätten und Laboren, wo Dinge einfach ausprobiert werden, die Off-site-Visits und die Inclusive-Dinners. Das haben wir im Lauf der Zeit geübt, angepasst und verbessert: Wir hatten ja Platz in der Post City, wir hatten Ideen, und wir hatten Expertise für fast alles in unserem Netzwerk – so eine Art gigantische Petri-Schale also für unser Experiment des Anfangens. (-> S.154/155)

Damals entstanden auch Freundschaften, die lange Bestand hatten, und – das finde ich besonders wichtig – Kooperationen, die sich immer wieder ergänzt und erweitert haben, die offen geblieben sind für neue Menschen, Anregungen, Themen. Dabei herrschte keine reine Anarchie. Es gab durchaus Struktur, aber eben nicht die klassische Top-down-Logik, die Lehrende an den Tag legen, wenn sie erwarten, dass sie die Fragen stellen und die Studierenden die (richtigen!) Antworten geben.

Als das Festival vorbei war, wollte von uns „radicals" niemand heimgehen. Und so entschlossen wir uns, dazubleiben: Wir besetzten einen Teil der Hallenstruktur. Das gefiel natürlich vielen nicht, zumal die Stadt Linz zunächst an ihren ursprünglichen Plänen festhielt. Ich verstand erst nach und nach, warum eigentlich, denn damals war mir noch nicht klar, dass Boden, Flächen, Zimmer und Räume einen Markt und eben auch einen Marktwert hatten, mit dem man handelte wie mit Äpfeln und Birnen – nur dass man damit sehr, sehr viel mehr Geld verdienen konnte. Dass uns auf diese Weise im eigentlichen Wortsinn auch unsere Zukunft verbaut wurde, schien damals allen irgendwie egal zu sein – oder sie hingen einfach zu tief drin, wenn sie etwa Jobs in der Stadtverwaltung, in der Industrie oder, ja, auch in den beteiligten Architekturbüros hatten.

Dass es schlussendlich doch anders kam, verdanken wir den vielen Krisen, von denen ich schon sprach: Sie führten damals auch zu einer globalen Immobilienkrise und schließlich dazu, dass niemand mehr bauen konnte oder wollte. Schon gar nicht Büroflächen.

Wir hatten also unser physisches Basecamp in der alten Halle, und wir hatten unsere Netzwerke. So konnten wir mit relativ wenig Aufwand Soli-Aktionen und Kundgebungen organisieren, bei denen zwar am Anfang nicht so viele Menschen mitmachten, die uns aber gute Aufmerksamkeit in der Presse brachten. Wir bauten beides aus: In der Post City richteten wir einen Co-Working-Space ein, und im digitalen Raum hängten wir uns an befreundete Formate dran, an Audio- und Videochannels, E- und U-Angebote und an die Kulturszene in Linz, die ja schon damals sehr breit aufgestellt und gut vernetzt war.

Als dann 2025 die große Flüchtlingskrise kam, die Preise für fossile Energien weiter nach oben kletterten und nicht nur der Investor der Post City, sondern auch die voestalpine AG in Schwierigkeiten gerieten, hatte die Stadt Linz andere Sorgen – was gut für uns war, denn so konnten wir uns gewissermaßen im Schatten der Großereignisse weiter organisieren und vernetzen. Immerhin erhielten wir, genau wie die Ars Electronica, einen befristeten Nutzungsvertrag, der es uns ermöglichte, auch mal zum Duschen nach Hause zu gehen, ohne befürchten zu müssen, dass die Halle in der Zeit geräumt würde.

Nachdem ich meine Matura hatte, schrieb ich mich an der Kunstuni für ein Architekturstudium ein – und half parallel mit, „Purge" zu gründen, die Post-Uni-Radikal-Genossenschaft. Wir starteten eine Funding-Kampagne und begannen, mit denen zu sprechen, die nicht zu unseren natürlichen Freund*innen gehörten. Uns ging es ja nie darum, „radically" eine Konkurrenz zu bestehenden Einrichtungen aufzubauen oder die Stadtgesellschaft zu polarisieren, sondern darum, eine neue „collective"-Qualität in die Debatte und damit auch in die Stadtgesellschaft zu bringen. „Radical Care" war damals auch so ein Label, mit dem wir gut klarkamen – wenn wir uns um Dinge kümmerten, die uns eigentlich nichts angingen. Wir betrieben vor allem ein offenes Haus, und das, so stellte sich heraus, war ein Mehrwert für alle möglichen Akteur*innen: *die architektur*, also das Departement, veranstaltete in unseren Räumen Workshops zu Recycling, Seminare zu alternativen Baumaterialien und Vortragsabende, die offen waren für alle, die kommen wollten. Manche Seminare verlagerten sich komplett zu uns: Hier konnte man Dinge 1:1 ausprobieren, wir hatten Platz, konnten Lärm machen und die Lage am Bahnhof war super für die Logistik.

Wir merkten schnell, dass unser soziokratisches Modell auch bei vielen Leuten auf Interesse stieß, mit denen wir gar nicht gerechnet hatten: Menschen aus der Stahl- und Bauindustrie fragten an, ob sie bei uns Räume mieten und Veranstaltungen durchführen könnten. Der Name Post-Uni schien allen ausreichend gut geeignet, um im geschützten Raum über den Tellerrand denken zu können, radikale Ideen und Szenarien jenseits der eigenen Denkmöglichkeiten zu erforschen, die eigenen mentalen Infrastrukturen zu entdecken – und infrage zu stellen. Und gerade aus diesen Kooperationen mit anderen Organisationen, mit Unternehmen, die wir erst nur einluden, weil wir jung waren und das Geld brauchten, entstanden oft gute Initiativen – die ja in den letzten 67 Jahren mit dazu beigetragen haben, dass Linz heute das Zentrum einer nachhaltigen und lebenswerten Kulturregion ist, ganz ohne Schwerindustrie.

Es hat eine Weile gedauert, aber 2033 hatten wir dann ein Modell für die Fusion der „alten" Kunstuni und der Post-Uni in der Post City entwickelt: Wir haben lange getüftelt, wer was einbringen kann in diese Ehe aus „unlikely lovers" – Räume, Geld, Sicherheit, Wissen, Kontakte – und wie wir sicherstellen könnten, dass die Kooperation dauerhaft von gegenseitiger Achtung und Vertrauen geprägt sein würde. Ich würde sagen, wir haben es damals wahrhaftig geschafft, ein gutes Modell für einen anarchisch-unbedingten, lebens- und liebenswerten, öffentlich und überhaupt nicht finanzierten Universal-Lernort zu entwickeln, an dem verschiedene Menschen auf unterschiedliche Weise teilhaben können und der sich – bei allen Konflikten, die ich hier nicht verschweigen möchte – bis heute ganz wunderbar entwickelt hat.

Im Lauf der Zeit wurden dabei natürlich nicht nur die Formate, sondern auch die Inhalte der (Architektur-)Lehre radikal reformiert: Wir haben in inter- und transdisziplinären Kursen das Sehen neu gelernt und ein tiefes Verständnis dafür entwickelt, dass nicht alle unbebauten Grundstücke „leer" sind und nur darauf warten, von uns versiegelt zu werden, und dass nicht alle Gebäude, deren Nutzung erloschen ist, abgerissen werden müssen. Wir haben gelernt, mit weniger umzugehen und damit mehr zu erreichen. Manchmal reicht ja, wie ihr wisst, ein Durchgang, ein Fenster, ein Loch in der Wand, um eine Situation zu verbessern. So banal das klingt, war es doch mit einem erheblichen Mindshift verbunden: Nicht nur Anerkennung und Ehre, sondern auch finanzielle Entlohnungen waren damals ja noch an Größe und Wachstum der Bauten und der Bauaufgaben gekoppelt, was natürlich kontraproduktiv zu den neuen Leitbildern der Genügsamkeit und Bescheidenheit wirkte.

Wir haben damals die heute fest etablierte Ethik der Angemessenheit für bauliche Maßnahmen mit entwickelt, laut der auch jene Aspekte mit in die Bewertung einer Gestaltungsnotwendigkeit einfließen können, die nicht mess- und zählbar sind. Wir haben gelernt, „Nein" zu sagen. REFUSE ist bei uns als Strategie entstanden und dann als Geschäftsmodell etabliert worden: Unsere Absolvent*innen arbeiten heute in vielen Erhaltungsbeiräten von Kommunen und pflegen dort die Not-to-do-Listen. Wir haben uns in den Diskurs um neue Leistungsbilder und Vergütungsregeln eingebracht, uns um Cohabitation und Räume für das Gemeinschaffen gekümmert, und währenddessen haben wir Care-Konzepte entwickelt, die uns auch im Privaten entlastet haben.

Entscheidend war, dass wir in dieser ganzen Zeit immer wieder mit Praxisakteur*innen zusammengearbeitet haben: Sie haben uns mit „echten Problemen" versorgt und wir sie mit radikalen Ideen, gutem Essen und einem Safe-Space, in dem das wilde Denken kultiviert werden konnte. Kultiviert haben wir auch unsere Umgangsformen, miteinander und mit nichtmenschlichen Wesen: Wir haben Formate entwickelt, in denen die Persönlichkeiten anderer Spezies oder von Naturdingen repräsentiert werden, wodurch wir auf neue Lösungsansätze gekommen sind für Probleme, die vorher als unlösbar galten.

Wir sind aber auch auf neue Fragen gestoßen, auf Dilemmata und Konflikte, gerade weil wir an so vielen Stellschrauben drehen mussten: Rebound-Effekte und Rückkopplungen haben uns immer wieder vor Augen geführt, dass Erfolge nicht planbar und komplexe Systeme nicht steuerbar sind. Wir haben daher, zu Ehren von Donella Meadows, unsere „System-Tanzschule" eingerichtet, und der Kurs „dancing with systems" ist bis heute ein Renner unter unseren Angeboten.

Unsere Post-Uni hat also mit der Zeit ihrem Namen Ehre gemacht und ist eine Universität nach der Universität geworden: weitgehend hierarchiearm, von Respekt und Vertrauen geprägt. Das gefiel – und gefällt – nicht allen: Wer sich in kürzestmöglicher Zeit die größtmögliche Menge an Wissen einverleiben möchte, ohne selbst viel in das kollektive Schatzkästchen zu legen, ist hier falsch. Wer eine klare Orientierung erwartet, ein Standard-Curriculum und vorgegebene Prüfungsleistungen, wird hier nicht glücklich. Wer jedoch die Bereitschaft und die Offenheit besitzt, sich auf ein nonlineares, erfahrungsbasiertes und auf Austausch gestütztes, allmähliches Lernen in unterschiedlichen Intervallen und Etappen des Lebens einzulassen, ist hier genau richtig – und ist herzlich eingeladen, dazu beizutragen, dass dieses lebende System sich weiter entwickeln kann.

Ich stehe heute hier als gewähltes Mitglied des Gestaltungsbeirats, und für mich ist dies auch ein Abschied. Denn mit meinem fünfundachtzigsten Geburtstag werde ich diesen Abschnitt meines Lebens, der vor so langer Zeit begann, nun beenden. Vielleicht werde ich bald selbst wieder ein paar Seminare besuchen, mich für einen Talkathon anmelden oder die Werkstätten nutzen.

Vielleicht sehen wir uns also wieder, im zyklischen Verlauf des Lebens, wo auf jeden Anfang ein Ende folgt und auf fast jedes Ende ein neuer Anfang. Möge unser Fest nun beginnen!

301

(S.169–170)

Übersichtsmap genannter Architekturprojekte, Stand 2024

Wohnprojekte und Siedlungen

01 Gartenstadt Puchenau I + II
02 Frauengerechtes Wohnen Remisenhof
03 Flexibles Wohnen - Jäger im Tal, Haselgrabenweg
04 Siedlung Biesenfeld
05 Seniorenzentrum Dornach-Auhof
06 Siedlung Sintstraße

Bildungsorte

07 Anton Bruckner Privatuniversität
08 Johannes Kepler Universität, Hauptcampus und Science Park
09+10 Kunstuniversität Linz
11 JKU Medizinische Faultät und Life Science Park
12 Kunstuniversität Linz
13 Rose Gymnasium für Digitalen Humanismus in der Tabakfabrik

Kunst- und Kulturorte

14 Ars Electronica Center
15 Schlossmuseum
16 Offenes Kulturhaus (OK)
17 Lentos Kunstmuseum
18 Brucknerhaus
19 Forum Design (existiert nicht mehr)
20 Post Hof - Zeitkultur am Hafen

Infrastrukturen und Anderes

21 Allgemeine Sparkasse Linz
22 Lentia 2000
23 Pfarrkirche St. Leopold
24 Neues Rathaus
25 Hauptplatz
26 Oberbank, Donauforum
27 Tabakfabrik
28 Oberösterreichische Versicherung
29 Hafen City, Projekt Neuland

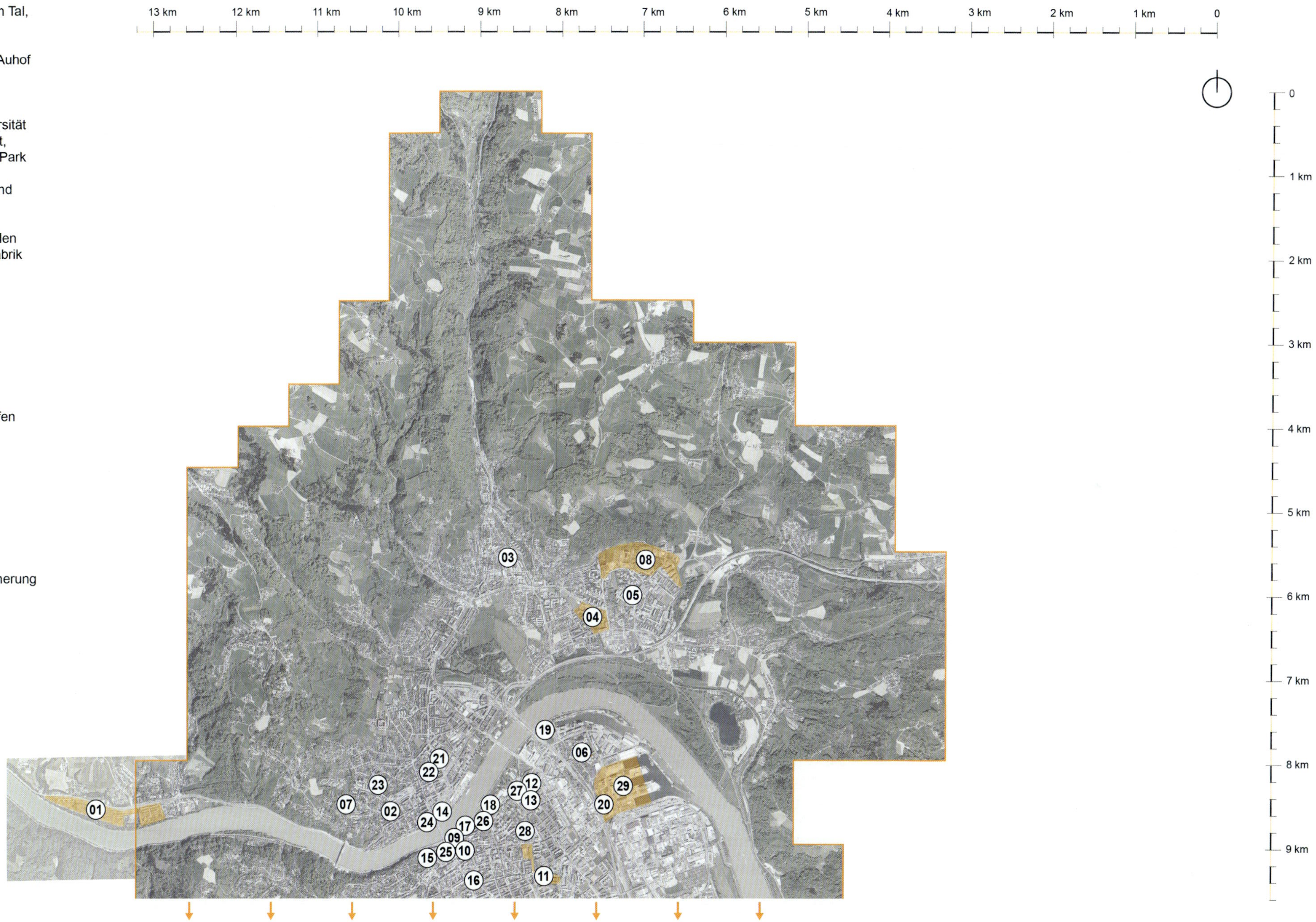

Wohnprojekte und Siedlungen
01 Les Paletuvièrs (LP1), Wöberweg
02 Guglmugl
03 Wimhölzel-Hinterland
04 Gölsdorfer Quartier
05 SolarCity
06 Siedlung Auwiesen
07 Harter Plateau

Bildungsorte
08 Private Pädagogische Hochschule der Diözese Linz
09 BFI Linz
10 Polytechnische Schule Leonding

Kunst- und Kulturorte
11 Landestheater Linz
12 Design Center
13 Bellevuepark

Infrastrukturen und Anderes
14 Hauptbahnhof Linz
15 Raiffeisenzentralkasse Raiffeisenlandesbank Oberösterreich
16 Voestalpine Werke
17 Bindermichel (Untertunnelung)

Projektbeteiligte

Herausgeber*innen

Sigi Atteneder ist Professor für nachhaltige Architektur und räumliche Entwicklung an der Kunstuniversität Linz. Er leitet die dortige Architekturabteilung sowie das Studio BASEhabitat. Er absolvierte ein Masterstudium der Architektur an der Kunstuniversität Linz und an der Hongkong University. Noch während seiner Studienzeit leitete er ein universitäres Bauprojekt in Südafrika. Sigi Atteneder arbeitete für österreichische und internationale Architekturbüros, unter anderem für Shigeru Ban Architects in Tokyo. Mit seiner Diplomarbeit wurde er zu einem Forschungsaufenthalt an das MIT (Massachusetts Institute of Technology) eingeladen. Seinen PhD absolvierte er am Bartlett UCL (University College London). Seine Interessen gelten der ökologischen, ökonomischen und sozialen Gerechtigkeit, der Rolle der Architektur in Transformationsprozessen und regenerativen Materialien in der Architektur.

c/o now ist eine an kollektiven Praxen orientierte Architekt*innen-Gruppe in der Rechtsform einer GmbH (Studio CO NOW GmbH). c/o now ist mit dem Vorstellen, Konzipieren und Realisieren von Räumen und (architektonischen) Objekten ebenso beschäftigt wie mit der kritischen Revision dieses Handelns in Prozessen mitkonstituierender Einflussgrößen. Zum Zeitpunkt, an dem diese Zeichen gedruckt werden, besteht c/o now aus Tobias Hönig, Andrijana Ivanda, Pola Koch, Silvester Kreil, Markus Rampl, Paul Reinhardt, Sebastian Rothkopf, Duy An Tran und Ksenija Zdešar. c/o now arbeitet überwiegend in einem Büro in Berlin Moabit, aber auch in Linz und Siegen, wo die Gruppe sich an Lehre und Forschung beteiligt: Gastprofessur Studio Urban, *die architektur*, Kunstuniversität Linz (2021–); Professur Lehr- und Forschungsgebiet Gebäudelehre und Entwerfen (LFGE), Neue Architekturschule (N AS), Universität Siegen (2022–); interimistische Professur Studio Typologies, *die architektur*, Kunstuniversität Linz.

Autor*innen und Gesprächspartner*innen

Wolf-Dieter Albrecht studierte Architektur an der Leopold-Franzens-Universität Innsbruck und der Technischen Universität Wien mit Diplomabschluss 1981. Er arbeitete zwischen 1981 und 1989 in Linzer Architekturbüros und absolvierte anschließend die Ziviltechnikerprüfung zur Erlangung der Befugnis eines Architekten in Graz. Ab 1990 war er in der Stadtplanung in Linz tätig. Von 2009 bis 2015 leitete er, mit dem Bemühen um einen nachhaltigen Städtebau, die Linzer Stadtplanung.

Peter Arlt ist freischaffender Spezialist für angewandte Stadtsoziologie. Er sucht den Austausch und arbeitet nach dem Ping-Pong-Prinzip: „Den Ball ins Spiel springen, er kommt zurück, man hält ihn im Spiel, geht nicht auf den Punkt und spielt so lange hin und her, bis ein Ergebnis da ist, mit dem keiner gerechnet hat." Er lebt, schläft und arbeitet in Wien. Seine aktuelle Publikation, veröffentlicht 2023, heißt *Praktisches Stadt ABC, Lexikon + Übungen*.

Katharina Benjamin studierte Architektur an der Bauhaus-Universität Weimar. Ihre 2018 fertiggestellte Masterarbeit trägt den Titel *Architektur als Medium der Erinnerung – eine Rekonstruktion der Ez-Chaim Synagoge Leipzig* und wurde mit dem Absolventenpreis ausgezeichnet. Arbeitserfahrung sammelte sie unter anderem bei Peter Zumthor in Haldenstein, Schweiz, und als Projektkoordinatorin des XIV. Internationalen Bauhaus-Kolloquiums an der Bauhaus-Universität Weimar. Seit 2021 arbeitet sie als wissenschaftliche Mitarbeiterin am Institut für Baukonstruktion bei Prof. Helga Blocksdorf. Im Jahr 2017 gründete Katharina Benjamin die digitale Architekturplattform Kontextur. Sie ist außerdem Teil des internationalen Forschungsprojekts Centre of Documentary Architecture (CDA) sowie Mitinitiatorin der Initiative Constructive Disobedience Zudem ist sie Gründungsmitglied von Studio Frege, einer räumlichen Praxis mit Fokus auf Umbaukultur.

Matthias Böttger studierte Architektur und Städtebau in Karlsruhe und London. Seine wissenschaftliche Tätigkeit begann bei der Stiftung Bauhaus Dessau, danach war er in der Lehre an der Universität Stuttgart, der ETH Zürich und der AdbK in Nürnberg tätig. Von 2012 bis 2017 war er Professor für Sustainable Architecture + Future Tactics (SAFT) und Leiter des Instituts für Raum und Design der Kunstuniversität Linz. Er kuratierte 2008 den deutschen Beitrag auf der Architekturbiennale in Venedig sowie 2023 in São Paulo. Von 2011 bis 2022 war Matthias Böttger künstlerischer Leiter des Deutschen Architektur Zentrum (DAZ) in Berlin. Seit 2017 ist er Professor an der Hochschule für Gestaltung und Kunst Basel FHNW und leitet dort das HyperWerk sowie seit 2021 das Institut für Experimentelles Design und Medienkulturen (IXDM). Mit seinem Büro raumtaktik arbeitet er seit 2003 an räumlicher Aufklärung und Interventionen und seit 2016 zusammen mit Johannes und Ulrich Böttger als urbanegestalt in den Bereichen Landschaftsarchitektur, Architektur und Städtebau.

Elisa Engel ist Mitbegründerin von Citizen Architects, einem Londoner Architekturbüro mit Schwerpunkt auf sozialen Projekten und Co-Design-Praktiken. Sie hat über längere Zeit in Eswatini, Botsuana und Südafrika gelebt und gearbeitet. Von 2014 bis 2023 war sie Stiftungsverwalterin bei Architecture for Humanity London. Neben ihrer Tätigkeit als praktizierende Architektin ist sie Vortragende für Ethik in der Architektur am Royal Institute of British Architects und unterrichtet bei BASEhabitat an der Kunstuni Linz.

Martin Fritz ist seit 2022 Generalsekretär der österreichischen UNESCO-Kommission. Er hat Rechtswissenschaften an der Universität Wien studiert. Er ist Kurator, Berater und Publizist mit den Arbeitsschwerpunkten Kontext- und Institutionskunde, ortsspezifische Kunst und Stadt sowie Kulturmanagement, Governance und Kulturpolitik. Unter anderem leitete er von 2004 bis 2009 das Festival der Regionen in Oberösterreich. Martin Fritz ist Lehrbeauftragter an der Kunstuniversität Linz und seit März 2023 Universitätsrat der Johannes-Kepler-Universität Linz.

Roland Gnaiger studierte Architektur in Wien und den Niederlanden. Mit seinem Büro realisierte er aus dem Bregenzerwald heraus mehrfach national und international ausgezeichnete Architekturen, die heute zu den Schlüsselbauten der Neuen Vorarlberger Bauschule zählen. Gnaiger selbst war wiederum Initiator des Staatspreis Architektur und Nachhaltigkeit und stand dessen Jury sowie der des Landluft Gemeindepreises über 12 Jahre vor. In den 1980er Jahren verhalf er mit der kritischen Baukultursendung *Plus-Minus* im österreichischen Fernsehen (ORF) der Vorarlberger Bauschule zu hoher Aufmerksamkeit und erlangte selbst Bekanntheit über das Fachpublikum hinaus. 1996 wurde Roland Gnaiger als Professor an die Kunstuniversität Linz berufen, deren Architekturabteilung er bis zu seiner Emeritierung 2019 leitete. Mit der Gründung der Masterstudiengänge BASEhabitat und überholz sowie mit seinen künstlerischen als auch ökologisch und sozial orientierten Perspektiven prägte er die Entwicklung der Abteilung entscheidend.

Sandra Gnigler ist Architektin in Linz. Nach ihrem Architekturstudium an der Kunstuniversität in Linz, wo sie 2008 diplomierte, war sie 2005 bis 2009 in diversen Architekturbüros in Wien und Linz tätig. 2010 begann ihre Zusammenarbeit mit Gunar Wilhelm, 2013 folgte die Gründung des gemeinsamen Architekturbüros mia2 Architektur. Mit ihrem Team erarbeiten die beiden Projekte in unterschiedlichen Maßstäben, von konzeptuellen Gestaltungen und Ausstellungsarchitektur über privaten Objektbau und Geschosswohnbau bis hin zu kommunalen Aufgaben. Sie sehen ihre Verantwortung nicht nur gegenüber den Auftraggeber*innen, sondern auch gegenüber der Gesellschaft und der Weiterentwicklung von Baukultur, der Pflege von geerbten und gegebenen Kontexten und Strukturen. Sandra Gnigler ist Lehrbeauftragte an der Kunstuniversität Linz und hält gemeinsam mit Gunar Wilhelm die Lehrveranstaltung Material. Zudem ist sie mit diversen Beiratstätigkeiten, etwa im Ortsbildbeirat OÖ und im Gestaltungsbeirat, sowie mit Preisgerichtstätigkeiten betraut.

Tobias Hagleitner ist in Bregenz aufgewachsen, hat 2008 an der Kunstuniversität Linz im Fach Architektur diplomiert und 2018 promoviert. Seit 2007 ist er in den Bereichen Baukunst, Gestaltung und Architekturkommunikation tätig. Er schrieb als Architekturkritiker unter anderem für die OÖ-Nachrichten, für das vai Vorarlberger Architektur Institut und in diversen Fachpublikationen und Journalen. Er ist freier Mitarbeiter und Kurator im afo architekturforum oberösterreich (2020/21 interimistische Leitung) und Redakteur für die nextroom-Sammlungstätigkeiten von afo und vai. An der Kunstuniversität Linz unterrichtet er am Institut für Kunst und Bildung Architektur, Umweltgestaltung und öffentliche Räume.

Saskia Hebert praktiziert, lehrt und forscht in verschiedenen Konstellationen, Kontexten und Formaten zu urbanen und gesellschaftlichen Transformationsprozessen. Sie ist promovierte Architektin und Inhaberin des Büros subsolar* architektur & stadtforschung in Berlin (seit 2000), war Studiengangsleiterin von Transformation Design an der HBK Braunschweig (2015–2020) und berät heute Kommunen und Institutionen in der Frage, wie sich nachhaltige Zukünfte als „urban imaginaries" gemeinschaftlich entwerfen und konkret realisieren lassen.

Gabu Heindl lehrt und forscht als Professorin für ARCHITEKTUR STADT ÖKONOMIE an der Universität Kassel. Mit ihrem Büro GABU Heindl Architektur in Wien fokussiert sie sich als promovierte Architektin und Stadtplanerin auf öffentlichen Raum, öffentliche Bauten, bezahlbares Wohnen sowie auf Kollaborationen in den Bereichen Geschichtspolitik und kritisch-künstlerischer Praxis. Vor ihrer Professur in Kassel war Gabu Heindl Visiting Professor an der Sheffield University, Diploma Unit Master an der Architectural Association School of Architecture in London und Professorin für Städtebau an der TH Nürnberg. Sie hat an zahlreichen Studien und Publikationen mitgewirkt und ist Mitherausgeberin von *Building Critique. Architecture and its Discontents*, Leipzig 2019, sowie Autorin von *Stadtkonflikte, Radikale Demokratie in Architektur und Stadtplanung*, Wien 2020 (überarbeitete Auflage 2022) und *Gerechte Stadt muss sein!* (2023).

Daniela Herold ist eine in Linz und Wien tätige Architektin und Lehrende. Seit 2001 arbeitet sie gemeinsam mit Rolf Touzimsky Köstler innerhalb der Kooperation THuM Ateliers. Ihr Fokus liegt in der Konzeption, Gestaltung und Realisierung von Projekten, die an der Schnittstelle von Architektur und Stadtplanung liegen. Von 2005 bis 2009 war sie Universitätsassistentin der Studienrichtung raum&designstrategien an der Kunstuniversität Linz. Seit 2009 ist sie Senior Scientist am Institut für Kunst und Architektur an der Akademie der bildenden Künste Wien. Ihre Lehrtätigkeit umfasst unter anderem Entwurfsstudios, die der Plattform und Professur Geographie Landschaften Städte zugeordnet sind.

Samuel Hilari als Fragment von ifa_diaspora war 2021 Mitbegründer der studentischen Initiative, die sich für eine multiperspektivische und anti-rassistische Architekturlehre einsetzt. Er war unter anderem maßgeblich an der Initiierung und Ausführung einer öffentlichen Debatte zum Design-Build im Deutschen Architekturzentrum beteiligt. Samuel Hilari studierte Architektur an der UdK und TU Berlin (Abschluss 2023) und lebt und arbeitet zurzeit in La Paz, Bolivien.

Angelika Hinterbrandner arbeitet in unterschiedlichen Rollen und Formaten im Feld der Architektur. Ihr Schwerpunktinteresse gilt Strategien und Methoden, die politische, räumliche und soziale Transformationsprozesse in Zeiten der Polykrise vorantreiben. Sie arbeitete unter anderem mit ARCH+ sowie Brandlhuber+ an den Themen Bodenpolitik, Smart City und Neoliberale Stadt. Seit 2019 ist sie Teil von Kontextur. 2021 bis 2022 war sie Teil des Lehrstuhls station+ an der ETH Zürich. Seit Januar 2023 lehrt und forscht Angelika Hinterbrandner an der ETH Zürich am Lehrstuhl Architecture Heritage and Sustainability unter der Leitung von Prof. Mariam Issoufou. Zudem ist sie seit März 2023 Teil des Educational Development am Departement Architektur D-ARCH der ETH Zürich und begleitet die Curriculum-Revision des Bachelor-Studiengangs Architektur. Gemeinsam mit fünf weiteren Akteur*innen initiierte sie 2022 spaceforfuture.org, eine Initiative, die sich für den Zugang aller zu leistbarem, klimagerechtem Wohnraum einsetzt.

Gabriele Kaiser ist freie Architekturpublizistin und Kuratorin. Von 2010 bis 2016 war sie Leiterin des afo architekturforum oberösterreich. Seit 2009 unterrichtet sie Architekturgeschichte an der Kunstuniversität Linz, am Mozarteum in Salzburg und an der Universität Wien. Seit 2016 ist sie Vorstandsmitglied der Österreichischen Gesellschaft für Architektur (ÖGFA). Sie verfasst Textbeiträge für Ausstellungskataloge und Fachmagazine (Schwerpunkt österreichische Architektur nach 1945), konzipiert Ausstellungen und Architekturbücher. Sie lebt und arbeitet in Wien.

Franz Koppelstätter studierte Architektur an der Kunstuniversität Linz und unterrichtete dort nach seinem Abschluss. Nach einigen Jahren des Experimentierens in wechselnden Gruppierungen und Praxiszeit in Architekturbüros übernahm er Ende 2015 die Leitung des afo architekturforum oberösterreich. Seine kuratorische Praxis dreht sich zumeist um raumrelevante Themen wie Mobilität, Siedlungs- und Stadtentwicklung, Architekturgeschichte oder die ökosoziale Transformation der gebauten Umwelt. Für seine Arbeiten erhielt er zahlreiche Auszeichnungen, wie die Talentförderprämie des Landes OÖ, das Kunstförderstipendium der Stadt Linz, den Förderpreis des Diözesankunstvereins Linz oder den Förderpreis der Bayerischen Akademie Ländlicher Raum.

Barbara Pampe ist seit Dezember 2019 gemeinsam mit Dr. Meike Kricke Vorständin der Montag Stiftung Jugend und Gesellschaft.

Sie leitete von 2014 bis 2019 den Bereich Pädagogische Architektur in der Stiftung. Nach einem Studium in Bordeaux, Weimar und Delft arbeitete sie in verschiedenen Architekturbüros und gründete 2011 gemeinsam mit Vittoria Capresi baladilab. Im Bereich Schulbau forschte und lehrte sie am Institut für Öffentliche Bauten und Entwerfen der Universität Stuttgart bei Professor Arno Lederer. 2011 bis 2014 hatte sie eine Professur für Entwerfen und Gebäudelehre an der German University in Cairo GUC inne. Barbara Pampe ist Autorin und Initiatorin diverser Publikationen zum Thema zukunftsfähiger Schulbau und Mitglied des Landesbeirats Schulbau in Berlin. Parallel zu ihrer Tätigkeit in den Montag Stiftungen engagiert sie sich in der Lehre im In- und Ausland sowie als Fachpreisrichterin bei Wettbewerben.

Sabine Pollak ist Architektin, Lehrende, Forschende und Autorin. Sie unterrichtete von 2009 bis 2021 im Bereich Urbanistik und leitet seit 2021 die Abteilung raum&designstrategien an der Kunstuniversität Linz. Gemeinsam mit Roland Köb führt sie das Architekturbüro Köb&Pollak Architektur in Wien. 1996 promovierte und 2004 habilitierte sie im Fach Wohnbau an der TU Wien. Sabine Pollak arbeitet theoretisch (Bücher, Essays, ein laufender Urbanismus-Blog im Standard), lehrt experimentelle Architektur, urbane Strategien und Architekturtheorie, forscht zu den Themen Wohnen und Feminismus, Gemeinschaft und Urbanismus und arbeitet mit ihrem Büro als Expertin für gemeinschaftlichen und sozialen Wohnbau in Wien.

Heidi Pretterhofer und Michael Rieper sind Architekt*innen und teilen sich seit 2023 die Professur für Baukultur an der Kunstuniversität Linz. Beide arbeiten in wechselnden Teams an der Entwicklung, Planung und Realisierung von Experimenten an der Schnittstelle zwischen Architektur, Kunst und Design, mit einem Faible für Installationen und Interaktionen im öffentlichen Raum wie beispielsweise der Club Hybrid, ein Demonstrativbau in Graz. Heidi Pretterhofer lehrte und forschte an der Akademie der bildenden Künste in Wien und der TU Wien. Sie ist Mitglied des Kuratoriums der IBA'27 StadtRegion Stuttgart und des Gutachtergremiums für Kunst im öffentlichen Raum in Niederösterreich. Michael Rieper lehrte an der TU Wien Wohnbau und Städtebau. 2009 war er einer der Initiator*innen von BELLEVUE, dem gelben Haus am Bindermichl/Spallerhof in Linz.

Clemens Quirin hat an der Technischen Universität Wien und der Kunstuniversität Linz Architektur studiert. Während des Studiums war er im Bereich der Öffentlichkeitsarbeit (Abteilung für PR und Kommunikation der Kunstuniversität Linz) und der Interessenvertretung (Vorsitzender der ÖH und der Curricula-Kommission an der Kunstuniversität Linz) aktiv. Danach arbeitete er als Universitätsassistent (2009–2012) für das Studio BASEhabitat, den postgradualen Universitätslehrgang überholz sowie als Vorprüfer für den Staatspreis Architektur und Nachhaltigkeit. Von 2012 bis 2018 war Clemens Quirin Büroleiter der Lehm Ton Erde Baukunst GmbH. Seit 2019 ist er Kurator am vai Vorarlberger Architektur Institut und war dort unter anderem verantwortlich für die Ausstellungen „Mehr als gewohnt" und „Refuse, Reduce, Re-use, Recycle, Rot". Seit 2008 hält er Vorträge und beteiligt sich an Ausstellungen und Publikationen mit Schwerpunkt auf Lehmbau und nachhaltiger Architektur.

Ulrike Schwantner ist Wissenschaftlerin und Projektmanagerin bei BASEhabitat, einem Studio der Architekturabteilung an der Kunstuniversität Linz. Nach dem Studium der Stadt- und Regionalentwicklung an der TU Wien und der Universidad Nacional de La Plata, Argentinien, war sie im Bereich der nachhaltigen Kommunalentwicklung und Bürgerbeteiligung in österreichischen Städten und Gemeinden tätig. Der thematische Fokus ihrer Arbeit liegt auf sozialräumlichen Zusammenhängen und strategischer Projektentwicklung. Bei BASEhabitat war sie maßgeblich am Aufbau diverser Ausbildungsformate wie der internationalen Summer School und neuer Studienangebote beteiligt. Sie arbeitet neben Forschung und Vermittlung an der Organisation von Bauprojekten mit Fokus auf regenerativen Baumaterialien und forciert dort die interdisziplinäre Zusammenarbeit.

Petra Stiermayr studierte Architektur an der Kunstuniversität Linz und diplomierte im Jahr 2010 mit ihrer Arbeit *Heterogenität im städtischen Raum*. Bereits während ihres Studiums lernte sie durch Studienaufenthalte in Tainan, Amsterdam, Stockholm und London unterschiedliche Perspektiven auf Architektur und Städtebau kennen. Nach ihrer Studienzeit sammelte sie in den Architekturbüros von Peter Zumthor (Schweiz) und Dominique Perrault (Frankreich) internationale Arbeitserfahrung. Nach ihrer Rückkehr nach Linz arbeitete Petra Stiermayr von 2016 bis 2022 als Planerin und Projektentwicklerin in der Immobilien Linz GmbH. Seit 2023 ist sie im Magistrat im Bereich Stadtentwicklung für die Erstellung des Linzer Innenstadtkonzeptes zuständig.

Abhinav Thakar als Fragment von ifa_diaspora war 2021 Mitbegründer des studentischen Netzwerks, das sich für eine multiperspektivische und anti-rassistische Architekturlehre einsetzt. Er war unter anderem maßgeblich an der Initiierung und Ausführung einer öffentlichen Debatte zum Design-Build im Deutschen Architekturzentrum beteiligt. Abhinav studierte Architektur an der RWTH Aachen und Historische Urbanistik an der TU Berlin (Abschluss 2023) und lebt und arbeitet in und aus Berlin.

Rolf Touzimsky ist ein in Linz praktizierender Architekt. Seit 2001 arbeitet er gemeinsam mit Daniela Herold innerhalb der Kooperation THuM Ateliers. Im Rahmen dieser mehrjährigen Praxis entstehen Projekte unterschiedlicher Maßstäbe, zum einen jene, die sich der Konzeption, Gestaltung und Realisierung von Architektur an der Schnittstelle zu Stadtplanung widmen, zum anderen Projekte, deren Fokus auf der Gestaltung von Innenraum und Ausstellungsarchitektur liegt. Für Raum:Werk:Lehen erhielt das Team den Otto-Wagner-Städtebaupreis. Rolf Touzimsky arbeitete im Büro NL Architects in Amsterdam und ist seit 2018 Lehrbeauftragter an der TU Wien am Institut für Städtebau und Landschaftsplanung.

Gunar Wilhelm ist Architekt in Linz. Nach seinem Architekturstudium an der Kunstuniversität in Linz, wo er 2008 diplomierte, war er 2005 bis 2009 in diversen Architekturinitiativen und Arbeitsgemeinschaften aktiv. Seit 2010 arbeitet er mit Sandra Gnigler zusammen, 2013 folgte die Gründung des gemeinsamen Architekturbüros mia2 Architektur. Mit ihrem Team erarbeiten sie Projekte in unterschiedlichen Maßstäben, von konzeptuellen Gestaltungen und Ausstellungsarchitektur über privaten Objektbau und Geschoßwohnbau bis hin zu kommunalen Aufgaben. Sie sehen ihre Verantwortung nicht nur gegenüber den Aufraggeber*innen, sondern auch gegenüber der Gesellschaft und der Weiterentwicklung von Baukultur, der Pflege von geerbten und gegebenen Kontexten und Strukturen. Gunar Wilhelm ist in der Lehre tätig und hält gemeinsam mit Sandra Gnigler die Lehrveranstaltung Material an der Kunstuniversität Linz. Zudem ist er mit diversen Beiratstätigkeiten, etwa im Ortsbildbeirat Oberösterreich, sowie mit Preisgerichtstätigkeiten betraut.

Rainer Zendron studierte Experimentelle Gestaltung an der Kunstuniversität Linz und war dort als Vorsitzender der Hochschüler_innenschaft aktiv. Er saß bis 1994 im Landeskulturbeirat Oberösterreich und war in den 1980er und 1990er Jahren in diversen Funktionen maßgeblich an der Gründung und Entwicklung von unterschiedlichen Initiativen und Kunstorten in Linz, wie der Stadtwerkstatt oder dem afo architekturforum oberösterreich, beteiligt. Anfang der 1990er Jahre war er außerdem mit der Konzipierung und Gründung des OK Centrum für Gegenwartskunst und des Festivals der Regionen betraut. Beides begleitet(e) er als Kurator bis in die Gegenwart (OK bis 2021). Seit 1992 ist Rainer Zendron Hochschullehrer, 2003 folgte die Habilitation. Zwischen 2000 und 2019 hatte er mit unterschiedlichen Schwerpunkten dreimal die Funktion des Vizerektors an der Kunstuniversität Linz inne. Von 2017 bis 2020 besetzte er dort die Professur für Kunstgeschichte & kuratorische Praxis. Er ist Vorstand des OÖ Kunstvereins und sitzt im Stadtkulturbeirat von Linz.

Michael Zinner wechselte 2005 als querkraft-Architekt an die Kunstuniversität Linz, wo er 2016 promovierte und 2018 die Professur annahm. Als Leiter des Studio RAUMkultur führt er „Personalisierung" im Lernen (als *next stept* zu „Individualisierung") in der universitären Entwurfslehre ein. Er forscht als schulRAUMkultur, publiziert, hält Vorträge, leitet Preisgerichte von Schulbauwettbewerben und lehrt in postgradualen Kursen – unter anderem für die Montag Stiftung in Bonn sowie an Architekturfakultäten und pädagogischen Hochschulen in Deutschland, der Schweiz, Südtirol und Österreich. Als Chefredakteur und Herausgeber leitet er die bei Klinkhardt im Web erscheinenden *notizen zu Architektur und Bildung*. Zudem hat Zinner ein Dutzend Bildungszentren in Projektgemeinschaften partizipativ entwickelt. 2021 entwirft er mit der Schulleitung das evangelische Oberstufengymnasium ROSE, das – als Role Model für Bodenpolitik im Schulbau – als eine der ersten Schulen Österreichs Leerstände und Infrastrukturen im umgebenden Stadtteil nutzt. Die ROSE ist für den Bauherr:innenpreis 2024 nominiert (Stand September 2024).

Text- und Bildredaktion

Elisabeth Judmaier ist Landschaftsarchitektin und seit 2016 wissenschaftliche Mitarbeiterin der Architekturabteilung an der Kunstuniversität in Linz. Neben ihren Forschungstätigkeiten ist sie an der Konzeption von Ausstellungen, Publikationen und der Corporate Identity beteiligt. Seit 2022 ist sie als Teilhaberin von JoMa Gartenbau für die Organisation von Bauprojekten zuständig und im Kulturgarten Brunnern engagiert, wo Lesungen von Autor*innen und Künstler*innen veranstaltet werden. Von 2011 bis 2021 war sie im Kollektiv „bauchplan).(" in Wien tätig. An der Schnittstelle zwischen Raum, Gesellschaft und Umwelt leitete sie die Wettbewerbe. Ihr akademischer Hintergrund umfasst ein Studium der Landschaftsarchitektur an der BOKU in Wien, der Umweltsystemwissenschaften an der KF Universität in Graz und ein Auslandssemester an der ENSAT in Toulouse. In ihrer Forschungsarbeit setzte sie sich mit der Siedlerbewegung in Wien auseinander.

Silvester Kreil studierte an der Akademie der bildenden Künste Wien am Institut für Kunst und Architektur (M. Arch. 2020). Er interessiert sich für die Parameter räumlicher Verteilung, die verborgenen politischen und finanziellen Prozesse der Architekturproduktion und alternative Ansätze dazu. Er arbeitet unter anderem in den Bereichen Architekturtheorie, Architekturjournalismus, Stadtforschung und Design. In den letzten beiden Jahren standen eine Interviewreihe für nextroom.at, eine Workshopserie für junge Architekt*innen und die Co-Kuratierung einer Ausstellung im Architekturzentrum Wien in seinem Fokus. Darüber hinaus editierte er ein Buch zum Thema Bauen im denkmalgeschützten Bestand, co-gestaltete eine Bühne für das Lighthouse Festival in Kroatien und publizierte in mehreren Fachzeitschriften.

Natascha Peinsipp ist Mitbegründerin von asphalt / Kollektiv für Architektur, welches in den Bereichen Baupraxis, Lehre und Forschung tätig ist. Die Arbeiten von asphalt umfassen architektonische Konzepte, Umbauten und Sanierungen von Bestand, Forschung zum urbanen und ruralen Raum, temporäre Installationen sowie Objekte in verschiedenen Maßstäben. Die Arbeitsweise ist geprägt von prozesshaften und künstlerischen Entwurfsmethoden und einem experimentellen Umgang mit dem Vorgefundenen. Die nachhaltige Verwendung von Raum und Ressourcen spielt dabei eine wiederkehrende Rolle. Seit 2019 lehrt(e) Natascha Peinsipp an der Staatlichen Akademie der Bildenden Künste Stuttgart, der Technischen Universität Wien und der Kunstuniversität Linz.

Cecilia Trotz beschäftigt sich anhand verschiedener Zugänge mit Raum. Sie lebt zurzeit in Linz, wo sie seit Oktober 2020 an der Kunstuniversität Architektur studiert. Arbeiten von ihr wurden in verschiedenen Linzer Ausstellungsräumen wie dem Lentos und dem afo architekturforum oberösterreich gezeigt. Die Textarbeit „Unbuilding Neue Heimat West", bei der sie Co-Autorin war, wurde im Mai 2024 im *Urbanogram: Journal of the Built Environment* publiziert. Neben ihrem Studium ist sie Teil des Kollektivs Barfuß am Abriss, das interdisziplinäre Treffen in Leerständen organisiert.

Anmerkung: Abbildungsnachweis „STWST – Stadtwerkstatt": Die Bildrechte liegen hinsichtlich Freigabe bei der Stadtwerkstatt, die Urheberrechte bei den in den Bildangaben angeführten Urheber*innen. Aufgrund der historischen Quellenlage sind nicht immer alle Bild-Urheber*innen bekannt oder eindeutig zuordenbar. An dieser Stelle soll deshalb auf das historisch belegbare Kollektiv der in dieser Publikation verwendeten Materialien hingewiesen werden: „Norbert Artner, Chris Althaler, Sabine Bitter, Nigel Dickinson/Leader Photos, Gerhard Gruber, Felix Nöbauer, Gabriele Kepplinger, Thomas Lehner, Wolfgang Lehner, Josef Pausch, Georg Ritter, Otto Saxinger, Leo Schatzl, Christian Schepe, Johannes Wegerbauer, STWST-Archiv". Sollten Sie trotz intensiver Nachforschungen der STWST nicht berücksichtigt worden sein oder diesbezügliche weiterführenden Informationen haben, bitten wir Sie, sich mit der Stadtwerkstatt in Verbindung zu setzen: office@stwst.at oder: Stadtwerkstatt / Kulturvereinigung F6, Kirchengasse 4, 4040 Linz.

1 Quelle: Wikimedia Commons; © CC BY-SA 4.0; Fotograf: Christian Wirth (alias wirthi)

2 Quelle: Wikimedia Commons; © CC BY-SA 4.0; Fotograf: Thomas Ledl (alias Stefan Fadinger)

3 © Foto: Archiv der Stadt Linz

4 © Nordico Stadtmuseum Linz; Fotograf: Franz Michalek

5 © Foto: Archiv der Stadt Linz

6 © Az W Fotoarchiv

7 Quelle: Peter Weibel: „Architektur als Verwaltung". In: *unsichtbare architektur*, Bau 2–3/1971. Magazin für Architektur, Bauforschung und Bauplanung, Umweltgestaltung

8 Quelle: Buchcover, *The Limits to Growth*, Hg. Donella H. Meadows, Dennis L. Meadows, Jørgen Randers, William W. Behrens III, 1972

9 © Foto: Archiv der Stadt Linz

10 © Foto: Archiv der Stadt Linz

11 © Foto: Archiv der Stadt Linz; Fotograf: Heimo Pertlwieser

12 © Archiv der KPÖ-Oberösterreich

13 © Foto: Archiv der Stadt Linz

14 © Oberösterreichische Nachrichten

15 © Nordico Stadtmuseum Linz; Fotograf: Franz Michalek

16 © Foto: Archiv der Stadt Linz

17 © GIWOG

18 © Foto: Archiv der Stadt Linz

19 © PHDL-Private Pädagogische Hochschule der Diözese Linz; Fotograf: Mihael Djukic

20 Quelle: ETH-Bibliothek Zürich, Bildarchiv; © CC BY-SA 4.0; Fotograf: Arthur Wieser

21 © Nachlass Odorizzi; Fotograf: Karl Odorizzi

22 © Nachlass Odorizzi; Fotograf: Karl Odorizzi

23 © Nachlass Odorizzi; Fotograf: Karl Odorizzi

24 © Fritz Matzinger

25 Quelle: afo – architekturforum oberösterreich; © Nachlass Friedrich Goffizer

26 © Foto: Archiv der Stadt Linz

27 © Foto: Archiv der Stadt Linz

28 © Foto: Archiv der Stadt Linz

29 © Foto: Archiv der Stadt Linz

30 © Foto: Archiv der Stadt Linz

31 © Foto: Archiv der Stadt Linz

32 Quelle: Kunstuniversität Linz; © Günther Kreiner

33 Quelle: *Transparent – Manuskript für Architektur, Theorie, Umraum, Kunst*, Ausgabe 7/8, 1979. Hg. Günther Feuerstein, Hochschule für Gestaltung Linz, Wien und Linz 1979

34 Quelle: *Transparent – Manuskript für Architektur, Theorie, Umraum, Kunst*, Ausgabe 7/8, 1978. Hg. Günther Feuerstein, Hochschule für Gestaltung Linz, Wien und Linz 1978

35 Quelle: *Transparent – Manuskript für Architektur, Theorie, Umraum, Kunst*, Ausgabe 11/12, 1979. Hg. Günther Feuerstein, Hochschule für Gestaltung Linz, Wien und Linz 1979

36 Quelle: Kunstuniversität Linz; © Edgar Weiss

37 Quelle: *Hochschule für Künstlerische und Industrielle Gestaltung Linz: 20*, Hg. Peter Kraft und Hochschule für künstlerische und industrielle Gestaltung Linz, Gutenberg-Webering GesmbH, 1993

38 Quelle: *Hochschule für Künstlerische und Industrielle Gestaltung Linz: 20*, Hg. Peter Kraft und Hochschule für künstlerische und industrielle Gestaltung Linz, Gutenberg-Webering GesmbH, 1993

39 Quelle: Kunstuniversität Linz; © Anton Hrovath

40 © Architekturzentrum Wien, Sammlung; Fotografin: Margherita Spiluttini

41 Quelle: Werkgruppe Linz

42 © Oberösterreichische Nachrichten

43 © Ars Electronica Archiv; Grafik: Nicolas Ferrando, Lois Lammerhuber

44 © Ars Electronica Archiv; Fotograf: Kurt Prokosch

45 Quelle: ÖGFA Archiv; © Nachlass Josef Pausch

46 Quelle: ÖGFA Archiv; © Nachlass Josef Pausch

47 Quelle: ÖGFA Archiv; © Nachlass Josef Pausch

48 © Foto: Archiv der Stadt Linz

49 Courtesy: Stadtwerkstatt-Archiv

50 Wikimedia Commons; © CC BY_SA 4.0

51 Quelle: Brucknerhaus; © Peter Wurst

52 Quelle: https://www.protestwanderweg.at/p144/p144_04.php

53 © Foto: Archiv der Stadt Linz

54 © Foto: Archiv der Stadt Linz

55 Quelle: Linz 2009 Kulturhauptstadt Europas; © Peter Baum

56 © Foto: Archiv der Stadt Linz

57 Quelle: Linz 2009 Kulturhauptstadt Europas; © Jerzy Surwillo

58 Quelle: Linz 2009 Kulturhauptstadt Europas; © Markowetz

59 © O & O Baukunst; Fotograf: Ferdinand Reif

60 © Foto: Archiv der Stadt Linz

61 © Foto: Archiv der Stadt Linz

62 © Foto: Archiv der Stadt Linz

63 © Foto: Archiv der Stadt Linz

64 © Foto: Archiv der Stadt Linz

65 © Foto: Archiv der Stadt Linz

66 © Foto: Archiv der Stadt Linz

67 © Foto: Archiv der Stadt Linz

68 © Foto: Nordico Archiv

69 © Archiv der KPÖ-Oberösterreich

70 © Foto: Archiv der Stadt Linz

71 © Foto: Archiv der Stadt Linz

72 Quelle: Archiv Tabakfabrik

73 Quelle: Kunstuniversität Linz; © Horst Lechner

74 © Foto: Archiv der Stadt Linz

75 © Foto: Archiv der Stadt Linz

76 Courtesy: Stadtwerkstatt-Archiv

77 © Foto: Greenpeace

78 Quelle: Kunstuniversität Linz; © Johannes Eller

79 Quelle: Umweltarchiv.at

80 © KV Kapu

81 © Foto: Archiv der Stadt Linz

82 © KUPF – Kulturplattform OÖ

83 © Oberösterreichische Nachrichten

84 © Foto: Archiv der Stadt Linz

85 © Nordico Stadtmuseum Linz; Fotograf: Franz Michalek

86 © Foto: Archiv der Stadt Linz

87 Quelle: Kunstuniversität Linz; © Peter Grünwald

88 Courtesy: Stadtwerkstatt-Archiv

89 Courtesy: Stadtwerkstatt-Archiv

90 © Foto: Archiv der Stadt Linz

91 Quelle: Neue Kronen Zeitung

92 © Foto: Archiv der Stadt Linz

93 © Foto: Archiv der Stadt Linz

94 Quelle: Kunstuniversität Linz; © Reinhold Sams

95 Quelle: Österreichische Nationalbibliothek

96 © Foto: Archiv der Stadt Linz

97 © Foto: Archiv der Stadt Linz

98 Collage: c/o now

99 © Foto: Archiv der Stadt Linz

100 © Silvester Kreil

101 © Silvester Kreil

102 Quelle: Kunstuniversität Linz; © May Bdour

103 © Foto: Archiv der Stadt Linz

104 © Architektinnen Schremmer-Jell ZT GmbH

105 © Architektinnen Schremmer-Jell ZT GmbH

106 Quelle: Kunstuniversität Linz; © Norbert Haderer

107 Quelle: Die Furche

108 © Foto: Archiv der Stadt Linz

109 Quelle: Kunstuniversität Linz; © Peter Schneider

110 Quelle: Kunstuniversität Linz; © Karl Swoboda

111 © SKV Archiv

112 Quelle: Kunstuniversität Linz; © Hubert Steindl

113 Quelle: Kunstuniversität Linz; © Norbert Haderer

114 © Foto: Stadt Linz

115 Quelle: Kunstuniversität Linz; © Thomas Forsthuber

116 © KV Kapu

117 © KV Kapu

118 © Design Center Linz

119 Quelle: Kunstuniversität Linz; © Lukas Halder

120 Quelle: demokratiezentrum.org; Amtliches Werk der Republik Österreich; gemeinfrei

121 © Rolf Touzimsky

122 Courtesy: Stadtwerkstatt-Archiv

123 Courtesy: Stadtwerkstatt-Archiv

124 Quelle: Die Herausforderung: Linz – Landeshauptstadt von Oberösterreich; die Ergebnisse der „Sommerakademie '94", Hg. Franz Xaver Goldner, Hans Gmeiner, Linz: Trauner 1995

125 Quelle: Die Herausforderung: Linz – Landeshauptstadt von Oberösterreich; die Ergebnisse der „Sommerakademie '94", Hg. Franz Xaver Goldner, Hans Gmeiner, Linz: Trauner 1995

126 Quelle: Kunstuniversität Linz; © Bettina Brückler

127 © Gemeinde Puchenau

128 © Foto: Archiv der Stadt Linz

129 Quelle: Kunstuniversität Linz; © Helmut Poppe

130 © Foto: Archiv der Stadt Linz

131 Quelle: Kunstuniversität Linz; © Daniela Herold und Rolf Touzimsky

132 © Gregor Graf

133 © Foto: Archiv der Stadt Linz

134 © Foto: Stadt Linz – Büro Linz Kultur

135 © Nachlass Josef Pausch

136 © Nachlass Josef Pausch

137 Quelle: Kunstuniversität Linz; © Roland Gruber

138 © Foto: Archiv der Stadt Linz

139 Quelle: Kunstuniversität Linz; © Almut Schindler

140 © Fritz Matzinger

141 Quelle: Kunstuniversität Linz; © Markus Rabengruber

142 © Architekturzentrum Wien, Sammlung; Fotografin: Margherita Spiluttini

143 © Kurt Hörbst

144 © Stadtwerkstatt-Archiv; Coverfoto: Franz Xaver, Layout: Astrid Benzer

145 Quelle: Kunstuniversität Linz; © Mechthild Schindler-Hofer

146 © Foto: Archiv der Stadt Linz

147 Quelle: Kunstuniversität Linz; © Anton Martin Lins

148 Quelle: Kunstuniversität Linz; © Siegfried Miedl

149 Collage: c/o now

150 Quelle: Neue Kronen Zeitung

151 © Lentos Kunstmuseum Linz; Fotografin: Bärbel Wagner (Stadt Linz)

152 © Lentos Kunstmuseum Linz; Fotograf: Bernhard Stadlbauer

153 Quelle: Kunstuniversität Linz; © Anna Heringer

154 Quelle: Kunstuniversität Linz; © Astrid Hager, Wolfram Mehlem, Vinzenz Naderer, Christian Reicher, Michael Weingärtner

155 © ThuM Ateliers

156 © ThuM Ateliers

157 © Oberösterreichische Nachrichten

158 © Foto: Archiv der Stadt Linz

159 © Treberspurg & Partner Architekten

160 © WSG

161 © Heimo Pertlwieser

162 © Forschungslabor öffentlicher Raum – FLAUM

163 Quelle: Kunstuniversität Linz - *die architektur* – BASE-habitat; © Sabine Gretner

164 © Norbert Artner

165 © Foto: Archiv der Stadt Linz; Fotograf: Heimo Pertlwieser

166 © Otto Saxinger

167 © Caramel architektInnen

168 Quelle: Wikimedia Commons; © CC BY-SA 2.0; Fotograf: Naquib Hossain

169 Quelle: Kunstuniversität Linz; © Tobias Hagleitner und Gunar Wilhelm

170 © Architektinnen Schremmer-Jell ZT GmbH

171 Quelle: Kunstuniversität Linz; © Sandra Gnigler und Alfred Barth

172 Quelle: Kunstuniversität Linz; © Margit Greinöcker

173 © Ars Electronica Archiv; Fotograf: Nicolas Ferrando, Lois Lammerhuber

174 © Oberösterreichische Nachrichten; Ars Electronica

175 © Ars Electronica Archiv; Fotograf: Martin Hieslmair

176 © Oberösterreichische Nachrichten, Ars Electronica

177 © Stadtwerkstatt-Archiv; Cover: Chris Eder, Coverfoto: Andrea Mayer-Edoloyi, Layout: Astrid Benzer

178 © ANY:TIME architekten, Fotograf: Dietmar Tollerian

179 © ANY:TIME architekten, Fotograf: Dietmar Tollerian

180 © OÖ Landes-Kultur GmbH, Land Oberösterreich; Fotograf: Ernst Grilnberger

181 © Peter Fattinger

182 © Cecilia Trotz

183 Quelle: Kunstuniversität Linz; © Andreas Liska

184 © Gabu Heindl

185 © Foto: Archiv der Stadt Linz

186 © Otto Saxinger

187 Quelle: Kunstuniversität Linz; © Markus Jeschaunig; Fotografin: Sabine Hoffmann

188 © Peter Arlt; Fotograf: Bernhard Stadlbauer

189 © Peter Arlt; Fotografin: Sabine Köstler

190 Quelle: Kunstuniversität Linz; © Anita Foune und Julia Grims

191 Quelle: Kunstuniversität Linz; © Anna Wolf

192 © Hertha Hurnaus

193 Quelle: Kunstuniversität Linz – *die architektur*; © Ann-Kathrin Freude

194 Quelle: Kunstuniversität Linz – *die architektur* – BASE-habitat; © Fotografin: Katharina Doblinger

195 © Sabine Pollak; Fotografin: Corinna König

196 © Sabine Pollak

197 Quelle: Kunstuniversität Linz; © Stefanie Villgratter

198 Quelle: raumtaktik.de; © Costanza Coletti

199 © Silvester Kreil

200 Quelle: Kunstuniversität Linz; © Katja Seifert

201 © Sabine Pollak; Fotografin: Corinna König

202 Quelle: raumtaktik.de; © Anna Firak

203 Quelle: raumtaktik.de; © Fotograf: Franz Koppelstätter

204 Quelle: raumtaktik.de; © Maria Dau

205 Quelle: lunzinlinz.wordpress.com; © Raumbande

206 Quelle: Kunstuniversität Linz; © Clemens Bauder

207 Quelle: Kunstuniversität Linz; © Fotograf: Philipp Steiner

208 © Stadtwerkstatt-Archiv; Cover-Sujet: Silke Müller; Layout: Astrid Benzer

209 Quelle: Kunstuniversität Linz - *die architektur* – BASEhabitat; © Fotograf: Kurt Hörbst

210 Quelle: Kunstuniversität Linz – *die architektur* – BASEhabitat; © Fotografin: Stefanie Hueber

211 © Foto: Archiv der Stadt Linz

212 © Simon Bauer

213 © Willy*Fred

214 © Florian Voggeneder

215 © Oberösterreichische Nachrichten, Architekturkollektiv G.U.T – Gerald Anton Steiner, Urmann Radler, Tp3 Architekten

216 Quelle: Kunstuniversität Linz - *die architektur*- BASEhabitat; © Fotograf: Kurt Hörbst

217 Quelle: Kunstuniversität Linz; © Fotograf: Mark Sengstbratl

218 Quelle: Kunstuniversität Linz; © Hannah Kordes, Kunstuniversität Linz; Fotograf: Michael Oskar Wlaschitz

219 © VioVio

220 © RAUMkultur

221 Quelle: Kunstuniversität Linz; © Horst Lechner jun., Lukas Ployer

222 © Kunstuniversität Linz – *die architektur* – BASEhabitat

223 Quelle: Kunstuniversität Linz; © Michael Brunmayr

224 Quelle: *STADTSPEICHER. Urbanität am Wasser: Linzer Augen.* Bd. 12 – art special, Hg. Sabine Pollak, Sonderzahl 2018; © Sabine Pollak

225 © Faruk Pinjo

226 Quelle: Kunstuniversität Linz; © Natalie Joy Thompson

227 © RAUMkultur

228 © Anna Häupl

229 © BezirksRundSchau Linz

230 © Cecilia Trotz

231 © JKU

232 Quelle: Kunstuniversität Linz; © Corinna Hiemer

233 Quelle: *Social Housing with Individuality, Ideas for Living in Botswana*, BASEhabitat, 2020; © Daniela Lockowandt

234 © c/o now

235 © ThuM Ateliers

236 © c/o now

237 Quelle: Kunstuniversität Linz; © Sarah Hopfner-Heindl

238 © Markus Guschelbauer, Haus der Geschichte Österreich

239 © RAUMkultur

240 © RAUMkultur

241 Quelle: Kunstuniversität Linz; © Ines Riess

242 © Johannes Hloch

243 Quelle: Kunstuniversität Linz © Eva Schmolmüller

244 © Florian Voggeneder

245 © Heimo Pertlwieser

246 Quelle: Kunstuniversität Linz; © Patricia Jeglitsch

247 © Paul Eis

248 © Brno University of Technology; Fotograf: Jan Prokopius

249 © RAUMkultur

250 © RAUMkultur

251 © Ulrich Aspetsberger

252 © Foto: Linz Tourismus

253 © Foto: Stadt Linz

254 Quelle: Kunstuniversität Linz – *die architektur* – studio urban; © Anne Rotter, Julien Reinhard, Maximilian Meindl

255 © Oberösterreichische Nachrichten, Fotokerschi und Michael Indra

256 Quelle: Kunstuniversität Linz – *die architektur* – BASEhabitat; © Paul Eis

257 © Manfred Fesl

258 Quelle: Kunstuniversität Linz – *die architektur* – BASEhabitat; © Frederick Sams

259 Quelle: Kunstuniversität Linz – *die architektur* – BASEhabitat; © Martin Schachenhofer

260 Quelle: Kunstuniversität Linz © Siegfried Kraus

261 © Heimo Pertlwieser

262 Quelle: Kunstuniversität Linz – *die architektur* – studio urban; © Aylin Gürel, Lea Pammer, Nadia Raza

263 © Julien Reinhart, schulRAUMkultur

264 © Michael Zinner

265 Quelle: Kunstuniversität Linz; © Marion Kohler

266 © RAUMkultur

267 © RAUMkultur

268 © Heidi Pretterhofer, Michael Rieper

269 © Heidi Pretterhofer, Michael Rieper

270 © c/o now

271 © Linz AG

272 © Linz AG

273 Quelle: Kunstuniversität Linz; © Daniela Lockowandt

274 © Florian Voggeneder

275 © Zukunft statt Autobahn

276 Quelle: Kunstuniversität Linz – *die architektur* – studio typology; © Lisa Ackerl, Daniel Schoengruber, Marco Thaller

277 © c/o now

278 © Oberösterreichische Nachrichten

279 Quelle: Kunstuniversität Linz – *die architektur* – studio typology; © Lisa Ackerl, Daniel Schoengruber, Marco Thaller

280 © Studio Kordial; Fotografin: Christine Pavlic

281 © Studio Kordial; Fotografin: Hannah Kordes

282 © Foto: Stadt Linz

283 Quelle: Kunstuniversität Linz; © Benjamin Altrichter

284 Quelle: Kunstuniversität Linz; © Vinzent Wallner

285 Quelle: © Anne Rotter, Julien Reinhart

286 Instagram/Screenshot: c/o now

287 © Vienna Architecture Summer School; Fotograf: Richard Pobatschnig

288 Quelle: Kunstuniversität Linz; © Valentina Hölzl

289 © RAUMkultur

290 © RAUMkultur

291 © Heidi Pretterhofer, Michael Rieper; Grundlagenkarte: openstreetmap.org (14.11.2023)

292 Quelle: Kunstuniversität Linz; © Moritz Berger, Flora Kirnbauer

293 Quelle: Belvedere Wien, Heidi Pretterhofer, Michael Rieper

294 © c/o now

295 © RAUMkultur

296 © RAUMkultur

297 © c/o now

298 © Heidi Pretterhofer, Michael Rieper

299 © Heidi Pretterhofer, Michael Rieper

300 © Heidi Pretterhofer, Michael Rieper

301 © c/o now

302 Screenshot/Quelle: https://aus stellun gen.ufg.at/radicalcol lec tives/ (aufgerufen am 06.07.2024)

303 © c/o now, Sigi Atteneder

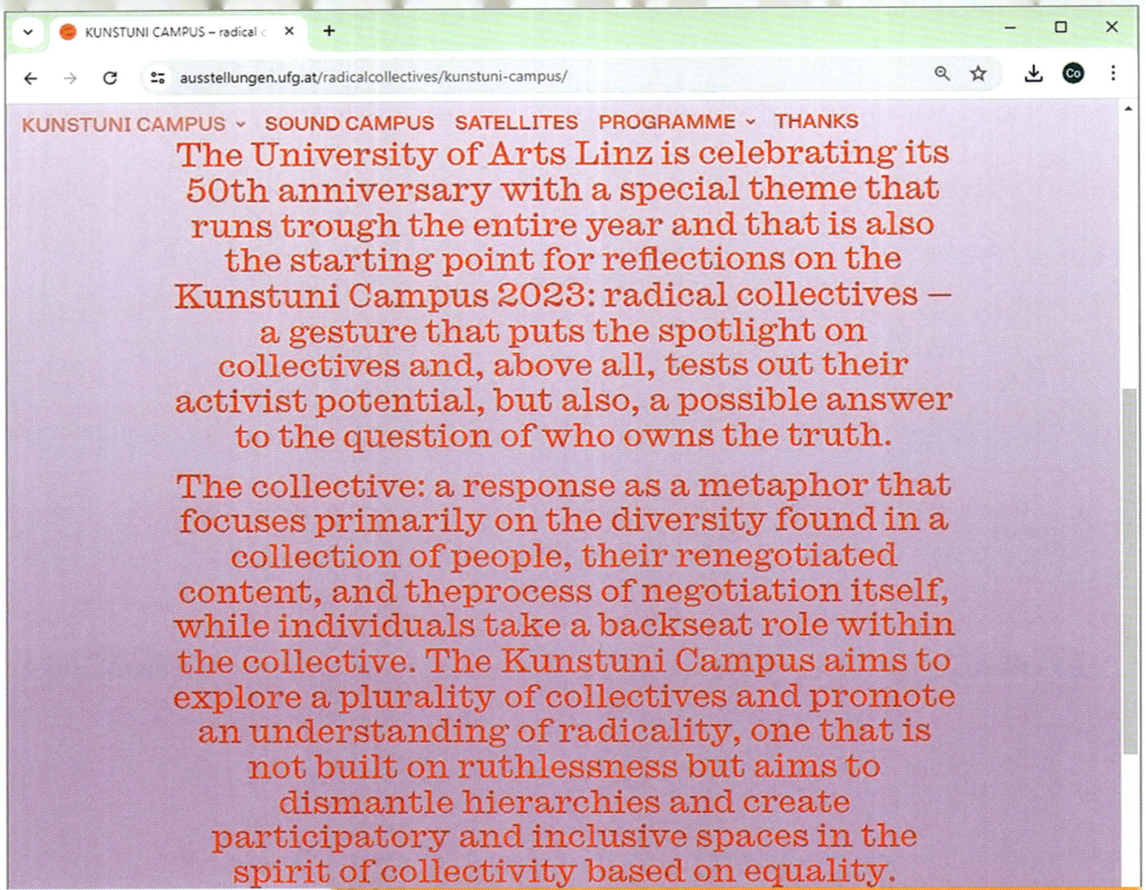

302
303

Radical Collectives, Ankündigungstext, 2023

2023 beging die Kunstuniversität Linz ihr 50. Jubiläum unter dem Motto „Radical Collectives". Ziel dabei war es, nicht nur heterogen konstituierten Denkräumen in den Künsten, sondern auch damit verbundenen Formen von Organisation und Ausverhandlung sozialer Räume Rechenschaft zu tragen. Die klassischen bildenden wie viele angewandte Künste sind in ihrer Praxis mit kollektiven Prozessen bereits vertraut und erkennen das Potenzial, progressiver und letztlich auch demokratischer zu Entscheidungen zu gelangen. Im Feld der Architektur hingegen wird oft immer noch konservativ an der einst ebenfalls aus der Kunst entliehenen Vorstellung des Schöpferindividuums festgehalten. Ein für Disziplinen, die ihre Daseinsberechtigung daraus schöpfen, raumgreifend wirksam zu werden, nahezu paradoxer und unhaltbarer Zustand. Die nun zum 35. Jubiläum der Abteilung Architektur erscheinende Publikation *Stahlstadtschule. da – die architektur linz* bezieht sich genau darauf. Wenn Studierende heute in ihren Projekten einfordern, an den für die Architektur so typischen Jour-Fixe-Tischen müssten beispielsweise neben Tragwerksplaner*innen selbstverständlich auch Soziolog*innen einen Platz finden, mag das keine universelle Antwort darstellen, aber berechtigte Notwendigkeiten zum Ausdruck bringen. Es muss nicht unbedingt auf Bruno Latours *Parlament der Dinge* zurückgegriffen werden, aber es ist Zeit, die Selbstverständlichkeit anzuerkennen, dass die von Architekt*innen gestalteten Räume nicht das reine Ergebnis der Formungen von Materien sind, sondern mit vielen sich ihrer bewussten und unbewussten Sachverhalten, Gruppen und Individuen etc. ausverhandelt werden. Die Gleichzeitigkeiten dieser Publikation versuchen das zumindest zu skizzieren.